MEURTRE SUR UNE ÎLE DÉSERTE

D0868858

VINCENT BUGLIOSI
BRUCE B. HENDERSON

L'affaire Jennifer Jenkins

MEURTRE SUR UNE ÎLE DÉSERTE

Traduit de l'américain
par France-Marie Watkins

Crimes & Enquêtes

*A ma mère, la plus douce
et la plus merveilleuse femme
qui ait jamais existé.*

Titre original :

AND THE SEA WILL TELL
W. W. Norton & Company, Inc., New York

Copyright © 1991 by Vincent Bugliosi and Bruce B. Henderson

Pour la traduction française :
© Éditions J'ai lu, 1993

L'île de Palmyre

J'avais un mauvais pressentiment, au sujet de cette île, et pas seulement parce qu'elle est de l'espèce des îles fantômes, c'était plus que cela. Elle me paraissait hostile. J'ai visité bon nombre d'îles, mais Palmyre était différente. Je n'arrive pas à dire exactement pourquoi, mais je ne m'y suis jamais senti à l'aise. Je crois que je ne suis pas le seul.

Un yachtman du Pacifique Sud

A la fois magnifique et menaçant, à l'écart des routes maritimes traditionnelles, cet atoll désert du Pacifique n'a été découvert qu'assez récemment, au siècle dernier. Si l'on cherchait, sur toutes les mers du monde, un lieu propice aux mystères insondables, Palmyre serait celui-là.

De loin, l'île est attirante. D'immenses cocotiers, des plages bordées de récifs de coraux baignant dans les eaux scintillantes de l'océan tropical.

Une fois à terre, cependant, on s'aperçoit que la végétation luxuriante, si engageante à première vue, constitue un enchevêtrement inextricable que l'on ne pénètre qu'à la machette. Des hordes de crabes terrestres occupent une grande partie de l'île. Les plages, non de sable fin mais de galets, sont cernées de coraux aux arêtes coupantes comme des rasoirs, capables de déchirer la coque du navire le plus résistant. Seul un étroit chenal permet d'atteindre le lagon peuplé d'une multitude de poissons multicolores, tentants mais venimeux et immangeables. Et on ne tarde pas à remarquer dans ces eaux cristallines les ombres redoutables

5

de requins carnassiers. Enfin, rien ne permet d'échapper au soleil brûlant et à l'étouffante moiteur.

Seuls les plus aventureux – ou les plus désespérés – souhaiteraient y séjourner. Cette histoire est celle, véridique, de deux hommes et de deux femmes que leur volonté de fuir le monde, pour des raisons différentes, poussa à s'installer sur cet atoll désert. Quatre personnages dont la vie fut irrémédiablement bouleversée dans cette île inhospitalière où leurs destins se croisèrent. Certains n'en revinrent pas, et le mystère de leur sort demeure profond, à l'image des abysses qui entourent Palmyre.

LIVRE PREMIER

LE CRIME

1

Maui, Hawaii, 1er avril 1974

Il était tombé, pendant la nuit, une de ces chaudes averses tropicales qui laissent l'air lourd et parfumé ; au lever du soleil, une brise de mer vint caresser la côte et agiter les palmes des cocotiers. Les nuages, tout aussi nonchalants que les habitants de ces îles, se dispersèrent lentement tandis que le soleil émergeait de l'océan. Quelques arcs-en-ciel s'attardaient ici et là.

Dans le port de plaisance de la baie de Maalaea, Charlie tournait la manivelle grinçante, déroulant un câble encore mouillé de pluie.

– Je ne pensais jamais voir cette vieillerie reprendre la mer, disait-il à qui voulait l'entendre, tout en contrôlant avec soin la vitesse de la remorque qui descendait vers une cale un voilier en bois long de dix mètres.

Il était fréquent, dans cette région, de mettre un bateau à l'eau, mais cette fois une petite foule s'était assemblée pour assister à l'événement. Ces badauds et quelques centaines d'autres personnes vivaient sur des bateaux, dans le port. La plupart étaient des rêveurs, des collectionneurs de cartes, d'atlas et de récits de voyages au long cours, avides de lever l'ancre et de hisser la voile vers des rivages inconnus, tout comme le jeune couple surexcité dont le voilier était à présent le pôle d'attraction. Mais bien peu prenaient le départ.

Torse nu, Buck Duanne Walker accompagnait à grands pas la remorque supportant son voilier. Grand, bronzé, les cheveux décolorés par le soleil, il avait encore, à trente-six ans, l'allure arrogante d'un jeune homme. Il aurait pu passer pour un surfeur sur le retour, si ses yeux bleus toujours en mouvement n'avaient manifesté sa crainte d'être reconnu.

La jeune femme rousse sur le pont du voilier avait une tout autre apparence. Jennifer Jenkins, vêtue d'un jean effrangé coupé à mi-cuisses et d'un haut bain de soleil, paraissait bien plus jeune que ses vingt-huit ans. Elle mesurait un mètre soixante-deux et n'avait rien d'une reine de beauté mais il émanait d'elle une fraîcheur sans prétention laissant deviner une nature insouciante. Elle serrait dans ses bras le magnum de champagne destiné au baptême traditionnel du bateau, mais comme beaucoup de gens marchaient pieds nus autour de la cale, elle n'avait pas l'intention de briser la bouteille sur la coque, comme elle l'avait vu faire au cinéma. Elle comptait simplement faire sauter le bouchon, le plus bruyamment possible, asperger le bateau de mousse pour le baptiser et boire le reste avec Buck.

Quand ils avaient acheté ce voilier, quatre mois plus tôt, il n'avait ni mât ni gréement. Depuis qu'il avait coulé à son mouillage dans la baie de Maalaea, des années auparavant, le *Margaret* avait la réputation de porter malheur. L'équipe de sauvetage avait accidentellement brisé son mât lors du renflouage et personne ne s'était donné la peine de le remplacer. Après être resté pendant deux ans en cale sèche, le bateau avait été vendu à un jeune couple qui comptait le restaurer. Ils avaient colmaté les avaries avec de la fibre de verre, laborieusement démonté et retaillé les boiseries intérieures mais, finalement, découragés par l'ampleur de la tâche, ils avaient revendu pour deux mille deux cent soixante dollars ce rafiot qui leur en avait coûté quatre cents. Jennifer et Buck avaient tout juste pu réunir cette somme.

Négligeant la légende selon laquelle débaptiser un bateau porte malheur, ils le renommèrent *Iola*, ainsi que l'avait suggéré Jennifer.

– En hawaiien, *Iola* veut dire « A la vie ».

Buck trouva ce nom idéal, puisqu'il cherchait justement à se refaire une nouvelle vie. Il leva donc son verre.

– Au *Iola*. Puisse-t-il naviguer sur toutes les mers et ne jamais revoir le fond de l'océan !

Ce matin, le *Iola* était enfin prêt à prendre la mer. On ne risquait certes pas de le prendre pour un participant de l'America's Cup mais l'amélioration était tout de même significative. Buck rayonnait de fierté. Le bateau était un dix-mètres, de deux mètres soixante-quinze par le travers, avec une coque de bois fraîchement repeinte en bleu azur.

Ses voiles d'occasion, largement rapiécées, étaient pliées sur le pont avant et soulevées par la brise, bien que fortement arrimées aux étançons de fortune. La quille en fonte éviterait que le bateau ne prenne trop de gîte, même toutes voiles dehors et par vent fort. Cette caractéristique était idéale pour des marins novices comme Buck et Jennifer, qui ne connaissaient que les petites balades en mer d'une journée. Jennifer n'avait jamais tenu la barre d'une quelconque embarcation.

— Doucement, Charlie ! cria Buck.

A bord, Jennifer était radieuse. Elle tenait l'amarre qui reliait le *Iola* à la remorque et ne la larguerait qu'à l'instant où la coque toucherait l'eau, dans une minute environ. Et, dans un jour ou deux, Buck et elle appareilleraient pour la grande aventure.

Jennifer pouvait facilement être considérée comme une hippie, ce qui ne l'offusquait pas, d'ailleurs ; elle n'appréciait guère les conventions, qu'elle jugeait hypocrites, et le slogan à la mode à cette époque : « Faites l'amour, pas la guerre » lui paraissait frappé au coin du bon sens.

Buck partageait avec Jennifer le mépris de tout ce qui touchait de près ou de loin au gouvernement et à la police ; mais alors qu'elle déplorait, il menaçait... La présence de tatouages sur ses bras laissait supposer davantage de violence que la simple recherche de la paix et de l'amour. Son biceps gauche arborait un cœur entouré d'un ruban, et son prénom, Buck, ondulait sur son avant-bras musclé. Le dessin n'avait rien de particulièrement sinistre, ce n'étaient pas la tête de mort et les tibias croisés d'un pirate. Ce n'étaient que des tatouages maladroits comme s'en font, ou s'en font faire, des hommes en colère s'ennuyant à périr derrière des barreaux.

Jennifer et Buck s'étaient rencontrés deux ans auparavant à Hilo, la ville principale de la grande île de Hawaii. Par hasard. Leurs chemins s'étaient croisés dans la cour d'une résidence toute fleurie d'hibiscus. Ils avaient échangé un salut et un sourire amical. Jennifer, en longue robe verte, avait continué son chemin. Buck, captivé, avait aussitôt fait demi-tour pour la rattraper ; il lui avoua par la suite qu'il avait pris sur-le-champ la décision de ne pas laisser s'échapper ces grands yeux rêveurs et ce joli sourire. Ce jour-là, ils étaient allés boire un verre dans un parc, à l'ombre d'un palmier, en écoutant un orchestre local jouer de la musique hawaiienne pour la fête d'un ancien roi de Polynésie.

Le crépuscule rougeoyant, la musique langoureuse et le charme de Buck s'allièrent pour tourner la tête à Jennifer, prise d'un vertige délicieusement sensuel ; Buck se pencha pour embrasser délicatement ses lèvres.

– Tu as un mec ? demanda-t-il.

– Non...

Ils s'embrassèrent alors passionnément.

Ils s'installèrent bientôt dans la cabane construite par Buck et son père à Mountain View, dans une région montagneuse isolée, à une trentaine de kilomètres au sud-ouest de Hilo. Ce n'était pas luxueux, loin de là – Jennifer trouvait que cela ressemblait à une planque de hors-la-loi –, dépourvu d'électricité et d'eau courante, mais ils dénichèrent du mobilier dans une brocante, Jennifer cousit quelques rideaux de dentelle et la planque devint un foyer.

Malheureusement, ils durent quitter précipitamment leur retraite montagnarde, et même Hawaii. Sourd aux conseils de Jennifer, Buck s'était rendu à Hilo pour vendre du M.D.A. (méthylène diméthoxy-amphétamine), un sale mélange de speed et d'hallucinogène de type L.S.D., qui lui était expédié par sa filière californienne. Malheureusement pour lui, son acheteur était un agent en civil de la brigade des stupéfiants. Il avait été arrêté, Jennifer aussi, et tous deux avaient à répondre d'un crime fédéral. Pire encore, c'était la deuxième fois que Buck se faisait prendre ainsi, ce qui faisait de lui un récidiviste. Et par-dessus le marché, il était déjà en liberté surveillée à la suite d'une condamnation pour vol à main armée. La terreur de Buck était de retourner à la prison de San Quentin et d'avoir à terminer une peine de cinq ans minimum dans l'établissement pénitentiaire le plus dur des Etats-Unis.

S'ils voulaient passer leur vie ensemble, il faudrait que ce soit loin de toute civilisation, des tribunaux, des prisons et de la police. Ils s'étaient rendus à Honolulu pour consulter à la bibliothèque principale des ouvrages sur les îles du Pacifique ; Buck avait découvert un atoll minuscule, Palmyre, dont ils n'avaient jamais entendu parler, et qui leur parut plein de promesses. Le décor, apparemment, était digne de Robinson Crusoé, avec un lagon protégé, une production illimitée de noix de coco et de poisson et un temps doux d'un bout à l'autre de l'année. Mieux que tout, l'île était déserte. Pas de police, pas de juges, pas de brigade des stupéfiants, pas de mandats d'arrêt. Evidemment, cela signifiait aussi ni supermarchés, ni ateliers de réparations, ni médecins – aucune espèce de secours. Ils devraient se débrouiller tout seuls.

Tout à coup, il y eut un choc sourd et leur voilier glissa sur le côté.

– Jen ! Tiens-toi !

Trop tard. Jennifer était tombée et il s'en fallut de peu qu'elle ne glisse du pont sur le ciment de la cale. Buck se précipita et ses mains puissantes la saisirent pour la poser sans mal sur le sol.

Faute d'expérience, Buck avait utilisé pour arrimer le bateau à la remorque des cordages de nylon qui, naturellement, s'étaient détendus. La coque avait bougé, ce qui avait fait sauter les cales de bois qui la maintenaient en place. Le câble d'acier du treuil s'était immédiatement immobilisé, mais le bateau avait déjà piqué du nez.

Cette mésaventure n'aurait pas retardé la mise à l'eau si, en glissant, le voilier n'avait heurté deux montants d'acier de la remorque qui avaient percé le bordé au-dessous de la ligne de flottaison. Le *Iola* était embroché comme un cochon de lait.

Jennifer se sentait toute bête, parmi les badauds ahuris, serrant sur son cœur la bouteille de champagne qui, par miracle, ne s'était pas cassée.

– Tout va bien, bébé ! cria-t-elle à l'homme qu'elle aimait. Nous boucherons les trous...

Sa voix resta en suspens. Tout le monde la regardait.

Au même instant une pensée la frappa, le regret de n'avoir pas tenu compte de la sagesse des anciens. Ils n'auraient jamais dû débaptiser le bateau. « Maintenant, la malchance nous suivra partout où nous irons. »

2

Californie

En ce même printemps de 1974, un magnifique voilier, le *Sea Wind*, mouillait à plus de trois mille kilomètres de là, dans le port de plaisance de San Diego. Le ketch de onze mètres soixante à deux mâts, visiblement entretenu avec un soin méticuleux, faisait l'orgueil et la joie de Malcolm « Mac » Graham, un homme de quarante-trois ans plus à l'aise sur le pont d'un bateau que n'importe où sur terre.

Après s'être essuyé les mains sur un chiffon graisseux, Mac se pencha et releva une manette, puis il tira d'un coup sec sur la corde du démarreur et aussitôt le moteur de la génératrice se mit à ronronner. Départ au quart de tour, comme neuf.

Comme toujours à bord par temps chaud, Mac était pieds et torse nus, en short de bain. Il avait le visage buriné et ses yeux gris-bleu étaient bordés de fines rides. Il était aussi solidement bâti que son bateau, avec une charpente d'un mètre quatre-vingts et une peau bronzée uniformément, de longs doigts souples d'artiste qui juraient un peu avec sa coupe de cheveux en brosse de sergent instructeur. Toujours prêt à sourire, à serrer une main ou à rendre service, c'était un éternel optimiste, joyeux, bon vivant. La philosophie de Mac était toute simple : ceux qui apportent du soleil dans la vie des autres en ont toujours assez pour eux-mêmes. Bien des plaisanciers, dans tous les ports du globe, étaient heureux et fiers de compter Mac Graham parmi leurs amis.

Depuis quatorze ans qu'il possédait le *Sea Wind*, Mac avait sablé et poncé pratiquement chaque planche de la coque, du pont et de la cabine. Il avait terminé dernièrement un travail complet de rénovation, en abattant les parois, le toit et les aménagements intérieurs de la cabine. Ayant tracé lui-même les nouveaux plans, il les avait mis personnellement à exécution, car il ne se fiait à personne pour faire du bon travail.

Il avait réussi de brillantes études pendant deux ans dans l'école d'ingénieurs dépendant de la General Motors, le géant de l'automobile, mais il ne concevait pas de vivre enfermé dans un bureau quarante heures par semaine, et il avait quitté l'école avant de passer son diplôme. Il voulait être marin ; pas un de ces plaisanciers du dimanche, buveurs de bière, mais un véritable marin, un homme de mer capable de braver les forces déchaînées de l'océan. Il vint donc s'installer sur la côte Ouest pour s'approcher de son rêve et trouva du travail dans les ports de plaisance qui parsèment la côte californienne. Mac ne gardait jamais bien longtemps le même emploi : en revanche, ses employeurs appréciaient rapidement ses qualités et ses talents d'ingénieur, son intuition créatrice et sa passion pour la mécanique. A bord, Mac savait tout faire. En revanche, sur le plancher des vaches, parmi les terriens, il paraissait aussi déplacé qu'un invité en smoking et baskets.

La rénovation du *Sea Wind* avait duré deux ans. Une fois terminée, la nouvelle cabine était plus longue de trois mètres et le voilier avait changé d'aspect ; Mac y avait installé le matériel le plus moderne, dont un puissant émetteur-récepteur et un système de pilotage automatique dernier cri. La cuisine était d'un luxe égal à celui des yachts de milliardaires, avec un réfrigérateur à batterie, doté d'un compartiment congélateur. Dans le gaillard d'avant, il avait construit un petit atelier parfaitement outillé. A bord, il possédait aussi un canot pneumatique, un Zodiac équipé d'un moteur Evinrude de neuf chevaux, et un youyou en bois, avec son propre petit moteur Gull. Le *Sea Wind* était un bateau admirablement équipé, un voilier de croisière unique en son genre, tout à la fois d'une grande beauté et d'une grande fiabilité.

Mac avait survécu à plusieurs redoutables mésaventures sur des mers déchaînées, mais cela n'avait en rien altéré sa passion pour la voile. La mer avait sur lui une emprise quasi hypnotique. A l'instar du vieux pêcheur philosophe du *Vieil Homme et la mer*, Mac considérait la mer comme une femme capable d'accorder ou de refuser ses faveurs et son histoire d'amour avec elle ne souffrait jamais de ses caprices passagers. Certes, il était parfois dur et dangereux de relever les défis lancés par la mer, mais quelle exaltation lorsqu'on avait survécu à l'épreuve !

A vingt-huit ans, Mac avait hérité d'un de ses oncles, recevant, ainsi que sa sœur cadette, un portefeuille de cent mille dollars en actions et obligations. La famille Graham était riche : le grand-père paternel de Mac avait réalisé de très bons placements à Wall Street. Son héritage en main, Mac n'hésita pas. Il commença aussitôt à faire le tour des ports de plaisance à la recherche du bateau idéal. Il savait déjà ce dont il ne voulait pas. Les nouvelles coques en fibre de verre, qui avaient envahi la construction navale après la Seconde Guerre mondiale, lui faisaient horreur. Bien sûr, elles demandaient moins d'entretien que les coques en bois mais les fleurs en plastique aussi nécessitent moins de soins que les vraies. Il trouva ce qu'il souhaitait : le *Sea Wind*, un ketch à l'état neuf, à deux mâts et en bois, comme le bateau de son père. Construit en 1947, le *Sea Wind* était si admirablement conçu, avec des encadrements de chêne massif et un revêtement de coque en planches épaisses si parfaitement assemblées, que le bateau semblait être taillé d'un seul bloc. Dès l'instant où il vit l'écriteau *A vendre* un jour de l'été 1960 à San Diego, Mac fut séduit. Le *Sea Wind* avait une grâce ineffable, jusqu'à son nom, qui évoquait une vie entière passée à croiser en haute mer, aussi libre que les vents capricieux. Sous le beaupré, trônait une figure de proue dorée, une femme-ange gardien protégeant navire et équipage et semblant indiquer le chemin. Mac paya le *Sea Wind* vingt mille dollars, puis il plaça le reste de son héritage (et plus tard une donation de cent vingt mille dollars en fidéicommis venant de son grand-père) en investissements sûrs. Ces revenus, complétés par le revenu de petits boulots qu'il prenait lorsque le besoin s'en faisait sentir, lui garantissaient la liberté financière dont il avait besoin pour naviguer à travers tous les océans du globe, au gré de ses envies.

Une femme monta sur le pont.

– J'ai pensé que tu en aurais envie, dit-elle en lui tendant une bière fraîche.

Mac remercia sa femme et but avec plaisir.

Treize ans plus tôt, Mac se trouvait avec le *Sea Wind* à Underwood, un des ports de plaisance de San Diego. Il était quelque peu coureur, à l'époque, et plaisait aux femmes mais il n'avait jamais été marié, ni même fiancé. Un soir, sortant d'un bar du port avec un copain, il vit une voiture en panne créant un embouteillage. La conductrice s'appelait Eleanor LaVerne Edington, une jeune blonde menue à la taille de guêpe et au corps de pin-up. Toujours serviable et galant, Mac remit sa voiture en marche, l'aida à dégager la chaussée et l'invita à prendre un verre dans le bar qu'il venait de quitter. Elle était habituée à être accostée et invitée par des inconnus et elle refusait généralement, mais ce garçon-là, avec son allure sportive et ses yeux pleins de bonté, lui plaisait ; elle accepta donc. Ils se revirent et bientôt Mac l'appela affectueusement Muffin, et puis Muff, plus simplement. Un an plus tard il la demanda en mariage, et là encore elle accepta.

Ils ne se marièrent pas immédiatement, car Mac avait projeté d'accomplir un tour du monde à la voile. Il adorait Muff et rêvait de passer le reste de sa vie avec elle, mais pour le moment son plus grand souci était d'apprendre la navigation astronomique. Il en avait étudié les principes dans des cours du soir mais ne les avait jamais mis en pratique en plein océan. Il acceptait l'idée de se perdre, seul, mais il ne voulait pas entraîner Muff dans une aventure peut-être terrifiante.

Elle ne protesta pas, parce qu'elle n'avait jamais navigué sur de longues distances et que la mer lui faisait un peu peur. Mac fit passer une annonce dans le journal local et recruta deux coéquipiers. Il comptait que Muff les rejoindrait plus tard.

– Si nous faisons la traversée jusqu'à Tahiti, lui dit-il, tu prendras l'avion et nous nous marierons là-bas. Le reste de la croisière sera notre voyage de noces.

Muff imaginait mal deux hommes d'équipage cohabitant avec un jeune couple sur un bateau où l'espace vital n'était pas plus grand qu'une cuisine. Mais elle avait très vite compris que pour faire partie de la vie de Mac, elle devait accepter et adopter sa façon de vivre. Lorsque Mac barrait le *Sea Wind*, face à la brise et au grand large, elle voyait bien qu'il était aussi heureux qu'un enfant qui sourit en rêvant. C'est ce qu'elle s'efforça de se rappeler en le regardant de la jetée, à travers un voile de larmes, lorsqu'il partit pour sa grande aventure autour du monde en la laissant derrière lui.

Quinze jours plus tard, Mac lui téléphona du Mexique. Ils avaient été pris au large de la Basse-Californie dans une effroyable tempête. Plusieurs bateaux avaient coulé. Après avoir été battu par la mer pendant onze jours, le *Sea Wind* finit par trouver un port abrité pour panser ses blessures. Les pièces nécessaires aux réparations n'étant pas disponibles sur place, Mac demanda à Muff de les lui apporter de San Diego. Quand elle arriva, les deux hommes d'équipage avaient abandonné Mac. Aucun n'avait eu le courage de poursuivre le voyage après avoir frôlé la mort dans la tempête. Mac engagea donc Muff. Ils se marièrent en août 1961 à La Paz, à la pointe de la Basse-Californie. Mac avait trente ans, Muff vingt-neuf. « La petite Muff et moi ne faisons plus qu'un, écrivit-il à ses parents. Nous nous complétons à la perfection et sommes parfaitement heureux. »

Muff, qui avait le teint clair, attrapait facilement des coups de soleil et se désolait de la multitude de taches de rousseur qui apparaissaient tous les étés sur son visage ; un mètre soixante-deux, des traits délicats, elle avait des dents d'une rare blancheur qui se chevauchaient légèrement, ce qui ne gâtait en rien le charme de son sourire. Pour tout maquillage, elle se contentait d'un peu de rouge à lèvres rose orangé. Ses yeux marron exprimaient la joie, l'amour, la douleur ou la peur avec une spontanéité naïve. Muff enfant n'avait jamais pu mentir à sa mère, qui lisait toujours la vérité dans ses yeux. Plus réservée que Mac, elle ne se liait pas facilement avec des inconnus. Elle ne se sentait à l'aise qu'avec les gens qu'elle connaissait bien et en qui elle avait confiance.

Agée maintenant de quarante-deux ans, elle s'inquiétait beaucoup des cinq à six kilos superflus qui lui capitonnaient les hanches mais Mac lui répétait qu'elle avait bien tort – « J'adore chaque rondeur et chaque gramme » –, ce qui n'empêchait pas Muff de se jeter sur tous les nouveaux régimes à la mode.

Muff aimait regarder son mari s'affairer sur son bateau, ce qu'il faisait ce samedi matin depuis l'aube. Il adorait bricoler.

– Il tourne beaucoup plus rond, dit-elle du moteur de la génératrice.

– Les bougies étaient encrassées.

Il coupa le contact et rangea méticuleusement ses outils, après les avoir essuyés avec un chiffon propre.

– Je vais faire des courses, annonça-t-elle. Un supermarché de Chula Vista annonce une vente promotionnelle de haricots verts à vingt-cinq cents la boîte.

La mission de Muff était d'approvisionner le *Sea Wind*

en vue de leur prochain voyage sous les tropiques. Ce n'était pas facile, car Mac voulait partir pour deux ans. Elle avait déjà acheté des conserves de légumes, de fruits et de viande, des jus de fruits, stockés provisoirement chez sa mère, veuve, qui habitait un vieux quartier de San Diego. Le congélateur entreposé dans son garage regorgeait de rôtis, jambons et poulets qui seraient transportés à bord juste avant le départ. Les denrées les plus courantes seraient peut-être difficiles à trouver à l'autre bout du monde, ou alors à des prix exorbitants.

Mac but encore une gorgée de bière et la taquina en souriant :

– Tu vas faire plus de cinquante kilomètres aller-retour pour économiser quelques dollars sur des haricots verts ? Tu dépenseras davantage en essence.

– Tu oublies que nous avons une Volkswagen.

Elle lui rendit son sourire mais semblait crispée.

– Tu vas bien ?

– Oui, oui.

Elle le contempla avec tristesse et il vint s'asseoir à côté d'elle sur le banc, dans le cockpit.

– Tu n'as toujours aucune envie de partir.

Muff ne répondit pas. Son mutisme et son regard parlaient d'eux-mêmes. Il posa une main rassurante sur sa cuisse.

– Mon offre est toujours valable. Sincèrement.

– Je ne veux pas que tu partes sans moi.

Incapable de le regarder en face, elle laissa tomber sa tête sur l'épaule musclée toute chaude de soleil.

– Si tu veux rester à la maison, Muff, fais-le.

Elle sourit et secoua la tête, sachant que cela lui serait impossible. Sa place était auprès de lui.

– Je ferais mieux d'y aller avant qu'ils augmentent le prix de leurs haricots verts, dit-elle en se redressant.

– Tu viendras, ce soir ? demanda-t-il.

– Où ça ?

– Chez Hal Horton, avec Marie et Jamie. C'est ce type pour qui cette île du Pacifique n'a plus de secret.

Elle s'efforça de ne pas laisser percer sa déception. Elle aimait beaucoup les Jamieson ; Marie était un vrai numéro et Jamie un amour. Ils s'étaient connus en 66, alors que leurs bateaux étaient amarrés côte à côte à Underwood. Ils s'amusaient beaucoup, tous les quatre. Mais ce soir, Muff n'avait aucune envie de passer des heures à entendre parler de l'île déserte que Mac désirait visiter.

— Nous devons partir d'ici à 18 heures, précisa-t-il.

— O.K. ! Je serai de retour.

Après tout, pensa-t-elle, elle serait contente de voir Marie et Jamie.

— J'ai été cantonné à Palmyre pendant près de deux ans, de 42 à 44...

Son cocktail dans une main, Horton pointa un index boudiné sur la carte du Pacifique étalée sur la table de la salle à manger.

— Ce minuscule point, là, à environ mille milles nautiques au sud de Hawaii. Je vous jure, on se serait crus sur une de ces îles qu'on voit dans les films. On ne peut plus isolée. Et déserte. Enfin... à part quelques fantômes, peut-être.

L'ancien officier de marine bedonnant but une gorgée et enchaîna :

— Une fois, un de nos avions de reconnaissance s'est abîmé tout près de l'île. Nous avons cherché, cherché, mais nous n'avons jamais rien trouvé, rien, pas un boulon. C'était vraiment bizarre. Comme s'ils étaient tombés du bord du monde. Une autre fois, un appareil a décollé de la piste, a grimpé jusqu'à une centaine de mètres et a filé dans la mauvaise direction. Il devait mettre cap au nord et il est parti plein sud. En plein jour. On n'a jamais compris pourquoi. Deux hommes occupaient cet avion. On ne les a jamais revus. On a vraiment eu la poisse, sur cette île. Dans la région, les vieux loups de mer l'appellent l'île maudite.

Muff pâlit. Hal alla préparer une nouvelle tournée de cocktails.

Fasciné, Mac feuilletait le vieil album de photos de leur hôte. Pendant la Seconde Guerre mondiale, cinq mille hommes et quelques infirmières stationnèrent à Palmyre. L'île abritait alors une base de l'aéronavale, avec plusieurs hydravions et une douzaine de bombardiers de piqué pour des patrouilles plus longues. L'unique intervention ennemie eut lieu moins de trois semaines après l'attaque-surprise contre Pearl Harbor. Un sous-marin japonais solitaire fit surface à trois cents mètres de la côte et se mit à tirer sur une drague travaillant dans le lagon. Une batterie de pièces de marine chassa promptement l'importun. Ensuite, l'Empire du Soleil levant se désintéressa totalement de l'atoll isolé.

— La Pan Am s'en servait avant la guerre comme base de ravitaillement en carburant pour ses vols Clipper vers Samoa, reprit Hal. Mais la plupart des installations datent d'après Pearl Harbor. Nous avons construit un hôpital à une extrémité de l'île. C'était l'endroit idéal pour un terrain d'atterrissage d'urgence, car énormément d'avions partaient de Hawaii vers les archipels du Pacifique Sud. L'ennui, c'est que Palmyre ne couvre que cent à cent quinze hectares. On peut la survoler à trois mille mètres et ne rien voir du tout, pour peu qu'il y ait des nuages. Une fois, nous avons entendu un avion au-dessus de nous, qui nous cherchait, mais il est tombé à la baille avant d'avoir pu repérer la piste. Pauvre gars, on a essayé d'aller le repêcher mais les requins nous avaient devancés.

— Mon Dieu ! souffla Muff en échangeant un coup d'œil avec Marie.

— Votre Palmyre ne me fait guère l'effet d'un paradis, dit Marie.

— Quelle est la profondeur du chenal ? demanda Mac sans faire attention aux femmes.

— Cinq mètres environ, répondit Hal. Bien assez pour un voilier. Les cargos moyens pouvaient pénétrer dans le lagon. Nous leur avions construit un débarcadère. Le lagon occidental, le plus important, mesure douze cents mètres de long sur huit cents de large.

— Je parie que Palmyre regorge d'endroits à explorer ! s'exclama Mac avec un enthousiasme d'adolescent.

— Ouais. Des bunkers, des positions de mitrailleuses, des souterrains, des entrepôts, tout le bazar. Il paraît que la Marine a laissé un tas de matériel, quand elle a décampé après la guerre. Ça lui revenait moins cher que de tout rapatrier. Vous allez trouver toutes sortes de vestiges.

— Ça vaudrait la peine d'y passer un bon moment, il me semble, dit Mac.

— Mais vous ne trouverez rien d'utilisable, sûrement aucun appontement, pas de pièces de rechange... Il faudra que vous emportiez tout avec vous, avertit Hal.

— Notre bateau est bien équipé.

— Le plus sophistiqué qu'on ait jamais vu, renchérit Jamie.

Mac et Muff repartirent ce soir-là avec un monceau de documentation, dont une lettre écrite en 1963 par un officier à un professeur d'université qui projetait un voyage à Palmyre : « Je puis vous assurer que ce sera une aventure dont vous vous rappellerez longtemps. Vous aurez comme compagnons une foule d'animaux, d'insectes, de poissons et d'oiseaux et vous finirez par devenir de grands amis. » Suivait sur trois feuillets une liste d'articles à emporter à Palmyre où figuraient « coéquipier, trousse médicale complète, pistolet » et « munitions ». L'officier concluait : « C'est un endroit où vous pourrez oublier les nombreux problèmes de ce monde. »

Voilà exactement ce que souhaitait Mac. San Diego était moins défiguré et plus pittoresque que la plupart des ports et grandes villes du littoral mais souffrait déjà d'une augmentation de la criminalité et de la circulation. Les faits divers relatant agressions, viols et vols à main armée devenaient de plus en plus fréquents et alarmants. Le smog, ce fléau urbain, était également une cause de souci. Mac sentait que son monde à lui était quelque part *là-bas*, au milieu de cette immensité bleue balayée par les vents, et non ici où un demi-million de personnes se bousculaient pour trouver leur place.

Muff, en revanche, aurait aimé vivre dans une belle maison confortable, de style ranch, avec une piscine, dans cette ville côtière aux plages propres pleine de centres commerciaux animés. Elle aurait voulu avoir des enfants, aussi. Mais si Mac en avait parlé au début de leur mariage, la mer avait toujours constitué un obstacle à la vie de famille. Muff s'était résignée. Aucune vie n'est parfaite.

Elle doutait de pouvoir aimer un homme plus qu'elle n'aimait Mac. Elle le trouvait beau, séduisant, intelligent et il paraissait profondément épris d'elle. Elle restait fidèle à la décision qu'elle avait prise en l'épousant de se conformer à son mode de vie. Elle voyait bien l'éclat qui brillait dans ses yeux quand il parlait de voile et jamais elle ne lui aurait demandé de choisir entre la mer et elle. Il les aimait toutes deux, il avait droit aux deux. Et puis, dans le fond, elle n'était pas tout à fait sûre du choix qu'il ferait.

Quelques semaines après la soirée chez Horton, Mac avait mis au point son itinéraire. Le *Sea Wind* partirait de San Diego pour Hawaii, où il mouillerait environ un mois avant de descendre vers Palmyre. Si l'île était conforme à son attente, ils y resteraient de six mois à un an, après quoi ils repartiraient vers Tahiti et les autres îles fabuleuses des mers du Sud.

Muff appréhendait de plus en plus le moment du départ. Refoulant ses craintes, elle souffrait d'insomnie, de palpitations et de brûlures d'estomac. Selon son médecin ces symptômes, simplement nerveux, n'avaient rien d'inquiétant.

A l'inverse de Mac, elle ne conservait pas que de bons souvenirs de la mer. Elle se rappelait encore avec effroi, dix ans après, certains épisodes de leur lune de miel. Ils avaient fait le tour du monde pendant six ans, essuyé un typhon dans le Pacifique Sud, traversé la mer Rouge démontée et affronté des pirates en Méditerranée orientale. Elle avait vécu dans la peur constante du mauvais temps et de la grosse mer et l'idée d'en repasser par là la terrorisait. Mais si jamais quelque chose arrivait à Mac en son absence elle ne se le pardonnerait jamais.

— Ce voyage sera bien plus facile que la croisière autour du monde, assurait-il. Nous ne serons partis que deux ans, nous n'avons aucune raison de nous presser. Tu verras, ma chérie, ce sera merveilleux.

— Je l'espère, répondait-elle avec un sourire forcé. J'ignore d'où me vient ce mauvais pressentiment.

3

Honolulu

Une voiture roulait lentement sur le parking du port de Keeha Lagoon, près de l'aéroport international de Honolulu. Des centaines de bateaux de plaisance se balançaient doucement le long des quais. Catamarans et trimarans, ketches et schooners, cotres et sloops, jouets de riches et de moins riches, de jeunes et de vieux, d'aventuriers et de paresseux. Pour certains, naviguer était un mode de vie, pour d'autres l'occasion, chaque week-end, de s'évader un peu. Pour Buck et Jennifer, propriétaires d'un de ces voiliers provisoirement amarrés là, la nature de l'évasion prévue était tout autre.

La voiture de location s'arrêta brusquement et un homme de taille moyenne, âgé d'une trentaine d'années, en sortit. Il portait une chemise blanche à col boutonné et un pantalon de flanelle. De la poche de la chemise, il tira la photo écornée d'un voilier. Après un bref regard à la photo, il partit en courant le long de la rangée de bateaux en lançant par-dessus son épaule :

– Reste là.

La dame d'un certain âge, dans la voiture, ignorait ce que son fils avait vu, pour courir ainsi. Encore une fausse piste, probablement. Depuis quelques jours, toutes leurs recherches avaient été vaines. Beaucoup de gens pensaient reconnaître le *Iola* d'après la photo mais personne ne savait ou ne voulait dire où étaient le voilier et Jennifer. Sunny Jenkins, sa mère, se demandait si son fils Ted et elle la retrouveraient à temps.

Ils étaient arrivés de Californie quatre jours auparavant et n'avaient cessé de parcourir l'archipel, en commençant par la grande île, car Jennifer leur avait donné l'adresse de cette cabane vétuste, au-dessus de Hilo. Là, quelqu'un leur expliqua que Jennifer et son compagnon étaient allés à Maui pour restaurer un vieux rafiot. Sunny et Ted prirent immédiatement l'avion pour Maui et, après deux jours d'enquête, un jeune homme aux cheveux longs qui bricolait une embarcation à Maalaea leur apprit que le couple du *Iola* avait fini par appareiller et faisait route vers Oahu. Sunny et Ted s'y rendirent aussitôt, mais lorsque l'avion survola Honolulu avant l'atterrissage, la vue de la myriade de bateaux de plaisance découragea Sunny. Comment en trouver un, en particulier, parmi tout ça ? Elle s'arma de courage et demeura fermement résolue. Ils n'avaient pas le choix. En recevant la dernière lettre de Jennifer, elle avait fait part de l'inquiétante nouvelle à Ted et tous deux avaient été d'accord pour s'efforcer de la dissuader de partir à l'aventure avec Buck Walker.

Sunny avait un heureux caractère et un visage perpétuellement souriant. Mais, pour le moment, elle avait l'air soucieuse et paraissait déprimée. Le *Iola* avait pu prendre la mer depuis des jours.

Ted revenait vers la voiture, en nage.

– Je l'ai trouvée, maman.

– Ah, Teddy ! Dieu soit loué ! s'exclama Sunny les larmes aux yeux.

– Elle arrive. C'était vraiment le coup de pot. J'ai reconnu ce truc-là, dit-il en montrant le beaupré visible sur la photo. Je me suis souvenu de ce type nous disant que c'était devenu assez rare.

– Comment va-t-elle ?

– Très bien. Elle n'en croyait pas ses yeux, dit-il en riant, puis sa figure s'assombrit un instant. N'oublie pas ce que nous avons décidé, maman. D'accord ?

Elle serra les dents en hochant la tête. Elle priait pour que leur plan réussisse.

Quand ils se retrouvèrent tous pour dîner, ce soir-là, dans un restaurant du port, Sunny examina discrètement le copain de sa fille. Elle s'étonna d'abord de la longueur de ses cheveux blonds à la mode hippie. Ses grands yeux lumineux la regardaient en face, sans hésitation. Il semblait très sûr de lui. Grand, musclé, il ne manquait pas de charme. Sunny comprenait que Jennifer en soit tombée amoureuse. C'était elle, pour le moment, qui parlait pour eux deux.

– Alors Buck a colmaté tous les trous de la coque et nous l'avons finalement mis à l'eau, expliqua-t-elle entre deux bouchées, il y a environ... quoi ?

– Trois ou quatre semaines, dit Buck.

– Oui, j'ai donc quitté mon emploi, reprit Jennifer, et nous sommes venus ici de Maui. Nous voulions acheter un appareil de liaison radio, avec l'argent que tu as envoyé, maman, mais nous y avons renoncé. Nous avons besoin d'emporter davantage de vivres, des denrées de base comme du sucre et de la farine. Il faudra que je fasse le pain. Et puis nous attraperons beaucoup de poissons.

– Vous n'avez pas de radio ? demanda Sunny, faussement calme.

– Les émetteurs-récepteurs sont hors de prix, dit Buck sans se troubler. D'ailleurs, il n'y a personne à terre avec qui nous voudrions nous entretenir.

Sunny se demanda s'il voulait être offensant ou s'il parlait simplement sans réfléchir.

« Espèces de fichus gosses stupides ! » Elle avait les mots sur le bout de la langue. « Comment pouvez-vous envisager de partir à la voile au beau milieu de l'océan sans radio ? Que ferez-vous si vous avez besoin de secours ? » Mais elle ne dit rien. Ted et elle savaient que les conseils ou les récriminations ne feraient que raffermir la résolution de Jennifer.

Elle avait été une enfant facile à élever. Ils habitaient au troisième étage d'un immeuble à Washington Heights, un quartier modeste de New York. Jennifer était une petite fille gaie, vivante, qui se faisait aisément des amis. Sunny avait divorcé quand la petite avait dix ans. Ted était déjà à l'université de Syracuse, dans le nord de l'Etat. La mère et la fille étaient parties s'installer à Toronto et les ennuis avaient commencé. A dix-sept ans, Jennifer séchait ses cours pour aller jouer au billard avec des copains. Elle améliora ses scores mais ses notes s'en ressentirent. Sunny n'avait aucune emprise sur elle. Finalement, le proviseur posa un ultimatum : ou bien Jennifer abandonnait volontairement ses études, ou bien elle devrait supporter la honte de l'échec à ses examens. « Dans notre famille, on n'abandonne pas », déclara son oncle Buddy, relayé par son frère : « Abandonner serait la pire décision de ta vie. » Elle laissa pourtant tout tomber en cours d'année mais promit de retourner au lycée à la rentrée de septembre. Pendant l'été, la mère et la fille déménagèrent pour aller vivre à Los Angeles. Jennifer tint parole, et termina ses études secondaires, en travaillant le soir comme vendeuse dans un magasin. Après le lycée, elle entra à l'université. Un an plus tard, elle s'installa seule dans un quartier de Los Angeles appelé San Fernando Valley, mais elle continua à voir sa mère régulièrement. En 1969, son diplôme de psychologie en poche, Jennifer partit pour Hawaii. Là, elle aida Buddy à diriger son village de vacances, l'*Ulu Ma*, à Oahu. C'était un authentique village hawaiien du XVIe siècle qu'il avait acheté à Honolulu, démonté planche par planche et transporté de l'autre côté de l'île, dans la baie de Kanoehe, pour le reconstruire sur un terrain qu'il possédait sur la plage. Son affaire était prospère. Jennifer servait et tenait les comptes.

Après cinq ans dans les îles, elle était toute bronzée, ses cheveux avaient éclairci, elle les portait plus courts, mais pour sa mère elle n'avait pas changé. Malgré tout, Sunny n'était pas très sûre de bien connaître sa fille. Elles s'étaient trop peu vues, depuis que Jennifer était à Hawaii, pour savoir vraiment quel genre de vie menait sa fille. Il y avait eu par exemple cette arrestation pour trafic de stupéfiants. Jennifer était-elle, comme tant de jeunes, compromise dans des affaires de drogue ? Elle justifiait sa consommation régulière de marijuana (elle avait été condamnée en 1970 pour possession illégale) en assurant qu'elle ne faisait rien de pire que l'homme d'affaires qui boit un cocktail après une dure journée de travail. Quant à son inculpation et à celle de Buck, elle affirmait que c'était un coup monté.

Après le dîner, Ted demanda l'addition et se tourna vers Buck.

– Jenny nous a écrit pour nous parler de vos problèmes avec les autorités. Y a-t-il quelque chose que nous puissions faire pour vous aider ?

– Je ne crois pas.

Ted attendit la suite. Jennifer rompit enfin le silence :

– Buck a été arrêté et accusé de vendre du M.D.A. C'est une drogue, maman, mais pas comme l'héroïne. Plutôt comme l'herbe. Enfin bref, j'étais allée en ville avec Buck. Il a été arrêté sur le parking de Penney's. Moi, j'étais à quelques centaines de mètres, dans un lavomatic pour laver notre linge. Ils m'ont quand même inculpée moi aussi pour vente de M.D.A. C'est pas juste !

(Si Jennifer parlait ouvertement à sa mère et à son frère

de ses démêlés avec la police au sujet de la marijuana, avec plus d'indignation que de honte, en revanche, elle leur avait caché ses autres arrestations à Hawaii, en 1969 et 1973, pour vol à l'étalage. Ces choses-là, on ne les disait pas à maman.)

Jennifer croyait sincèrement que Buck avait été victime d'un coup monté, qu'il était tombé dans un piège. Elle passa tout de même sous silence quelques détails qui risquaient de les troubler, le fait, par exemple, que Buck avait sur lui une puissante arme à feu (un pistolet 9 mm) au moment de son arrestation, une précaution nécessaire, lui avait-il expliqué par la suite, pour ne pas être dévalisé par un autre revendeur. De plus, avant ce trafic avorté de M.D.A., il y avait eu la tentative de culture de marijuana.

Buck s'était donné beaucoup de mal pour faire pousser des centaines de plants derrière la cabane dans la montagne, et juste avant la cueillette, tous les plants avaient été volés, déracinés jusqu'au dernier. Furieux, avide de vengeance, Buck avait replanté, puis installé des pièges (dont certains à cartouches) et gardait à portée de main un fusil de chasse et un revolver chargés. Cela avait provoqué une grande dispute. Jennifer ne voulait absolument pas d'armes à feu dans la maison et Buck, ayant fini par céder, les laissa dehors, juste à côté de la porte.

— Buck a une audience demain, expliqua Jennifer, mais il n'ira pas. L'avocat dit que s'il plaide coupable pour la vente de M.D.A. on abandonnera les autres chefs d'accusation et l'inculpation bidon contre moi.

— Buck va se soustraire à la justice ? demanda Ted.

Jennifer hocha gaiement la tête. Son frère réfléchissait à toute vitesse.

— Ai-je bien entendu, Buck ? Si vous vous présentez demain à l'audience et si vous plaidez coupable, l'inculpation contre Jennifer sera abandonnée ?

— C'est ce que prétend l'avocat, marmonna Buck.

— Vous serez mis en prison ?

— Non. On me donnera une date de jugement, pour l'affaire de drogue.

— Notre avocat dit qu'il sera laissé en liberté sous caution jusqu'à son jugement, intervint Jennifer, mais une fois qu'il aura purgé ici sa peine pour le M.D.A., la Californie demandera son extradition et le renverra à San Quentin, en révoquant sa liberté surveillée. Je ne veux pas qu'il retourne là-bas. Cet établissement change les hommes en *bêtes* !

Ted choisit ses mots, souhaitant que la logique de ce qu'il allait dire reste claire et irréfutable :

– Ecoutez, Buck, si en comparaissant demain et en plaidant coupable vous dégagez Jennifer de toute inculpation, pourquoi n'iriez-vous pas ? Je vous accompagnerai.

Walker répondit sans hésiter :

– O.K. ! C'est mon problème, d'ailleurs.

– C'est notre problème, déclara Jennifer, comme pour bien montrer vers qui, à cette table, allait sa loyauté.

Sunny et Ted retournèrent à leur hôtel, Jennifer et Buck au *Iola*. Ted pensait avoir tiré le meilleur parti d'une sale situation. Il comptait accompagner Walker pour bien s'assurer que les charges contre Jennifer seraient abandonnées. Ensuite, sa mère et lui trouveraient le moyen d'être seuls avec elle pour essayer de la dissuader de partir avec Buck.

Jennifer était sincèrement heureuse de la visite à Hawaii de sa mère et de son frère. Bien que totalement en désaccord avec leurs valeurs et leurs opinions politiques, elle les aimait tendrement. Le but de leur voyage n'avait rien de mystérieux, aussi ne s'étonna-t-elle pas lorsqu'ils l'invitèrent à déjeuner à leur hôtel, seule, sans Buck.

Elle ne put s'empêcher de sourire, en les voyant. Ils avaient l'air tellement *préparés*, comme des comédiens débutants, morts de trac, attendant leur première entrée en scène.

– Jennifer, lui dit d'emblée sa mère, j'aimerais vraiment que tu reviennes avec moi et que tu reprennes mon affaire de vente par correspondance. Je te mettrais au courant et je pourrais prendre ma retraite.

Jennifer fut touchée. Quelques années plus tôt, elle aurait sauté sur l'occasion d'être son propre patron, d'avoir son entreprise bien à elle, mais plus maintenant.

– C'est une offre magnifique, maman. Je l'apprécie vraiment, je t'assure, mais je me suis engagée. Depuis des mois, je travaille avec une seule idée en tête, préparer notre bateau pour quitter Hawaii. J'y ai investi de l'argent. Buck a travaillé à bord. C'est notre projet et nous le réaliserons. Je ne peux rien y changer. Je ne peux pas abandonner Buck. Il partirait probablement sans moi mais je ne pense pas qu'il y arriverait, tout seul. Il a besoin de moi.

« Il a besoin de moi. » Sunny savait depuis longtemps que tôt ou tard elle entendrait ces mots. Depuis qu'elle était petite fille, Jennifer était attirée par tout ce qui lui semblait avoir besoin d'elle, un chien, un moineau blessé, un petit voisin qui était tombé et s'était couronné le genou. Ce n'était pas un hasard si tous ses petits copains étaient des perdants. Elle éprouvait un funeste penchant pour les malchanceux, les marginaux, les paumés.

Sunny ne dit rien et Ted monta au créneau :

— Ecoute, Jennifer, il faut tenir compte de l'aspect judiciaire de tout cela. S'il n'y a plus d'inculpation contre toi...

— Au fait, interrompit-elle, merci d'être allé au palais avec Buck, ce matin. Je suis rudement soulagée d'être libérée de ce truc-là. Le jugement de Buck a été fixé à cet été.

— Si tu pars avec Buck tu auras à répondre d'autres chefs d'accusation, tu sais, avertit Ted. Complicité, par exemple.

— Oui, mais si j'étais sa femme on ne pourrait pas m'accuser de complicité, n'est-ce pas ?

La première salve de Ted faisait long feu. Selon la loi américaine, une femme ne pouvait témoigner contre son mari. Ted ne voulait pas offrir à sa sœur une raison d'épouser Buck Walker. Il se hâta de revenir à la charge :

— Même si on ne t'accuse de rien, tu partageras son existence de fugitif. Buck ne pourra jamais revenir, et toi non plus. Tiens-tu réellement à tout abandonner, ta famille, tes amis, à quitter ce pays à bord d'un voilier et à rester toute ta vie au loin ?

— Mais je n'abandonne pas ma famille ! protesta-t-elle avec conviction. Je ne vais pas disparaître de la surface de la terre. Et d'abord, Buck m'a promis que ce ne serait pas pour toujours. Dans quelques années, il reviendra et se constituera prisonnier. Il pense qu'on sera plus indulgent avec lui, en constatant qu'il n'a pas récidivé depuis son départ.

Jennifer eut du mal à débiter cette dernière phrase. Elle était incapable d'imaginer Buck se constituant prisonnier, comme il le lui avait solennellement promis une nuit où ils étaient tous deux blottis dans leur étroite couchette du *Iola*. Mais elle résoudrait le problème plus tard.

— Tu crois qu'on ne vous retrouvera pas ? demanda Sunny en élevant la voix malgré elle. Il n'y a aucun moyen d'échapper à la justice. Le gouvernement possède des avions et des bateaux pour traquer les fugitifs. Il a le F.B.I. !

— Je regrette, maman. Je pars avec lui.

Ted comprit qu'il était temps de jouer son va-tout. Un de ses amis, district attorney adjoint, en Californie, avait accepté d'entrer le nom de Buck Walker dans le fichier informatique des casiers judiciaires. Il en ressortit une très longue suite de méfaits, marquée tout d'abord par l'arrestation de Buck à l'âge de douze ans, son évasion d'un centre de redressement l'année suivante et deux vols de voitures un an plus tard. La liste comportait encore deux évasions de maisons de correction et un nouveau vol de voitures, le tout avant ses seize ans. A mesure que Walker grandissait, la gravité de ses délits augmentait. Les chefs d'accusation se succédaient rapidement et révélaient bien plus que le simple défoulement d'un jeune loubard : vol qualifié (seize ans), deux cambriolages (dix-sept ans) et le vol à main armée qui lui avait valu son incarcération à San Quentin. Sept mois après sa mise en liberté surveillée, en 1961, il était de nouveau arrêté pour un cambriolage à Los Angeles.

Ted ne voulait pas que sa sœur sache qu'il avait enquêté sur Buck, aussi ne mentionna-t-il pas le casier judiciaire, mais il était cependant déterminé à lui dire une chose si effrayante qu'elle donnait sérieusement à réfléchir avant d'avoir affaire à Buck Walker.

– Buck t'a-t-il avoué son internement, il y a sept ans, dans un hôpital psychiatrique pour fous criminels ?

Jennifer redressa la tête et croisa les bras, signe irréfutable de son retranchement sur ses positions.

– Bien sûr. Il simulait pour ne pas retourner à San Quentin !

La riposte fut si rapide, si assurée, qu'il ne faisait aucun doute pour Ted que rien de ce que sa mère ou lui pourraient dire ne dissuaderait Jennifer d'aller au bout du monde avec Buck Walker. Il les avait devancés en présentant sa propre version de son inquiétant passé. Et c'était lui que Jennifer croyait.

Sunny n'avait pas dit grand-chose et se sentait moralement épuisée. Elle ôta ses lunettes, soupira profondément, essuya ses yeux rougis et parla enfin. Comme son fils, elle avait gardé ce qu'elle pensait être son meilleur argument pour la fin.

– Tu sais, Jennifer, je fais un horrible cauchemar, depuis quelque temps. Toujours le même. Tu es sur un bateau et une énorme vague arrive et s'écrase sur toi. Le bateau se retourne et tu te noies. Ma seule pensée est « Jennifer se noie, Jennifer se noie ! ». Je me réveille si bouleversée que je ne peux pas me rendormir. Ma chérie, si tu pars dans l'océan à bord de ce petit bateau, je crois que tu ne reviendras plus jamais.

Jennifer se pencha vers sa mère et lui serra affectueusement le bras pour la rassurer.

– Tu es merveilleuse, maman, de tant te soucier de moi. Rien que pour ça, je t'adore. Mais tout ira bien, tu verras.

Elle en était convaincue. Elle était plus heureuse avec Buck qu'elle ne l'avait jamais été avec aucun garçon. Ils réussiraient. Ce ne serait peut-être pas sans mal, ils auraient probablement besoin d'une bonne dose de chance et d'un courant favorable dans le fleuve de la vie, mais elle était éperdument amoureuse de cet homme et c'était tout ce qui comptait.

4

San Diego

Marie Jamieson était déconcertée par le comportement de son amie.

Après un coup de téléphone précipité et confus, dans la matinée, Muff était arrivée, les nerfs à vif et chargée de paquets. On aurait dit une réfugiée. Elle portait un énorme carton qu'elle maintenait avec son menton. Des sacs en plastique pendaient de ses poignets. Comme d'habitude, elle essayait de faire trop de choses à la fois mais son expression tendue n'expliquait pas pourquoi elle portait un tel fardeau.

Mi-amusée, mi-inquiète, Marie aida son amie à transporter dans la maison le reste de tout ce qui ne pouvait être emporté pour un voyage au long cours ; il y en eut bientôt partout dans la cuisine et sur la table de la salle à manger.

Ses amis connaissaient bien le tempérament de fourmi de Muff, et Mac s'en amusait, la plupart du temps. Il adorait raconter qu'un jour il avait essayé de changer les habitudes de sa femme. Comme l'avant de son bateau plongeait dangereusement dans l'eau, il avait *ordonné* à Muff de jeter une partie de ses affaires par-dessus bord. Quand il revint, l'arrière s'enfonçait davantage que l'avant. Elle s'était contentée de tout déplacer ! Mac s'esclaffait en racontant cet épisode et Muff souriait timidement. Elle l'avait sans doute trop entendu.

Ce matin, après avoir fait du café, Marie fut émue en voyant Muff trier toutes ses affaires comme s'il lui en coûtait de s'en séparer. Certains cartons renfermaient de vieux magazines, des journaux jaunis, tout un bric-à-brac innommable et sans valeur. Une vieille valise était remplie de souvenirs de leur croisière autour du monde, une autre contenait une collection de coquillages. Elle montra à Marie qu'elle les avait tous nettoyés et polis ; ils n'avaient rien d'extraordinaire mais ils lui rappelaient des moments passés avec Mac.

Il y avait aussi dans ce fatras quelques authentiques trésors, les vestiges de la vie confortable de gens de goût, de la délicate porcelaine anglaise, des verres à pied en cristal, un service de couverts en argent massif, un plateau signé Tiffany.

Marie prit un des couteaux du service et remarqua un ornement insolite gravé sur le manche.

– C'est le blason de la famille de Mac, dit négligemment Muff.

– Ecoute, mon chou, cela m'ennuie de garder ici tous ces objets précieux, l'argenterie de famille, tout ça... Tu n'as personne d'autre à qui les confier ?

– Ne t'en fais pas. J'ai gardé bien assez de jolies choses à bord pour notre dîner spécial hebdomadaire. Nous ne manquons jamais à notre tradition, avec tout le tralala, la nappe blanche et les chandeliers d'argent. Tu ne me croiras pas, mais j'arrive même à faire mettre une chemise blanche à Mac, dit Muff en riant. (Mais son rire sonnait faux, elle avait manifestement l'esprit ailleurs.) Bien sûr, s'il nous arrivait quelque chose, tout ça devrait aller à la famille de Mac... Je pourrais laisser ça chez maman, sans doute, mais elle commence à se faire vieille...

Elle voulut rire encore, sans succès cette fois.

Marie savait que Muff ne se faisait pas une joie de ce voyage en mer et, instinctivement, elle avait envie de la serrer dans ses bras et de la supplier de ne pas se lancer dans cette folle aventure. Elle voulait protéger cette amie si douce, si discrète et si calmement courageuse. A vrai dire, Muff avait moins besoin de protection que son macho de mari. Mac se fiait facilement à n'importe qui. Dernièrement encore, il s'était laissé entraîner dans une mauvaise spéculation boursière qui lui avait fait perdre plusieurs milliers de dollars. Muff lui avait pourtant conseillé de se méfier de cet individu qui ne lui inspirait pas confiance.

Marie était convaincue que son amie avait un réel don de voyance, la faculté de capter les ondes émises par certaines personnes, comme si elle était née avec d'invisibles antennes. Souvent, rien que pour rire, Marie mettait cette faculté à l'épreuve et demandait à Muff de deviner ce qu'une personne pensait, ou de prévoir un coup de téléphone. Muff se trompait rarement et Marie finissait par croire à la perception extrasensorielle.

Brusquement, avec des gestes nerveux comme si elle avait voulu retarder une épreuve, Muff fouilla dans un carton et en retira une statuette de la Vierge Marie en faïence italienne ; elle avait les yeux fermés et une expression de douleur intense ou d'adoration. Le front était barré par une grosse fêlure.

Muff la souleva avec précaution, hésita, puis la remit à Marie.

— Tiens, elle est pour toi. C'est... Nous l'avons achetée en Italie, pendant notre croisière de lune de miel.

— Oh non, Muff, non ! Tu ne dois pas...

— S'il te plaît ! Je t'en prie !

— Mais si c'est un souvenir de ton...

— Non. Tu ne comprends pas. Je ne veux plus jamais la revoir. Tu peux la jeter, si tu veux, la donner à n'importe qui, mais moi je n'en veux plus.

Marie fut ahurie. Muff tremblait et avait du mal à respirer.

— Regarde-la ! s'exclama-t-elle enfin. Regarde ce qui lui est arrivé... Tu ne vois pas ? *Le trou dans sa tête !*

Muff montra la fêlure, cacha sa figure dans ses mains et fondit en larmes.

Marie posa aussitôt la statuette et saisit son amie par les épaules. Sa crise de nerfs était contagieuse et elle se mit à pleurer aussi, sans savoir pourquoi.

— Je ne reviendrai jamais, gémit Muff.

— Voyons, ma chérie, tu ne peux pas...

— Mac et moi... nous ne te reverrons jamais.

— Si c'est ce que tu ressens, mon chou, tu ne dois pas partir ! Mac comprendra. Il ne voudrait pas t'imposer une telle épreuve, voyons.

Muff se redressa immédiatement et repoussa Marie. Tout en s'efforçant d'arborer un sourire courageux, elle attrapa un mouchoir en papier et se tamponna les yeux. Puis elle rit, Marie l'imita et elles furent toutes deux prises d'un fou rire libérateur.

— Non, dit finalement Muff, ma place est auprès de Mac. Il veut y aller. Il doit y aller. Alors moi aussi, voilà.

Marie frissonna.

— Ecoute, Muff, personne ne *doit* faire quelque chose. Mac devrait être le premier à le comprendre... Viens donc vivre avec nous, en son absence. Laisse-le trouver un équipage, faire son grand voyage, et quand il en aura assez d'explorer son imbécile d'île, il reviendra tout te raconter. Et je te promets que nous regarderons toutes ses fichues diapos sans exception !

Les lèvres pincées, Muff secoua lentement la tête.

– Plus qu'une croisière, une seule. C'est ce qu'il... ce que nous nous sommes promis.

Marie voulut encore protester mais Muff la fit taire d'un rapide petit baiser sur la joue.

– Il faut que je me sauve. Merci de garder tout ce bazar. Je t'aime, tu sais.

Ce soir-là, Marie ne put retenir ses larmes quand elle raconta cette visite à son mari. Mais Jamie ne s'en émut pas. Il cherchait toujours par nature à voir le côté rationnel des choses.

– Elle est un peu inquiète, quoi. Tu sais que Muff a horreur des longues croisières. Elle n'aime que sa maison et ses petites habitudes.

– Non, c'était bien plus que ça... Elle était terrifiée.

– Tu exagères...

– Je connais Muff, Jamie. Elle me disait adieu.

– Eh bien, naturellement...

– Non, Jamie. Pas au revoir. Muff me disait adieu... pour toujours.

5

Le 1er juin 1974 à l'aube, le *Iola* appareilla de Port Allen, sur la côte méridionale de Kauai, la première île de l'archipel hawaiien sortie de l'océan il y a plusieurs millions d'années.

Longtemps avant que Jennifer et Buck ne perdent de vue le mont Kawaikini, avec son sommet drapé de nuages, culminant à plus de mille cinq cents mètres, ils captèrent les alizés nord-est et filèrent bon vent vers le sud.

Seule en mer avec l'homme qu'elle aimait, chauffée par le soleil éclatant et rafraîchie par les embruns, Jennifer se sentait jeune, saine, libre et trouvait cela exaltant. Leur avenir était maintenant entre leurs mains, pas entre celles de la justice, et ils allaient vivre une aventure lointaine et passionnante.

Sa rêverie prit fin quelques heures plus tard quand le vent mollit, tomba et qu'ils furent immobilisés en plein océan, ballottés par les vagues. Ils se consultèrent, se demandèrent s'ils devaient utiliser le moteur hors-bord installé à l'arrière mais jugèrent préférable d'économiser le carburant. Mieux valait patienter.

Des gens de mer expérimentés auraient été choqués de voir trois chiens à bord du *Iola*. Les voiliers transportent rarement même un seul chien. Celui de Jennifer était une petite boule de poils répondant au nom de Puffer. Quand elle avait décidé de l'emmener, Buck avait déclaré que les deux siens, une chienne au pelage fauve, mâtinée de labrador nommée Sista et Popolo, un pit-bull, viendraient aussi. Tous deux étaient grands, lourdauds, maladroits et d'une stupidité désespérante ; Popolo, de plus, était méchant. Jennifer avait essayé de raisonner Buck mais il rétorquait avec obstination : « Je les laisserai si tu laisses Puffer. » Il n'était pas question pour Jennifer de se séparer de sa petite Puffer, son amie et sa confidente. Les trois chiens étaient donc du voyage, avec soixante-quinze kilos de pâtée en boîte. Pour éviter qu'une vague ne les balaie par-dessus bord, Buck avait recouvert le bastingage d'un filet de pêche de vingt-cinq mètres, acheté dans une coopérative de marins-pêcheurs.

Le vent réapparut au début de l'après-midi de ce premier jour et Buck hissa la grand-voile. Le soir, ce fut à nouveau le calme plat ; il abattit alors la grand-voile et hissa le petit foc. Le *Iola* avançait à une vitesse d'environ deux nœuds.

Le lent roulis devint de plus en plus inconfortable, Buck sentait venir le mal de mer, mais ils ne savaient comment y remédier. Ni l'un ni l'autre ne comprenait qu'ils étaient « à court de toile », une erreur courante chez les navigateurs novices qui ont tendance à ne pas hisser suffisamment de voile. Des marins expérimentés auraient laissé la grande pour soutirer au vent un maximum de vitesse, ce qui aurait diminué l'effet de roulis. Buck descendit faire un somme. Dans cet espace réduit, ses nausées s'aggravèrent.

Jennifer, moins malade, resta seule sur le pont, dans le silence de la nuit. Sa plus grande peur était d'entrer en collision avec un autre navire, dans cette obscurité totale. Mais un gros navire devait avoir un radar, n'est-ce pas ? Et si son radar ne marchait pas ? Si l'opérateur s'était endormi ? Elle écarquillait les yeux et guettait des lumières ou des ombres de vaisseaux dans la nuit.

Buck remonta en chancelant et prit la relève pendant deux heures ; il barra jusqu'à 1 heure du matin puis appela Jennifer pour qu'elle vienne le remplacer. Au lever du jour, ils changèrent de nouveau. Elle descendit et se jeta sur la couchette, totalement épuisée, et se demanda, avant de s'endormir, si chaque jour du voyage serait comme celui-là.

Buck nourrissait depuis longtemps le fantasme de faire le tour du monde à la voile. Mais il s'apercevait que la réalité de la navigation à bord d'un petit bateau était bien moins plaisante que son rêve. Son mal de mer empira le deuxième jour et finalement il passa presque toute la première semaine dans la cabine, au lit.

Seule à la barre, Jennifer préféra ne pas utiliser la grand-voile – qui exigeait une force physique qu'elle n'avait pas – et rester avec le foc. Le voilier avançait donc lentement, ballotté par les vagues.

Buck, déjà déprimé avant le départ, ne cessait à présent

de geindre et de grogner ; jamais il n'avait été aussi désagréable. Ce n'était pas seulement à cause du mal de mer et de sa situation de fugitif (qui, curieusement, ne lui causait aucun souci). Il était surtout encore bouleversé par la mort récente de son père dans un accident, sur un chantier. Elle s'efforçait de répondre aux besoins émotionnels de Buck. Quand il voulait parler de son père, ils en parlaient. Quand il voulait être tranquille – la plupart du temps –, elle respectait son silence.

Buck idolâtrait son père, il l'évoquait en des termes dithyrambiques : « Le personnage le plus important de ma vie » ; « l'homme le plus fascinant que j'aie jamais connu » ; « j'étais comme une verrue sur son nez, je ne me lassais jamais de le contempler ». Il disait qu'une approbation de son père lui donnait des ailes, qu'une réprobation l'écrasait. Pour lui, son père avait toutes les qualités : il était beau, intelligent, d'une clairvoyance extraordinaire et personne ne pouvait résister à son charme.

Jennifer avait vu Wesley Walker en diverses occasions et son opinion différait totalement. A ses yeux, le père de Buck était un instable, un rêveur, un paumé, mais également très à cheval sur la discipline, tout à fait le contraire de sa femme, Ginger, indulgente et protectrice. Il était aussi d'une insensibilité qu'elle jugeait inquiétante. Quand Buck était en cinquième, la brute de sa classe l'avait poursuivi de l'école jusque chez lui, en le menaçant. Buck s'en plaignit à son père qui lui dit qu'il n'avait qu'à trouver lui-même un moyen de résoudre son problème. La solution de Buck fut de cacher un gourdin sous un buisson, à mi-chemin entre sa maison et l'école. Quand la brute le pourchassa le lendemain, Buck l'assomma proprement. Le soir, les parents vinrent se plaindre chez les Walker et le père les chassa. Puis il prit son fils par les épaules et le félicita. « Ce jour-là, expliquait Buck, papa m'a appris deux leçons. La première : il faut savoir se débrouiller tout seul, la seconde : ça ne fait pas de mal d'être toujours bien armé. » Il tenait de son père une autre maxime : « Essaie d'être toujours honnête avec toi-même, même si tu arnaques le monde entier. »

Malade dans la cabine du *Iola*, Buck essayait de combattre le mal de mer en mangeant. Un marin expérimenté lui avait dit qu'il fallait avoir l'estomac plein pour le stabiliser et éviter les nausées sèches. Alors il commençait chaque journée avec du thé, des biscottes tartinées de miel et une bonne platée de porridge qu'il saupoudrait généreusement de sucre en poudre pour se donner de l'énergie. Ensuite, il courait sur le pont « donner à manger aux poissons », comme disent les vieux loups de mer. Après quoi il redescendait se coucher pour une heure ou deux avant de se traîner à la cuisine pour se préparer un autre repas copieux en puisant dans leurs précieuses réserves.

Jennifer avait dépensé plus de mille dollars – pratiquement toute leur fortune – en ravitaillement. Elle avait surtout acheté des denrées de base, riz, soja, farine, sucre, elle avait couru les ventes promotionnelles et acheté parfois en assez grande quantité pour obtenir un rabais, comme ce sac de vingt-cinq kilos de haricots rouges qui seraient, pensait-elle, une bonne source de protéines. Ils emportaient aussi beaucoup de conserves, pêches au sirop, compote de pommes, ananas, prunes, haricots verts, carottes, maïs, ainsi que des viandes comme du corned-beef et des fruits secs à l'abri de l'humidité dans des sacs en plastique. Les œufs, six douzaines, étaient enduits de vaseline et retournés régulièrement pour qu'ils ne s'abîment pas. Enfin, environ cent cinquante litres d'eau douce, quelques boîtes de boisson à l'orange lyophilisée et deux bidons de deux litres d'huile végétale pour la cuisine avaient été chargés à bord.

Le moindre recoin de la cabine était bourré de provisions et il était difficile de s'y retourner. Quand Buck et Jennifer y descendaient tous les deux, l'un devait se pousser pour permettre à l'autre de passer.

L'escalier aboutissait au centre même du bateau. Dans le coin-cuisine se trouvait un réchaud à deux brûleurs monté sur cardans sur lequel était posée une vieille cafetière en fer-blanc. Au-dessus, il y avait une petite armoire et à côté un minuscule évier métallique où la vaisselle était lavée parcimonieusement à l'eau douce ; contre la paroi bâbord se trouvait une étroite couchette avec un matelas en mousse recouvert de plastique. Lorsque Jennifer et Buck s'y couchaient ensemble, c'était « en petites cuillers », encastrés l'un contre l'autre et couchés sur le côté, faute de place. Ils prenaient leurs repas autour d'une petite table ronde qui servait aussi de bureau de navigation et de table de jeu lorsqu'ils faisaient une partie d'échecs.

L'endroit était exigu mais douillet. Des rideaux en cretonne imprimée de magnolias, cousus par Jennifer, couvraient les hublots et divers recoins de rangement. Quelques détails révélaient une présence féminine, deux orchidées naines en pot, un macramé suspendu, une poupée de chiffon, un parfum de savon à la menthe...

Buck et Jennifer avaient prévu de retrouver Dickie Taylor et son frère Carlos à Palmyre, à la fin du mois d'août. Ils avaient fait connaissance à Maalaea, où Dickie gréait son voilier de dix mètres à côté du *Iola* en cale sèche.

Avant de partir pour Palmyre, Buck avait conclu avec les frères Taylor un marché qui devait, espéraient-ils, les rendre tous riches. Sur l'île, Buck et Jennifer cultiveraient de la marijuana, loin des voleurs de plants. Dickie et Carlos s'occuperaient du transport de la dope et de sa revente à Hawaii, ce qui rapporterait de gros bénéfices. Il était également convenu que lorsque les deux frères viendraient à Palmyre, fin août, ils apporteraient du ravitaillement.

Depuis le premier jour sur le Pacifique, la grand-voile du *Iola* n'avait plus été hissée. Jennifer se débrouillait tant bien que mal avec le foc. Seule sur le pont, elle maintenait le bateau cap au sud, avec vigilance. Buck restait couché, lisait des romans d'espionnage et mangeait. Elle lui répétait qu'il irait mieux s'il montait sur le pont pour respirer un peu d'air frais mais il se prétendait trop fatigué et elle commençait à se demander si ce fameux mal de mer n'était pas tout simplement de la paresse. Il n'était pas dans son élément, d'accord, mais elle non plus, alors pourquoi ne l'aidait-il pas ?

Un soir, alors qu'elle n'arrivait plus à garder les yeux ouverts, elle décida d'attacher la barre pour qu'elle garde le cap. Son système parut marcher. Elle jeta un dernier coup d'œil autour du bateau et ne vit rien. Elle savait que c'était risqué, mais peut-être pourrait-elle descendre et fermer les yeux pendant quelques minutes.

Buck était assis sur la couchette et nettoyait son arme de poing – un revolver de calibre 22 – en fumant une cigarette de marijuana.

– Tu sais que je n'aime pas voir ces armes à bord, dit-elle avec résignation, et elle tira une bouffée du joint.

Quand ils étaient encore à Hawaii, Buck lui avait expliqué de manière très convaincante pourquoi il tenait à emporter des armes ; ils devraient probablement se défendre contre les pirates et autres malfrats qui croisaient en haute mer. Jennifer avait fini par s'incliner à contrecœur et avait même accepté de s'entraîner au tir. (Elle s'était surprise elle-même, touchant l'arbre lors de ses deux tentatives.)

Il sourit, mais machinalement, sans humour ni affection.

La barbe qu'il avait décidé de laisser pousser lui donnait un air maussade. Il paraissait savourer le poids du revolver dans sa main.

– Rappelle-toi ce que j'ai dit. Faudrait être dingue pour prendre la mer, par les temps qui courent, sans emporter de quoi se défendre.

Le .22 était son gourdin sous le buisson...

– Tu sais, j'étais en train de penser à Jake, reprit-il en versant une goutte d'huile sur un chiffon doux.

Jennifer, à bout de forces, s'assit à la table de la cuisine. Elle sentait la moutarde lui monter au nez.

Buck avait tiré au flanc toute la journée, il était resté en bas à dormir, à lire, à se reposer, à manger et maintenant il avait envie de bavarder alors qu'elle mourait de sommeil.

– Tu te rappelles Jake ?

– Oui...

Elle en avait bien assez entendu parler. Jake était le professeur favori de Buck, à San Quentin.

Buck avait laissé tomber le lycée à quatorze ans, mais en prison il avait suivi des cours et était devenu un lecteur assidu de toutes sortes de livres, passant des romans policiers à des ouvrages plus sérieux comme *The World of Philosophy* de Will Durant ou *Atlas Shrugged* d'Ayn Rand, un roman décrivant un monde dans lequel son père, pensait-il, aurait pu réussir. Dans la Bible, Buck avait une nette préférence pour le *Livre de Job*. Il s'identifiait à ce personnage, à la vie duquel il comparait la sienne. Buck avait rencontré une fois, en prison, le célèbre « bandit à la lumière rouge », Caryl Chessman, condamné pour rapt et viol. Buck, qui rêvait d'être écrivain, avait lu le livre de Chessman, *Cellule 2455, couloir de la mort*, et admiré le talent de son codétenu. Lors de leur unique conversation, ils avaient tous deux évoqué les ouvrages qu'ils jugeaient importants. A peu près à l'époque où Chessman était exécuté dans la chambre à gaz de San Quentin, Buck reçut par la poste son diplôme de fin d'études secondaires.

Buck poussa le chiffon au fond du canon, avec une baguette.

– Pendant la Seconde Guerre mondiale, Jake, alors commandant d'infanterie, reçut un jour l'ordre d'aller avec un peloton reconnaître une île du Pacifique. Dès le début de la mission, ils capturèrent une sentinelle japonaise. Ils ne pouvaient pas se défaire de quelques-uns de leurs hommes pour conduire le type vers leurs propres lignes, et ils ne pouvaient naturellement pas l'emmener avec eux. Alors Jake a ordonné à son sergent de tuer le prisonnier. Le sergent a refusé. A moi, Jake a avoué que l'ordre était probablement illégal. Mais il lui répugnait de donner un ordre qu'il ne serait pas prêt à exécuter lui-même. Il a donc réfléchi. Ils devaient absolument rapporter les renseignements qu'on les envoyait chercher. D'un autre côté, abattre un prisonnier était un assassinat, ni plus ni moins.

Jennifer se réveilla un peu.

– Jake a annulé la mission et ramené le prisonnier ? C'est ça ?

Jake était le grand héros de Buck, après tout.

– Non, répliqua Buck sans la moindre émotion, tout en rechargeant le .22. Il l'a abattu lui-même et a exécuté la mission. Comme le faisait observer Jake, des millions de choses ont été écrites sur la morale, depuis des millénaires, mais, finalement, tout se résume à une décision personnelle.

Jennifer garda le silence. A entendre Buck, Jake était, après son père, l'homme qui avait le plus influencé sa personnalité. Elle était ahurie que ce Jake ait fait de son meurtre un argument moral, devant une classe de criminels, troublée aussi que Buck ait si facilement accepté ce raisonnement spécieux.

Cette nuit-là, elle ne dormit que par à-coups, d'un sommeil inquiet ; à tout instant, elle se réveillait en sursaut et montait en courant voir si la barre était toujours fixée sur le bon cap et un navire ne fonçait pas sur eux dans l'obscurité. Buck dormait à poings fermés.

La traversée commençait à saper l'énergie de Jennifer. Le soleil avait brûlé sa figure et ses épaules. Ses cheveux si brillants étaient ternis par le sel. Ses mains devenaient calleuses et crevassées. Elle avait les muscles des bras douloureux à force de tirer les drisses, et les jambes raides de rester assise si longtemps à la barre.

De jour en jour, elle espérait que Buck retrouverait son énergie, mais apparemment il ne supportait pas du tout le roulis incessant. Il était malade la plupart du temps et remettait même l'indispensable corvée de ramener à bord le moteur Mercury de vingt chevaux pour le mettre à l'abri de l'humidité.

Jennifer savait que les bateaux en bois ne sont jamais parfaitement étanches, mais le *Iola*, vieux rafiot souvent réparé, prenait vraiment beaucoup l'eau. Le pire, c'était que les précédents propriétaires avaient cru colmater toutes les brèches en recouvrant la coque de fibre de verre, ce qui n'avait fait qu'aggraver les choses. Il aurait fallu, pour bien réparer la coque, effectuer un calfatage soigné, mais c'était un travail bien plus long et délicat que de passer une simple couche de fibre de verre. Tout avait l'air parfait tant que le *Iola* restait au mouillage, mais une fois au large, sous l'effet du mouvement, les planches se disjoignaient et la fibre de verre craquait, laissant pénétrer l'eau de mer. Le contenu de la cale avant était trempé. La génératrice devait fonctionner tous les jours pour actionner la pompe et garder le niveau d'eau au plus bas dans les petits fonds.

Un soir, seule à la barre comme toujours, Jennifer vit, droit devant elle, de gros nuages noirs menaçants, bas sur l'horizon. Tout à coup, sans le moindre souffle avant-coureur, un grain tomba sur le *Iola*, avec un vent de force sept ou huit et une pluie glaciale. En un instant Jennifer, seulement vêtue d'un short et d'un tee-shirt, fut trempée. Elle se mit à grelotter et à claquer des dents.

Buck monta précipitamment et grimpa sur le rouf pour fermer la manche à air qui laissait pénétrer la pluie. En sautant sur le pont mouillé il glissa et tomba la tête la première contre un étançon de métal, dans un bruit affreux. Jennifer se retourna et vit Buck sans connaissance, roulant sur le pont vers l'océan déchaîné.

Elle craignait ce danger depuis le début. Elle avait supplié Buck de porter un harnais de sécurité quand il montait sur le pont par gros temps mais il haussait les épaules et répondait : « Si je tombe à l'eau, tu n'auras qu'à me lancer une brassière et je reviendrai à la nage. » Elle cala vivement la roue et se précipita vers lui ; il mit une bonne minute à reprendre plus ou moins ses sens. Le filet installé pour les chiens l'avait sauvé. Jennifer l'en dégagea et l'aida à descendre et à se coucher. Un de ses yeux enflait déjà sérieusement.

Puis elle fit ce qu'elle faisait toujours quand la mer devenait mauvaise, seulement cette fois Buck n'était pas là pour l'aider. Elle prit les ris avec du foc et tourna le dos au vent pour éviter que le bateau ne prenne trop de gîte.

Elle descendit en hâte enfiler un ciré, un pantalon épais et des chaussures de pont à semelles de caoutchouc et remonta à la barre. Elle boucla autour de son torse un harnais de sécurité.

Un instant plus tard, elle fut giflée à toute volée par la

crête d'une vague déferlante. Elle eut le souffle coupé. Elle n'arrivait plus à respirer ! Elle détourna la tête en toussant, crachant de l'eau salée. Ses yeux larmoyaient, lui brûlaient, elle avait les mains gelées.

– Buck ! hurla-t-elle.

Le *Iola* plongea dans un creux vertigineux, puis un rouleau le souleva en le prenant par le travers. Jennifer céda à la panique, aveuglée par l'énorme vague qui s'écrasa sur le pont. Elle tenta encore de crier, d'appeler dans ce monstrueux vacarme de vent et de lames tumultueuses.

– Buck ! Buck !... Nom de Dieu, Buck !

Buck, jeté à bas de sa couchette, apparut et reprit la barre. Tenant désespérément debout, avec Jennifer blottie contre lui, il réussit à ramener lentement le *Iola* en fuite, vent arrière. Quelques minutes plus tard, le grain se dissipa complètement, le ciel devint aussi pur que du cristal noir. La lune apparut sur l'horizon comme un phare, leur route étant perpendiculaire à son reflet ondoyant.

Tous deux s'étreignirent, longtemps, fort, et puis Buck redescendit, laissant Jennifer à la barre. Elle souffla sur ses mains rouges engourdies et les frotta vigoureusement.

L'isolement à bord d'un vieux bateau qui faisait eau, en plein milieu de l'océan, commençait à user les nerfs des deux amants. Ils ne s'étaient pas attendus à cette oppressante impression de claustrophobie. Ils naviguaient librement sur le plus grand océan du monde et pourtant ils se sentaient enfermés. Ils ne voyaient, devant eux, que la ligne parfaitement droite de l'horizon lointain, et autour d'eux que de l'eau, de l'eau à perte de vue – aujourd'hui, hier, demain –, encore et encore de l'eau. Les confins grinçants du voilier constituaient tout leur univers. Leur solitude à deux était totale.

Jour après jour, ils n'apercevaient ni terre, ni navire, ni avion. A croire qu'ils étaient tombés des bords de la terre dans une immensité bleue liquide, comme sur les anciennes cartes médiévales de l'Europe. Les problèmes du monde n'avaient plus d'importance. Ils étaient seuls, pour conquérir ou être conquis.

Au bout d'une semaine, Jennifer fut confrontée à un grave problème. Buck et elle ne savaient plus où ils étaient. Plusieurs mois avant le départ, elle s'était portée volontaire pour être le navigateur. Elle savait que ce ne serait pas facile de trouver la petite île, ce point minuscule en plein océan Pacifique.

Jennifer avait appris les principes de la navigation astronomique dans des livres de bibliothèque et des ouvrages de vulgarisation. Elle avait pris soin d'emporter un guide de poche intitulé *La Navigation facile en dix leçons.* Cependant, elle n'avait encore jamais fait le point ni calculé un véritable problème de navigation, avant ce voyage, et se méfiait donc un peu de ses talents. Les positions qu'elle calculait sur la carte étaient des plus fantaisistes. Un jour, elle découvrait qu'ils avaient parcouru trois cents milles plein sud et Buck s'exclamait, trop heureux de croire à cette bonne fortune : « Ah, dis donc ! Nous marchons drôlement bien ! » mais le lendemain ils avaient fait sept cents nautiques à l'est ! Or, Jennifer savait que, même dans les circonstances les plus favorables, jamais le *Iola* ne pourrait parcourir plus de cinquante à soixante milles en vingt-quatre heures. Ses calculs étaient manifestement faux mais ils ne changèrent pas de cap pour autant. Ils continuèrent plein sud, se fiant à l'aiguille du compas.

Néanmoins, chaque matin, elle se livrait avec obstination à ses calculs. Elle calait la roue, descendait et réglait leur transistor A.M.-F.M. sur la fréquence internationale qui diffusait l'heure de Greenwich. Les secondes s'égrenaient jusqu'à ce qu'une voix féminine mélodieuse annonce : « Au prochain top, il sera exactement 21 heures 10 minutes G.M.T. » Trois ou quatre secondes plus tard, un cliquetis sonore marquait la minute. A cet instant précis, Jennifer mettait en marche le chrono et remontait sur le pont. Suivant scrupuleusement les instructions de son manuel, elle levait son sextant et collait son œil à l'objectif qui réfléchissait, par un miroir ovale, la ligne d'horizon par rapport à la position du soleil. Une fois fixée sur ce point, elle consultait l'échelle correspondante de chiffres, à la base du sextant, qui lui donnaient la hauteur du soleil. Elle redescendait alors et, avec l'aide de son manuel, elle traduisait le nombre du sextant en une formule basée sur divers facteurs, dont la saison et l'heure exacte. Finalement, elle reportait sur la carte du Pacifique une « ligne de position ». Le manuel signalait bien que : « Naturellement, il s'agit moins d'une ligne de position que d'une courbe ou un cercle de position. Ce que vous mesurez est la position géographique du soleil au moment où vous faites le point. » D'accord.

Quatre heures plus tard, Jennifer répétait l'opération.

Elle tirait la première ligne de position sur la carte jusqu'à ce qu'elle rejoigne la dernière. Le point de croisement des deux lignes indiquait en principe leur position. Mais, à chaque fois qu'elle découvrait le résultat insensé de ses calculs méticuleux, elle avait envie de jeter son sextant et le manuel par-dessus bord.

Ils étaient perdus.

Enfin, au matin du dixième jour, alors que Buck était à la barre, Jennifer, au réveil, eut une illumination qui la frappa de plein fouet. Nord, pas sud ! Elle reprit son manuel. Depuis le premier jour, elle croyait devoir utiliser le logarithme pour la latitude sud et tout à coup elle venait de comprendre son erreur. Ils étaient encore dans l'hémisphère Nord ! Au-dessus de l'équateur.

Elle déploya fébrilement sa carte et fit quelques calculs rapides, basés sur les points de la veille. La position lui parut alors, pour la première fois, vraisemblable, mais elle voulut en être certaine. Trois heures plus tard, après deux nouveaux relèvements, elle posa son index sur la carte et annonça fièrement à Buck :

– Nous sommes là ! A mi-chemin de Palmyre !

Buck la serra dans ses bras et l'embrassa, à l'évidence soulagé ; elle comprit que l'ignorance de leur position l'avait inquiété bien davantage qu'il ne l'avait laissé paraître. Mais ils n'étaient pas au bout de leurs peines ; ses recherches en bibliothèque avaient appris à Jennifer que les îlots plats de Palmyre n'étaient visibles que de six à huit milles au maximum, et qu'un navigateur même expérimenté pouvait passer à côté de l'atoll et le manquer totalement.

Elle ne tarda pas à découvrir une nouvelle cause d'inquiétude. Les vivres fondaient à vue d'œil. Le sucre, par exemple. Elle comptait ne s'en servir que pour la pâtisserie, puisque Buck et elle prenaient leur thé ou leur café sans sucre. Mais Buck s'en gavait, à présent, pour se donner de l'énergie. Et il réclamait du pain frais et de la pâtisserie pour stabiliser son estomac, et la farine s'épuisait aussi à une allure alarmante. Jennifer, quant à elle, buvait d'énormes quantités de café et ne faisait qu'un repas léger par jour, généralement le soir. Deux ans avant de faire la connaissance de Buck, elle avait anormalement grossi et, pour perdre une vingtaine de kilos, elle avait pris l'habitude de ne faire qu'un repas par jour et était devenue végétarienne. Encore maintenant, elle mangeait peu de viande.

Elle avait prévu de beaucoup pêcher en route et de se nourrir surtout de poisson à Palmyre ; dans cette intention, ils avaient emporté tout un matériel de pêche : des lignes, des moulinets, des filets et même un fusil à harpon. Mais ils n'avaient encore rien pris du tout, à part un poisson volant plein d'arêtes échoué sur le pont. Jennifer n'avait pêché que deux fois dans sa vie mais Buck se prétendait grand champion. Elle espérait que ses échecs répétés, à bord, ne préfiguraient pas ce que serait leur vie dans le « paradis des îles ».

Au treizième jour de voyage, Jennifer était dans la cabine en train de calculer leur position, quand Buck lui cria de monter. Il commençait enfin à aller mieux et passait davantage de temps sur le pont pour aider à la manœuvre.

Elle le trouva en train de se débattre avec une ligne. A en juger par le bouillonnement frénétique de l'eau, la pièce devait être de taille. Elle fut enchantée à la perspective d'un bon dîner. Le poisson fit un bond soudain sous la coque. Buck se pencha aussitôt à l'arrière et attrapa la ligne à pleine main. Il tira, hissa le long corps argenté et, avec un filet, l'amena sur le pont. Le poisson pesait au moins trente livres. En riant, Buck le saisit par la bouche ouverte et le brandit fièrement.

— Ah, nom de Dieu, la belle prise ! s'exclama-t-il, mais le cri de joie fut aussitôt suivi d'un grognement. Merde, je me suis fichu l'hameçon dans le pouce.

— Oh non ! gémit Jennifer.

Buck réussit à dégager le thon de l'hameçon et le laissa tomber sur le pont où il s'agita un moment.

Froidement, Buck poussa l'hameçon jusqu'à ce que la pointe et sa barbe transpercent entièrement son pouce. Jennifer crut qu'elle allait s'évanouir.

— Va chercher la grosse lime, lui dit-il.

— Ô mon Dieu...

— Tu vas limer la barbe.

Des gouttes de sueur perlant à son front démentaient le calme de sa voix.

Contrôlant vaillamment ses propres trépidations, Jennifer fit de son mieux, mais chaque fois qu'elle appuyait la lime sur la barbe tout le corps de Buck se raidissait. En serrant les dents, il supporta stoïquement la douleur, au début, mais bientôt il ne put contenir ses gémissements. Jennifer tremblait tant qu'elle réussissait surtout à faire couler davantage de sang.

– Si tu essayais de faire ça les yeux ouverts, Jen ? dit-il en s'efforçant de plaisanter.

– Non... Je ne peux pas... te voir souffrir comme ça... bredouilla-t-elle en détournant la tête.

Sans un mot, Buck s'empara d'une pince coupante et sectionna la barbe de l'hameçon. Puis il respira profondément et arracha le fer recourbé.

Soulagée, Jennifer nettoya rapidement la blessure, appliqua un antiseptique et pansa la plaie.

Jennifer comprenait maintenant ce qu'elle avait entendu dire des croisières au long cours : « des journées d'ennui ponctuées d'instants de terreur pure ». Elle pensait aussi en savoir un peu plus long sur Buck. En dépit de sa flemme et de ses craintes, il était capable de beaucoup de sang-froid et de courage dans les moments difficiles.

Le lendemain, survint un événement mémorable, quoique d'une tout autre espèce. Une bande de joyeux dauphins se mit à tournoyer dans l'océan scintillant autour du *Iola*.

Ils se poursuivaient, jouaient et pointaient vers le ciel leurs longs nez. Ils faisaient des bonds prodigieux hors de l'eau et présentaient leur ventre blanc nacré dans un véritable ballet aquatique.

Cette charmante visite rappela cependant aux voyageurs qu'ils étaient, avec leur bateau, des intrus dans cette immensité imprévisible, grouillant d'une vie secrète et dangereuse, qui était un monde dont ils ne feraient jamais partie.

A la vue des dauphins, les chiens devinrent fous. Ils se mirent à aboyer, ce qui incita les dauphins à sauter encore plus haut. Jennifer et Buck, entièrement nus, comme souvent par beau temps, se tenaient tendrement par la main, souriant au spectacle inattendu.

– Regarde, dit-elle. Nous sommes dorés comme des brugnons !

Les traces de coups de soleil avaient disparu et leurs corps étaient bronzés. Le cou musclé et les puissantes épaules de Buck paraissaient sculptés dans de l'acajou ; sa barbe, d'un brun roux, ne piquait plus et Jennifer aimait en caresser le poil soyeux.

Ils rirent tous deux et s'embrassèrent comme s'ils venaient de se retrouver.

Ce soir-là, le coucher de soleil fut particulièrement flamboyant, aux couleurs et lumières plus riches et variées que celles d'un feu d'artifice.

– Tu sais ce que tu regardes ? demanda Buck d'un petit

air satisfait lorsque le soleil rejoignit la ligne foncée de l'horizon.

– Un coucher de soleil, idiot !

– En réalité, c'est un mirage.

Elle le regarda d'un air sceptique, presque indifférent. La beauté n'avait besoin d'aucune explication.

– Ecoute bien et tu apprendras peut-être quelque chose de ce vieux Buck. En réalité, le soleil disparaît sous l'horizon deux ou trois minutes avant que tu ne perdes de vue son image. C'est une question de courbure des rayons lumineux. Je t'assure, Jen, je parle sérieusement.

– Eh bien, c'est le plus joli mirage que j'aie jamais vu.

Le bleu pâle du ciel se mêla aux orangés et aux mauves, et finalement, aux toutes dernières lueurs du jour, les cirrus blancs de haute altitude se teignirent d'un rose délicat.

Dans le silence du crépuscule, Buck murmura :

– Ciel rouge au soir, bon temps pour demain...

– ... Ciel rouge au matin, prudence du marin, compléta Jennifer.

Le vieux proverbe parut les rapprocher. Ils descendirent et s'aimèrent furieusement. Leurs cris de plaisir seuls troublèrent le silence de l'océan qu'accompagnaient le clapotis de l'eau sous la coque et le léger claquement des voiles. De temps en temps, la brise faisait chanter les haubans. Vaillamment, le petit *Iola* poursuivait sa route vers le sud.

A ce moment, Jennifer trouvait la vie paisible et elle se sentait en parfaite sécurité.

Le lendemain matin, à leur réveil, le soleil levant étendait sur le ciel un lavis d'un rouge sang.

Jennifer avait décidé de tenir le journal de bord. Elle était sincèrement heureuse de relater ainsi les événements de leur vie. Pour qui ? Eux-mêmes ? La postérité ? Peu importait. Tous les soirs, elle s'appliquait comme une jeune fille écrivant un journal intime que personne d'autre ne lirait jamais.

14 juin. Cent vingt nautiques de notre destination. Hissé grand-voile vers 18 heures. Filons bonne brise.

15 juin. Je crois que nous avons atteint le pot au noir. Calme plat avec légers grains. Avons peu avancé. Baignée dans l'eau de pluie. Difficile de relever la position avec tous ces nuages.

16 juin. Toujours le calme plat. Ciel gris, pas de soleil pour déterminer notre position. Dérivons vers le sud-ouest, grains pluvieux périodiques. Une petite éclaircie me permet de faire le point. Avançons toujours bien peu.

17 juin. Assez de vent pour hisser grand-voile. Grand foc aussi. Avançons quand même très lentement. Buck à court de tabac, très malheureux. Je fais du pain de maïs.

Dans la matinée du 19 juin, Jennifer fit une découverte exaltante. Maîtrisant avec peine sa joie, elle annonça gravement à Buck :

– Si le vent tient son cap, nous devrions être en vue de Palmyre sur bâbord avant cet après-midi vers 15 heures.

– Tu en es sûre ? s'exclama Buck, sceptique.

Elle avait fait de grands progrès en navigation. Maintenant, travaillant avec le logarithme voulu, elle était à peu près certaine de bien calculer leur position. D'après la carte, ils devaient être à vingt milles de Palmyre, et cette fois elle en était vraiment sûre.

Malgré tout, lorsqu'elle aperçut l'île, quelques heures plus tard, elle se trouva presque en état de choc. Elle était parcourue de frissons et ne pouvait s'arrêter de rire en criant :

– Terre ! Terre !

Ils avaient réussi !

Buck scruta l'horizon en clignant des yeux et poussa à son tour des cris de joie.

– Tu as réussi, bébé ! Tu es formidable ! Samarande, enfin !

Il aimait employer l'ancien nom de Palmyre, qu'il avait trouvé dans de vieux livres.

– Tu te rends compte ! dit-elle tout émerveillée.

C'était le plus grand succès de sa vie. Et elle l'avait remporté toute seule !

– Incroyable ! cria Buck. Le père Colomb aurait bien eu besoin de toi !

– Je t'avais dit que ce serait pour aujourd'hui. Pas vrai ?

Elle avait l'air de ne pas y croire elle-même. Elle était vraiment un navigateur, maintenant, un navigateur au long cours. Elle avait accompli un exploit ahurissant.

Cela faisait dix-neuf jours qu'ils avaient quitté Hawaii. Ils les avaient comptés non seulement sur le livre de bord de Jennifer, mais sur un calendrier illustré de la photo d'une vieille baleinière. Évidemment, ils n'avaient battu aucun record mais le *Iola* ne prétendait pas être un bateau de course de classe internationale. Ils avaient tout de même réussi à arriver à destination et les chiens eux-mêmes participaient à la joie du moment en aboyant et en jappant.

Jennifer se précipita dans la cabine et remonta avec deux verres de rhum doré. Buck et elle s'assirent sur le pont, les jambes par-dessus bord. Une brise légère les poussait dans une mer calme, droit vers leur but, tandis qu'ils contemplaient avec ravissement l'étroite bande de terre sur l'horizon.

Ils trinquèrent et burent à leur heureuse fortune.

Quand ils furent assez près, ils virèrent de bord pour accoster à l'ouest de l'île, face à l'étroit chenal indiqué sur la carte. Mais ils virent immédiatement qu'il ne serait pas facile de pénétrer dans le lagon : Buck avait négligé pendant si longtemps de remonter le moteur hors-bord à l'abri que l'eau salée et l'humidité l'avaient gravement endommagé. Ils seraient obligés de négocier l'étroit passage à la voile, entre des récifs traîtres, à demi submergés.

Jennifer ne voulait pourtant pas céder à des pensées déprimantes. Elle prit ses jumelles et vit scintiller l'ourlet de brisants sur le récif caché ; une plage blanche éblouissante semblait lui faire signe, sur la côte nord. Ce qu'elle avait pris de loin pour un simple enchevêtrement de végétation se révélait être à présent une multitude de cocotiers. Ils formaient une épaisse barrière foncée et agitaient leurs palmes. Sans savoir pourquoi, Jennifer les trouva menaçants.

19 juin. TERRE ! A 16 h 15 apercevons Palmyre sur bâbord avant. Vent très léger. Incapables accoster avant la nuit. Dérivons vers l'est. Forts vents toute la nuit. Puis calme plat.

20 juin. Aperçu de nouveau Palmyre ce matin, plein ouest. Vent très léger. Très irritant. Grains pluvieux et assez de vent pour nous amener exactement à l'endroit où nous étions hier à la même heure. Mais alors le vent est tombé. Si près et pourtant si loin !

Palmyre s'étalait sous leurs yeux, si proche qu'ils auraient pu la gagner à la nage, mais le vent ne se levait toujours pas. Jennifer se demandait ce qu'ils feraient si les vents de sud-est ne se mettaient pas à souffler. Le courant n'était d'aucun secours puisqu'il partait du lagon pour se jeter dans l'océan.

25 juin. Encore une journée de lecture. Fort vent régulier de N.-E.

26 juin. Buck a pris un gros poisson ce matin. Une famille de raies Manta est venue voir s'il n'y aurait pas quelque chose pour son dîner. Toujours l'alizé de N.-E. Attente et lecture.

Lorsqu'ils se réveillèrent au matin du 27 juin, un bon vent régulier soufflait du sud-est. Ils se dépêchèrent de hisser de la toile. D'après la description de Palmyre donnée par le guide de la navigation dans le Pacifique, ils devaient s'aligner sur les deux poteaux de part et d'autre de l'entrée du chenal, pour passer parfaitement au milieu, en ligne droite. Buck prit la barre et fit de son mieux mais le vent tomba subitement et le *Iola* s'immobilisa, désormais à la merci du courant contraire. Quelques minutes plus tard, comme il dérivait à reculons, il y eut un choc brusque, suivi d'un bruit de déchirure. Le *Iola* venait de s'échouer sur un écueil de corail.

Prompt à réagir, Buck amena aussitôt les voiles.

Jennifer essaya de garder son sang-froid. Elle continuait de contempler l'île si proche. S'ils commençaient à couler, pensa-t-elle, ils pourraient au moins mettre le canot pneumatique à l'eau et gagner la terre à l'aviron. Ils sauveraient leur peau mais ils risquaient tout de même de perdre leur matériel et leurs provisions.

Buck, toujours au mieux de sa forme quand une catastrophe menaçait, plongea pour évaluer l'avarie sous la ligne de flottaison. Il vit tout de suite que c'était heureusement la partie en fer de la quille qui reposait sur le corail. La coque n'avait apparemment subi aucun dégât. Il remonta prendre de l'air et replongea pour examiner l'autre bord. Il se trouva alors nez à nez avec un requin aux petits yeux implacables, long d'au moins deux mètres. Le bruit de son propre cœur tambourina à ses oreilles. Il donna un coup de jarret pour remonter à la surface et se dépêcha de se hisser à bord du *Iola*.

Jennifer le regarda avec étonnement.

— Requin amical, bredouilla-t-il, encore tout tremblant.

— Ah ! Comment sais-tu qu'il était amical ?

— Il m'a invité à dîner.

Elle se garda bien de rire de sa plaisanterie, de peur de l'encourager à fanfaronner et à replonger.

— N'y retourne pas !

L'avertissement était inutile. Deux canots à moteur surgissaient du chenal, l'un derrière l'autre.

– Voilà de la compagnie.

Les inconnus s'approchèrent du *Iola* et coupèrent leurs moteurs quand ils furent à une vingtaine de mètres.

– Ohé, du voilier ! cria du premier bateau un homme d'un certain âge, tout bronzé. Vous avez besoin d'un coup de main ?

Dans l'autre embarcation un homme maigre et tout aussi bronzé, accompagné d'un adolescent, observait la scène d'un air impassible.

– S'il vous plaît ! leur cria Jennifer.

Buck restait à l'écart, soudain mis de mauvaise humeur par la présence d'occupants dans son île.

– Si je comprends bien, vous n'avez pas de moteur ?

– Il est en panne ! cria Jennifer.

– Voulez-vous qu'on vous remorque, qu'on vous arrache des coraux ? demanda le premier homme en s'adressant à elle comme si elle était l'agent de liaison.

– Oh oui, s'il vous plaît ! Merci.

Les deux embarcations motorisées se mirent en position et les hommes lancèrent des câbles à Buck. En un rien de temps, ils furent dégagés et les canots les remorquèrent rapidement dans le chenal.

– N'oublie pas que je m'appelle Roy Allen, marmonna Buck à Jennifer, à mi-voix. Surtout pas de gaffes.

A Hilo, Buck avait persuadé son ancienne maîtresse, Gina Allen, de lui donner les papiers d'identité de son mari, y compris son extrait de naissance. Le véritable Roy A. Allen n'en avait plus besoin, malheureusement pour lui. Cascadeur professionnel de rodéos, il avait reçu un coup de sabot en pleine tête, cinq ans plus tôt, et était interné depuis dans le Tennessee, à l'hôpital des Anciens Combattants, dans un pavillon réservé aux incurables. Buck, à l'aide de ces papiers, s'était fait établir un passeport au nom de Roy Allen.

Cet avertissement rappela à Jennifer qu'en dépit de l'aspect serein de leur nouveau pays, leur existence ne serait jamais dénuée de soucis ni de craintes.

– D'accord, Roy, répondit-elle avec résignation. Mais que comptes-tu faire de ce gros Buck tatoué sur ton bras ?

Il lui jeta un regard noir et détourna la tête.

6

A mi-chemin entre San Diego et Hawaii, le *Sea Wind* rencontra une mer si grosse que Mac et Muff ne pouvaient rien voir par-dessus les crêtes des vagues. Ce soir-là une pleine marmite de ragoût glissa du fourneau quand le voilier plongea dans un creux vertigineux et Muff eut une main à moitié ébouillantée. Il lui fallut une heure pour tout nettoyer, dans le roulis et le tangage horribles.

– Pourquoi faut-il que chaque fois que nous prenons la mer, gémissait-elle, ce soit toujours infect, infect, infect ?

Mais Mac, imperturbable, trouvait que le voyage se passait fort bien. Des vents favorables augmentaient leur vitesse de croisière, ils n'avaient subi ni panne ni casse. Même par un aussi mauvais temps l'air vif et la navigation rapide le revigoraient. Les jours se succédaient dans la grisaille mais aux yeux de Mac leur aventure faisait étinceler jusqu'aux plus noirs des nuages. Il sifflotait beaucoup, surtout une vieille rengaine à succès, *The High and Mighty*, la chanson d'un film des années 50 où le pilote courageux et macho, John Wayne, tirait son avion de ligne d'un très mauvais pas.

Tous les soirs, Mac mettait le pilote automatique pour maintenir le *Sea Wind* sur son cap. Puis, douillettement installé dans sa couchette, il lisait à la lumière douce d'une lanterne à pétrole *An Island to Myself*, l'histoire véridique d'un homme qui avait vécu seul dans une île tropicale. Si seulement Muff, dormant d'un sommeil agité dans l'autre couchette, pouvait partager son ivresse !

Le 25 mai 1974, au plus beau du fameux printemps idyllique de Hawaii, ils arrivèrent en vue de la côte ouest de la grande île, après avoir couvert plus de deux mille milles nautiques en dix-huit jours seulement.

Ayant ramené les voiles, ils pénétrèrent au moteur dans l'étroite passe de la baie Radar de Hilo, en admirant au passage les innombrables et immenses fleurs multicolores qui valaient à l'île son surnom d'Ile-Jardin. Le bassin ne pouvait guère accueillir qu'une douzaine de bateaux mais Mac aperçut un bon appontement adjacent au quai de béton.

Ils mouillèrent à côté d'un voilier appartenant à Curtis Shoemaker. Petit, râblé, âgé de cinquante-cinq ans, la figure tannée, comme taillée avec un burin émoussé, Shoemaker naviguait depuis le temps où il était éclaireur naval à Hawaii dans les années 1930. Devenu réparateur de téléphones, il vivait maintenant à Waimea, dans l'arrière-pays montagneux, à soixante-quinze kilomètres environ de Hilo, et il était un radioamateur passionné.

Mac et Muff se lièrent tout de suite d'amitié avec Shoemaker et sa femme Moni. Un après-midi, alors que les deux femmes étaient parties courir les magasins, Curt vint examiner l'émetteur-récepteur de Mac et le trouva superbe, de première classe, dit-il. Il proposa d'établir un lien de communications radio, pendant le temps que Mac et Muff passeraient à Palmyre.

— Vous risquez d'avoir de gros ennuis, seuls là-bas, vous savez, avertit Shoemaker. Il serait bon de garder le contact avec le monde extérieur.

Il expliqua qu'il avait un poste puissant et qu'il leur serait facile de prévoir un horaire régulier de communication. Mac n'était pas homme à reconnaître avoir un jour besoin de secours d'urgence, mais l'idée ne lui déplut pas et il se dit que la famille et les amis de Muff pourraient ainsi rester en relation avec elle.

Pendant leur séjour au port, Mac entreprit quelques travaux de bricolage de dernière minute. Après Hilo, il n'y aurait plus de port d'escale avant longtemps. Ils ne devraient compter que sur les fournitures, les vivres et le matériel emportés pour Palmyre.

Ils avaient aussi des armes, à bord, un fusil Marlin de calibre 30, un petit pistolet et un colt Magnum .357 dissimulés dans un coffrage spécial près de la couchette de Mac. Même couché, il pouvait faire glisser un petit panneau et s'emparer de cette arme capable de faire sauter le bras d'un intrus. Mac maniait parfaitement les armes à feu depuis son séjour à l'armée dans les années 1950. Muff, en revanche, détestait les armes, elles lui faisaient peur, mais elle avait fini par se résigner à leur présence à bord.

24 juin 1974

Depuis des années, ils procédaient au même rituel lorsqu'ils quittaient un port. Muff jouait docilement le rôle de second plan. Mac était le capitaine, elle l'équipage.

Par un beau matin bleu ensoleillé, alors que les dernières lueurs roses de l'aube disparaissaient du ciel, ils répétèrent l'exercice déjà exécuté des centaines de fois. Mac avait vérifié tous les articles de l'équipement, suivant une liste mentale maintenant bien gravée dans sa mémoire. Aucun pilote de ligne au monde n'était plus méticuleux en repassant sa check-list que Mac quand il préparait le *Sea Wind* à prendre la mer.

Ce jour-là, comme d'habitude, il attendit que tout soit parfaitement prêt, évalua son chemin parmi tous les bateaux dansant au mouillage et sourit avec satisfaction.

Prenant un ton bourru et une pose que tout terrien aurait jugée pompeusement théâtrale, il lança par-dessus son épaule :

– On y va, Muff !

Peut-être en faisait-il un peu trop parce que Shoemaker l'observait du quai, prêt à larguer les amarres. Muff était juste à l'entrée de la descente, en position à côté de la manette de contact.

– O.K., mon chéri !

Dans le cockpit, Mac tourna la clé.

– Vas-y !

Elle redressa la manette. Mac appuya sur le bouton du démarreur et le moteur se mit instantanément en marche. Il le laissa chauffer un moment, puis il leva l'ancre. Il fit alors signe à Shoemaker qui largua toutes les amarres sauf celle de l'arrière. Mac les ramena et les laissa tomber sur le pont en glènes parfaites.

Quand il fut satisfait du ronronnement du moteur, il annonça d'une voix forte :

– Larguons tout !

Shoemaker obéit et Muff ramena la dernière amarre. Le *Sea Wind* était libre.

Sous le tourbillon indiscipliné des vols de mouettes criardes, Mac commença à se faufiler entre les bateaux. Ils laissaient derrière eux le brouhaha de la circulation de Hilo, le bourdonnement de la civilisation qu'ils ne s'attendaient pas à réentendre avant des mois. Encore très bas dans le ciel, le soleil levant les aveuglait. Il brillait sur les immenses arbres banians chinois bordant la route de la corniche et sur les hectares verdoyants des jardins de Liliuokalani. Rapidement ces détails du paysage s'estompèrent.

Muff, malgré elle, sentit bien vite que la réalité de la navigation allait dissiper une partie de ses craintes et de ses mauvais pressentiments. Mac aux commandes, ils se retrouvaient dans une situation en quelque sorte familière. Elle avait joué son rôle et elle entendait continuer, résolue à ne pas faire de faux pas, à ne pas prendre une milliseconde de retard. La navigation à la voile nécessitait un parfait équilibre, une parfaite entente. Mac avait besoin d'elle à chaque minute de la journée, mais il était le skipper et elle avait encore plus besoin de lui.

Mac était assis à la barre, le dos droit, sa main bronzée sur la roue, ses yeux vigilants parcourant sans cesse un horizon de cent quatre-vingts degrés pour parer à toute éventualité. Il sentait la chaleur du soleil matinal sur son cou tanné, la fraîcheur des embruns sur sa figure.

Quand ils glissèrent dans le chenal, Muff prit la barre et Mac hissa la voile avec une habileté née d'une longue expérience. D'abord l'artimon, puis la grande et les focs. Ils se gonflèrent tous, immédiatement à la brise soufflant en rafales, et les drisses claquèrent harmonieusement contre les mâts.

De nouveau à la barre, Mac leva les yeux vers ses voiles, d'un geste automatique, inconscient, comme celui du bon conducteur qui garde un œil sur son rétroviseur. Le vent était frais et régulier et toutes les voiles bien gonflées. Il mit le moteur au point mort. Pour Mac, rien n'était plus exaltant que de naviguer à la voile.

Bien chargé, pleinement vivant, le magnifique voilier s'élança hors du chenal vers le large, avide de fendre la surface ondoyante.

Mac et Muff joignirent leurs forces à celles du vent et de l'eau. Bientôt tout disparut derrière eux, même le sommet du Mauna Kea culminant à plus de quatre mille mètres.

Muff apporta du café et ils s'assirent tous deux dans le cockpit, Mac à la barre, savourant l'éclat radieux du matin. La journée se passa sans incident. Longtemps avant le coucher du soleil, ils étaient seuls dans l'immensité liquide. Aucun autre bateau n'était en vue. Ils traversaient un océan étincelant, sans une ride.

Quand l'air commença à fraîchir, un puissant vent de nord-est se mit à souffler pour les pousser en direction de Palmyre. Mac avait enfin ce qu'il voulait. Ils filaient vers l'inconnu, et il exultait.

7

Indiquée comme une île sur les cartes du Pacifique, Palmyre est en réalité un atoll, l'extrême rebord d'un pic volcanique abrupt faisant partie d'une gigantesque chaîne de montagnes sous-marines parmi les plus hautes du monde, cachées au fond de l'océan. Contrairement aux véritables îles, les atolls sont presque absolument plats, sans collines ni montagnes. Le point culminant de Palmyre ne surplombe que de deux mètres le niveau de la mer.

Un fer à cheval de plus d'une dizaine d'îlots, espacés comme les pierres précieuses d'un collier, entoure un lagon abrité, l'ancien cratère. Cette configuration est commune aux atolls. Chaque îlot est composé de sable dur et de coraux en perpétuelle croissance, et couvert d'une végétation dense de buissons et de cocotiers.

Pendant des siècles, cet ancien atoll est resté inconnu, à six degrés Nord de l'équateur, près de la zone où s'affrontent les alizés nord-est et sud-est.

Dans la nuit du 15 juin 1798, l'intrépide capitaine américain Edmond Fanning pilotait son navire, la *Betsey*, cap nord-ouest pour rentrer au port après un voyage de négoce en Orient. Marin riche et bien connu, Fanning avait déjà découvert une île du Pacifique qui porte encore aujourd'hui son nom. Tout à coup, frappé dans sa cabine par la prémonition d'un danger, il se précipita sur le pont et ordonna à l'homme de barre d'arrêter le navire, en pleine nuit. A leur stupéfaction, les premières lueurs pâles du jour révélèrent un récif presque droit devant. Si Fanning n'avait pas fait confiance à son sixième sens de marin, son navire se serait sûrement brisé sur les coraux. Soulagé, l'équipage de la *Betsey* hissa les voiles et contourna prudemment le récif par son flanc nord. Fanning grimpa jusqu'au nid-de-pie, tout en haut du grand mât, et à la lunette d'approche il distingua au-delà du récif une petite île peu avenante. Le naufrage auquel la *Betsey* avait échappé de justesse fut le premier signe inquiétant de la nature dangereuse de cette île.

Fanning ayant négligé de faire connaître sa découverte, l'île ne fut officiellement baptisée que quatre ans plus tard. En effet, le 6 novembre 1802, un vaisseau américain, le *Palmyre*, faisant voile vers Manille, fut dévié de son cap par le gros temps et poussé aux abords de l'île. Quand la mer fut plus calme, l'équipage descendit à terre et passa environ une semaine sur l'atoll. Il fallut encore quatre ans environ pour que la dépêche, transmise de navire en navire et signée par le capitaine Sawle, commandant le *Palmyre*, arrive à destination avec la nouvelle :

> *Nouvelle île, 5° 52' Nord, 162° 06' Ouest, avec deux lagons, l'occidental faisant 20 brasses de fond se trouve à l'écart des voies de navigation d'Amérique en Asie et d'Asie en Amérique.*

Quatorze ans plus tard, un navire pirate espagnol, l'*Esperanza*, eut à son tour rendez-vous avec son destin dans les eaux de Palmyre. Transportant une riche cargaison d'objets d'or et d'argent volés dans des temples incas du nord du Pérou, il fut attaqué par un autre navire. Une bataille sanglante s'ensuivit. Les survivants de l'équipage réussirent à dégager l'*Esperanza* avec son trésor intact mais le navire fit rapidement naufrage sur un récif de corail et sombra. Les pirates eurent juste le temps de transférer le trésor et les vivres sur l'atoll désert de Palmyre. L'année suivante, ils construisirent des radeaux, se séparèrent en deux groupes et, après avoir caché leurs richesses, partirent chercher du secours dans deux directions opposées. On sait qu'un des radeaux coula. Un baleinier américain en repêcha un seul survivant, le matelot James Hines, qui ne tarda pas à mourir de pneumonie. On n'entendit plus parler de l'autre groupe et on supposa que tous les hommes étaient morts en mer. Jamais personne ne mentionna la découverte de la cache des pirates à Palmyre et le trésor inca, une collection d'objets méso-américains d'une valeur inestimable, s'y trouve peut-être toujours.

La litanie des désastres ne faisait que commencer. A la fin de 1855, la nouvelle du naufrage d'un autre baleinier sur les traîtres écueils de Palmyre arriva à Tahiti. On ne retrouva cependant jamais la trace du navire disparu ni de son équipage.

En 1862, le roi de Hawaii, Kamehameha IV, prit possession de Palmyre, accédant ainsi à la requête de deux de ses sujets, Zenas Bent et J. B. Wilkinson. Les deux hommes considérèrent l'île comme leur appartenant en propre, ils y construisirent une maison rudimentaire, plantèrent un potager et laissèrent sur place « un homme blanc et quatre Hawaiiens pour ramasser et fumer de la biche de mer », une limace comestible très appréciée en Orient. Un peu plus tard, Bent vendit sa part de Palmyre à Wilkinson, qui légua l'île à sa femme hawaiienne. Palmyre fut assimilée aux îles hawaiiennes quand l'archipel fut annexé aux Etats-Unis en 1898 par acte du Congrès.

En 1911, le juge Henry E. Cooper, de Honolulu, racheta Palmyre et des propriétés adjacentes aux héritiers de la veuve de Wilkinson pour sept cent cinquante dollars. En 1922, il revendit le tout pour quinze mille dollars, sauf un îlot appelé Home Island. Apparemment, le vieux juge croyait à la rumeur selon laquelle le trésor de l'*Esperanza* y aurait été enterré sous un banian. Le nouveau propriétaire de Palmyre, Leslie Fullard-Leo, un Sud-Africain chercheur de diamants devenu entrepreneur en bâtiment, ayant entendu parler de l'île peu après être venu s'installer à Honolulu, pensa que ce serait un paisible refuge, à l'écart des rigueurs de la civilisation. Mais il n'y vint que deux fois en dix-sept ans. Ses fils en héritèrent à sa mort mais n'y vinrent guère non plus. Quant à l'îlot dénommé Home Island, il revint aux descendants du juge Cooper.

Les fils Fullard-Leo durent engager une procédure judiciaire contre le gouvernement U.S., afin de garder Palmyre. En effet, en prévision d'une guerre dans le Pacifique, l'île fut déclarée « zone interdite de défense » par une ordonnance du 19 décembre 1940, et placée sous la responsabilité du ministère de la Marine qui y construisit une base navale pour cinq mille hommes. Les Fullard-Leo intentèrent quatre procès fédéraux. Finalement, en 1946, une cour d'appel déclara valide leur titre de propriété ; elle stipula que, puisque l'occupation de Palmyre et les titres de propriété de Bent, Wilkinson et de leurs héritiers (et le règlement ponctuel de l'impôt foncier) préexistaient à l'annexion de Hawaii par les Etats-Unis, Palmyre était en tout état de cause une propriété privée tout en ressortissant aux U.S.A. Peu après la décision de la cour d'appel, la Marine quitta promptement les lieux, abandonnant bâtiments, positions de pièces d'artillerie et dépôts de munitions... sans munitions.

Le statut de propriété privée de Palmyre ayant été officialisé, les visiteurs comme Mac et Muff, Buck et Jennifer avaient besoin d'une autorisation pour y séjourner. Cependant, les Fullard-Leo, qui vivaient à Honolulu, savaient qu'il était impossible d'empêcher les gens d'aborder dans leur île ; sensibles à ce que les marins des mers du Sud appelaient la malédiction de Palmyre, ils se contentèrent de souscrire une bonne assurance tous risques pour se protéger d'une foule de calamités pouvant survenir aux visiteurs de leur île.

27 juin 1974

Le *Iola* fut remorqué dans le lagon. Jennifer avait le sentiment que le temps s'était arrêté à Palmyre. Le plan d'eau, lisse comme une glace et si limpide qu'on distinguait toutes les configurations des coraux, dans le fond, était bordé par un chapelet de minuscules îles recouvertes de grands cocotiers.

Mais Palmyre, certes inhabitée, n'était pas une île déserte, comme Buck et elle l'avaient espéré.

Ils mouillèrent le *Iola* devant la plage nord du lagon entre deux autres bateaux, et l'arrimèrent à une de ces structures en bois et acier que les marins du Pacifique appellent des « *dolphins* », ou corps-morts. Quinze mètres d'eau à peine séparaient le *Iola* de la côte et de chaque côté les voisins n'étaient qu'à une vingtaine de mètres. Jennifer et Buck, accompagnés des chiens surexcités, ramèrent dans leur canot jusqu'à la plage. Les chiens, prisonniers à bord depuis si longtemps, devinrent fous de joie et se mirent à courir en tous sens en aboyant.

Lorsque Jennifer mit les pieds sur la terre ferme pour la première fois depuis vingt-huit jours elle eut l'impression que le sol tanguait sous ses pas. Mais la joie de quitter le bateau et d'être là en sécurité après une traversée de mille milles l'enivrait. Elle respirait l'odeur de terre, de jungle fertile palpitant d'une vie cachée.

Des larmes de bonheur dans les yeux, elle serra Buck dans ses bras. Eperdue d'émotion, elle était incapable de parler.

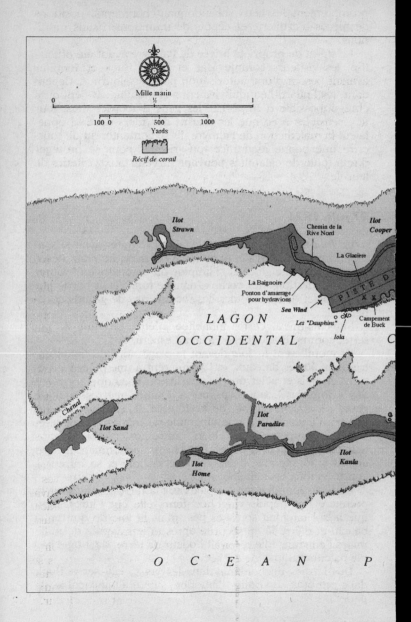

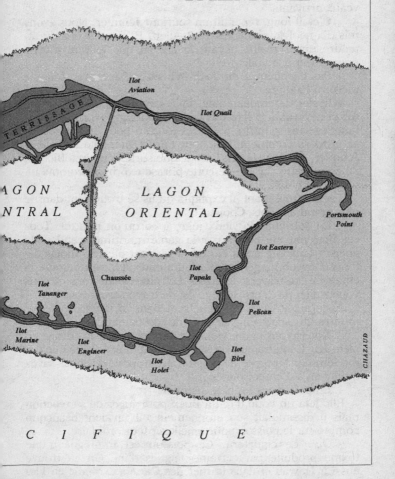

ILE
de
PALMYRE

TERRISSAGE

Ilot
Aviation

Ilot Quail

LAGON
NTRAL

LAGON
ORIENTAL

Portsmouth
Point

Ilot Eastern

Chaussée

Ilot
Papala

Ilot
Tananger

Ilot
Pelican

Ilot
Marine

Ilot
Engineer

Ilot
Bird

Ilot
Holei

CHAZAUD

C I F I Q U E

Ils se présentèrent bientôt aux autres occupants de l'île. Un des deux bateaux voisins du leur, le *Poséidon*, un ketch de quinze mètres, appartenait à Jack Wheeler. Il vint leur rendre visite, accompagné de son fils adolescent, Steve, à bord du *Iola*. Sa femme Lee et leur fille Sharon étaient restées sur le *Poséidon*. L'autre bateau, le *Caroline*, était une vedette de treize mètres cinquante équipée de deux moteurs Diesel, affrétée à Honolulu et pilotée par Larry Briggs.

– Vous avez fait bon voyage ? demanda-t-il aux nouveaux arrivants.

– C'était long, répondit en souriant Jennifer. Nous avons mis dix-neuf jours depuis Port Allen. Et nous avons dû attendre une semaine devant le chenal que le vent tourne pour entrer à la voile.

– Pas de chance, dit Jack Wheeler. Bienvenue tout de même à Palmyre.

Wheeler, la cinquantaine, l'air sérieux, était un homme sec et nerveux à la figure encadrée de longs favoris avec des lunettes sans monture perchées tout au bout de son nez. Il se proposa comme guide, pour faire visiter l'île à Buck et Jennifer, « vu que je suis en quelque sorte le maire officieux de ce patelin ». Le ton de cette phrase exprimait comme un soupçon de défi.

Tout en marchant, il expliqua qu'ils se trouvaient dans le plus grand des îlots, Cooper.

– En souvenir du vieux juge, à ce qu'on m'a dit. Tous ces îlots ont été réunis par le génie maritime, pendant la guerre. La route qui a été construite est plus ou moins défoncée et submergée en plusieurs endroits, tout comme la chaussée qui traverse le lagon. Le mieux pour vous, si vous voulez aller de l'autre côté, c'est de traverser en canot.

Juste avant qu'ils ne pénètrent dans la jungle, Wheeler montra un espace dégagé, près de son bateau.

– Nous avons là une bonne cheminée, pour la cuisine en plein air. Il faudra que vous goûtiez le poisson fumé que fait ma femme. A propos de poisson, je suppose que vous savez qu'il y en a d'empoisonnés ?

– Empoisonnés ? répéta Jennifer.

Elle jeta un coup d'œil à Buck pour juger de sa réaction mais il dissimulait son étonnement ; ils avaient beaucoup compté sur le poisson pour améliorer leur ordinaire.

– Oui. Le ciguatera. Ce poisson est imprégné d'une toxine produite par certaines algues d'ici. On en trouve aussi à Hawaii et dans la mer des Caraïbes. Même en Floride. Certaines variétés sont tout de même comestibles, délicieuses d'ailleurs. Le papio est excellent et il y en a partout. Le mulet est bon aussi, mais ne touchez pas au grondin. Chez nous, ils sont bons mais si vous en mangez ici vous serez malades comme des chiens. Nous avions un chat avec nous, quand nous sommes venus il y a quelques années. Nous lui donnions un bout de poisson et nous attendions de voir s'il vomirait. S'il le gardait, nous en mangions.

Jennifer fut atterrée par cette apparente insensibilité.

– Vous n'aviez pas peur de tuer votre chat ?

– Non, non. Les chats sont différents. Si les gens ou les chiens mangent un aliment empoisonné, ils risquent d'être gravement malades et même de mourir. Pas les chats. Ils vomissent.

Puisqu'ils en étaient à parler de la faune marine, Jennifer raconta à Wheeler la fâcheuse rencontre de Buck avec le requin. Il hocha la tête, en homme averti.

– Ils grouillent comme des puces sur un chien. Le lagon est un bouillon de culture de requins à museau noir, les plus agressifs du Pacifique. Ils mesurent jusqu'à deux mètres de long. Faites attention avant de piquer une tête.

– Ne vous en faites pas ! s'exclama Jennifer en frissonnant.

Elle n'avait aucune intention de tremper ne serait-ce que le bout du pied dans le pittoresque lagon. Son aspect paisible était illusoire. Une partie du rêve virait au cauchemar.

Wheeler les conduisit vers l'intérieur des terres, par un étroit sentier visiblement taillé à la machette dans les épais fourrés ; ce qui, de la mer, leur avait semblé être une végétation aérienne et légère était en réalité un redoutable rempart. Ils arrivèrent bientôt au bord d'une piste d'asphalte défoncée et brûlante sous le soleil. La surface paraissait mouvante et Jennifer, ahurie, s'aperçut qu'elle était couverte de milliers d'oiseaux. Elle attrapa rapidement la petite Puffer effrayée tandis que les chiens de Buck fonçaient dans le tas en aboyant.

Il y eut un grand vacarme de cris aigus et de battements d'ailes ; les sternes noir et blanc protestèrent et s'élevèrent en tourbillons, à trois ou quatre mètres au-dessus de la piste. Elles refusaient de la quitter et la jeune femme comprit pourquoi en apercevant le sol couvert de nids pleins d'œufs ou d'oisillons.

– Buck ! hurla Jennifer.

Il réagit, mais trop tard. Popolo, le pit-bull, avait déjà pris dans sa gueule une sterne de bonne taille. Buck lui tapa sur la tête et il lâcha prise. L'oiseau battit faiblement des ailes et ne bougea plus, presque coupé en deux.

– Oh, Popolo ! gronda Jennifer. Regarde ce que tu as fait, vilain !

– Votre chien a donc si faim ? demanda Wheeler d'un ton peu aimable.

– Non, riposta Buck. Rien qu'un sale caractère.

Il mit ses deux chiens en laisse à l'aide d'une corde qu'il avait apportée et les attacha à un cocotier. La promenade se poursuivit.

– C'est un vieux terrain d'atterrissage militaire construit au début des années 40, expliqua Wheeler. Il mesure plus de quinze cents mètres, mais on ne s'en rend plus compte maintenant, il est en grande partie recouvert par la végétation.

Ils traversèrent la piste envahie, attentifs – Jennifer surtout – à ne pas écraser les œufs et les petits. De temps en temps, un parent furieux fonçait en piqué sur eux et leur frôlait la tête à tire-d'aile.

– Nous avons mangé de ces œufs, reprit Wheeler, la voix presque couverte par le tumulte des oiseaux, ils ne sont pas trop mauvais mais ils sentent un peu le poisson. Pour vous assurer de leur fraîcheur, vous n'avez qu'à tracer sur la piste un carré de cinq ou six mètres de côté que vous dégagerez de tous les œufs. Ceux que vous y trouverez le lendemain seront de première fraîcheur.

Ils arrivèrent dans une vaste clairière, récemment arrachée à l'épaisseur des broussailles. Un vieil entrepôt montait la garde au bord de la forêt. A l'intérieur, ils découvrirent un ancien rouleau compresseur, un camion militaire à dix roues et un vieux bateau avec les lettres U.S.A.F. peintes de chaque côté de sa coque. Tout cela avait beaucoup souffert, abandonné depuis plus de trente ans dans un climat tropical et pillé par des vandales !

– Il y a eu beaucoup de destruction gratuite depuis la dernière fois que nous sommes venus, dit Wheeler. Regardez-moi ces pneus lacérés, et ces traces de balles !

Les trous dans la tôle inquiétèrent Jennifer. Quelle espèce de cinglés trouvaient plaisir à cribler de balles un vieux camion ? Elle ignorait qui étaient ces fous de la détente mais elle espérait bien qu'ils ne reviendraient pas pendant leur séjour.

– On pourrait penser que les gens de mer sont moins sauvages, marmonna Wheeler en s'approchant du canot de sauvetage. On appelait ça un *drop-boat*, parce que l'Air Force les lâchait d'un avion dans la mer. Ces canots étaient équipés pour fournir le nécessaire à des survivants attendant d'être secourus. Ils renfermaient de l'eau douce, des conserves, une trousse médicale, des brassières de sauvetage, vous voyez le genre. Celui-là servait encore quand nous sommes venus il y a des années. Nous allions jouer avec dans le lagon. Une fois, je l'ai utilisé pour un vrai sauvetage. Un chalutier japonais actionnait désespérément sa sirène, juste devant le chenal. Je suis sorti avec le canot de sauvetage. Un des pêcheurs avait été empalé par un espadon.

– Aïe ! Qu'est-il devenu ? demanda Jennifer, horrifiée.

– Le pauvre type ne s'en est pas tiré.

Le malaise que Palmyre causait à Jennifer allait en s'aggravant. Le lagon offrait un paysage de carte postale, mais plein de requins. Il était très facile de pêcher du poisson mais certains étaient empoisonnés. Si, de loin, l'île entière évoquait le fertile paradis des mers du Sud recréé par les pinceaux de Gauguin, les structures vides, croulantes et le matériel rouillé abandonné par des militaires d'un temps révolu avaient quelque chose de spectral.

– C'est mon troisième séjour ici, confia Wheeler. La première fois, en 57, je travaillais à l'institut océanographique à Scripps, pendant l'Année géophysique internationale. Nous avons passé quinze mois sur l'île, ma femme et moi. Je faisais des observations météo de haute atmosphère, des marées, des trucs comme ça. Nous nous plaisons bien ici. On finit par s'attacher. Il y a beaucoup à explorer. Une fois nous avons trouvé un bunker souterrain, avec ma femme et les gosses. Assez d'attirail pour ouvrir un magasin de surplus.

– En effet, vous avez l'air d'être tout à fait chez vous, dit Buck en essuyant la sueur de son front.

– C'est sûr ! Je vous l'ai dit, je me considère un peu comme le maire de Palmyre. Nous connaissons les Fullard-Leo, les propriétaires. Et vous autres, combien de temps comptez-vous rester ?

– Un moment, répondit Buck sans se compromettre.

Il paraissait épuisé mais il restait extrêmement vigilant.

– Nous pensons planter un jardin potager, intervint Jennifer. Vivre un moment de la terre.

Wheeler réfléchit un moment.

— Si vous comptez rester, vous devriez écrire aux propriétaires pour leur demander l'autorisation, vu que c'est une propriété privée. Je suis leur représentant cette fois-ci. Ils veulent que je remette la piste en état, pour que des avions puissent se poser. Mais c'est pas évident. Tous ces oiseaux posent un sacré problème, si vous voulez mon avis. Nous faisons ce que nous pouvons, mon gamin et moi.

— Je vous donnerai un coup de main, promit Buck.

Il avait décidé de jouer le jeu avec les cartes que le destin leur avait distribuées. Allez savoir ? pensait-il. S'il se mettait bien avec lui, ce vieux raseur pompeux pourrait bien lui être utile un jour.

— Eh bien... Comment c'est votre nom, déjà ?

— Roy Allen. Et ma femme, Jennifer.

Wheeler parut considérer les puissantes épaules et les bras musclés du jeune homme.

— Ma foi, une paire de bras solides serait la bienvenue, reconnut-il. Nous nous y mettons à l'aube et nous nous arrêtons avant la grosse chaleur de midi.

— Ça me paraît raisonnable.

Reposés, ils reprirent leur visite mais Wheeler s'arrêta bientôt sous un palmier et se mit à fourrager par terre.

— Tenez, encore une bonne chose à savoir. Vous voyez cette noix de coco, là ? C'est la naissance d'un nouvel arbre. Elle commence à germer, voyez ? dit-il en montrant la racine bourgeonnante. En même temps, l'intérieur change.

Il dégaina sa machette et ouvrit la noix de coco de deux coups tranchants parallèles, puis il détacha la coque. D'un autre coup de machette il cassa la noix intérieure, révélant une substance blanche semblable à du pudding.

— Le lait s'est solidifié, expliqua-t-il. On appelle ça de la viande à la cuiller. C'est censé être l'alimentation du nouvel arbre.

Il fit deux parts de cette substance spongieuse et en offrit une à Jennifer.

— Goûtez. Vous verrez. C'est bon.

Il avait plutôt l'air de lancer un défi que d'offrir une friandise. Jennifer en mordit un petit bout et fut récompensée par une agréable fraîcheur sucrée.

— Oh oui ! s'exclama-t-elle. C'est délicieux !

Elle riait un peu, à part elle, de ce vieux ratisseur de plages si fier de révéler les secrets de la vie dans une île tropicale.

Buck se contenta de grogner.

– Et on peut la griller ou la cuire au four, poursuivit Wheeler, radieux. Ça fait un légume au goût intermédiaire entre la courge et l'igname. Je vais laisser ici le reste de cette noix de coco. Quand nous repasserons dans dix minutes, vous verrez.

Il annonça cela avec une drôle d'expression.

Ils repartirent et Wheeler continua à disserter avec enthousiasme. Il leur expliqua, démonstration à l'appui, comment prélever un cœur de palmier en tranchant véritablement le tronc juste au-dessous des palmes les plus basses. Il se lança ensuite dans l'éloge de ce mets comme s'il était inconnu.

– Les propriétaires n'aiment pas qu'on abatte des arbres adultes. Alors nous cherchons les petits, qui sortent à peine de terre, et ne mesurent pas plus d'un mètre de haut. Ce ne sont pas encore des arbres et nous pouvons donc y toucher. D'ailleurs, la plupart n'arriveraient pas à maturité, ils sont trop serrés les uns contre les autres.

« Maintenant, si plus tard vous voulez poursuivre seuls l'exploration, il y a une caserne, un peu plus loin. Par là, dit-il en désignant vaguement du doigt une direction. Elle est encore pleine de bric-à-brac, des meubles, des trucs. Et un petit sentier entre les arbres vous conduira à la plage nord, où vous trouverez d'autres vieilles bâtisses, des dépôts de munitions en béton, une plate-forme de batterie d'artillerie, partout de la machinerie abandonnée par la Marine et même quelques fûts d'essence encore bonne. Vous n'avez qu'à vous servir.

Cette dernière information retint l'attention de Buck.

– Ce serait parfait pour le moteur de notre génératrice.

– Ah, dites donc, si vous avez une génératrice portable il faut que vous connaissiez notre sorbetière !

Wheeler repartit en tête tout en leur donnant la recette des sorbets et des crèmes glacées à la noix de coco.

Ils aperçurent bientôt, niché dans un fourré, un blockhaus en béton au toit plat et, contre un des murs de côté, un vieux réfrigérateur démodé branché à l'intérieur de la construction. Le compartiment congélateur renfermait un récipient de crème glacée à la noix de coco.

– Ma femme vient de la faire ce matin. Goûtez donc.

Jennifer trempa son index dans le mélange mousseux et onctueux et goûta. Bien sûr, ce n'était pas Baskin Robbins, mais c'était bon. Buck déclina l'offre. Il commençait à se lasser de cette visite guidée. Et Wheeler n'arrêtait pas de parler :

– Je ne sais pas trop à quoi la Marine utilisait ce bâtiment mais j'y garde mon générateur. N'hésitez pas à vous servir du frigo. Pour rafraîchir votre bière, conserver vos crèmes glacées et votre poisson, et même faire des cubes de glace. Vous hériterez du frigo quand nous partirons. Il vous suffira de le brancher sur votre génératrice. Et maintenant, annonça-t-il en prenant un temps pour ménager son effet, je vais vous montrer la baignoire.

– La baignoire ? s'écria Jennifer.

– Et remplie d'eau douce, s'il vous plaît. Les militaires ont laissé une grande citerne qui garde l'eau de pluie. Elle n'est pas bonne à boire, bien sûr, parce que la citerne est tapissée d'algues. Mais c'est bien agréable de s'y baigner.

– Un vrai bain ! C'est le rêve !

Pour aller voir la baignoire, ils repassèrent devant l'arbre où Wheeler avait laissé la noix de coco. Jennifer fut sidérée. Pendant leur brève absence, elle s'était remplie de crabes minuscules qui se disputaient entre eux les restes de pulpe.

– Des crabes ermites, expliqua Wheeler. Les éboueurs de l'île. Avec les rats, ils dévorent tout.

En arrivant de nouveau près du lagon, ils virent une vieille jetée de bois et une espèce de grand entrepôt ressemblant à une grange, qui donnait sur un bassin où, pendant la guerre, les navires venaient décharger. Derrière l'entrepôt se trouvait la citerne de cinquante mille litres.

Quelqu'un avait placé à côté une vieille baignoire de porcelaine à pieds, reliée à la citerne par un tuyau d'arrosage.

– Bien sûr, il vous faudra apporter vos serviettes, avertit Wheeler, la figure fendue d'un large sourire.

– Je suis folle d'impatience ! avoua Jennifer.

Elle dut pourtant remettre son projet à plus tard car, alors qu'ils rejoignaient le *Iola*, un membre de l'équipage de la *Caroline* les héla pour les inviter à prendre un verre. A bord, ils burent un punch au lait de coco et fumèrent un joint qu'une des jeunes femmes leur proposa. La discussion porta sur des histoires de mer et de bateaux. Briggs leur raconta qu'il convoyait un groupe de radioamateurs qui, à longueur de journée, bricolaient leurs émetteurs-récepteurs. Leur destination suivante était le récif tout proche de Kingman, autour duquel, occasionnellement, émergeait une bande de sable haute d'une trentaine de centimètres.

– Les gars veulent établir un record en installant la station de radio la plus isolée du monde, expliqua Briggs, levant les yeux au ciel pour exprimer ce qu'il pensait de cette ambition.

Une heure plus tard, munis de serviettes et d'un savon, Jennifer et Buck, main dans la main, prirent le chemin de la baignoire. Ils étaient tous deux très gais, vaguement gris, et la fraîcheur de l'eau douce fut un délice. Entre deux baisers passionnés, ils s'éclaboussaient en riant comme des gosses. Ils retournèrent à leur bateau propres, rafraîchis et optimistes.

A bord, Buck tenta de réparer le moteur hors-bord et Jennifer commença à cuisiner un gros poisson que leur avait apporté Jack Wheeler. Ils dînèrent de ce poisson frais, tendre et délicieux. Après avoir admiré un somptueux coucher de soleil, ils descendirent dans la cabine et s'aimèrent passionnément à la lumière d'une chandelle.

Cette nuit-là, ils dormirent bien. Jennifer n'avait plus besoin de bondir toutes les heures pour aller voir s'ils maintenaient leur cap. Dans le paisible lagon, ils avaient l'impression d'être enfin en sécurité.

Le lendemain matin, Buck se leva tôt pour aider Jack Wheeler. Il revint au bout de plusieurs heures, en nage, et alla prendre un bain. Pendant ce temps, Jennifer fit cuire des petits pains de maïs. A son retour, elle lui demanda comment allait le travail avec Jack Wheeler.

– Pas trop mal, mais je crois que la nature gagnera la bataille.

– Même s'ils remettent la piste en état, comment les avions pourront-ils se poser, avec tous ces oiseaux ?

Buck haussa vaguement les épaules, avec indifférence.

– Ce matin, Jack parlait de les empoisonner.

– Quoi ? s'écria Jennifer, scandalisée. Les empoisonner ?

– Il dit qu'il y a assez de poison dans un des entrepôts pour anéantir une armée. Il dit qu'il faudrait aussi brûler les nids et écraser les œufs.

Buck s'exprimait sur un ton si posé que Jennifer était incapable d'en déduire s'il était ou non opposé à ce massacre.

– Tuer tous ces oiseaux pour qu'un fichu avion vienne se poser ? cria-t-elle avec rage. Pour quoi faire ? Pour construire un hôtel, un restaurant et un parcours de golf ?

– Ouais, c'est moche.

– Ils ont déjà tué et détruit assez de choses dans ce monde, pour de l'argent !

– Tu l'as dit, bébé, riposta Buck que la vertueuse indignation de sa compagne amusait.

– Nous devrions organiser un sit-in pour qu'ils ne puissent pas se poser !

– Dans toute cette merde d'oiseau ? dit-il en souriant.

– Ce n'est pas drôle ! Ne ris pas ! cria Jennifer et elle partit d'un éclat de rire.

– Qui est-ce qui rit ? lui lança gaiement Buck, et il l'embrassa. Tu es magnifique quand tu es en colère.

29 juin. Buck est allé aider Wheeler et fils à dégager piste. Espérons améliorer relations avec les Wheeler. Obtiendrons peut-être qu'ils nous recommandent aux propriétaires comme gardiens officiels de l'île. Vais leur cuire un pain. Fais un sorbet au lait de coco et pulpe râpée dans frigo. Quel luxe !

Les efforts de Buck et Jennifer pour rentrer dans les bonnes grâces de Jack Wheeler furent désespérément compromis le jour où Popolo mordit leur fils. Sur le conseil de Jennifer, Buck avait attaché ses chiens parce que à l'évidence Jack Wheeler n'aimait pas les voir courir en liberté. Malheureusement, le petit Wheeler passa trop près de Popolo, à portée de ses crocs, et fut légèrement mordu à la cuisse. La peau était entamée mais il n'y avait aucun risque de rage puisque jamais aucune île du Pacifique (Hawaii comprise) n'avait connu le moindre cas. Malgré tout, les Wheeler furent dans tous leurs états.

Le 30 juin, quelques heures après le coucher du soleil, le *Caroline* quitta Palmyre, réduisant la population de l'île à sept âmes. Les retombées de l'incident de la morsure s'étaient déjà dissipées, heureusement, et Buck aidait de nouveau Jack Wheeler à dégager la piste.

Le lendemain matin, Buck et Jennifer reprirent leur exploration de l'île. Ils traversèrent le lagon dans leur canot pneumatique mais à proximité de l'îlot Home, ils s'échouèrent sur un banc de sable, dans cinquante à soixante centimètres d'eau. Buck laissa les avirons à Jennifer et sortit pour pousser l'embarcation, mais il dut s'y reprendre à plusieurs fois.

Jennifer aperçut soudain, dans l'eau claire, l'ombre menaçante et poussa un cri aigu.

En un instant, trois requins aux flancs scintillants fendirent l'eau et convergèrent, de trois directions différentes, sur Buck.

Il se rendit compte, seulement alors, du danger. Il poussa à son tour un cri et remonta si précipitamment dans le canot que Jennifer eut peur qu'il n'en crève le fond. L'embarcation se balança de façon effrayante et, craignant d'être jetée par-dessus bord, Jennifer lâcha un des avirons, qui s'en alla flotter hors de portée.

Les trois requins se mirent à tourner autour d'eux, comme s'ils cherchaient désespérément à retrouver l'odeur de leur proie.

– Tire-nous d'ici, Buck ! Vite !

Tant bien que mal, à la godille, il les ramena vers la rive.

Même hors de danger, Jennifer tremblait encore. Elle avait toujours cru que les requins n'attaquaient que lorsqu'ils sentaient l'odeur du sang. Encore une idée fausse. A peine Buck avait-il mis le pied dans l'eau que ces squales agressifs l'avaient visé. Et cette façon qu'ils avaient eue de tourner rageusement autour d'eux, ensuite, avec l'air de savoir que leur dîner était dans ce bateau ! Elle en frissonna. Une chose était sûre : jamais elle ne tremperait un orteil dans ce lagon, si beau mais si dangereux.

L'après-midi suivant, elle aperçut du pont du *Iola* un grand voilier à deux mâts, mouillé juste en dehors du chenal.

– On dirait que nous sommes bons pour une explosion démographique demain, cria-t-elle ironiquement à Buck.

En réalité, deux bateaux arrivèrent dans le lagon le lendemain, 2 juillet. Le premier était le deux-mâts dont le nom se détachait maintenant, bien visible à l'arrière, le *Sea Wind*.

Buck partit à l'aviron accueillir les nouveaux venus et admirer le bateau, un ketch exceptionnellement élancé, manœuvré par un couple d'âge moyen. L'homme, à l'avant, donnait des instructions à une femme blonde qui tenait la barre.

Quand il fut assez près, Buck leur cria :

– Il y a une place près de nous. Je peux vous aider à manœuvrer ?

Il se montrait subitement souriant et hospitalier, comme s'il avait usurpé la fonction de maire honoraire de Wheeler.

– Merci, répliqua l'homme, mais nous préférons nous isoler davantage.

Vexé, Buck regagna la plage d'où Jennifer et Wheeler l'observaient.

– Il a l'air de savoir ce qu'il fait, jugea Wheeler en crachant la brindille qu'il mâchonnait. Bon Dieu, quelle merveille, ce bateau ! Il va probablement mouiller dans la petite anse, plus haut. Elle est assez profonde. Mais il lui faudra un sacré tas d'amarres pour être sûr de ne pas chasser et finir échoué au premier coup de vent.

Une heure plus tard, les nouveaux visiteurs de l'île arrivèrent d'un pas tranquille, par le sentier de la jungle. Ils se présentèrent. Jennifer trouva que Mac Graham avait tout l'air d'un aventurier de roman, avec sa coupe de cheveux de style militaire, ses lunettes noires d'aviateur, son short kaki au pli impeccable et son torse nu bien bronzé. Il évoqua leur voyage depuis Hawaii – seulement sept jours ! – avec désinvolture, comme si ce n'était qu'un jeu d'enfant.

– Combien de personnes y a-t-il ici ? demanda-t-il en laissant percer de l'agacement.

– Trop, répliqua Buck, d'accord avec l'implication. Vous vous rendez compte ? Nous étions venus ici pour jouer Adam et Eve sur une île déserte.

Mac s'esclaffa.

– Nous avions la même idée.

Il tira de sa ceinture un paquet de Marlboro et ne put s'empêcher de remarquer le regard envieux de Buck.

– Vous fumez ? dit-il en offrant le paquet ouvert.

– Oui, bien sûr.

Du coup, Buck prit deux cigarettes à la fois. Jennifer sourit complaisamment, en se rappelant la résolution qu'avait prise Buck de ne plus fumer, le jour où il s'était trouvé à court de tabac. Une fois, pendant le voyage, il avait même ouvert un sachet de thé Lipton pour se rouler un ersatz de cigarette. Depuis qu'ils étaient à Palmyre, il attendait désespérément l'arrivée d'un fumeur invétéré comme lui, avec une bonne provision à partager.

Durant cette première visite mondaine, ce fut surtout Mac qui parla. Il se montra si amical, si chaleureux, qu'il plut immédiatement à Jennifer. Il était manifestement heureux et surexcité d'avoir atteint enfin son objectif, Palmyre. Son sourire vibrant, ses yeux expressifs, son sens de l'humour contrastaient vivement avec la première impression produite par sa femme qui paraissait réticente, dédaigneuse même. Il était évident que cette femme vivait dans l'ombre de son mari.

Deux heures plus tard le *Journeyer*, un élégant cotre de treize mètres soixante-quinze appartenant à Bernard et Evelyn Leonard, vint s'amarrer à côté du *Iola*.

– Quatre bateaux, grommela Wheeler. C'est bien la première fois que j'en vois autant, ici, en même temps. Ce doit être le lieu de vacances à la mode, cette année.

Un ressentiment tacite et réciproque régnait. Wheeler, Buck et Mac croyaient chacun que les autres empiétaient sur leur territoire. Il y avait embouteillage au paradis.

8

Comme l'avait prévu Wheeler, Mac et Muff mouillèrent le *Sea Wind* dans la petite anse où la courbure de la côte leur offrait l'intimité souhaitée. Mac amarra d'abord l'arrière à deux arbres poussant tout au bord de l'eau, puis il mouilla une ancre sur l'avant, à bonne distance. Cela aurait semblé suffisant à presque tous les capitaines, mais lui prenait un grand luxe de précautions avec son bateau bien-aimé. Il largua une autre amarre par bâbord avant et accrocha une ancre dans le haut-fond de corail. Un jour ou l'autre, pensa-t-il, un grain viendrait balayer le lagon, comme cela arrive dans cette région équatoriale du Pacifique, et il ne tenait pas à ce que le *Sea Wind* soit jeté sur les écueils.

Deux jours plus tard, Mac et Muff écrivirent leur premier courrier et Jack Wheeler, qui repartait avec sa famille le 6 juillet au matin, fut chargé de le poster à Hawaii.

4 juillet 1974

Bien chère maman,

Il est maintenant un peu plus de minuit et jusqu'à 8 heures ce soir, j'étais encore en train d'amarrer le bateau. Il fait une température de trente et un degrés, une humidité relative de quatre-vingt-dix pour cent et une légère brise.

L'île dépasse en beauté mes espoirs les plus fous. Tout est passionnant et je suis pressé de partir en exploration. J'espère trouver la paix et le calme, enfin un endroit où un homme puisse s'asseoir et rêver à loisir.

Palmyre est tout ce que j'avais espéré... et plus encore.

Afféctueusement,
Mac

La première lettre de Muff à sa famille – sa mère et ses deux sœurs à San Diego – exprimait un point de vue différent.

4 juillet 1974

Maman, Peg et Dot chéries,
Mac a dû pratiquement me pousser hors de la rade de Hilo. Je ne voulais pas partir. Nous avons eu une bonne mer, mais, alors que nous n'étions plus qu'à dix milles de Palmyre, une énorme tempête s'est levée, semblable à ces ouragans de studios hollywoodiens provoqués par un gros ventilateur. Seulement celui-là était un vrai et j'étais terrifiée. Nous avons attendu que ça passe, jusqu'au lendemain matin.
Le lagon foisonne de poissons empoisonnés, de requins et de raies Manta. Une incroyable quantité d'oiseaux nichent ici, surtout sur une vieille piste aérienne qu'ils recouvrent complètement. On n'a pas un instant de silence, même la nuit. On se croirait à Disneyland, dans l'attraction du safari de la jungle.
Nous avons rencontré un couple qui a vécu à Palmyre il y a quinze ans. A l'époque, les bâtiments et le matériel restés sur l'île étaient encore intacts. Maintenant tout tombe en ruine et ce qui ne s'est pas écroulé a été détruit par des vandales. On trouve des lits de camp, des matelas, une voiture de pompiers, un camion, une jeep abandonnés par les militaires. Mais tout a été cassé ou démonté, on dirait un entrepôt de ferrailleur. C'est écœurant.
Les autres habitants locaux sont des crabes terrestres, des crabes de cocotiers, des crabes ermites, des rats, de tout petits lézards, des araignées, des fourmis, des cancrelats volants ou non, des moustiques, des mouches, toutes les bestioles imaginables. Tout ce qui rampe et pique vit ici. Cet endroit n'est en réalité qu'une jungle.
Mac est enchanté d'avoir atteint son but. Mais vous me manquez déjà, vous et tous mes amis.

Tendrement,
Muff

En bonne épouse, Muff aida néanmoins Mac à tout installer pour un séjour prolongé. Pendant qu'elle réorganisait la cuisine, il brancha leur grand générateur et fit une révision complète du moteur du *Sea Wind*. Pour augmenter l'espace vital à bord, ils retirèrent les voiles, les plièrent soigneusement et Mac les transporta dans un des vieux entrepôts. Il les accrocha à une poutre à l'aide d'une corde et d'une poulie et les hissa hors de portée des rongeurs. En élaguant la végétation il dégagea une clairière autour du bateau, puis entreprit la construction d'un débarcadère de fortune avec du bois ramassé un peu partout dans l'île. Quand il eut terminé, il fit passer un cordage du débarcadère à l'échelle arrière du ketch, afin de pouvoir haler un de leurs canots pneumatiques et faire la navette sans avoir à utiliser le moteur ou les avirons.

A bord, Muff disposa des stores de toile entre les mâts pour protéger le pont du soleil équatorial.

Un matin de la première semaine, Mac persuada Muff, qui craignait la jungle et les animaux rampants, de l'accompagner en exploration, avant qu'il ne fasse trop chaud.

Dans l'idée de Mac, il s'agissait bien d'une exploration.

– La plupart des gens ne s'écartent pas des pistes, mais ce n'est pas mon cas, déclara-t-il à Muff dès le départ, et il se mit à tailler l'inextricable enchevêtrement de lianes et de broussailles.

Muff l'observa avec passivité pendant quelques minutes, puis elle s'aventura toute seule le long d'un sentier sinueux mais bien dégagé. Elle découvrit une enclave de vieux bâtiments presque complètement enfouis sous la végétation. En regardant par les trous des murs croulants, elle eut la vive impression que des événements étranges, tragiques, s'étaient déroulés dans cette île ; elle n'aurait su dire si c'était simplement un effet de son imagination.

En poursuivant son chemin, elle fut bientôt entourée d'immenses fleurs aux couleurs violentes ; elle reconnut une belle-de-jour sauvage aux corolles violet et incarnat, des poinsettias géants en abondance, grands comme des arbres, dont les larges bractées écarlates entouraient une petite fleur jaune. Dans la profondeur de la forêt des cris d'oiseaux invisibles, inconnus, se répondaient. Elle surprenait parfois, du coin de l'œil, de petits mouvements vifs.

Elle s'aperçut bientôt qu'elle n'entendait plus le bruit de la machette de Mac. Elle fit rapidement demi-tour mais arriva devant une fourche qu'elle ne reconnut pas. Elle constata qu'elle avait dû prendre un mauvais chemin et se tourna de tous côtés.

– Mac ! Mac, où es-tu ?

Pas de réponse.

– Mac !

Elle avait hurlé de toutes ses forces, mais son cri lui parut faible, comme avalé par la jungle.

Elle avait l'impression que tout se refermait autour

d'elle, bien qu'elle essayât de se rassurer à la pensée que le *Sea Wind* et le lagon étaient tout près, juste de l'autre côté du mur de végétation devant elle. Ou bien... ? Le lagon ne serait-il pas plutôt dans l'autre direction ? Tous les sentiers, tous les palmiers se ressemblaient. Où pouvait bien être Mac ? La jungle l'avait dévoré sans laisser de trace.

Soudain, elle entendit du vacarme, près d'elle. A mi-hauteur des arbres de trente mètres, plusieurs fous aux pattes bleues tentaient maladroitement de prendre leur envol.

Ces charmants oiseaux, semblables à des mouettes, sont communs dans le Pacifique ; ils ont la gorge blanche, des ailes grises et une jolie moirure bleu et orangé autour des yeux. Les fous nichés, dérangés par Muff, étaient pris de panique.

Brusquement, ils s'envolèrent droit vers une barrière feuillue. Elle ne voyait pas comment ils pourraient y pénétrer et, en effet, ils en furent incapables mais ils continuèrent de s'y heurter en poussant des cris de terreur. « Mon Dieu, ils vont s'assommer, se tuer ! » pensa-t-elle, consternée à l'idée d'être responsable de ce massacre. Elle battit en retraite, espérant que les oiseaux se calmeraient quand ils ne la verraient plus et renonceraient à leur fuite suicidaire.

Tout à coup, quelque chose bougea à ses pieds. Elle baissa les yeux : un gros rat marron bien gras la regardait fixement, le bout de son museau rose frémissant pour identifier son odeur.

Elle recula d'un bond et poussa un cri strident. Le rat ne broncha pas. Il la considéra encore pendant un moment, de ses petits yeux brillants, puis se remit à ronger sa coque de noix de coco.

Elle entendit alors des coups de machette, au loin.

— Mac ! glapit-elle désespérément.

— Par ici, répliqua-t-il sans s'émouvoir.

Elle le retrouva enfin, ruisselant de sueur, au milieu d'une nouvelle piste qu'il avait taillée. Il arborait un large sourire, tout fier du travail accompli.

— J'ai eu peur. Je ne te trouvais plus.

Le ton était accusateur mais Mac n'y prêta pas attention. Il essuya son front sur son avant-bras trempé.

— Voyons, mon petit chat, tu ne peux te perdre dans une île de cent hectares.

— Oh, j'en suis bien capable.

— Alors, reste à côté de moi.

– J'ai failli marcher sur un rat, gémit-elle en pensant qu'elle méritait un peu plus de compassion.

– Ils ne te feront pas de mal, va. Ils ne sont pas comme les rats d'égouts. Il s'agit de rats de cocotiers, tu sais, des végétariens. Je les trouve plutôt mignons.

La piste dégagée par Mac débouchait sur un bunker en béton complètement caché par le feuillage luxuriant. A l'évidence personne n'y était entré depuis des dizaines d'années. Mac fut stupéfait et enchanté d'y découvrir quarante fûts de kérosène intacts, un trésor pour le moteur hors bord de leur Zodiac.

– Ces trucs-là sont lourds, fit observer Muff au lieu de se pâmer d'admiration. Comment vas-tu les ramener au bateau ?

Mac fit tomber un des fûts et le poussa du pied.

– J'y arriverai bien.

Ce ne fut pas une tâche facile de rouler ce baril sur l'étroite piste mais il y parvint. Muff le suivait.

Après un bref repos, il annonça qu'il allait en chercher un autre. Muff préféra l'attendre. Au même instant, il aperçut un gros crabe terrestre, large de trente centimètres, qui se traînait lourdement sur la plage. Tous deux adoraient le crabe. Il jeta une palme sur celui-là, le fit prisonnier sous son pied et Muff, sachant ce qui allait suivre, détourna les yeux, prise d'une légère nausée.

Sans aucune hésitation, Mac se baissa, attrapa le crabe et arracha une grosse pince charnue. Puis il laissa l'amputé poursuivre son chemin.

Muff savait que le crabe n'en mourrait pas. Une nouvelle pince lui pousserait, mais l'acte lui paraissait tout de même bien cruel et sûrement douloureux pour le crabe. Elle n'aurait jamais pu faire ça.

Mac lui donna la pince et retourna à son dépôt d'essence personnel.

Pour garder au frais la chair succulente, elle mit la pince dans un gros coquillage au bord du lagon. Puis elle s'agenouilla un peu plus loin, se trempa la tête et les cheveux. Rafraîchie, elle alla s'asseoir contre un cocotier ; bien en vue du *Sea Wind*, elle commençait à se détendre.

Un léger bruit d'éclaboussures attira soudain son attention. Elle ouvrit les yeux et vit une grosse murène occupée à voler la pince du crabe. Elle s'attaquait avec acharnement au coquillage, la tête hors de l'eau, laissant voir ses petits yeux jaunes et ses minuscules dents pointues. Muff poussa un cri d'horreur juste au moment où Mac reparaissait.

– Regarde ! J'avais mis la patte de crabe...

Très calmement, Mac dégaina sa machette, s'approcha de la murène et lui trancha la tête d'un coup précis.

– Prête à passer à table ? demanda-t-il en brandissant la pince convoitée.

Le lendemain, Mac partit pour une autre mission, suivi de Muff, son assistante récalcitrante. « Wheeler l'aura bien cherché », se disait-il. Le maire lui avait fréquemment parlé de tous les « trucs épatants » qu'il avait trouvés dans l'île et il s'était vanté de les avoir « si bien cachés près du lagon oriental » que personne ne les découvrirait jamais. Mac trouvait ce genre de défis irrésistibles. Si Wheeler avait réellement voulu garder ses trouvailles, pensait Mac, il aurait dû les emporter.

– Qui trouve garde, déclara-t-il à Muff.

C'est ainsi que reviennent aux vainqueurs de la vie les butins de la vie.

Palmyre comprenait deux lagons naturels. Pendant la guerre, la Marine avait coupé celui de l'est par une chaussée en ciment, créant un lagon central et un lagon oriental. Le *Sea Wind* mouillait à l'ouest, comme les autres bateaux. Mac et Muff traversèrent le lagon central dans leur Zodiac, puis ils durent patauger et porter le canot par-dessus la chaussée. A l'autre bout du lagon oriental, ils accostèrent à Papala, un mince îlot d'à peine cent mètres de long.

Seize îlots, dessinant un fer à cheval, composaient Palmyre. Cooper Island, où s'installaient tous les visiteurs, était de loin le plus grand. Les autres s'appelaient Strawn, Aviation, Quail, Eastern, Pelican, Bird, Holei, Engineer, Tananger, Marine, Kaula, Paradise, Home et Sand. A l'exception de Sand, situé à l'entrée du chenal, ils étaient tous reliés par la route qu'avait construite le génie maritime. Sept des îlots bordaient le lagon oriental et certains n'étaient guère plus larges que la route.

Mac et Muff portèrent le Zodiac sur la plage et le laissèrent dans un endroit sûr.

De Papala il n'y avait qu'une courte marche pour arriver à la côte. Ils trouvèrent au bord de l'océan une plage de gros sable, une chaleur étouffante et pas un souffle d'air. Muff respirait difficilement et éprouvait une sensation d'étouffement de type asthmatique. Le fort taux d'humidité fit qu'en un rien de temps ils furent tous deux trempés de sueur.

Après de brèves recherches superficielles, Mac jugea que le trésor de Wheeler ne se trouvait pas là.

Quand ils retournèrent au bord du lagon et à sa légère brise, Muff alla se reposer et reprendre son souffle à l'ombre pendant que Mac marchait jusqu'à l'îlot suivant, Pelican. La route était défoncée, submergée par endroits, tout juste utilisable.

La végétation de Pelican était plus dense que celle de Papala. Relevant le défi, Mac s'acharna à grands coups de machette et dégagea bientôt une casemate vide et une position de pièces d'artillerie, apparemment un site défensif construit en prévision d'une invasion. Cette découverte redoubla son énergie et il entreprit d'ouvrir une autre percée dans la jungle, en suivant un rythme régulier : deux coups de lame sifflante, puis un petit pas en avant. Tchac, tchac, un pas. Tchac, tchac, un pas. Le défi de Wheeler l'éperonnait : « Vous ne le trouverez jamais. Ha, ha ! Jamais. »

Une demi-heure plus tard, enfoncé jusqu'aux chevilles dans la vase marécageuse, Mac s'arrêta, épuisé, et regarda autour de lui. Il aperçut un autre bunker caché dans la végétation. Était-ce là... ? Encore quelques bons coups, puis il dégagea la porte, jeta un coup d'œil à l'intérieur et sa figure se fendit d'un sourire de chat du Cheshire.

Il était certain d'avoir trouvé le trésor enfoui, qui n'était certainement pas à la hauteur des fanfaronnades de Wheeler. En fait, les seules choses que Mac emporta furent une bobine de fil de cuivre, un vieux baril à eau en chêne qui l'intriguait et une bouée de pêche japonaise en verre transparent pour Muff. Mais Mac Graham l'aventurier avait trouvé ce qu'il cherchait et la satisfaction était, en soi, suffisante.

Palmyre était une énigme et un défi perpétuel qu'il ne demandait qu'à relever. Ici un homme était libre de faire... à peu près n'importe quoi. Les possibilités offertes par l'atoll lui semblaient se déployer à l'infini.

9

Jennifer prit le canot pneumatique et rama jusqu'au *Journeyer*, tout proche. Elle lança un bonjour sonore.

Bernard Leonard la regarda assez dédaigneusement du haut du pont de son voilier. C'était un individu maigre comme un coucou, vêtu d'un bermuda blanc et de longues chaussettes roulées à mi-mollets sous les genoux les plus noueux du Pacifique. Il était coiffé d'un drôle de bonnet de laine pointu que Buck ne pouvait s'empêcher d'imaginer surmonté d'une petite hélice en plastique. Leonard avait dit à Jennifer qu'il était professeur de maths dans un lycée, et actuellement en vacances d'été. Des quelques rares conversations qu'ils avaient eues, elle déduisait qu'il était de ces hommes qui n'aiment rien tant que le son de leur propre voix. Elle l'imaginait très bien en train de pérorer devant une classe de lycéens somnolents. Sa femme Evelyn était tantôt amicale, tantôt distante. Jennifer et elle se retrouvaient parfois à terre pour faire courir leurs deux petits chiens. Puffer s'était prise d'une folle amitié pour Windy, celui des Leonard...

– Encore du beurre de coco, annonça-t-elle en saisissant l'échelle du *Journeyer* pour que le canot ne heurte pas la coque.

– Nous avons beaucoup apprécié la dernière livraison, répondit courtoisement Bernard Leonard. Avez-vous pensé, par hasard, à apporter Euell Gibbons ?

– Bien sûr, je l'ai là, à côté de moi.

Evelyn avait demandé à Jennifer de lui prêter ce livre, pour découvrir la cuisine à la noix de coco.

Il se pencha par-dessus la rambarde pour prendre le bocal que lui tendait Jennifer et lui dit :

85

– J'ai des livres pour vous. Je vous les apporterai demain.

Jamais Jennifer n'avait autant lu. Au moins un livre par semaine, parfois deux. Les occupants des yachts s'empruntaient mutuellement des livres et Jennifer se réjouissait de la profusion de nouveaux romans.

Buck la remplaça aux avirons pour rejoindre le *Sea Wind*, environ deux cents mètres plus haut sur la côte occidentale de l'île Cooper. Comme d'habitude, il était torse nu, vêtu simplement d'un short.

Jennifer se répéta qu'elle ne devait pas oublier de l'appeler Roy devant les Graham. La semaine précédente, Buck avait piqué une crise en lisant le livre de bord.

– Je ne veux pas voir de « Buck » là-dedans ! Ecris *Roy* !

– Tu n'as qu'à dire aux gens que Buck est ton surnom ! Tu montres bien ton tatouage !

Mais Buck n'en démordait pas. Pour avoir la paix, Jennifer adopta un simple B pour le mentionner dans sa chronique mais il n'en fut pas satisfait non plus. Il finit par accepter un R. Elle se disait donc qu'elle écrivait un B sans refermer tout à fait la boucle du bas ; cela lui paraissait moins factice. Elle ne comprenait d'ailleurs pas l'insistance de Buck dans cette affaire de nom. Personne, à Palmyre, ne le recherchait.

Elle n'avait encore jamais approché le bateau des Graham. Seul dans son anse abritée, le *Sea Wind* avait l'air d'un pur-sang, lustré et fier. Le débarcadère et la jetée construits par Mac étaient parfaitement appropriés, pensa-t-elle. Un tel bateau méritait le plus grand respect.

Apercevant Mac sur le pont, elle brandit un bocal en annonçant :

– Beurre de coco !

Il agita gaiement la main.

– J'ai deux papios pour vous !

– Chic !

Ce n'était pas la première fois que Mac partageait le produit de sa pêche avec Jennifer et Buck. Il se montrait plus chanceux que Buck car le moteur de son Zodiac lui permettait de pêcher au chalut dans le lagon. Un solide repas sorti tout frais des eaux du lagon était ce qu'on pouvait offrir de mieux, et Jennifer se répandit en remerciements.

– Montez donc, proposa Mac.

Les Graham étaient à Palmyre depuis maintenant plus d'une semaine. Les deux couples s'étaient croisés plusieurs fois à terre et avaient causé aimablement. Mac avait même rendu un grand service à Buck et Jennifer quelques jours plus tôt. Ils désiraient alors changer le *Iola* de sens afin de protéger le pont arrière, où ils se tenaient, du vent qui balayait parfois le lagon. Mac les aida donc, avec son Zodiac, à effectuer la manœuvre.

Cependant Jennifer savait que les Graham et les Leonard se voyaient plus régulièrement. Ils dînaient souvent ensemble et sympathisaient. Elle trouvait cela logique. Non seulement ils appartenaient, la quarantaine passée, à la même génération, alors qu'elle n'avait que vingt-huit ans et Buck trente-six. Mais, de plus, les Leonard et les Graham évoluaient dans le même monde, avec un sens des valeurs identique et des idées communes que Buck et Jennifer au contraire rejetaient. Elle se doutait qu'ils les considéraient comme les paumés de Palmyre, des hippies peu fréquentables.

Le soleil n'allait pas tarder à se coucher. Jennifer et Buck pensaient se baigner avant le dîner mais ils acceptèrent quand même l'invitation. Ceux qui étaient montés à bord leur avaient vanté les merveilles du *Sea Wind* et la curiosité les incita à les voir de plus près. Ils furent immédiatement éblouis par la perfection de ce voilier.

La cabine était un véritable salon. Muff les y accueillit timidement et servit du vin blanc glacé dans des verres à pied en cristal, sur une table laquée incrustée de pièces de monnaie étrangères. Muff confia à Jennifer que ces pièces venaient de tous les pays où ils avaient fait escale lors de leur croisière autour du monde.

Jennifer contemplait, ébahie, les boiseries, le superbe tapis, le riche mobilier. La plupart des voiliers sont aménagés d'une manière fonctionnelle, mais l'intérieur du *Sea Wind* était d'une rare élégance et décoré de nombreux objets d'art exotiques.

Elle remarqua que tous les ustensiles de ménage avaient leur place, chaque marmite, chaque casserole était rangée dans sa propre niche. L'échiquier était posé sur une étagère coulissante, à ses mesures, ainsi que l'émetteur-récepteur. On notait partout, à de petites touches délicates, l'amour et la fierté que portait ce couple à sa maison flottante.

Mac leur proposa de visiter le bateau, avec un plaisir évident. Ils commencèrent par l'avant, où Mac fit admirer son atelier.

Buck fut naturellement impressionné par la collection

d'outils en tout genre, dont un tour à métaux servant à faire des vis et autres pièces métalliques, et un chalumeau à acétylène pour les réparations diverses.

La visite dura vingt minutes et se termina par une inspection technique du moteur auxiliaire qui retint surtout l'attention de Buck. En chemin, Mac n'avait pas manqué de leur faire remarquer tout le travail qu'il avait exécuté lui-même, à commencer par les boiseries, entièrement façonnées à la main.

De retour dans la cabine, Jennifer et Buck s'assirent sur une banquette, Mac et Muff dans des fauteuils capitonnés, en face d'eux. Ils avaient presque l'impression d'être soudainement de retour chez eux, loin de l'inconfort de Palmyre et du *Iola*. Mac parlait toujours, passant des vertus du *Sea Wind* aux incidents les plus mémorables de leur croisière autour du monde. Il possédait un remarquable don de conteur et se levait souvent pour illustrer d'un geste une de ses histoires. Au bout d'un moment, il déboucha une bouteille de rhum de la Jamaïque, Muff ouvrit une boîte de jus d'ananas et ils burent tous quatre comme les meilleurs amis du monde. A la nuit tombée, Muff alluma une lampe à abat-jour posée sur la table basse, comme s'ils étaient dans son salon de San Diego, et la cabine fut baignée d'une lumière tamisée. Petit à petit, Muff se dégelait. A un moment donné, Mac passa affectueusement un bras autour de ses épaules pour la serrer contre lui. Jennifer sentit combien cet homme était conscient de sa propre valeur et de l'amour de sa femme.

– Alors, quels sont vos projets ? demanda-t-il tout à coup.

– Nous comptons rester ici, répondit innocemment Jennifer.

Mac et Muff ne dirent rien mais leur réaction se lisait aisément sur leur figure.

– Nous ne savons pas pour combien de temps, ajouta Buck, amusé.

– Deux amis doivent nous rejoindre à la fin du mois d'août avec des provisions, enchaîna Jennifer. Jusque-là, nous devons faire avec ce que nous avons. Nous compléterons nos vivres avec ce que nous pourrons échanger ou trouver à terre. J'essaie de cultiver un potager. Et vous ? Combien de temps allez-vous rester ?

– Au moins un an, répondit Mac sans hésiter. Nous avons prévu les vivres en conséquence.

Certes ! pensa Jennifer en voyant les étagères bien remplies.

Quand ils se séparèrent, Mac donna à Buck une boîte de tabac et du papier à cigarettes.

– Vous ne savez pas ce que vous venez de faire, Mac, lui dit Jennifer en souriant. Vous avez maintenant un ami pour la vie.

16 juillet 1974

Au matin de son vingt-neuvième anniversaire, Jennifer se réveilla toute seule dans la couchette et s'y attarda, en se demandant ce que faisait sa mère au même moment. Si elle avait été à la maison elle aurait senti l'odeur du gâteau au chocolat dans le four et entendu sa mère préparer une crème fouettée à la vanille, la préférée de Jennifer.

Buck, pour des raisons purement pratiques, avait déménagé du *Iola* la veille. Il était trop grand pour se tenir debout dans la petite cabine, et ainsi chacun aurait plus de place pour se retourner. Jennifer, elle, était ravie de ne plus avoir à partager le bateau avec les deux grands chiens de Buck. En plus c'était elle, généralement, qui devait nettoyer derrière eux. Il lui avait d'abord demandé de s'installer à terre avec lui, mais elle ne pouvait envisager de dormir par terre, au milieu de toutes les bestioles et des crabes terrestres.

Buck s'était aménagé un campement relativement confortable, en récupérant pour sa tente, dans un des bâtiments abandonnés, un vieux lit de camp et un matelas. Il possédait aussi une lanterne et un réchaud Coleman. Les vivres, tout de même, restaient à bord, où Jennifer et lui préparaient et prenaient leurs repas. Elle avait espéré qu'une fois Buck à terre, elle exercerait un contrôle plus strict sur les vivres mais il n'en fut rien. Il continuait de dévorer et tout ce qu'elle pouvait dire était sans effet. Elle ne comprenait pas du tout comment il pouvait méconnaître à ce point l'état critique de leur ravitaillement. Qu'allaient-ils devenir ? Leur quantité de vivres avait déjà cruellement baissé avant l'arrivée à Palmyre. Et la situation ne faisait que s'aggraver de jour en jour.

A part ce souci irritant, Jennifer n'était pas malheureuse avec Buck et ne considérait pas son déménagement comme une séparation. Quand ils voulaient passer la nuit ensemble, ils se rejoignaient.

Dans la matinée, les Leonard vinrent annoncer leur départ. Bernard apporta encore des livres et Evelyn un bocal d'huile, un sac de farine et un gâteau de riz.

Cette générosité toucha – et surprit – Jennifer. Quelques jours plus tôt, Evelyn avait froidement refusé un troc en prétendant qu'après une longue croisière il ne restait plus assez de vivres à bord du *Journeyer* pour en distribuer.

Evelyn voulut la prendre en photo et elle posa sur l'avant du *Iola* avec Puffer dans les bras, toute souriante pour son anniversaire, en short et bustier fleuris. Elle paraissait heureuse.

Les Leonard appareillèrent et partirent d'abord au moteur pour passer par le chenal. Bernard agita un bras en criant :

– Au revoir, Jennifer ! Joyeux anniversaire et très bonne année !

– Merci, Bernie ! Bon voyage !

Ce n'était pas le mauvais cheval, se dit-elle. Un peu coincé, satisfait de sa propre importance, mais pas le connard que prétendait Buck.

16 juillet. Départ du Journeyer *aujourd'hui. Bernie et Evelyn m'ont apporté livres, huile, gâteau de riz que j'ai dévoré entièrement, après avoir fait à contrecœur l'effort d'en réserver un demi, puis un quart pour R, mais mon appétit a gagné et j'ai tout bouffé. Plus tard, R est passé et a commencé à préparer mon gâteau d'anniversaire. Suis descendue à son camp pour lire et me détendre pendant que Mac livrait mon cadeau : il a récupéré l'ancre que nous avions perdue en nous empalant sur le récif le jour de notre arrivée. R a invité Mac et Muff à venir prendre le café et partager le gâteau à 6 heures. Ils ont accepté. Quand je suis revenue nous avons nettoyé et découpé des poissons en filets. Les avons fait frire pour le déjeuner. Ensuite, avons pris un bain et avons apporté un très joli gâteau au campement de R. Mac et Muff sont arrivés à 6 heures pile, avec encore des cadeaux, des graines de soja grillées et une savonnette parfumée. Tout le monde m'a chanté* Joyeux anniversaire *et j'ai soufflé une grosse bougie sur mon gâteau en faisant un vœu. Avons bavardé un moment, puis Mac et Muff nous ont souhaité une bonne nuit. Avons fumé un peu de hasch, R et moi, et avons délicieusement baisé. Dans l'ensemble, un très bon anniversaire.*

Jennifer n'avait pas eu à réfléchir à deux fois pour son vœu : il était constamment présent à sa pensée : « Faites que tout aille bien pour Buck et moi. »

Elle ne le révéla à personne, naturellement, car elle tenait désespérément à ce qu'il se réalise.

10

Muff ne voulait pas inquiéter sa vieille mère en lui révélant ses problèmes et ses soucis. Cependant, lorsqu'elle lui écrivit, le 13 juillet, elle laissa percer, en dépit de ses bonnes intentions, les craintes qui la rongeaient au sujet de leur séjour à Palmyre.

Maman chérie,

Trois bateaux mouillent en ce moment à Palmyre mais l'un d'eux, le Journeyer, *part bientôt et emportera cette lettre. Nous allons donc rester seuls avec le couple hippie qui a l'intention de vivre ici tant bien que mal. C'est bien notre veine !*

Mac a défriché le terrain autour de nous et dressé à terre un petit camp qui nous sert de terrasse. Nous avons trouvé une vieille table, des fauteuils, un banc et des estrades pour y poser les meubles. L'autre couple, Roy et Jennifer, a eu un des meilleurs fauteuils. Je l'avais rapproché de notre emplacement et puis je l'ai oublié. Le lendemain j'ai vu Roy tourner autour de chez nous et quand je suis allée voir, le fauteuil avait disparu. Comme dirait Mac, qui trouve garde, sans doute.

Notre camp est très chic. Mac a installé un atelier, avec un long établi, et nous nous sentons vraiment chez nous. Nous faisons encore un peu d'exploration. L'autre jour, Mac a découvert un énorme bâtiment de l'autre côté du lagon. Il est revenu me chercher et nous sommes repartis avec des torches électriques. Ce doit être l'ancien hôpital et aussi, selon Mac, un centre de communication. L'intérieur ne m'inspirait pas confiance mais Mac y est entré comme s'il était familier du lieu.

La majeure partie de l'île est couverte de jungle et les oiseaux font un bruit tel qu'on se croirait au plus profond et au plus noir de l'Afrique. Il faut une machette pour se frayer un chemin à travers toutes les épaisses toiles d'araignées.

Roy et Jennifer n'ont plus de sucre, plus de cigarettes et je ne sais plus quoi encore. Ils ont fait du troc avec les autres bateaux. Ils vont venir nous solliciter maintenant, c'est sûr. J'espère pourtant que ce ne sera pas le cas. Roy a une tronçonneuse et il s'en sert pour abattre des arbres et se procurer plus facilement les noix de coco. Mac est furieux.

Par-dessus le marché, ils ont trois chiens. Cette île n'est pas un endroit pour des chiens. Elle a un petit chien d'appartement (très mignon, je dois dire) appelé Puffer, lui un labrador et un pit-bull dressés à la chasse. Ils n'ont pas de quoi les nourrir. Les deux grands chiens errent déjà partout, affamés, à la recherche de nourriture. Quelle poisse. Pourquoi a-t-il fallu que nous arrivions en même temps que ces gens-là ?

Ainsi va la vie à six degrés au-dessus de l'équateur.

S'il te plaît, écris à Curt Shoemaker, le radioamateur de Hawaii dont je t'ai parlé. Il nous transmettra tes nouvelles. (J'espère que ton arthrite va mieux.)

Mille baisers,
Muff

Mac était parti explorer l'intérieur de l'île au plus chaud de la journée, en se taillant un chemin au coupe-coupe. Ayant surestimé la résistance d'une grosse branche, il frappa de toute sa force. La lame trancha facilement la branche et lui entama la jambe jusqu'à l'os, juste au-dessous du genou. Le sang se mit à couler dans sa chaussette et ses baskets.

Il ôta rapidement son foulard trempé de sueur et le noua autour de la blessure, en serrant les dents. Il ne perdit pas son sang-froid mais n'était pas sûr de pouvoir rejoindre le *Sea Wind* assez rapidement.

Il considéra la piste qu'il venait de tailler. Elle était trop sinueuse. Il irait plus vite s'il coupait à travers la jungle. Il se remit donc à donner de grands coups de machette, en maniant l'outil avec une prudence accrue.

Quelques minutes plus tard, il dut resserrer le garrot. Le sang coulait à flots. Déjà la fatigue le gagnait, aggravée par la chaleur, il se sentait bouger comme dans un rêve, en lents mouvements, épuisé comme un coureur à la fin d'un marathon. Mais il n'osait pas s'arrêter pour se reposer, de crainte de ne pouvoir repartir. Et il ne servait à rien de crier pour appeler au secours, personne n'était assez près pour l'entendre.

Il se trouva bientôt devant un taillis d'herbes touffues, plus hautes que lui. Il lui aurait fallu bien plus d'énergie qu'il n'en avait pour se frayer un passage parmi elles, par cette chaleur et cette humidité.

Il tourna, chercha un endroit dégagé, mais quelques minutes plus tard il se retrouva devant la barricade d'herbes. Il s'en voulut de ne pas avoir pris de boussole. Le soleil ne lui était d'aucune utilité car le vent de l'après-midi avait couvert le ciel de nuages. Il essaya de s'orienter, incapable de comprendre comment il pouvait être aussi désorienté. « Tu ne peux pas te perdre dans une si petite île », avait-il dit à Muff. Pourtant, il était bel et bien perdu. Alors qu'il sentait ses forces et son assurance l'abandonner, il finit par tomber tout à fait par hasard sur la piste aérienne, et, pour la première fois, la cacophonie des oiseaux de mer résonna à ses oreilles comme une douce musique.

Il n'était plus bien loin, maintenant.

Halant le canot contre le *Sea Wind*, il appela Muff. Elle apparut sur le pont, jeta un coup d'œil à sa jambe ensanglantée et poussa un cri d'angoisse.

— C'est moins grave que ça n'en a l'air, assura-t-il en se hissant à bord. Je me suis coupé avec cette foutue machette. Il va falloir nettoyer ça.

Muff, qui avait suivi des cours avancés de secourisme, prit les choses en main. Elle nettoya la profonde entaille à l'eau douce, puis elle y versa de l'eau oxygénée. Mac pâlit.

— Tu aurais besoin de points de suture, tu sais, annonça-t-elle. Je vais chercher ce qu'il faut.

— Apporte plutôt des antibiotiques, suggéra Mac.

Le matériel de chirurgie n'avait pas été déballé depuis que Mac l'avait mis dans la trousse pour leur lune de miel autour du monde, treize ans auparavant. Les fils, bien empaquetés dans du papier d'aluminium, pouvaient encore servir mais l'aiguille était émoussée. Faute de points de suture, Muff saupoudra la plaie avec des sulfamides, la referma, la pansa et banda bien la jambe.

— Nous sommes bien loin d'un médecin et d'un hôpital, dit-elle, manifestant son émotion à présent que le plus dur était passé. Tâche d'être plus prudent, mon chéri.

Il répondit par un grognement qui ne l'engageait à rien, avala un comprimé d'antibiotiques et se coucha, à bout de forces. Le soir, Muff remonta son réveil et réveilla son mari à 2 heures pour qu'il prenne un autre comprimé.

Mac passa presque toute la journée du lendemain au lit, à dormir et à lire. C'était la première fois, depuis leur arrivée à Palmyre, que Muff le voyait se reposer dans la journée. Il lui fallait donc être blessé, et peut-être même froissé dans son orgueil, pour consentir à s'arrêter un peu.

Dans la soirée, elle prépara un bon dîner. Elle fit dégeler deux steaks, les posa sur le barbecue et mit au four deux grosses pommes de terre assaisonnées au beurre de coco de Jennifer. Elle avait fait rafraîchir une bouteille de champagne qu'ils gardaient depuis San Diego pour une grande occasion et ce fut un festin.

Le lendemain, Mac se sentait beaucoup mieux, mais il devait continuer la cure d'antibiotiques pendant une semaine.

Après ce bref répit, Muff recommença à s'inquiéter, sachant qu'il retournerait bientôt explorer cette île détestable qu'il considérait comme son propre domaine.

Quand donc se lasserait-il de cet endroit maudit ? Elle voulait désespérément l'aider à vivre son rêve mais elle ignorait combien de temps encore elle supporterait cette vie.

11

Sans se soucier de la pluie légère, Jennifer souleva une nouvelle pelletée de terre et la jeta dans une brouette de fortune.

La pluie de Palmyre n'avait rien de commun avec les trombes d'eau sale qu'elle avait connues à New York ni avec les averses subites des hivers californiens. Elle n'était pas du tout déprimante : tiède et reposante, elle annonçait surtout une nouvelle provision de précieuse eau douce. En général, comme à présent, le soleil continuait même de briller.

Ramasser de la terre était devenu une corvée quasi quotidienne. Jennifer n'aurait jamais pensé qu'il fût si difficile de trouver de la terre sur un atoll de corail. Il fallait aller la chercher sous des buissons, et encore n'y en avait-il que sur quelques centimètres de profondeur. La flore indigène se contentait du guano produit par la multitude d'oiseaux et de l'humus.

Elle poussa sa brouette vers la construction massive surnommée la Glacière. Le vieux congélateur fonctionnait maintenant grâce à la génératrice portable de Buck. La pluie cessa subitement.

Buck, installé sur le toit, étalait le chargement de terre. Ses muscles ondulaient sous la peau luisante, trempée de pluie et Jennifer s'arrêta un instant pour l'admirer. Elle l'aimait plus que tout.

Aussi bizarre que cela paraisse, la création d'un jardin suspendu n'était pas une idée folle ; ils l'avaient appris à leurs dépens en tentant de faire pousser à terre des plants de légumes et de marijuana. Ils avaient laissé les tendres petites pousses dans des gobelets de carton pleins de terre, sous la vieille table de pique-nique bancale. La plupart avaient été mangées pendant la nuit, probablement par des crabes ou des rats. Ils avaient rapporté les plants intacts à bord et cherché un meilleur emplacement, hors de portée des maraudeurs. Finalement, ils décidèrent de créer leur potager sur le toit de la Glacière.

Buck avait fabriqué une échelle de fortune et attaché un seau de vingt litres au bout d'une corde, pour hisser la terre.

— Je crois que nous en avons assez pour planter quelques rangées, annonça-t-il.

Jennifer sut immédiatement à quoi il pensait.

— Les légumes d'abord ! On ne peut pas se nourrir de marijuana !

— Parle pour toi ! répliqua-t-il en riant avec bonne humeur.

Elle espérait qu'en faisant pousser leurs propres tomates, concombres, petits pois, carottes ou laitues, ils remédieraient à long terme au problème de ravitaillement. Mais cela ne résolvait pas, dans l'immédiat, leurs difficultés. Les plants ne commenceraient pas à produire avant des mois et, pour le moment, il restait à peine un mois de vivres à bord du *Iola*.

— A ton avis, de combien de terre aurons-nous besoin, finalement ?

— Encore quatre-vingts, quatre-vingt-dix brouettes.

Elle soupira bruyamment. Elle avait déjà horriblement mal au dos.

— Il nous faudra au moins une semaine, en travaillant cinq à six heures par jour, dit-elle, sans aucune illusion quant à la persévérance de Buck.

Ils avaient déjà envisagé ce qu'ils feraient si Dickie et Carlos n'arrivaient pas le mois prochain avec des provisions. Avant que Jack Wheeler ne quitte l'île, Jennifer lui avait demandé s'il était possible d'acheter des vivres dans l'île la plus proche indiquée sur la carte, Washington, à cent vingt milles au sud-est. Il lui avait répondu que oui. Des indigènes y vivaient mais c'était une « île-récif », c'est-à-dire sans chenal. Pour l'accoster, un bateau devait se battre à la fois contre les brisants et contre les dangereux écueils de corail qui l'entouraient. Autrement, l'endroit où il était possible de se ravitailler était Fanning, à cent soixante-quinze milles au sud-est. Cette île comptait quelques centaines d'habitants permanents et un magasin général. Comme Palmyre, elle possédait un lagon abrité. Mais Wheeler les avertit aussi que la traversée serait trop difficile pour un voilier sans moteur parce qu'il fallait naviguer contre le vent. Il leur conseilla plutôt les Samoa, appartenant aux Etats-Unis. La navigation y était bien plus favorable, grâce aux vents et aux courants. « Les Samoa ? s'était alors exclamée Jennifer avec stupeur. Mais c'est horriblement loin au sud ! » Certes, les îles se situaient à plus de mille milles au sud de Palmyre mais Wheeler la recommandait quand même, plutôt que Fanning. Jennifer ne pouvait imaginer un voyage de deux milles nautiques aller-retour pour aller chez l'épicier.

Ils comptaient donc malgré tout tenter leur chance à Fanning, même si leurs maigres ressources ne leur permettaient pas d'acheter grand-chose. Mac avait proposé de leur acheter leur vieille génératrice portable et Jennifer savait qu'il ne les escroquerait pas. Elle espérait aussi qu'elle et Buck trouveraient un travail temporaire à Fanning et gagneraient assez d'argent pour compléter leur ravitaillement. Elle voulait avoir en réserve des denrées de base : sucre, farine, céréales, riz, haricots. Et ils avaient très envie, aussi, d'acheter un moteur hors-bord, utilisable à la fois sur le *Iola* et sur leur canot pneumatique pour pêcher au chalut dans le lagon. Toutes ces provisions les feraient tenir jusqu'au printemps, et alors leur potager commencerait à produire. Tel était tout au moins le plan de Jennifer, alors que Buck s'intéressait davantage à la récolte de marijuana. Il comptait que son opération avec les frères Taylor les aurait tous enrichis avant le printemps.

Pendant que Buck pensait grand, Jennifer se consacrait à la vie quotidienne, à la survie au jour le jour, pour elle l'aspect le moins séduisant de l'existence à Palmyre. Elle passait la majeure partie de son temps à récolter et préparer de quoi manger, comme une femme du tiers-monde au fin fond de l'Afrique. Préparer un bocal de beurre de coco demandait des heures de travail, à commencer par le ramassage des noix mûres – la plupart de celles tombées à terre étaient pourries –, puis l'épluchage, le râpage, le malaxage et la cuisson. Ils n'avaient trouvé qu'un seul bananier dans l'île, sur un des îlots de l'autre côté du lagon qu'ils devaient traverser à l'aviron pour aller cueillir deux ou trois malheureuses petites bananes. Une journée entière était nécessaire pour laver et faire sécher le linge, dans cet air humide. Elle devait encore nourrir les chiens – elle leur préparait des repas de mulet et de coco pour ne pas épuiser leur maigre provision de pâtée en boîte – et faire le ménage à bord, s'occuper du jardin potager... les corvées s'ajoutaient aux corvées.

– Je te jure, c'est drôlement éreintant, le paradis, se plaignit-elle un jour à Buck. Nous sommes seuls sur une île déserte en plein milieu de nulle part et je suis plus occupée qu'une tapineuse le soir de l'arrivée de la flotte.

– Faisons comme si j'étais un marin bandant, d'accord ?

22 juillet. Charrié brouettes de terre tout l'après-midi. Au bout de cinq voyages, j'étais près de tourner de l'œil. Un autre bateau est arrivé, le Shearwater, *de Portland, Oregon. Deux types, Don Stevens et Bill Larson. Ils ont visité tout le Pacifique Sud et ils rentrent en passant par Hawaii. R est sorti à l'aviron pour les aider à s'amarrer à la place du* Journeyer. *Encore du poisson pour dîner.*

23 juillet. Pluie. Fait une fournée de pain au levain. Planté aussi des graines. R est venu et nous sommes restés à bord, à lire. Mac a apporté un tas de livres, 1984, un Harold Robbins, des Zane Grey et un nouvel Agatha Christie. Leur en avons donné que nous avions déjà lus. Très bon déjeuner. Gâteau à la noix de coco et papios, certains au four dans leur coquille, d'autres frits. Le soir, les deux types du Shearwater *nous ont invités à leur bord. Nous ont offert rhum-Coca et cacahuètes grillées. Fait échange magazines et livres. Ils ont donné à R deux paquets de cigarettes South Sea. Don nous a montré son livre de bord plein de photos des Tonga, des Fidji, etc. Très agréable soirée.*

Toute la population de l'île fut invitée à dîner à la fortune du pot au campement de Buck, le 25 juillet.

Jennifer avait passé l'après-midi à cuisiner ; elle avait préparé du pain à l'ail, un gâteau de noix aux abricots et une tourte à la noix de coco, en profitant de la farine et du sucre offerts par les occupants du *Shearwater*. Mac et Muff apportèrent des pommes de terre et des carottes cuites à la vapeur, ce qui leur restait des légumes achetés à Hawaii.

Mac fut impressionné par les progrès dans l'aménagement et l'organisation du camp, depuis l'anniversaire de Jennifer.

Muff félicita Roy d'avoir finalement fait l'effort de tailler sa barbe indisciplinée et de se couper les cheveux. « Il a l'air puissant, écrivit-elle par la suite aux Leonard. Jack London devait avoir cet air-là. » Cet aspect plus soigné ne suffisait pourtant pas à dissiper son sentiment de mépris croissant pour ce grand costaud aux affreux tatouages. « Je n'aime pas sa façon de mendier, écrivait-elle dans la même lettre. Roy voulait encore du papier à cigarettes et du tabac, alors il est venu l'autre soir en réclamer carrément à Mac. Ils ont besoin de tout. Enfin, il y a une autre façon de voir les choses : quand nous n'aurons plus rien à leur donner, nous serons bien obligés de quitter Palmyre, ce qui me conviendra tout à fait. »

Muff remarqua de jeunes pousses dans des gobelets de carton et demanda ce que c'était.

– De la marijuana, répondit Buck sans hésitation, et elle eut l'impression qu'il s'amusait de sa réaction.

– Et aussi des légumes, ajouta vivement Jennifer.

Bill Larson du *Shearwater* arriva seul à la réception, avec une bouteille de rhum et du jambon en boîte. Il annonça que son compagnon de voyage était resté à bord, au lit, souffrant d'une douloureuse infection d'oreille. Mac demanda aussitôt, avec sollicitude, s'ils avaient de la pénicilline, et comme Larson lui dit que non, il retourna au *Sea Wind* en chercher pour Don Stevens.

Buck avait installé un tourne-disque sous sa tente et ils dînèrent dehors près d'un feu de camp, en écoutant des chansons des années 60. Larson partit de bonne heure, en emportant de quoi dîner pour son ami malade. Mac et Buck se retirèrent sous la tente pour une partie d'échecs.

Jennifer jouait aussi aux échecs, très bien même. Cherchant un partenaire, ce matin-là, Mac était venu au *Iola* et était reparti sur le *Sea Wind* avec Jennifer. Elle l'avait battu à la première partie, à la surprise évidente des deux Graham. Mac demanda sa revanche et fut très soulagé de remporter les deux parties suivantes. Elle devinait qu'il était un joueur de tournoi. Mais ce soir, au lieu d'aller suivre la partie des deux hommes, ce qu'elle aurait préféré, elle resta poliment près du feu de camp pour bavarder avec Muff, apparemment déprimée.

Depuis qu'elles se connaissaient, Jennifer trouvait Muff coincée et complexée, aussi fut-elle étonnée du tour que prit la conversation.

– Je n'ai jamais voulu venir ici, confia Muff d'une voix basse, presque complice, qui ne pouvait être entendue de la tente. Je ne comprends pas pourquoi Mac a voulu tout abandonner et partir... Nous avions une vie merveilleuse à San Diego. Beaucoup d'amis, des gens vraiment très bien. Tout le monde était charmant.

Jennifer hocha la tête, sans rien dire, stupéfaite d'entendre Muff lui faire ainsi des confidences.

– Ma mère et mes deux sœurs vivent à San Diego. J'aurais voulu rester auprès de ma mère.

Jennifer jeta une branche sur le feu mourant.

Muff se demanda si elle ne paraissait pas un peu pathétique et idiote. Pourquoi confiait-elle à cette hippie instable ses sentiments les plus intimes ? Elle n'aimait pas particulièrement Jennifer, elle ne respectait ni son jugement, ni son mode de vie, ni ses idées politiques, ni le choix de l'homme avec qui elle vivait. Mais... elle était la seule autre femme, à Palmyre.

– J'essaie constamment de le persuader de partir, reprit-elle. Il me dit de me détendre, de prendre du bon temps. Mais je ne peux pas ! Il dit qu'il est ici pour découvrir quelque chose, mais il ne sait pas quoi. Moi non plus.

Il n'y avait pas d'amertume dans la voix de Muff, rien que de la tristesse et de l'incompréhension.

– Mac est un aventurier, hasarda Jennifer, pensant qu'elle devait réconforter cette femme, d'une manière ou d'une autre.

– Oui, c'est vrai. Il adore vivre comme ça. Il voulait tant échapper à la grande ville ! Il finissait par avoir horreur de lire le journal, le matin. Toutes ces histoires de criminalité galopante le persuadaient qu'il était dangereux de se promener dans la rue en plein jour. Il en avait assez des voitures, des embouteillages. Il voulait s'évader. Mais moi... vous n'allez pas me croire, j'aimerais être de retour chez nous, dans la pollution.

– Ma foi, avoua Jennifer, je ne la regrette pas du tout mais il faut reconnaître que la vie ici a bien des inconvénients.

« Des inconvénients ! » pensa ironiquement Muff, et elle soupira.

– Je me demande parfois ce que nous allons devenir.

Ces mots touchèrent une corde sensible, chez Jennifer, mais elle n'était pas en mesure de se confier à Muff. Elle ne pouvait parler de la situation de Buck, le fugitif, ni de toutes les raisons qu'elle avait de craindre l'avenir. Muff et elle se trouvaient sur cet atoll hostile pour la même raison, chacune par amour pour un homme. Mais pour Jennifer la nécessité du secret la privait de saisir cette occasion qu'elles avaient toutes deux de se comprendre et de s'apprécier.

– Je vous comprends, dit-elle gauchement. Si, je vous assure.

Le *Shearwater* allait bientôt repartir. Larson et Stevens emportant du courrier à poster à Hawaii, Mac écrivit à sa sœur à Seattle et Jennifer à sa mère, toujours sans révéler où elle était :

Maman chérie,
Comme je ne sais jamais si mes lettres arriveront jusqu'à toi, je profite de toutes les occasions pour t'écrire ; j'ai déjà confié trois lettres, deux pour toi et une pour Teddy, à des bateaux qui passaient par ici. Je ne peux même pas recevoir de tes nouvelles. Mais personne n'a jamais dit que vivre au paradis était facile. Au cas où tu n'aurais pas reçu mes autres lettres, je te répète que nous sommes bien arrivés à destination. Le voyage a été long mais je suis maintenant en sécurité. Nous sommes sur un joli atoll au bord d'un lagon. Nous mangeons beaucoup de noix de coco et de poisson et nous faisons pousser un jardin potager. La vie est assez dure, ici, mais je la supporte bien.
Je pense souvent à toi et je me demande quand nous nous reverrons. J'ai pensé à toi le jour de mon anniversaire et j'ai regretté le gâteau au chocolat avec la crème fouettée. Buck m'a fait un gâteau... un vaillant effort !
J'espère que tout va bien pour toi. Embrasse Teddy pour moi et le reste de la famille.

Tendrement, de tout mon cœur,
Jennifer

Muff écrivit aux Jamieson :

Chers Marie et Jamie,
Les hippies, Jenny et Roy, se donnent bien du mal pour cultiver leur jardin. Mais je crois que leurs récoltes sont destinées à être fumées plutôt que mangées. Ils comptent rester ici le plus longtemps possible. Je regrette bien que nous ayons choisi ce moment pour venir. J'aimerais bien mieux qu'ils ne soient pas là. Ils prétendent que deux types de leurs amis doivent venir en bateau leur apporter des provisions, car ils manquent maintenant de tout. Jennifer court demander des vivres à tous les bateaux qui font escale. Cette mendicité me

rend malade. Ils sont venus ici pour vivre de l'île, alors pourquoi sont-ils tout le temps en train de réclamer des choses ?

Ah ! j'aimerais bien que vous puissiez faire un saut en avion et venir nous rendre visite. Vous ne pouvez pas savoir combien vous me manquez.

A plus tard,
Muff

12

La radio du *Sea Wind* crépitait. Mac était sur la bande des vingt mètres à mille quatre cent quatre-vingt-cinq kilohertz. Il avait près d'un quart d'heure de retard pour le rendez-vous de 19 heures sur les ondes avec Curt Shoemaker mais il n'arrivait à capter que ces parasites qui faisaient l'effet d'un tir de barrage d'artillerie.

Il tournait imperceptiblement le bouton de fréquence, sans résultat.

— Ça n'a jamais été comme ça, murmura Muff, debout à côté de lui. Es-tu sûr que c'est le bon soir ?

— Nous sommes bien mercredi, n'est-ce pas ?

— Quelque chose ne fonctionne peut-être pas dans la radio ?

— Je crois qu'il s'agit d'un problème atmosphérique.

Tout à coup, comme si une autorité avait déclaré un cessez-le-feu dans les cieux, le silence se fit et ils entendirent clairement une voix familière :

— ... VXV ? Je répète, KH51HG appelle W7VXV.

— C'est Curt ! s'exclama Muff, soulagée mais terriblement consciente de l'isolement de Palmyre.

Mac appuya sur le bouton de transmission.

— Ici W7VXV, dit-il au micro d'une voix nette. Nous vous recevons cinq sur cinq, Curt. A vous.

Mac transmettait illégalement grâce à l'indicatif d'un radioamateur inactif que Curt connaissait à Hawaii. Mac se serait arrangé pour obtenir sa licence F.F.C. avant de quitter San Diego s'il avait envisagé la possibilité de liaison radio, mais en attendant l'arrangement convenait assez bien. Curt lui avait recommandé de ne pas mentionner la position du *Sea Wind*. Les autorités fédérales des Communications risquaient de capter par hasard la fréquence et toute transmission sans licence était un délit selon le droit fédéral.

– Ici Aloha, répondit Shoemaker. Nous avons du courrier pour vous. Moni va vous le lire.

Des nouvelles de chez eux ! La voix veloutée de Moni remplaça sur les ondes celle de son mari :

– Nous voulons surtout savoir comment vous allez et ce qui se passe là-bas mais Curt dit que le courrier doit passer d'abord.

Il y avait une carte de la mère de Muff, heureuse d'avoir reçu les lettres qu'ils leur avaient fait parvenir par les Wheeler et les Leonard. Elle disait à sa fille de ne pas s'inquiéter. Elle allait très bien.

Il y avait ensuite un mot de la sœur de Mac, Kit, donnant des nouvelles de leur mère, d'elle-même et de ses trois fils.

– Merci pour les nouvelles de chez nous. Elles sont un grand réconfort pour nous deux, dit Mac en voyant que Muff refoulait ses larmes. Au fait, vous n'avez rien reçu pour l'autre couple qui est ici, Roy et Jennifer ? Ils attendent toujours de savoir où en est leur mission de ravitaillement.

Mac ayant appris que Jennifer et Buck attendaient avec impatience la confirmation de l'arrivée de leurs copains avec des vivres, il avait spontanément proposé de relayer leurs messages à ces amis par l'intermédiaire de Shoemaker ; Buck avait donc écrit aux frères Taylor et les Leonard avaient emporté la lettre, trois semaines auparavant.

– Négatif, répondit Curt. Rien chez nous.

Pendant un quart d'heure, Mac et Muff se relayèrent au micro pour raconter leur vie dans l'île ; Curt promit d'envoyer des cartes postales à leurs mères pour leur dire qu'ils allaient bien. Et tout le monde se souhaita une bonne nuit.

– Ah oui, attendez, dit Shoemaker au moment de terminer.

Il leur annonça que le président Nixon était, disait-on, sur le point de démissionner.

Mac et Muff se couchèrent, attristés pour leur président et pour leur pays.

Les Graham étaient en chemin pour aller prendre un bain quand Muff s'aperçut qu'elle avait oublié son shampooing. Mac proposa d'aller le chercher et elle continua toute seule.

Tout à coup, elle se trouva face au pit-bull de Buck.

Un grondement sortait du fond de sa gorge. Subitement, il sauta sur Muff. Elle poussa un hurlement et fit un bond en arrière. Le chien retomba sur ses quatre pattes raidies en lui montrant ses crocs. Il avait l'air affamé !

Le labrador surgit à son tour des buissons en aboyant et, finalement, la petite Puffer de Jennifer, qui semblait toujours si amicale, apparut aussi en grognant.

Mais c'était le pit-bull, maintenant silencieux, que Muff observait avec méfiance. Elle se souvint d'avoir lu quelque part qu'un chien énervé qui ne grondait pas se préparait à attaquer. Du coin de l'œil, elle aperçut un bout de tuyau rouillé, par terre, non loin de ses pieds. Comme le pit-bull ne bougeait pas, elle se rapprocha de cette arme possible.

Elle saisit le tuyau et se tint prête à se défendre mais Buck et Jennifer arrivèrent alors et crièrent quelques mots dans une langue qu'elle ne connaissait pas. Le chien recula de quelques pas.

Comme Muff en profitait pour battre en retraite, le pit-bull se rua de nouveau sur elle, le poil hérissé. Elle poussa un cri et fit des moulinets avec son bout de tuyau.

– *Kapou* ! hurla Buck.

Le chien arrêta net sa charge et fit demi-tour. Mac revint au même instant et s'adressa aux jeunes gens avec colère :

– Faites quelque chose, avec ces chiens ! Ils sont dangereux !

– Il suffit de leur crier *kapou*, expliqua Jennifer. Buck les a dressés en hawaiien. Ça veut dire « non ».

– Et tant pis si l'on ne connaît pas le hawaiien, c'est cela ? lança Muff avec une fureur qui surprit Jennifer.

Buck ne prit aucune part à cette conversation. Il passa en silence devant Mac et Muff, le long du sentier, suivi par ses chiens.

– Si jamais un de ces sales cabots nous mord, marmonna Mac entre ses dents, je l'abats.

– Bravo, approuva Muff.

Jennifer courut rattraper Buck tandis que les Graham repartaient vers la baignoire.

– Excuse-toi, conseilla-t-elle.

Buck feignit de ne pas entendre. Il annonça qu'il allait couper encore quelques arbres pour avoir des noix de coco. Mac lui avait déjà dit deux ou trois fois qu'il n'avait pas le droit d'abattre des cocotiers avec sa tronçonneuse.

– Cherches-tu vraiment à les mettre en colère ?

– Cette putain d'île ne leur appartient pas ! répliqua-t-il.

Jennifer comprit que ce n'était pas le moment de faire entendre raison à Buck. Elle le connaissait assez pour ne pas l'énerver quand il était de mauvaise humeur. Il était généralement calme, maître de lui, mais de temps en temps, pour peu qu'on le défie, il devenait fou furieux en un rien de temps.

La veille, par exemple, elle lui avait demandé, sans penser à mal, pourquoi il ne portait plus son appareil dentaire. Avec ces deux dents manquantes sur le devant, il avait l'air d'un vieux clochard. Il monta immédiatement sur ses grands chevaux.

– Je n'ai personne à épater, ici !

Il prenait parfois plaisir à jouer les durs. Elle pensait qu'il avait gardé cette habitude de la prison, pour avertir qu'on ne vienne pas lui chercher des crosses. « Si tu as l'air mauvais, lui avait-il dit un jour, personne ne vient t'emmerder. »

La vie à Palmyre – hors d'atteinte de toutes les autorités – n'avait pas détendu Buck. Au contraire, son hostilité et ses frustrations refoulées s'étaient inexplicablement exacerbées, peut-être à cause des difficultés de leur vie quotidienne. Elle essayait d'être indulgente et compréhensive mais ce n'était pas toujours facile et elle devenait elle-même de plus en plus tendue. Néanmoins, elle ne baissait pas les bras.

La situation alimentaire continuait d'être alarmante et pourtant ils ne risquaient pas de mourir de faim. Il leur restait encore quelques provisions et ils se nourrissaient de poisson, de noix de coco et de crabes. Jennifer avait aussi inventé une salade qu'elle appelait « salade de piste », en utilisant certaines plantes feuillues qui poussaient en abondance sur la vieille piste aérienne. Assaisonnée de lait de coco, c'était un mets délicieux, une sorte de « nouvelle cuisine » équatoriale. Ils en avaient assez de leur régime monotone mais ils mangeaient tout de même, et si jamais les Taylor n'arrivaient pas, ils avaient toujours la ressource d'aller à Fanning.

Physiquement, Jennifer se sentait en pleine forme, grâce à son intense activité manuelle, et elle osait même considérer l'avenir avec un peu d'optimisme.

Après tout, ils avaient bien atteint leur principal objectif, en venant dans cette île. Buck restait un homme libre.

13

Le *Toloa*, un sloop de huit mètres quatre-vingt-cinq, fit son entrée dans le lagon de Palmyre le 13 août, avec deux hommes à bord, apparemment pas des hippies.

L'homme aux cheveux longs et à l'air pensif était un ingénieur chimiste de San Diego âgé de vingt-six ans, nommé Thomas Wolfe. Il avait vécu trois ans à bord d'un voilier amarré à Underwood, la marina où Mac avait mouillé le *Sea Wind* mais ils ne s'étaient jamais rencontrés. Ayant toujours rêvé de visiter la Nouvelle-Zélande, Wolfe s'était offert une année de congé sabbatique et avait donc quitté l'entreprise de pesticides qui l'employait. Un yachtman de San Diego lui avait demandé de livrer pour son compte un bateau à un acheteur de Hawaii. Arrivé là, Wolfe s'était proposé comme coéquipier pour faire le tour des mers du Sud. Norman Sanders, propriétaire du *Toloa*, à côté duquel il s'était amarré par hasard à Hilo, accepta de le prendre à son bord.

Cet ex-professeur de géologie de l'université de Californie à Santa Barbara, était fort et massif, avec des favoris grisonnants et une barbe de prophète de l'Ancien Testament. Il avait plus de verve et d'enthousiasme que beaucoup de ses étudiants. Il était tombé en disgrâce à cause du combat qu'il menait contre ce qu'il appelait l'exploitation déchaînée des grosses sociétés. Une de ses campagnes avait été dirigée contre le forage de pétrole en mer. Son livre, publié à compte d'auteur et intitulé *Stop It !*, proposait un programme point par point pour mettre fin aux projets de développement. Il était allé jusqu'à rester quatre jours dans une barque au milieu du chenal de Santa Barbara pour empêcher l'installation d'une plate-forme de forage offshore. Après sept ans d'enseignement sans aucune augmentation, Sanders avait envoyé promener l'université et formé le projet de s'installer en Australie. Sa femme Jill et leur petite fille l'avaient accompagné à Hawaii, mais une fois à Hilo la pauvre femme, souffrant horriblement du mal de mer, avait catégoriquement refusé de faire un mille nautique de plus et elle avait pris l'avion avec sa fille pour Sydney. L'ancien prof avait donc eu besoin d'un équipier pour l'aider à naviguer le reste du chemin, jusqu'en Australie.

Pour Sanders et Wolfe la traversée jusqu'à Palmyre se fit sans incident. La mer était d'un calme idéal et le vent régulier. Ils rompaient la monotonie du voyage par de grandes discussions écologiques. Sanders accusait Wolfe d'être de mèche avec les « pollueurs ennemis », à quoi Wolfe répliquait que les pesticides étaient nécessaires au progrès de l'humanité et que Sanders vivait dans un monde de fantasmes. Ils en venaient à se détester, ne s'adressaient pas la parole pendant des heures et revenaient joyeusement à la charge le lendemain.

Ils s'étaient mis d'accord sur l'escale à Palmyre. Une fois obtenus tous ses diplômes, Sanders s'était spécialisé dans l'étude de la géomorphologie côtière, c'est-à-dire des régions côtières et de l'influence sur elles des forces naturelles. La perspective d'examiner une île que la civilisation n'avait pratiquement pas touchée le séduisait à titre professionnel.

– Je suis sûr que nous allons tomber sur une bande de hippies en train de vivre de la terre, dit Wolfe.

– Non, non, l'île est déserte. Tout ce que j'ai lu l'affirme.

Or, dès qu'ils pénétrèrent dans le lagon, ils aperçurent un bateau sur la côte opposée et un autre, un ketch, mouillé dans une anse un peu plus loin à l'ouest. Ils pointaient le *Toloa* vers une jetée de bois délabrée quand un jeune homme costaud qui venait vers eux en barque les héla.

– Vous ne pouvez pas vous amarrer là, leur cria-t-il, c'est plein de rats. Il y a un meilleur emplacement à côté de mon bateau. Je vais vous donner un coup de main.

Quand ils furent solidement amarrés à un corps-mort, l'homme du canot monta à leur bord. Il était pieds nus, très bronzé, avec une barbe et des cheveux tombant sur ses épaules, vêtu uniquement d'un short en jean effrangé passablement sale. Il se présenta sous le nom de Roy puis il demanda :

– Vous avez de la dope ?

Sanders secoua la tête et Wolfe répondit :

– Navré.

– Ça ne fait rien. J'en ai encore. C'est le fond de la réserve mais ça peut aller.

Il tira de sa poche un petit sac en plastique et se mit à rouler un joint.

Wolfe s'éloigna pour aller ranger les voiles et en passant près de Sanders, il marmonna :

– Bravo pour votre île déserte, Norm.

L'air se chargeait de l'âcre odeur de la marijuana.

Le lendemain matin, les nouveaux venus s'équipèrent de leur matériel de pêche et descendirent à terre où ils rencontrèrent Roy qui les mit en garde contre les poissons toxiques du lagon. Il proposa de leur montrer son coin de pêche favori et de leur indiquer quelles espèces de poissons pouvaient être consommées sans danger.

Ils virent aussi Jennifer, dont ils avaient fait la connaissance la veille, qui creusait la terre dans une clairière.

Son accent new-yorkais surprit Wolfe, qui avait croisé très peu de New-Yorkais dans le Pacifique. Il allait lui demander comment elle avait échoué à Palmyre quand un pit-bull, surgi on ne sait d'où, se précipita sur eux d'un air furieux.

Les deux hommes s'arrêtèrent, s'attendant que le chien en fasse autant et prenne une position défensive. Comme il continuait de bondir vers eux et arrivait à leur portée, Wolfe envisagea de lui balancer un coup de pied dans la tête, mais il répugnait à une mesure aussi radicale devant ses maîtres. Le chien allait sûrement s'arrêter de lui-même, en réponse à l'ordre lancé par Jennifer. Mais il était trop tard. Il fit tomber Wolfe et le mordit à l'estomac.

– Popolo, *kapou ! Kapou !* glapit-elle.

Le pit-bull s'écarta avec un pan de chemise dans la gueule qu'il mâchait aussi avidement qu'une hyène un lambeau de charogne.

Wolfe se releva et constata que la morsure était profonde.

– Saleté de cabot ! cria-t-il. Si jamais cette sale bête m'attaque encore, je la tue !

– Bonne chose, dit tranquillement Buck. Nous aurons au moins de la viande fraîche, pour changer.

Non seulement les chiens étaient pitoyablement affamés, pensa Wolfe, mais leurs maîtres aussi. Il se demanda si ce

Roy, avec son tatouage « Buck » sur son bras, tenait si peu à son chien ou s'il refusait simplement d'assumer la responsabilité du comportement de l'animal. Dans un cas comme dans l'autre, Wolfe se promit de se tenir prêt pour la prochaine fois que le pit-bull l'approcherait.

Il retourna au *Toloa* pour nettoyer et panser sa plaie, puis rejoignit Sanders pour leur partie de pêche retardée.

Ils suivirent Buck jusqu'à l'îlot de Strawn où ils pêchèrent sans succès pendant une heure environ. Sanders renonça alors et partit examiner une formation de coraux, sans avoir entendu leur singulier guide annoncer qu'il allait essayer de chasser un poisson. Il ignorait d'ailleurs que Roy était armé.

Au bruit de trois détonations rapides, Sanders se jeta instinctivement à l'abri derrière un cocotier. Sa première pensée fut : « Ce foutu camé cherche-t-il à nous tuer ? »

A son grand soulagement, il entendit Wolfe crier joyeusement :

– Vous en avez eu un !

Wolfe ne croyait pas qu'il était possible de tuer un poisson par balle, mais Roy savait se servir de son revolver .22. Il était moins doué pour la réflexion. Un poisson, même grièvement blessé, n'attend pas sagement d'être harponné ; le mulet se débattit pendant quelques secondes à la surface, puis plongea et disparut.

Sanders attendit que son cœur arrête de battre la chamade pour quitter son arbre ; il n'avait pas du tout envie de faire savoir aux autres que des coups de feu inattendus pouvaient lui causer un tel choc.

Sanders et Wolfe retournèrent déjeuner sur leur bateau puis Wolfe redescendit à terre pour aller prendre un bain, emportant avec lui sa machette.

Comme il suivait le sentier de la baignoire, il entendit aboyer. Un vilain museau noir émergea des broussailles, en reniflant. Il tira la machette du fourreau à sa ceinture.

Le pit-bull trottina sur la piste en montrant ses crocs dans un sourire hideux.

– A mon tour, Médor, grinça Wolfe entre ses dents.

Il resserra sa prise sur le manche de son arme. Cette fois, il avait de quoi se défendre.

Mais le pit-bull ne s'approcha pas de lui, comme s'il pressentait qu'il valait mieux pour lui ne pas attaquer. Il alla nonchalamment lever la patte contre un arbre et puis il tourna le dos à Wolfe et s'en alla tranquillement.

Vaguement déçu, Wolfe rengaina sa machette, repartit et rencontra Jennifer, qui creusait la terre près d'une espèce de casemate en béton.

— Vous explorez ? demanda-t-elle, appuyée sur le manche de sa pelle. Vous découvrirez vite que tout est toujours pareil ici.

— Vous voulez parler de la jungle ?

— Et des oiseaux.

— Vous cherchez quoi ?

— De la terre, répondit-elle, et, voyant son expression ahurie, elle expliqua : Je vous jure, il y a une sérieuse pénurie de terre par ici. Nous essayons de faire un jardin potager, mais comme les crabes bouffent tout ce qu'ils trouvent, nous avons fait nos plantations sur le toit.

— Un jardin suspendu, en terrasse, comme à New York ? Vous êtes de là-bas, n'est-ce pas ? Manhattan, peut-être ?

— A l'origine, oui, mais ça fait des années que je n'y suis plus allée. Chez moi, c'est ce paradis, maintenant.

Cette dernière phrase fut prononcée sur un ton nettement sarcastique.

— Vous deviez penser être seuls tous les deux, ici.

— Oui, comme Tarzan et Jane. Et, bien sûr, Mac et Muff pensaient aussi qu'ils seraient seuls.

En parlant des Graham avec Jennifer, Wolfe eut la nette impression qu'il y avait de la friction entre les deux couples, mais il n'insista pas.

— Où en êtes-vous de vos réserves de sucre ? demanda-t-elle brusquement.

— Nous en avons bien assez. Nous ne faisons pas de gâteaux.

— Nous n'en avons presque plus, Buck et moi. Si vous m'en donnez, je vous ferai du pain.

— Il s'appelle Roy ou Buck ?

— Eh bien... Buck est son surnom.

Wolfe voyait bien que Jennifer et son compagnon étaient pitoyablement peu préparés à vivre sur une île déserte et que la vie leur était dure à Palmyre. Il accepta de lui donner du sucre et de la farine, même s'ils n'avaient nul besoin de son pain puisqu'il leur en restait encore plusieurs, achetés à Hawaii.

— Nous songeons aller nous ravitailler à Fanning, dit-elle.

— Pas à la voile, j'espère. Vous aurez vent debout pendant tout le trajet. Il vous faudra utiliser votre moteur.

— Impossible, il est en panne.

– Vous allez salement en baver, contre le vent.

Wolfe se retint de dire à Jennifer qu'il ne serait allé nulle part avec un rafiot comme le *Iola*. Le gréement, cela l'avait frappé, était fait de câbles téléphoniques rouillés. Le mât était grossièrement taillé par des mains inexpertes, prêt à être emporté au premier coup de tabac. Les espars paraissaient vermoulus. Et ce bateau, de toute évidence, prenait l'eau car il entendait constamment marcher la pompe. S'il en était ainsi au mouillage dans le lagon, que se passerait-il s'ils essayaient de naviguer contre les alizés ? Par gros temps, si le mât cassait, ils dériveraient au hasard, avec peu de chances d'être sauvés puisque aucun navire de commerce ne passait par là. Ils risquaient de flotter pendant des semaines, jusqu'à ce qu'ils meurent de faim et de soif sous le soleil brûlant.

– Nous n'aurons peut-être pas besoin d'y aller, lui dit Jennifer. Nous attendons des copains avec un Islander 32, qui doivent nous rejoindre dans une quinzaine de jours.

– L'Islander est un bon bateau, assura Wolfe, soulagé.

C'était un de ces nouveaux bateaux en fibre de verre spécialement conçus pour les rigueurs de la navigation océane. S'ils étaient ravitaillés, les jeunes hippies s'en tireraient bien.

Plus tard dans l'après-midi, Sanders et Wolfe rendirent visite au *Sea Wind*. Wolfe en particulier s'entendit tout de suite avec Mac et Muff. Il vit immédiatement en eux des navigateurs expérimentés et bien préparés et il admira leur superbe bateau, un prince des océans comparé à la poubelle de Buck et Jennifer.

Alors que Mac les emmenait pour la traditionnelle visite guidée, Wolfe pensait : « Bon Dieu, ce n'est pas un yacht, ça, c'est un sacré musée ! » Il écouta poliment Mac lui indiquer les divers aménagements habilement conçus mais il était surtout impressionné par ce qu'il voyait. Au cours de ses nombreux voyages en mer, il avait remarqué que le cuivre était ce qui résistait le moins aux embruns salés, ensuite venait le bois. Mais là, au contraire, il vit un ancien sextant étincelant dans son coffret doublé de velours, un compas et un fusil de détresse magnifiquement astiqués. Le vernis des boiseries paraissait tout frais. Il n'avait jamais rien vu de pareil, sauf sur les photos de grands yachts appartenant à des multimilliardaires et entretenus en permanence par un équipage salarié.

Mac emmena Wolfe à terre pour lui montrer son atelier. Sur l'établi, gisait le vieux moteur hors-bord rouillé du *Iola*.

— J'essaie de le leur réparer, mais c'est sans espoir.

Dans un garage à côté de l'atelier, il fit admirer en riant comme un enfant une vieille voiture de pompiers des années 40, avec ses pneus à plat. Dans un coin, étaient entassées de nombreuses boîtes de mort-aux-rats.

— Vous aimez aller à la pêche ? demanda Mac.

— Bien sûr. Mais nous n'avons absolument rien pris depuis que nous sommes ici.

— Nous allons arranger ça.

Ils partirent tous deux dans le Zodiac et traversèrent le lagon à toute allure, vers le coin de pêche préféré de Mac, près de l'entrée du chenal. Wolfe, voyant sa ligne emmêlée, jeta par-dessus bord son hameçon et le plomb. Il s'efforçait de démêler les nœuds quand il sentit mordre son premier poisson, alors qu'il n'avait pas accroché d'appât ! Après l'infructueuse expédition du matin avec Roy, il avait conclu que Palmyre n'était pas un lieu de pêche idéal. Or, maintenant, ces drôles de créatures faisaient la queue pour être pêchées !

Le soleil commençait à décliner quand ils retournèrent au *Sea Wind* chargés de plus de cinquante livres de poisson comestible. Mac sifflota sur tout le chemin du retour, et Wolfe contemplait, devant lui, l'image même du contentement de soi-même, l'animal humain mâle maître de son territoire.

Muff les invita à dîner, Sanders et lui, à bord du *Sea Wind*. Elle fit griller une partie de la pêche de l'après-midi et la servit avec du riz à la vapeur et une salade de cœurs de palmier provenant d'un petit arbre coupé par Mac dans la matinée.

Lorsque Wolfe raconta comment il avait été mordu par le chien, les Graham furent franchement dégoûtés. Il était évident que Muff ne supportait pas de devoir partager l'île avec ces hippies ; son mari et elle se méfiaient surtout de Roy.

— Il ne m'adresse plus du tout la parole, dit Muff, même quand je lui dis bonjour.

— Je reconnais qu'il ne parle pas beaucoup.

— Et ces dents de devant qui lui manquent ! Ça lui donne un air... je ne sais pas... sinistre, dit-elle avec un léger frisson.

Pour leur quatrième et dernière journée dans l'île, Wolfe et Sanders firent, avec les Graham, une fascinante exploration des îlots. Le groupe admira les diverses formations de coraux, bavarda gaiement et attrapa des dizaines de petits crabes, bon prétexte à un festin d'adieu à bord du *Sea Wind* ce soir-là.

Lorsqu'ils revinrent de leur excursion, à la nuit, Wolfe et Sanders se rendirent à leur bateau pour faire un brin de toilette. Ils s'attardèrent en chemin pour chercher des souvenirs à la lampe de poche. Lorsque Wolfe entra dans le bâtiment où était garée la voiture de pompiers, il remarqua tout de suite que toutes les boîtes de mort-aux-rats avaient disparu, sans exception.

En temps normal, cette disparition ne lui aurait pas donné matière à réflexion. Il y avait bien assez de rongeurs importuns à Palmyre pour justifier son utilisation. Mais, ayant écouté Muff lui parler inlassablement de Roy, il était gagné par sa paranoïa. Les Graham avaient tant de choses à leur bord qui manquaient à Roy et Jennifer... et, en premier lieu, une profusion de denrées alimentaires.

Wolfe, en tant que spécialiste des pesticides, savait que ce poison-là était de la warfarine, mortelle pour les humains. Le produit avait été mélangé à des flocons d'avoine formés en cubes. Quelques cubes émiettés dans les aliments ne seraient probablement pas détectés. Ce poison était inodore, insipide, efficace même à très petites doses, et il ne tuait pas immédiatement. L'agonie était très lente, très douloureuse, accompagnée, parfois pendant près d'une semaine, d'hémorragies internes et de vomissements fréquents.

Il ne dit rien à Sanders. Pendant le reste du chemin jusqu'au *Toloa*, il s'efforça de trouver une explication logique à cette disparition. Peut-être, après avoir entendu son histoire la veille au soir, Mac en avait-il répandu un peu, pour éliminer le pit-bull. Cette pensée le rassura.

Une heure plus tard, en retournant au *Sea Wind*, Wolfe prit Mac à l'écart ; il ne voulait pas parler devant Muff, déjà bien assez effrayée.

– La mort-aux-rats a disparu, vous savez ?

Mac se contenta de battre des paupières.

Wolfe fut incapable de déchiffrer ce signe. Une idée folle lui vint tout à coup, ne seraient-ce pas plutôt Jennifer et

Roy qui auraient de quoi s'inquiéter ? Néanmoins, il prévint :

— Faites attention.

— Je n'oublierai pas le conseil, répondit très calmement Mac.

A bord, Muff était déjà à la cuisine. Elle avait ouvert tous les crabes, un travail laborieux.

Mac offrit à leurs invités du bourbon dans des verres de cristal taillé.

— J'ai l'impression que vous venez à peine d'arriver, dit-il chaleureusement. Quelle est votre prochaine escale ?

— Apia, répondit Sanders.

— Ah, les Samoa occidentales ! Muff et moi avons particulièrement aimé Pago Pago, aux Samoa américaines. Quand partez-vous ?

— En fin de matinée.

— Nous vous donnerons un coup de main pour les amarres.

— Ce serait épatant.

Muff vint s'asseoir auprès d'eux, avec son propre cocktail. Elle avait ajouté les crabes à une marmite de riz et laissait mijoter. Un jambon cuisait dans le four.

— Je regrette beaucoup que vous ne restiez pas plus longtemps, dit-elle d'une voix plaintive.

La table avait été dressée avec des couverts en argent massif. Le repas fut servi dans de magnifiques assiettes en porcelaine chinoise peintes à la main, décorées chacune d'un dessin différent de poisson. Le dîner fut somptueux. Puis Mac servit du cognac dans des verres ballon.

— Etes-vous armés ? demanda subitement Wolfe, sans réfléchir, sans même savoir pourquoi il posait la question puisqu'il savait que presque tous les propriétaires de yachts de grande croisière sont armés.

— Oui, bien sûr, répondit Mac.

Il alla ouvrir la porte d'un caisson au-dessus d'une couchette et revint avec ses deux armes de poing. Il posa sur la table devant Wolfe le .357 Magnum et, à côté, le petit pistolet à deux coups.

Wolfe, qui ne connaissait pas cette arme, la prit. Elle tenait parfaitement au creux de la main. Il la soupesa un instant puis la reposa et leva les yeux vers Mac.

— Ce serait vraiment facile de disparaître purement et simplement, ici. Prenez bien garde à vous, tous les deux.

Wolfe savait bien que Mac et Muff n'étaient pas les seuls

à prendre des risques. Sanders et lui allaient couvrir des milliers de milles sur un océan imprévisible, avant de pouvoir se détendre. La navigation en haute mer est toujours une affaire risquée. Les Graham vivaient une autre sorte de risque, sur une île presque déserte sans aucun espoir de secours en cas d'urgence. Jennifer et Roy aussi vivaient dangereusement. Qu'arriverait-il s'ils se trouvaient totalement à bout de vivres, avec un bateau impropre à les transporter vers une autre île ?

– Je suis plus fort que lui, dit brusquement Mac en reprenant son verre de cognac.

Tout le monde comprit de qui il parlait.

– S'il cherche à m'avoir, poursuivit-il en brandissant le gros revolver comme un hors-la-loi de Dodge City, je l'aurai le premier.

C'était plus qu'une promesse, presque un rendez-vous.

17 août 1974

Le lendemain matin vers 9 heures, Sanders remonta à bord avec un couteau à cran d'arrêt.

– J'ai fait du troc avec Roy pour ça, expliqua-t-il en faisant glisser le couteau de sa gaine de cuir pour révéler une lame cassée. Ces couteaux sont garantis à vie. Il me suffit de l'envoyer par la poste à la fabrique qui m'en enverra un neuf.

– Qu'est-ce que tu lui as donné ?

– Rien qu'une grande boîte de chili con carne. Il m'a dit qu'ils avaient faim de viande.

– Jennifer nous a apporté un pain. Je n'en voulais pas mais elle a insisté. Il était assez lamentable. Je l'ai fichu en l'air.

Wolfe ne pouvait dire à son compagnon de voyage qu'il avait pensé au poison disparu quand Jennifer lui avait présenté son triste petit pain dur ; il avait d'ailleurs du mal à imaginer cette jeune femme amicale concoctant un bouillon de sorcière.

Il était temps de partir de là. Palmyre ne manquait pas d'une certaine séduction sauvage mais Wolfe ne voulait plus respirer cette lourde et dangereuse atmosphère.

A midi, Mac et Muff vinrent accoster dans leur Zodiac et Muff donna à Wolfe un paquet de lettres à mettre à la poste à Samoa. Avec l'aide de Mac, il largua les amarres du *To-loa*.

Sanders mit en marche arrière le moteur auxiliaire et le *Toloa* recula jusqu'au centre du lagon. Puis il vira et se dirigea vers le chenal.

Wolfe agita la main vers Jennifer, qui répondit du pont du *Iola*. Elle paraissait déprimée. Roy n'était pas en vue.

Mac et Muff escortèrent le *Toloa* dans le chenal comme si c'était un grand paquebot prenant la mer.

Dès que Wolfe sentit le roulis de la haute mer, il hissa la grand-voile et le foc. En s'arrêtant contre le récif à l'entrée du chenal, Mac et Muff grimpèrent sur un rocher et continuèrent d'agiter les bras. Sanders et Wolfe leur rendirent leurs saluts d'adieu. Bientôt, le vent gonfla les voiles et le *Toloa* fila bon vent vers le sud-ouest.

Mac et Muff, Jennifer et Buck étaient maintenant seuls à Palmyre.

14

Tard dans l'après-midi du 17 août, longtemps après avoir perdu Palmyre de vue, Tom Wolfe descendit à la cabine pour écrire à un ami en Californie. La lettre ne serait pas mise à la poste avant des jours, le temps d'arriver aux Samoa, mais il tenait à exprimer ses sentiments alors que les événements étaient encore présents à sa mémoire.

« Nous avons couvert mille milles vers une île tropicale appelée Palmyre, spacieuse, approvisionnée en eau douce et offrant en abondance noix de coco et poisson frais. C'est réellement un superbe décor, sorti tout droit d'un de ces films à grand spectacle sur les mers du Sud, avec un lagon, des palmiers, des plages et des récifs de corail. Mais deux couples sont là-bas au bord de la guerre. C'est ahurissant. Quoi ? Nous arrivons au paradis et nous trouvons du ressentiment et de la méfiance ! N'est-ce pas une triste illustration du monde où nous vivons ? »

Une des lettres que Muff avait confiées à Wolfe était adressée aux Leonard, à Kauai.

16 août 1974

Chers Evelyn et Bernard,
    Le 13 août un autre bateau est passé, en route pour Samoa. Les chiens ont attaqué un des deux hommes du bateau et il a été mordu à l'estomac. Nous avions envie d'aller abattre ou empoisonner les chiens mais nous ne l'avons pas fait.
    Ces types, qui repartent demain en emportant cette lettre, disent qu'ils ont senti de la tension dès qu'ils ont mis pied à terre. Je crois que cet endroit est maléfique. Mac s'est encore entaillé la jambe avec sa machette, cette fois en tuant un sale

119

requin des sables qui voulait lui grignoter les doigts de pieds. Je ne comprends pas comment il se blesse autant ici alors que rien ne lui est arrivé pendant six ans de croisière autour du monde.

Affectueusement

J'espère que je vous reverrai bientôt.

Muff

Une autre missive de Muff était pour la mère de Mac, avec un double pour sa sœur.

16 août 1974

Chères Mère et Kit,

La vie continue d'être pleine de distractions sur cette île pratiquement déserte. Voici un compte rendu :

10 août. Nuageux dans la matinée mais temps superbe ensuite. Mac explore. Je nettoie les caissons. Avec cette humidité, les livres et tout le reste moisissent.

11 août. Je n'arrivais pas à mettre en marche le générateur alors Mac s'en est occupé. J'ai nettoyé la cabine, lavé le pont et découvert une ménagerie de lézards qui viennent à bord à la nage depuis la terre. J'ai peur qu'ils ne descendent dans la cabine. Je suis tellement nerveuse que je ne peux plus rien y déplacer sans le secouer d'abord pour voir si quelque chose ne va pas en sortir en courant.

Mac a finalement réparé le générateur. Ce n'était que le carburateur. J'espère qu'il ne va rien lui arriver de grave. Nous nous en servons pour tout, y compris la radio. Sans lui, nous ne pourrions pas parler à Curt et Moni, car nos batteries sont insuffisantes.

Le couple hippie est passé nous apporter des mulets délicieux, ils ont un goût de truite. Ces poissons sont végétariens et ne mordent pas l'appât à l'hameçon. Il faut donc les prendre au filet.

12 août. J'ai fini de tout nettoyer ce matin et j'ai fait de délicieuses crêpes avec de la farine de soja et trois œufs. C'était rudement bon. Mac dit que je n'en ai jamais fait de meilleures. Les caisses de vivres qui encombraient le cockpit depuis le départ sont allées rejoindre le reste des provisions en bas. Nous complétons nos menus avec du poisson, des noix de coco et des cœurs de palmier qui sont aussi bons crus en salade que cuits.

Roy est venu demander à Mac de l'aider pour sa génératrice. Mac la lui a réparée. Il y avait un vieux frigo, ici, et les hippies y ont branché leur génératrice. Ils conservent ainsi leur poisson et des noix de coco. Elle fait de la crème glacée à la noix de coco. Ils ont aussi des graines de légumes qu'ils comptent planter dans un jardin installé sur le toit d'une es-

120

pèce de blockhaus. Je ne sais pas ce que ça va donner. Ils ont l'intention de rester ici et de vivre de la terre. J'aimerais bien qu'ils s'en aillent, mais pensez-vous ! Ils attendent des amis qui doivent leur apporter du ravitaillement.

Très fort vent de sud-est, jusqu'à vingt nœuds dans notre petite anse, alors ça doit souffler sérieusement à l'extérieur. Je crois qu'il va pleuvoir. Mac lit et se repose. Il ne s'accorde de répit que lorsqu'il se remet de ses blessures : il s'est blessé avec la machette cet après-midi, pour la deuxième fois en trois semaines. Il est furieux.

Sur le double de Kit, Muff ajouta à la main :

J'aimerais bien que ce couple s'en aille avec ses foutus chiens. Ils ont attaqué deux personnes. Maintenant, je n'ose plus me promener sans un gros bâton. Je suis pourtant convaincue que ces hippies ne partiront jamais.

Gros baisers
M et M

Après le départ du *Toloa* le temps changea et il plut à verse pendant deux jours.

Jennifer disposa un peu partout des seaux pour récupérer de l'eau potable puis elle s'enferma dans la petite cabine étouffante du *Iola* pour lire. Elle ne quitta le bateau qu'une fois pendant le déluge, pour ramasser des noix de coco qu'elle pila en plusieurs rations pour Puffer.

Le temps empira encore dans la nuit du 19 août. Vers minuit, Jennifer se réveilla en sursaut. Le bateau était atrocement secoué par un vent violent qui hurlait et sifflait. En ouvrant les yeux dans le noir, elle se crut de nouveau en mer. Jamais le lagon n'avait été aussi houleux. Elle pensa que les amarres avaient lâché et que le bateau avait dérivé par le chenal jusque dans l'océan !

Sautant de sa couchette, elle tâtonna dans l'obscurité et se cogna douloureusement le genou avant de trouver l'échelle pour monter sur le pont. Quand elle y arriva, elle fut soulagée de voir que le bateau était toujours solidement amarré. Elle resta un moment dans la pluie et le vent, surprise par l'intensité du gros temps. Les cocotiers agités faisaient un bruit infernal. Elle se hâta de redescendre.

Le lendemain matin, après avoir très mal dormi, elle se réjouit de voir le soleil briller à nouveau dans un ciel bleu tout lavé de frais.

Buck fit une apparition dans l'après-midi et descendit à la cuisine sans dire un mot.

– Que fais-tu ? demanda-t-elle en le suivant.

– Des biscuits.

– Mais il nous reste si peu de farine ! Tu ne veux pas manger une noix de coco à la place ?

– Ras le bol des noix de coco. J'ai faim !

20 août. Transporté de la terre sur le toit. Coupé les cheveux de R. Graines de soja pour dîner. Superbe coucher de soleil.

21 août. Journée très calme, sans vent. Chargé cinq brouettes de terre. Ecrit encore un mot pour Dickie. Je demanderai à Mac de le transmettre au radioamateur Curt Shoemaker si nous ne recevons pas de nouvelles bientôt. Pêche dans le chenal. Rien pris du tout. Ramassé des noix de coco germées.

22 août. Aujourd'hui avons appris bonnes et mauvaises nouvelles. La bonne c'est que Dickie et Carlos ont enfin fait savoir par Mac qu'ils allaient venir. La mauvaise, c'est que ce ne sera pas avant fin octobre.

Mac avait entièrement transcrit le message de Curt Shoemaker : « Nous avons été retardés par des circonstances imprévues mais espérons vous voir en octobre. Nous avons reçu avec grand plaisir vos lettres. Ça vous intéressera de savoir que les œufs d'oiseaux sont jugés supérieurs aux œufs de poule dans beaucoup de pays d'Europe. Nous espérons vous apporter tout ce qu'il vous faut et promettons de venir avec une dinde pour le repas de Thanksgiving. A bientôt, Richard Taylor. »

Le mois d'octobre était loin, compte tenu de leurs maigres réserves. Navigation difficile ou non, le voyage à Fanning semblait être leur seul recours ; Jennifer et Buck commencèrent immédiatement à s'y préparer.

Le premier soin de Jennifer fut de rappeler à Mac son offre d'achat de leur génératrice portable.

23 août. Mac nous a donné cinquante dollars pour la génératrice. J'ai commencé à tout nettoyer et à descendre à terre les choses dont nous n'avons pas besoin. R a démonté le moteur de la déchiqueteuse de compost et l'a transformé en pompe pour les petits fonds, au cas où la pompe manuelle tomberait en panne.

24 août. Fait nouveaux efforts pour rendre le bateau bon à prendre la mer mais sans grand succès à première vue, je l'avoue. R a travaillé à la cale avant, il va la rendre étanche avec de la fibre de verre. Mac nous a confirmé que le pauvre vieux moteur hors-bord est bien trop malade pour être réparé. Un milk-shake au lait de coco pour tout dîner.

25 août. Pas ce que j'appellerais une journée d'intense activité. Mais depuis quelque temps nous n'avons pas mangé d'aliments très énergétiques. Ramassé dix-neuf noix de coco germées et R en a écorcé pour le voyage. J'essaie toujours de mettre le bateau en état, mais il faudra bien encore une journée. Pour la première fois depuis trois jours nous avons mangé autre chose que de la noix de coco : des haricots. Nous aurons peut-être plus d'énergie demain.

26 août. Accompli quelques petites choses aujourd'hui. A nous deux, R et moi, nous avons ramassé plus de vingt noix de coco germées. Commencé à charger les batteries. Mac a apporté une carte de Fanning que j'ai recopiée. R a mis de la fibre de verre sur le panneau de cale avant pour éviter qu'elle ne prenne l'eau.

27 août. Journée mouillée, mouillée. Ramassé encore seize noix de coco. Chargé de nouveau les batteries pendant plusieurs heures. A ce train-là, nous en avons encore pour une semaine.

28 août. J'ai écorcé des noix de coco. R a arrangé le panneau de cale et travaillé à la pompe des petits fonds. Et du matin au soir le bourdonnement de la génératrice attestant de la charge des batteries. Nous sommes mercredi. Si les vents le permettent, nous serons prêts samedi.

29 août. Ecorcé noix de coco. Nous en avons trente à emporter. Encore chargé batteries. Dégagé le pont, prêt à passer le faubert. Lavé cockpit.

Kamuela, Hawaii. 4 septembre 1974

— KH61HG appelle W7VXV, à vous...

Dans son chalet isolé, sur le versant nord des montagnes de la grande île, Shoemaker attendit une réponse. En vain. Il recommença :

— Répondez, W7VXV ? Ici KH61HG...

C'était mercredi soir et il appelait Mac depuis plus de vingt minutes. Il avait vérifié plusieurs fois son émetteur. Tout, de son côté, fonctionnait à la perfection. Il était sur la bonne fréquence, celle que Mac et lui utilisaient toujours pour leurs transmissions radio. Mac, toujours si bien organisé, ne pouvait avoir oublié leur rendez-vous du mercredi soir. Il était si précis ! Shoemaker pensa que son ami devait avoir des ennuis de radio ou d'antenne, voire de génératrice. Il était possible aussi qu'il soit arrivé quelque chose à terre et que Mac n'ait pas pu revenir à bord du *Sea Wind* pour leur communication hebdomadaire. Dommage, pensat-il, car il avait de nouvelles lettres pour les Graham et il savait qu'ils attendaient toujours avec impatience des nouvelles de leurs familles.

– Mac ? Je ne sais pas si tu peux m'entendre, dit-il finalement au micro mais j'essaierai encore de t'appeler mercredi prochain à la même heure. Porte-toi bien, mon vieux.

Le mercredi suivant, à 19 heures précises, Shoemaker appela encore anxieusement, Moni à ses côtés.

Il n'eut pas plus de succès. Pas de réponse du *Sea Wind*. Pendant plus d'une demi-heure, le seul son dans le haut-parleur fut le crépitement de parasites d'une fréquence inutilisée. On entendait vaguement des bribes de messages inintelligibles, des signaux interrompus, mais rien qui indiquât que Mac essayait de le joindre.

– Toujours rien, dit-il avec résignation à Moni. J'ai vraiment peur qu'il ne leur soit arrivé quelque chose.

Il était évidemment possible que le matériel du *Sea Wind* soit tombé en panne, mais Mac n'avait pas évoqué de problème lors de leur dernière communication du 28 août. Et même si quelque chose s'était déréglé, Curt savait Mac tout à fait capable de réparer, et il avait toutes les pièces nécessaires. Il ne pouvait l'imaginer, en parfait bricoleur qu'il était, restant les bras croisés, impuissant devant une quelconque panne mécanique, ou vaincu par une génératrice capricieuse.

Alors où étaient Mac et Muff ? Les pensées de Curt se tournèrent immédiatement vers le couple de hippies dans leur bateau qui faisait eau, et pratiquement sans vivres. Auraient-ils volé le *Sea Wind* et laissé les Graham seuls dans l'île déserte ?

Le lendemain matin à la première heure, Shoemaker appela les gardes-côtes U.S. et parla à l'agent de service de ses tentatives infructueuses pour entrer en contact avec le *Sea Wind*.

– Nous ne pouvons rien faire avant de savoir si un bateau a disparu, répondit l'agent.

– Mais je vous dis qu'ils ont disparu !

– Ce n'est pas parce que vous n'avez pas pu les joindre par radio qu'ils sont en danger, répliqua patiemment le garde-côte. Des bateaux naviguent constamment d'un port à l'autre.

– Mais mes amis n'auraient pas quitté Palmyre sans me prévenir ! insista Shoemaker. Il leur est arrivé quelque chose !

– Je vous en prie, monsieur, essayez de comprendre. Nous avons besoin de quelque chose de plus concret que ce que vous me racontez. Nous n'avons pas suffisamment d'hommes pour courir après tous les voiliers qui sillonnent le Pacifique et restent huit jours sans donner de nouvelles. Je regrette.

– Moi aussi, marmonna Shoemaker, et il raccrocha brutalement.

La journée était belle et la visibilité excellente. Le bimoteur plongea sur Palmyre, comme un albatros tournant à la recherche d'une proie.

Son pilote, Martin Vitousek, météorologue et chercheur à l'université de Hawaii, était un ami de Curt Shoemaker. Grand connaisseur des îles de cette région du Pacifique, il avait visité Palmyre quelques années plus tôt lors d'un programme de recherches climatiques et y était retourné plusieurs fois depuis.

Vitousek avait décollé de Fanning où il dirigeait un projet de recherches. Avant son départ de Hawaii, la semaine précédente, Curt lui avait demandé de faire une reconnaissance aérienne de Palmyre.

Vu du ciel, le lagon était toujours du même bleu teinté d'émeraude. Vitousek vira sur l'aile, à deux cent cinquante mètres au-dessus des plus grands arbres. Il ne pouvait descendre davantage, à cause du réel danger que présentaient les innombrables oiseaux qui risquaient de crever un pare-brise ou même d'endommager un moteur.

Il survola la jetée où les bateaux s'amarraient en général. Virant de bord encore une fois, il longea la côte et l'anse où les amis de Curt auraient mouillé. Il scruta l'eau limpide, à la recherche d'une épave de bateau engloutie. Puis il repassa plusieurs fois au-dessus de l'intérieur de l'île pour donner à quiconque s'y trouverait une chance de l'entendre et de signaler sa présence. Finalement, il survola le pourtour extérieur de ce petit archipel compact.

Au bout d'une demi-heure de recherches attentives, il redressa, poussa le manche à balai et prit de l'altitude.

Vitousek décrocha son micro et appela par radio l'université de Hawaii dotée d'une puissante station de communications au sommet d'une montagne d'Oahu. Il demanda à l'opérateur de service de transmettre un message à Curt Shoemaker. Son ami, il le savait, attendait anxieusement le résultat de cette reconnaissance et il fut navré de ne pouvoir lui donner de bonnes nouvelles.

Car le lagon n'abritait pas le moindre bateau et l'île aucune présence humaine.

Palmyre était déserte.

15

Mi-septembre 1974

Le voilier craquait et grinçait sur l'onde océane. Sa vitesse était irrégulière. Un coup de vent provoquait une vive accélération mais, faute d'une main à la barre pour corriger les sautes de vent, la brise tombait de ses voiles et il s'immobilisait.

Plusieurs trous dans la coque laissaient pénétrer l'eau et la cabine se remplissait lentement.

A un mille environ au large de Palmyre, et sans âme qui vive à bord, le *Iola* dérivait lentement.

Début octobre 1974

Sunny Jenkins et son second mari, Tom Nichols, habitaient un pavillon de la côte californienne au nord de Los Angeles. Un après-midi, Mme Jenkins reçut un coup de téléphone d'un nommé Shoemaker lui demandant si elle avait des nouvelles de sa fille.

– Eh bien... non... pas depuis un moment, bredouilla-t-elle et, gênée de parler de sa fille à un inconnu, elle demanda : Mais qui êtes-vous, monsieur ?

– Un habitant de Hawaii. Deux de mes amis s'étaient installés récemment dans l'île de Palmyre. Nous gardions le contact par radio mais voilà près d'un mois que je n'ai aucune nouvelle d'eux. Ma femme et moi sommes très inquiets. Je sais que votre fille et son compagnon étaient là-bas au même moment.

– Où cela, dites-vous ?

– A Palmyre.

– Où est-ce ?

– A un millier de milles au sud de Hawaii.

– Un millier de milles ! s'écria Sunny, stupéfaite. Jennifer a navigué aussi loin, avec ce petit bateau ?

– Vous avez donc eu de ses nouvelles ? demanda impatiemment Shoemaker.

– Oui, deux lettres. Mais elle ne me disait pas où elle était. Simplement qu'elle était... qu'elle allait bien.

– De quand date sa dernière lettre ?

– De plus d'un mois. Dites-moi, comment m'avez-vous trouvée ?

– Jennifer avait confié à un couple de passage à Palmyre, les Leonard, une lettre que je vous ai fait suivre. Ils avaient relevé sur l'enveloppe votre nom et votre adresse. Je vous serais reconnaissant de me téléphoner, si vous recevez de ses nouvelles.

Sunny nota le numéro de téléphone de Shoemaker, puis elle lui demanda d'épeler le nom de l'île.

– Je suis heureuse de savoir où est Jennifer. Je me suis fait tellement de souci.

Pendant plusieurs secondes, ce fut le silence au bout du fil.

– C'est-à-dire, répondit enfin Shoemaker, qu'elle n'y est plus.

– Quoi ? Comment le savez-vous ?

– J'ai demandé à un de mes amis de survoler l'île. Il n'y a plus aucun bateau.

Dès qu'elle eut raccroché, Sunny alla prendre un atlas dans sa bibliothèque. L'index recensait bien plusieurs petites villes nommées Palmyre, dans l'Illinois, le Missouri, le New Jersey, la Pennsylvanie, le Wisconsin et le nord de l'Etat de New York. Mais aucune île. Etait-ce la bonne orthographe ? Elle se reporta à la page de l'océan Pacifique, posa son index sur Hawaii et glissa vers le sud. Oui, c'était là ! Palmyre, un minuscule point entouré de bleu, lointain, isolé, certes, mais Sunny aurait été tout de même contente de savoir où était Jennifer. Seulement elle n'y était plus.

Sunny contempla longuement la carte du Pacifique. Elle avait été si soulagée de recevoir les lettres de Jennifer, de savoir qu'elle avait atteint saine et sauve sa mystérieuse destination. Mais à présent, l'angoisse familière revenait la ronger, plus douloureusement que jamais. Sa petite fille courait peut-être un grand danger, en ce moment même. Où diable était-elle partie, dans tout ce bleu ?

Ce qui était arrivé à Mac et Muff, pensait Shoemaker, avait dû se passer contre leur volonté. Toute autre explication défierait la logique. Ils avaient projeté de rester très longtemps à Palmyre, peut-être un an, et s'ils avaient changé d'idée, ils le lui auraient dit par radio. Ce contact leur permettait justement de confirmer que tout allait bien.

Il était certain aussi que le sort des Graham était lié à celui des hippies. C'est pourquoi il avait cherché à joindre la famille de Jennifer. Shoemaker avait été en rapport avec les Leonard à plusieurs reprises depuis leur retour de Palmyre. Lorsqu'il leur annonça qu'il avait perdu le contact radio avec le *Sea Wind*, ceux-ci lui révélèrent qu'ils avaient ressenti beaucoup de tension à Palmyre, ce qui ne fit qu'aggraver les craintes de Shoemaker.

Mais il n'arrivait toujours pas à persuader les autorités d'agir. Finalement, il se tourna vers ses confrères, les radioamateurs, pour leur demander de l'aide. Un important réseau appelé le Mickey Mouse Network opérait alors dans le Pacifique. Beaucoup de ses membres vivaient à bord de bateaux. Leur président était un Néo-Zélandais bavard nommé Robby. Curt l'appela en Nouvelle-Calédonie et lui raconta toute l'histoire. Dès le lendemain, 18 heures – alors que tous les amateurs devaient se mettre à l'écoute d'une fréquence spéciale –, Robby lança un appel urgent, une demande d'assistance pour retrouver le *Sea Wind*. Le message était le suivant :

« Nous pensons qu'un bateau a disparu, un ketch blanc et bleu baptisé *Sea Wind*... »

Robby donnait ensuite un signalement détaillé du voilier et de ses propriétaires. Toute personne repérant ce bateau devait immédiatement l'alerter par radio. Retrouver le voilier que les gardes-côtes refusaient de chercher devint l'objectif numéro un du Mickey Mouse Network.

Un magnifique voilier de onze mètres trente glissa discrètement dans le bassin d'Ala Wai à Honolulu, l'après-midi du 28 octobre 1974.

Le ketch, d'un blanc éblouissant orné d'une bande de couleur lavande fraîchement repeinte, ne s'amarra pas à l'un des appontements, où des centaines de bateaux se balançaient, mais alla mouiller au centre du bassin.

Le premier plaisancier venu pouvait immédiatement re-marquer un détail singulier : aucun nom ne figurait sur l'arrière.

Plus tard, vers 17 heures, l'agent spécial du F.B.I. Calvin Shishido, quarante et un ans, un Américain d'origine japonaise installé à Hawaii, reçut un coup de téléphone à son domicile de Honolulu d'un employé du bureau du F.B.I. Les gardes-côtes avaient annoncé que le voilier disparu venait d'être aperçu dans l'Ala Wai.

– Pourquoi nous appellent-ils ? grogna Shishido qui était en congé ce jour-là. Ils ont retrouvé un bateau, et alors ? La belle affaire !

Quelques minutes plus tard, son téléphone sonna de nouveau.

Cette fois, c'était le lieutenant Bruce Wallisch, du service de renseignements des gardes-côtes U.S.

– Voilà plus d'un mois que nous avions un rapport concernant la disparition d'un voilier, Cal. Il s'agit d'un bateau portant le numéro 282330, immatriculé au nom de M. et Mme Malcolm Graham. Nous pensons qu'il est en ce moment dans l'Ala Wai mais les propriétaires n'ont pas l'air d'être à bord.

– Eh bien, ils sont peut être allés acheter des souvenirs.

– On dirait que le bateau a été repeint.

Shishido, généralement souriant et de caractère aimable, était en ce moment surtout occupé à empêcher son petit garçon de renverser un bol de lait.

– Ils se sont sans doute lassés de l'ancienne couleur, Bruce. Que voulez-vous que j'y fasse, moi ?

Le F.B.I. n'avait pas pour mission de surveiller les milliers de bateaux de plaisance de Hawaii. La disparition de l'un d'entre eux était du ressort des gardes-côtes, mais devant l'insistance de Wallisch, qui répétait que les propriétaires avaient pu être victimes d'un mauvais coup, Shishido accepta à contrecœur de descendre à la rade.

Après avoir servi dans l'U.S. Air Force et suivi des études universitaires grâce à une bourse octroyée aux anciens combattants, Shishido était entré à la Direction des impôts en 1962. Quelques années plus tard, il fut envoyé à Washington, dans le cadre de l'enquête ouverte au sein de l'administration Johnson à la suite du scandale Bobby Baker. Travaillant en étroite collaboration avec le F.B.I. pour cette affaire, Shishido fut impressionné par les compétences et le professionnalisme de ces enquêteurs. Il fit aussitôt une demande d'incorporation dans le F.B.I. et fut agréé en 1965 comme agent spécial. Depuis 1971, il était responsable du bureau de Honolulu.

Au Hawaian Yacht-Club, Shishido retrouva Wallisch et Bernard Leonard, surexcité, qui avait fait part deux heures plus tôt de l'arrivée du *Sea Wind*.

Evelyn et lui étaient venus de Kauai pour quelques jours. Membres du Hawaian Yacht-Club depuis longtemps, ils avaient amarré leur *Journeyer* à la marina du club et pique-niqué dans un parc voisin. A leur retour au club, Leonard avait immédiatement reconnu l'élégante silhouette du *Sea Wind*.

Il avait alors vu descendre du ketch dans le canot pneumatique un homme dont il affirmait qu'il n'était absolument pas le propriétaire du voilier, Mac Graham, mais un certain Roy Allen.

En bafouillant, contrairement à ses habitudes d'enseignant, il raconta précipitamment toute l'histoire : ses amis disparus, la mystérieuse Palmyre, Roy menaçant et Jennifer désespérée, les différences frappantes entre le *Sea Wind* et le *Iola*.

Shishido n'était toujours pas convaincu qu'un délit avait été commis. En dépit des affirmations de Leonard, les propriétaires pouvaient très bien être allés faire des achats à terre ; ils avaient peut-être offert à ce Roy de le ramener de Palmyre. Shishido imaginait facilement une foule de scénarios plausibles, autres que le vol et le meurtre. Il décida cependant d'aller jeter un coup d'œil à ce bateau.

Leonard montra immédiatement les traces de bleu sous la nouvelle couche lavande.

Bien qu'ayant grandi à Hawaii, Shishido ignorait pratiquement tout des bateaux et de la navigation, mais il fut tout de même impressionné par la signification des détails relevés par Leonard. Une figure de proue dorée manquait, sous le beaupré. Beaucoup des traits caractéristiques encore visibles du bateau étaient des modifications apportées par Mac Graham.

– Je suis sûr et certain que c'est le *Sea Wind*, affirmait obstinément Leonard. Ils l'ont volé et repeint.

Il attira l'attention de Shishido sur un grand filet qui entourait le pont.

– Il était sur le *Iola*, le bateau de Roy et Jennifer. Pour empêcher leurs trois chiens de passer par-dessus bord.

Ils retournèrent à l'appontement du yacht-club.

– Il est possible que les Graham les aient ramenés à Honolulu, dit Shishido qui refusait toujours obstinément d'envisager le pire.

– Si les Graham étaient à Hawaii, riposta Leonard, ils nous auraient appelés. Ils étaient en communication radio, toutes les semaines, avec un type de la grande île. Il a signalé, le premier, leur disparition. Ils l'auraient appelé, lui !

– Comment savez-vous s'ils ne l'ont pas fait ? Vous avez été à bord de votre bateau pendant deux jours, sans contact avec la terre.

Leonard était au bord de l'explosion.

– Ne soyez pas ridicule ! *Jamais* les Graham n'auraient ramené Roy et Jennifer avec eux sur leur voilier ! Je vous le répète, il leur est arrivé quelque chose de terrible ! Vous devez arrêter Roy et Jennifer et découvrir ce qu'ils ont fait à Mac et Muff !

– Je n'ai aucun motif valable pour arrêter quiconque.

– Alors que comptez-vous faire ? cria Leonard. *Rien ?*

Shishido jeta un coup d'œil à Wallisch. L'agent des gardes-côtes avait accepté, à sa demande, de faire surveiller le *Sea Wind*.

– S'il revient, dit-il, nous irons lui poser des questions.

– Nom de Dieu ! gronda Leonard. Mac et Muff peuvent être abandonnés quelque part ou... morts... Vous ne comprenez donc pas ?

Wallisch dit à Shishido qu'il le préviendrait dès qu'il saurait s'il y avait quelqu'un à bord du *Sea Wind*. Comprenant qu'il n'avait rien d'autre à faire pour le moment, Shishido retourna chez lui pour un barbecue en famille.

Shishido était un agent chevronné, pas un bleu tout feu tout flamme. Il respectait le règlement, et protégeait ainsi le Bureau et lui-même. Il comptait prendre son temps et laisser les gardes-côtes procéder à leur enquête. Leur juridiction couvrait toutes les eaux territoriales des Etats-Unis, ils pouvaient donc arraisonner n'importe quel bateau, monter à bord et demander à voir les papiers, poser des questions aux membres d'équipage où et quand cela leur plaisait.

Le lendemain matin, le bruit courut parmi les membres matinaux du Hawaian Yacht-Club qu'une grosse affaire allait éclater. Personne ne savait au juste laquelle mais l'apparition subite d'une multitude de gardes-côtes armés dans le bassin permettait de penser qu'une bande de trafiquants de drogue allait être arrêtée.

La rade était, comme d'habitude, bondée de bateaux de plaisance de toutes tailles, de toutes formes et de toutes couleurs, la plupart bien amarrés à leurs appontements le long des jetées, et quelques dizaines mouillant dans le bassin même, sagement alignés. Ala Wai était la plus grande marina de Hawaii et la plus animée. Souvent, comme ce matin-là, plus de cinq cents bateaux y étaient ancrés. Même de la grande baie dominant le bassin, il était impossible d'apercevoir nettement un objectif précis.

Après sa conversation avec l'homme du F.B.I., Leonard était resté au yacht-club fort tard dans la soirée, dans l'attente d'un quelconque événement. Des gardes-côtes tentaient discrètement d'interroger des personnes à bord de bateaux voisins du *Sea Wind*. Leonard pensait que c'était une erreur, car ils risquaient de mettre la puce à l'oreille de Roy et Jennifer qui devineraient qu'ils étaient recherchés. A minuit, personne n'étant remonté à bord du voilier, Leonard regagna son propre bateau. La journée et la soirée avaient été longues et pénibles.

Les autorités du service des gardes-côtes ayant promis d'aborder le *Sea Wind* le lendemain, il se leva très tôt et se rendit à pied à leur quartier général, jetée 4, à environ un kilomètre cinq cents. Il s'était désigné comme assistant des enquêteurs pour les aider à identifier ce qu'ils trouveraient à bord.

L'agent Cal Shishido, quelques minutes après son arrivée à son bureau du F.B.I., à 8 heures, reçut un coup de fil fébrile des gardes-côtes. L'agent en faction près du yacht-club venait de rapporter qu'un homme et une femme quittaient le *Sea Wind* à bord d'un canot. Comme il avait manqué leur retour à bord dans la nuit, l'équipage du cotre fut pris de court. Il lui faudrait quelques minutes pour se préparer, expliqua-t-on à Shishido.

Conduit à toute allure par un autre agent, Shishido arriva sur place trois minutes plus tard. Il portait, comme d'habitude, une chemise hawaiienne imprimée de couleurs vives, qui se détachait parmi les jeans et les chemises bleues des gardes.

Shishido sauta dans le cotre dont le moteur tournait déjà. Il salua de la tête Wallisch et Leonard.

Wallisch ouvrait la bouche pour dire quelque chose mais le crépitement de la radio l'interrompit.

– La femme a déposé le type à une des jetées et elle retourne vers le voilier, annonça l'agent en faction.

Les choses se compliquaient. Il fallait maintenant suivre deux personnes.

Les amarres furent larguées et le cotre fila vers l'entrée de la rade.

L'agent transmit un second rapport : l'homme, cherchant apparemment à éviter les gardes-côtes dans la rade, s'était déshabillé et avait plongé.

Il fallut quelques minutes à peine au cotre pour arriver à l'Ala Wai et entrer dans le bassin. Shishido et les autres virent le canot piloté par la femme se diriger à force de rames vers la terre.

– C'est elle ! C'est Jennifer ! cria Leonard.

Quand elle vit le cotre foncer sur elle, elle rama encore plus vigoureusement. Elle avait déjà presque atteint le quai.

Elle arriva à un tas de rochers, sauta du canot et escalada le petit parapet comme un lézard affolé. Leonard et Shishido la virent s'arrêter un instant pour attendre un petit chien qu'elle prit dans ses bras. Puis elle courut vers l'hôtel *Ilakai Larina*.

Après avoir plongé, Buck Walker nagea puissamment sous l'eau, passa sous une quille, remonta respirer à la surface et replongea pour passer sous les bateaux en direction de la côte.

Les poumons en feu, il finit par remonter entre deux vedettes. Il entendit des cris affolés :

– Je l'ai perdu ! Quelqu'un le voit ?

Il respira profondément et replongea. Lorsqu'il remonta, à bout de souffle, il était dans l'étroit espace sous un dock. Il entendit des pas précipités au-dessus de sa tête, des voix surexcitées.

Il jura tout bas : « Foutus cabots ! Elle aurait dû les laisser où ils étaient ! » Vingt minutes plus tôt à peine, un type d'un bateau voisin avait crié à Jennifer, qui partait dans le canot pour aller à terre aux toilettes publiques, que des gardes-côtes la veille au soir l'avaient interrogé à leur propos. Elle était immédiatement revenue avertir Buck qui avait compris qu'il leur fallait quitter le *Sea Wind* sur-le-champ. Alors qu'ils se dépêchaient de gagner la terre, les deux chiens de Buck restés à bord se mirent à aboyer furieusement. Craignant qu'ils ne gênent les voisins, Jennifer voulut retourner les mettre dans la cabine. Buck protesta, la traita de folle et, comme elle insistait, il lui dit de le déposer d'abord à la première jetée venue. Ils convinrent de se retrouver à l'établissement de bains sur la plage. Mais Buck, en suivant la jetée jusqu'au quai, aperçut un garde-côte armé qui se dirigeait de son côté. Il tourna vers un des étroits appontements perpendiculaires, en ralentissant le pas pour ne pas se faire remarquer. Tout en feignant de s'intéresser aux bateaux amarrés à droite et à gauche, il surveillait le garde du coin de l'œil. Le détour lui évitait pour le moment de se trouver face à face avec lui mais lui coupait aussi l'accès au quai. Il était pris au piège. Finalement, voyant que le garde se rapprochait, il n'hésita plus, se déshabilla à la hâte et plongea en caleçon de bain.

A présent, Buck retenait sa respiration et ne remuait pas un muscle. Il resta longtemps sous le dock, dans l'eau froide.

Bernard Leonard et le lieutenant Wallisch se précipitèrent à la poursuite de Jennifer.

Shishido, toujours simple observateur de l'enquête, préféra rester à bord du cotre.

Après s'être amarrés à l'endroit où Jennifer avait laissé le canot, Leonard et l'officier coururent vers l'hôtel. Dans le hall, ils contournèrent une colonne et aperçurent, derrière une plante verte, près des ascenseurs, une jeune femme ridiculement accroupie qui serrait un petit chien dans ses bras.

Leonard, le cœur battant, fit un signe de tête à l'officier.

— Mademoiselle, dit Wallisch, vous devez nous suivre.

Elle se releva, tenant toujours Puffer contre elle.

— Salut, Bernie, murmura-t-elle d'un air penaud.

— Bonjour, Jennifer, répliqua-t-il sévèrement.

— Je vais vous raconter tout ce qui s'est passé. Mais puis-je aller aux toilettes, avant ?

Le garde-côte lui répliqua qu'elle devait revenir immédiatement au bateau. Il la prit par le bras et la conduisit hors de l'hôtel.

Une fois sur le quai, il décida de remorquer le canot du

Sea Wind à l'aide du cotre et demanda à Leonard de rester dans le canot avec Jennifer pour le court trajet.

A peine eurent-ils quitté le quai que Leonard, regardant gravement Jennifer, lui demanda :

– Mac et Muff sont-ils toujours en vie ?

– Vous ne croirez jamais ce qui est arrivé ! Ils nous avaient invités à dîner mais ils pensaient rentrer tard car ils allaient à la pêche. Ils nous ont donc dit de monter à bord et de faire comme chez nous. A la nuit tombée, nous avons allumé le fanal du grand mât et les avons attendus, toute la nuit. Ils ne sont jamais revenus. Le lendemain matin, nous sommes partis à leur recherche et nous avons trouvé le Zodiac retourné, mais pas la moindre trace d'eux. Nous les avons cherchés en vain pendant des jours. Quelques jours plus tard, nous avons embarqué sur le *Iola* mais nous nous sommes échoués sur le récif et, n'ayant pas réussi à le dégager, nous sommes retournés prendre le *Sea Wind*.

– Vous ne seriez pas partis avec le *Iola* alors que vous aviez le *Sea Wind* à votre disposition, répliqua Leonard sur un ton impliquant qu'il ne croyait pas un mot de cette histoire.

Elle le regarda sans rien dire.

Ils accostèrent le long du cotre et montèrent par l'échelle de coupée. Cal Shishido et plusieurs enquêteurs des gardes-côtes les attendaient dans la cabine.

– Vous êtes Jennifer Allen ? demanda Wallisch.

– Oui... enfin... Jennifer Jenkins, bredouilla-t-elle nerveusement. Mon nom est Jennifer Jenkins.

– Comment s'appelle le bateau avec lequel vous êtes arrivée ?

– Le *Sea Wind*.

– A qui appartient-il ?

– A Mac et Muff Graham.

– Que leur est-il arrivé ?

– Ils se sont noyés au cours d'une partie de pêche, répondit Jennifer sans hésitation. C'était un accident.

Shishido intervint pour avertir Jennifer de ses droits constitutionnels. Les propriétaires du bateau avaient disparu dans des circonstances suspectes et cette jeune femme s'était trouvée sur ce bateau qui avait ensuite été piloté jusqu'à Hawaii. Il avait donc de bonnes raisons de penser qu'il avait affaire à un délit relevant du droit fédéral consistant à transporter des biens volés d'un Etat à l'autre ou, comme dans le cas présent, d'une possession U.S., Palmyre, à un

Etat. Naturellement, l'agent du F.B.I. commençait tout de même à s'inquiéter du sort des Graham. Si leur mort avait bien été accidentelle, pourquoi Jennifer et Allen n'avaient-ils pas signalé leur disparition aux autorités dès leur retour à Hawaii ?

Pendant l'heure qui suivit, Jennifer raconta comment son compagnon et elle étaient arrivés à Palmyre, qu'ils étaient devenus amis avec les Graham et qu'ils avaient été bouleversés par leur bizarre disparition. Ce récit fut interrompu à deux reprises : la première quand on la laissa enfin aller aux toilettes, et la seconde lorsqu'on la ramena au *Sea Wind* pour tenir les deux chiens de Buck pendant que les autorités perquisitionnaient. Au retour, Jennifer confia Puffer à un plaisancier qui acceptait de s'en occuper.

Au cours de la matinée, Shishido fut tenu au courant de l'état des recherches concernant Roy Allen. On l'avait perdu de vue depuis qu'il avait plongé de la jetée. Son pantalon et sa chemise furent retrouvés et apportés à Shishido qui les fouilla.

Le portefeuille contenait un permis de conduire avec une photo d'identité au nom de Roy Allen, ainsi qu'une autre petite photo du même homme, portant un col retourné de clergyman.

Il montra le permis à Jennifer et lui demanda si c'était bien son compagnon, précédemment identifié par elle sous le nom de Roy Allen.

– Oui, répondit-elle.

– Il est pasteur ?

Elle sourit ironiquement.

– L'Eglise de la vie universelle. Vous savez, cette boîte de Californie qui ordonne par correspondance pour dix dollars.

– Je vois, marmonna-t-il en posant le portefeuille. Dites-moi, si les Graham sont morts dans un accident et si vous n'avez rien fait de mal, pourquoi avez-vous tenté de fuir ?

– Nous sommes venus ici sur un bateau qui ne nous appartient pas.

Elle eut l'air de vouloir dire encore quelque chose.

– C'est tout ? demanda-t-il.

Elle hocha simplement la tête.

Plus tard, Shishido écrivit un résumé des déclarations de Jennifer et remit son rapport :

« Jennifer Jenkins nous a fourni les renseignements suivants : le dernier vendredi d'août 1974, Roy Allen et elle se préparaient pour quitter Palmyre le lendemain. Elle était à bord du bateau *Iola* et ALLEN à terre. Il revint lui annoncer qu'ils étaient invités à dîner à bord du bateau des GRAHAM, le *Sea Wind*. ALLEN quitta le *Iola* en disant qu'il allait prendre un bain. Il revint peu après lui dire que les GRAHAM l'avaient averti qu'ils allaient pêcher le repas du soir et qu'ils reviendraient sans doute tard. Les jeunes gens n'avaient qu'à monter à bord et faire comme chez eux. L'invitation à dîner était pour 18 h 30 ce soir-là. Vers 18 h 30, elle et ALLEN montèrent à bord du *Sea Wind* pour attendre le retour des GRAHAM. Les GRAHAM ne revinrent pas et ALLEN et elle passèrent la nuit à bord du *Sea Wind*.

» Le lendemain, elle dit qu'ALLEN et elle se sont livrés à des recherches et qu'ils ont découvert un canot retourné dans le lagon à l'îlot Cooper, une des îles de Palmyre. Il s'agissait du Zodiac que les GRAHAM avaient pris la veille pour aller pêcher. Le moteur hors-bord de l'embarcation était retourné aussi et le réservoir flottait dans le lagon non loin de là. Ils retournèrent le canot, remirent en place le réservoir et poursuivirent leurs recherches à bord du Zodiac. Ils cherchèrent ainsi les GRAHAM jusqu'au 11 septembre 1974 et décidèrent finalement que les GRAHAM avaient disparu. Comme ils ignoraient le fonctionnement de la radio, ils ne purent demander de l'aide ni signaler l'accident.

» Ils jugèrent que les derniers mots des GRAHAM à leur intention, de monter s'installer à bord comme chez eux, signifiaient que les GRAHAM aimeraient que ROY ALLEN garde leur bateau si jamais il leur arrivait quelque chose. Par conséquent, ils fixèrent un câble de quinze mètres au *Iola* et tentèrent, avec le *Sea Wind*, de le remorquer jusqu'à Honolulu. Elle tenait la barre du *Iola* pendant que ROY ALLEN pilotait le *Sea Wind*. Le 11 septembre, le *Iola* s'échoua sur le récif alors qu'il était remorqué hors de Palmyre et la dernière fois qu'il fut aperçu il était encore planté dessus.

» Ils arrivèrent à Nawiliwili, Kauai, avec le *Sea Wind*, le 12 octobre 1974, et y passèrent la nuit. Le lendemain, ils firent voile vers la baie de Pokai, à Oahu, où ils arrivèrent le 15 octobre, ils restèrent une huitaine de jours, repartirent et parvinrent au lagon de Keehi le 21 octobre. Le lendemain, ils mouillèrent dans le bassin de Kewalo et mirent ensuite le *Sea Wind* en cale sèche aux Tuna Packers. Là, ALLEN et elle peignirent le bateau d'une autre couleur. Le voilier resta en cale sèche une semaine et le 28 octobre il fut remis à l'eau et ils partirent pour le bassin des yachts de l'Ala Wai où ils arrivèrent en fin d'après-midi.

» ALLEN et elle trouvèrent quatre cents dollars en billets de vingt dollars à bord du *Sea Wind* – trois cents dollars dans un livre, et cent dollars dans le portefeuille de MAL-COLM GRAHAM caché sous des lattes du plancher du *Sea Wind*.

» Elle a déclaré que le *Sea Wind* ne leur appartenait pas mais qu'elle et Roy l'aimaient autant que les GRAHAM. Elle pense que les GRAHAM auraient voulu qu'il leur revienne. Elle a également déclaré qu'ils n'avaient pas signalé l'incident de Palmyre aux autorités à leur arrivée à Hawaii parce qu'ils savaient que le bateau leur serait enlevé. »

Bernard Leonard, qui avait écouté avec attention l'interrogatoire de Jennifer, avait du mal à garder le silence. Il était sûr que jamais Mac et Muff n'auraient dit à quelqu'un de « s'installer comme chez eux » à bord du *Sea Wind* en leur absence. Et l'idée que les Graham feraient une telle proposition à Roy et Jennifer, à ces gens-là, était absolument ridicule.

Leonard fulmina aussi, à part lui, quand Jennifer prétendit que le *Iola* s'était empalé sur le récif de corail alors qu'il était remorqué par le *Sea Wind*, ce qui était en contradiction flagrante avec ce qu'elle lui avait raconté plus tôt, que Roy avait l'intention de partir avec le *Iola* et que c'était en le pilotant – pas en le remorquant – hors du chenal, qu'il s'était échoué, les obligeant à retourner prendre le *Sea Wind*. Elle avait manifestement changé sa version parce que Leonard ne l'avait pas crue. « C'est une menteuse, pensa-t-il, et certainement aussi une meurtrière. »

Shishido passa les menottes aux poignets de Jennifer et la fit descendre du cotre.

La presse avait maintenant eu vent d'une affaire à l'Ala Wai ; des photographes et des caméras de télévision braquèrent avidement leurs objectifs sur Jennifer quand elle fut conduite au quartier général du F.B.I. pour complément d'interrogatoire. Son arrestation, le premier acte de ce qui promettait d'être une très grosse affaire, fit la une des journaux du soir et des quotidiens du matin, le lendemain.

Plus tard dans l'après-midi, Jennifer fut écrouée à la prison de Honolulu sous l'inculpation de vol du *Sea Wind* et de quatre cents dollars à Mac et Muff Graham. La caution fut fixée à vingt mille dollars.

Après être resté caché sous le dock pendant plus d'une heure, Buck entendit un groupe de promeneurs commenter calmement l'affaire.

– Qu'est-ce qui a bien pu se passer ici ? demandait une femme, au-dessus de lui.

– Il paraît qu'on cherche un assassin, répondit un homme.

Mais l'endroit était désert lorsque, vers midi, Buck finit par sortir de l'eau, épuisé, grelottant et terrifié.

Le lendemain, Cal Shishido se rendit à la brigade des stupéfiants de Honolulu. Il obéissait à une intuition. Jenkins et Allen n'étaient pas de banals plaisanciers. C'étaient des hippies, des marginaux, avec tout ce qui en découlait. Il n'avait pas été trouvé de drogue dure à bord du *Sea Wind*, seulement quelques graines et plants de marijuana dans un petit sac en plastique. Malgré tout, le couple était arrivé à Hawaii avec un bateau qui ne lui appartenait pas – les trafiquants utilisent souvent des bateaux volés pour brouiller les pistes quand ils transportent de la drogue dans les eaux américaines – et Shishido pensait que cette affaire pouvait être liée à une histoire de drogue. Il avait besoin de tous les renseignements et de toutes les pistes possibles pour mettre la main sur le mystérieux Roy Allen.

Au bureau des stupéfiants, il montra le permis de conduire de Roy Allen au premier agent qu'il trouva.

– Ça, c'est Buck Walker, répondit l'agent, étonné. Où avez-vous trouvé cette photo ?

– Vous le connaissez ?

– Pardi, nous sommes à ses trousses !

Shishido n'en revenait pas. Que le premier agent des Stups qu'il voyait connaisse l'identité du fugitif, c'était plus qu'il n'avait osé espérer.

L'agent prit le permis et alla dans un autre bureau le montrer à un de ses collègues.

– Raconte un peu à Shishido qui est ce loustic.

– Buck Walker, dit l'autre sans aucune hésitation. Il a vendu de la dope à l'un de nos hommes en mission secrète, il a plaidé coupable et a été laissé en liberté provisoire sous caution. Il a fichu le camp avant son procès.

– Quand ça ? demanda Shishido.

– Il doit y avoir six mois, par là. Vous avez une indication sur l'endroit où il se trouve ?

– Il a plongé d'un dock de l'Ala Wai il y a deux jours et s'est enfui à la nage quand il nous a vus arriver.

– Tiens, tiens, tiens ! Qu'est-ce que vous dites de ça ? Buck Walker est de retour !

16

Sunny Jenkins était tellement occupée à soigner ses roses qu'elle faillit ne pas entendre le téléphone dans la maison.

— Allô ! dit-elle hors d'haleine.

— Bonjour, maman.

— Jennifer ! Dieu soit loué ! Où es-tu ?

— A Hawaii.

— Tu vas bien ?

— Oui et non. Je suis en bonne santé mais en prison.

— Quoi ! En prison ? Grand Dieu, pourquoi ?

— Pour le vol d'un bateau, seulement je ne l'ai pas vraiment volé. Tu sais, Mac et Muff, ce gentil couple qui était dans l'île avec nous, ont eu un accident de bateau. Nous sommes partis pour Hawaii avec leur voilier et les flics m'ont arrêtée. Veux-tu payer ma caution pour qu'on me libère ?

— Où est Buck ?

— Je ne sais pas. Il a fichu le camp.

Sunny réfléchit rapidement. Si Jennifer était libérée sous caution, elle risquait de rechercher Walker et de redisparaître avec lui.

— Non, je ne te ferai pas sortir, ma chérie. Pas maintenant.

— Mais, maman...

— Non, répéta Sunny avec fermeté. Tu vas bien, tu es en sécurité. Et au moins, je sais où tu es. C'est tout ce que je demande pour le moment.

Dans la soirée du 30 octobre, Darwin Wisdom et Earl Harris, des agents spéciaux du F.B.I. de San Diego, rendirent visite à la mère de Muff, Rose King, qui vivait dans un modeste bungalow de Meade Avenue.

Ils s'assirent sur le canapé dans le living-room en face de Mme King, une petite femme frêle aux cheveux blancs, les mains crispées sur les genoux. Elle savait que sa fille et son gendre ne donnaient plus signe de vie et que leurs amis de Hawaii s'inquiétaient beaucoup. Mais elle évitait de penser au pire. Ils reparaîtraient sûrement. Ils étaient trop parfaitement préparés à toute éventualité.

La sœur de Muff, Peggy Faulkner, était présente aussi. Plus grande et plus mince que sa sœur, elle devait avoir quarante-cinq ans.

Les deux femmes écoutèrent attentivement les agents, qui les mirent au courant des récents événements survenus à Hawaii. Tout ceci ressemblait davantage à un scénario de téléfilm qu'à des situations pouvant survenir au sein d'une famille.

Pour Mme King, le plus effrayant était que le *Sea Wind* ait été trouvé entre les mains d'autres gens, sans que Mac ou Muff soient à bord. Jamais ils n'auraient pu abandonner leur bateau.

– Où sont-ils ? demanda-t-elle tristement.

– Nous l'ignorons, répondit Wisdom. Tout ce que nous savons, c'est que votre fille et son mari ont disparu. Avec l'aide des gardes-côtes, nous les recherchons, naturellement, mais en attendant vous pourriez nous fournir quelques renseignements utiles.

Mme King donna alors aux policiers un signalement précis de LaVerne, comme elle appelait Muff (née le 18 décembre 1932 à Pueblo, Colorado, cheveux blonds, yeux bleus, taille un mètre soixante, soixante kilos, cicatrice d'appendicite, etc.) et leur remit plusieurs lettres que Muff avait envoyées de Palmyre ; les agents empruntèrent aussi une photo récente de Mac et Muff assis et se tenant par la main à bord du *Sea Wind*.

– Encore quelques petites questions, dit Wisdom, sensible à la détresse de cette mère inquiète.

Mme King hocha la tête.

– Savez-vous avec combien d'argent en espèces ils sont partis pour Palmyre ?

– Je pense qu'ils ont dû emporter dans les quatre à cinq mille dollars à Hawaii, répondit la sœur de Muff. Je ne sais pas s'ils avaient l'intention d'en prendre autant à Palmyre. Ils avaient assez de vivres et d'équipement, à bord, pour tenir deux ans.

– M. et Mme Graham ont-ils l'habitude de boire ?

– Très peu, assura Peggy Faulkner qui semblait soudain sur ses gardes. Aucun n'est gros buveur.

– Il y a eu cette contravention, ma chérie, intervint discrètement Mme King en regardant sa fille par-dessus ses lunettes à double foyer.

– Ma sœur a été arrêtée pour conduite en état d'ébriété, juste avant leur départ.

L'agent nota rapidement cette information.

– Mais cela ne lui ressemblait pas du tout, poursuivit Peggy. Vraiment pas.

Muff avait souffert d'une hépatite grave, avant la trentaine, expliqua Mme King, et les médecins lui avaient déconseillé l'alcool.

– Savez-vous si elle avait un souci particulier, au moment de cette interpellation ? demanda Wisdom, sa curiosité éveillée.

La mère et la fille secouèrent la tête. Muff n'avait jamais évoqué ses craintes devant elles.

Le 1er novembre à 16 h 30, soit une quarantaine d'heures après l'arrestation de Jennifer à l'Ala Wai, le *Tattarax*, un remorqueur océanique, pénétra dans le lagon de Palmyre, commandé par Martin Vitousek, l'homme qui avait survolé l'île à la demande de Curt Shoemaker.

A bord du vieux navire de trente mètres à moitié rouillé, se trouvaient une équipe de recherches composée de Shishido et Tom Bridges du F.B.I., assistant du district attorney William Eggers de Honolulu, un représentant du ministère U.S. de l'Intérieur, plusieurs hommes-grenouilles, des gardes-côtes et Jack Wheeler, qui serait leur guide à terre.

Quand ils s'amarrèrent aux corps-morts, il n'y avait aucun autre bateau dans le lagon et Bill Eggers, du pont du remorqueur, ne voyait pas le moindre signe de vie humaine à terre. Il avait déjà remarqué, en passant par le chenal, l'absence de voilier échoué sur les coraux, là où Jennifer Jenkins prétendait que le *Iola* s'était écrasé et avait été abandonné. Il pensait qu'elle avait menti et il était à peu près sûr de savoir pourquoi.

Prenant la direction de la mission, Eggers donna l'ordre de commencer immédiatement des recherches minutieuses, même si certains voulaient se reposer un peu après un voyage pénible, en avion d'abord jusqu'à Fanning puis à bord du remorqueur par grosse mer avec une pompe en panne et des toilettes bouchées.

Une fois à terre, ils se déployèrent, par groupes de deux, dans des directions opposées. Leur objectif était double : d'abord et surtout retrouver les Graham, morts ou vifs. Ensuite, le cas échéant, rassembler assez de preuves physiques de la perpétration d'un crime.

Eggers partit avec Wheeler. Ils longèrent la côte du lagon occidental jusqu'à l'anse où s'était amarré le *Sea Wind*. Ils y trouvèrent les restes d'un feu de camp et Eggers, remuant les cendres à l'aide d'un bâton n'aperçut d'abord que quelques fioles pharmaceutiques sans étiquette.

Wheeler, tout en essuyant son front en sueur sur sa manche retroussée déjà trempée, observait le prosecutor.

– Nom de Dieu ! fit Eggers.

Stupéfaits, ils découvrirent parmi les cendres une masse qui ressemblait à des cheveux humains.

Eggers se baissa et dégagea la chose avec précaution. Les cheveux étaient d'un noir de jais. Il les dégagea des autres débris, et fut soulagé de constater qu'il ne s'agissait que d'une perruque, une de ces tignasses que portent les enfants pour Halloween.

En creusant plus profondément, Eggers récupéra plusieurs lambeaux d'étoffe à moitié calcinés, provenant peut-être d'une chemise brûlée, ainsi que deux verres de lunettes, l'un provenant de simples lunettes de soleil, l'autre correcteur. Il mit tout cela dans un petit sac.

Wheeler le précéda jusqu'au campement de Roy Allen. La tente était toujours dressée. A l'intérieur, ils trouvèrent un lit de camp, un fauteuil, une table de chevet sur laquelle se trouvaient une ceinture tressée inachevée ainsi qu'un carnet de croquis avec des dessins de voiliers et, dans un coin, une petite bibliothèque garnie d'un assortiment varié de livres et de magazines.

Dehors, sur un banc, traînaient un grand nombre de boîtes de conserve vides et de gobelets en carton, certains à moitié pleins de terre. Non loin de là, sur le toit de la Glacière, la plantation de marijuana prospérait et les pieds avaient déjà plus de trente centimètres de haut.

Vers midi tout le monde se retrouva à bord du remorqueur pour déjeuner de sandwiches au jambon et au fromage arrosés de bière fraîche. Eggers demanda aux plongeurs de se mettre en tenue pour examiner le fond du lagon près des corps-morts. Il n'avait pas besoin de leur expliquer

ce qu'ils cherchaient. Deux hommes-grenouilles s'équipèrent et plongèrent du pont tandis qu'un autre montait la
garde avec un fusil automatique. Les requins de Palmyre
étaient bien visibles, tournant dans les eaux transparentes
du lagon.

N'ayant rien trouvé près des corps-morts, les plongeurs
prirent un canot pour se rendre au mouillage du *Sea Wind*.
Ils fouillèrent le fond avec soin mais, les requins commençant à affluer, la plongée fut abandonnée pour des raisons
de sécurité.

En fin d'après-midi, alors que le coucher de soleil flam-
boyait sur l'eau, toute l'équipe rassemblée sur le pont dis-
cuta de l'état des recherches. Personne n'avait trouvé le
moindre élément indiquant que les Graham étaient encore
dans l'île, vivants ou morts, et aucune preuve concrète
permettant de penser qu'ils avaient été victimes d'un mauvais coup. Eggers et Wheeler avaient photographié un panneau de cale trouvé sur la plage près des corps-morts ;
Wheeler était à peu près sûr qu'il venait du *Iola*. Mais cela
ne servait pas à grand-chose.

Le lendemain matin à l'aube, le *Tattarax* quitta Palmyre.
En route vers Fanning, le remorqueur envoya un message
radio à un amateur de Honolulu avec qui se trouvait la
sœur de Mac Graham, attendant des nouvelles des recherches. Cal Shishido se présenta.

— Ici Mary Muncey, dit sur les ondes une voix féminine
mal assurée. Mon frère et ma belle-sœur sont-ils vivants...
ou morts ?

— Je ne puis vous donner de réponse dans un sens ou
dans l'autre, madame, répondit Shishido. Tout ce que je
peux vous dire pour le moment, c'est que nous n'avons pas
relevé la moindre trace d'eux.

Mac et Muff Graham avaient disparu sans même laisser
une empreinte de pas sur Palmyre.

Mary « Kit » Muncey était arrivée à Honolulu le lendemain de l'arrestation de Jennifer. Personne, dans l'avion,
n'aurait pu deviner que cette jolie brune si calme et posée
vivait un drame familial. Divorcée, depuis 1969, de Bill
Muncey, un des plus célèbres navigateurs de régates du
monde, elle vivait à Seattle. Pour avoir passé des années à
regarder son mari – le père de ses trois garçons – foncer sur

l'eau à plus de trois cents à l'heure, Kit avait appris à dissimuler ses plus grandes peurs derrière une façade placide.

Elle avait vu son frère et sa belle-sœur pour la dernière fois six mois auparavant, en avril. Sachant qu'ils se préparaient à partir pour un long voyage dans le Pacifique, elle avait fait un saut en avion à San Diego pour passer quelques jours avec eux. Mac était plein d'enthousiasme à la perspective de cette nouvelle aventure, mais Muff, dans un moment d'intimité et de franchise, avait confié à Kit qu'elle n'avait pas du tout envie de partir. Seule avec Mac, Kit lui avait gentiment reproché d'être si peu sensible aux craintes de Muff, mais il avait répliqué que ce voyage était très important pour lui et que Muff s'y ferait. Il était même certain qu'elle finirait par adorer Palmyre.

Depuis des semaines, Kit priait pour que Mac et Muff soient retrouvés à Palmyre, abandonnés, fous de rage d'avoir perdu leur bateau, un peu affamés et assoiffés, mais vivants. A l'annonce des désastreuses nouvelles de l'équipe de recherches, elle finit par admettre qu'elle risquait de ne plus jamais revoir son frère et sa belle-sœur.

Souhaitant désespérément savoir ce qui avait pu se passer à Palmyre, elle se demanda si elle ne pourrait pas entrer en contact avec Jennifer Jenkins dans sa prison. Après avoir hésité, elle estima qu'elle n'avait pas le choix. Elle ne connaîtrait aucun repos tant qu'elle n'aurait pas parlé à la seule personne qui devait savoir ce qu'étaient devenus Mac et Muff.

Même si cette personne avait peut-être sa part de responsabilité dans le drame.

7 novembre 1974

Kit était mal à l'aise, assise en face de Jennifer dans le parloir de la prison de Honolulu, regardant au fond des yeux une personne qui savait peut-être tout mais n'avait rien avoué. Elle était bien résolue, si la chose était possible, à dissimuler ses soupçons.

– Quelqu'un vous a-t-il parlé des requins ? demanda Jennifer.

– Oui, Mac et Muff, dans leurs lettres.

– Ils sont vraiment mauvais dans le lagon. Vous savez, je crois que c'est ce qui a dû arriver. Quand leur canot a chaviré et qu'ils sont tombés à l'eau, les requins...

Kit se crispa involontairement, serrant son sac sur ses genoux. Jennifer changea le cours de ses propos :

– Comme je disais, nous avons trouvé le Zodiac retourné, sens dessus dessous. Je suis navrée, murmura-t-elle en baissant la tête. Profondément navrée. C'est une telle tragédie. Mac et Muff étaient des gens merveilleux. Ils ont été bons pour nous.

Kit percevait chez Jennifer un grand fond de gentillesse, un caractère amical. Il était évident qu'elle s'entendait bien avec tout le monde ; même la gardienne qui l'avait amenée semblait bien l'aimer. Kit ne pouvait imaginer Jennifer en meurtrière, capable de commettre un crime affreux. Elle se dit tout de même que cela pouvait être une habile comédie jouée par une petite garce manipulatrice passée maîtresse dans l'art d'utiliser les gens. Jennifer lui apparaissait, par certains côtés, fuyante et évasive.

La sœur de Mac quitta la prison plus perplexe que jamais. Franchement, l'histoire de Jennifer ne tenait pas debout. Kit savait très bien que le Zodiac, dessiné et conçu par le célèbre océanographe français Jacques-Yves Cousteau, était le canot réputé le plus stable du monde ; elle n'avait jamais entendu dire qu'un Zodiac ait chaviré, même entre les mains d'enfants ou d'amateurs sans expérience et peu doués. De plus, si Mac et Muff avaient réellement disparu dans un accident, pourquoi Jennifer et son copain n'avaient-ils pas signalé l'incident dès leur arrivée à Hawaii ?

Kit était fermement convaincue que Jennifer cachait quelque chose.

8 novembre 1974 – Hawi, Hawaii

Vers midi, Buck Walker s'assit à une table de pique-nique à l'ombre d'un banian et posa devant lui le *Honolulu Advertiser* du matin. Il ne cherchait qu'une chose, certain de la trouver en première page. Il y vit effectivement les photos de Jennifer et de lui. Même ses deux chiens étaient devenus des célébrités médiatiques depuis qu'ils avaient été mis en quarantaine à la fourrière par les autorités, conformément à la réglementation sur l'entrée des animaux à Hawaii. Des dizaines de gens téléphonaient pour les adopter. (Après les six mois de quarantaine imposés pour assurer qu'ils n'étaient porteurs d'aucune maladie, Popolo et

Sista furent adoptés séparément, en 1975, par des familles d'Oahu.) Maintenant que le F.B.I. connaissait son vrai nom, un avis général de recherche avait été lancé contre lui. Le chef d'accusation officiel était le vol de bateau. Mais l'article insistait davantage sur la disparition inexpliquée des Graham, les rumeurs de conflit et la possibilité d'un double meurtre sur la lointaine île déserte.

Il était en cavale depuis dix jours. Personne ne l'avait remarqué lorsqu'il était revenu à terre après avoir traversé à la nage la rade de l'Ala Wai. Il possédait heureusement un peu d'argent gardé dans la poche étanche de son short de bain. Il était entré tout ruisselant dans un magasin de prêt-à-porter où il avait acheté une chemise hawaiienne, un short, un chapeau de paille et des lunettes noires. Ainsi déguisé en touriste, il s'était fondu dans la foule des vacanciers, en jetant de temps en temps un coup d'œil derrière lui pour s'assurer que personne ne l'avait reconnu. Il avait passé cette première nuit chez un copain.

Le lendemain, il avait pris un car pour l'aéroport et acheté un billet au nom de J. Evans, sous le nez d'un flic de Honolulu qui était en train de regarder sa photo ! Il était monté tranquillement dans un appareil des Aloha Airlines pour le saut de puce jusqu'à Hilo. A son arrivée, il s'était rendu à pied de l'aéroport jusqu'au premier hôtel venu, à moins de deux kilomètres, sachant que la police à la recherche d'un fugitif interrogeait toujours d'abord les chauffeurs de taxi. Le lendemain, il surprit son ancienne maîtresse Gina Allen, dans sa petite maison de bois au fond d'un quartier vétuste de Hilo. Elle venait de rompre avec son amant et parut heureuse de voir Buck. Ils passèrent la nuit ensemble. Dans la matinée, elle lui prêta du matériel de camping et se procura ce dont il avait besoin pour demeurer caché : des vivres, des allumettes, des cigarettes, un couteau de chasse, des ustensiles de cuisine, des chaussures, un jean, des chemises et quelques articles de toilette. Dans la soirée, elle le conduisit en voiture dans la montagne, à une cinquantaine de kilomètres dans l'intérieur de l'île et le déposa aux monts Kohala.

Buck campa à la belle étoile pendant une semaine, sur ce versant volcanique désolé, dans des montagnes dont certains sommets dépassent les quatre mille mètres. Il lisait Carlos Castañeda et se défonçait à la marijuana. Une fois, complètement camé, il se mit à courir joyeusement, nu comme un ver, en pleine nuit dans la forêt de Kohala, sous une légère pluie tiède, en dansant au son d'une musique intérieure. Il se sentait aussi sauvage et libre que les rares chevreuils qu'il apercevait. Il pouvait contempler au-dessous de lui les champs de lave noire ou imaginer qu'un tas de pierres était un *heiau*, un ancien temple polynésien abandonné. Mais, bientôt, son envie de confort reprit le dessus comme à Palmyre. Il décida de tenter sa chance et de descendre en ville pour s'offrir un repas chaud et une bonne nuit de sommeil dans un vrai lit. Il choisit Hawi, l'agglomération le plus au nord de la grande île, relativement isolée près de la pointe d'Upolu. Deux routes menaient au village – sept cent quatre-vingt-dix-sept habitants –, toutes deux en terre battue et souvent impraticables par mauvais temps. Les trottoirs de bois évoquaient le vieux Far West américain. Après être descendu en stop, Buck s'installa dans la chambre 19 de l'hôtel *St. Luke*, en donnant le nom d'Evans. La chambre modeste coûtait sept dollars vingt-huit par jour et il paya trois jours d'avance. On était le vendredi 8 novembre et Buck lisait le journal à la table de pique-nique.

Il ne remarqua pas plusieurs hommes qui déjeunaient au café du *St. Luke*. Quand ils eurent terminé leur repas, ils montrèrent à la serveuse la photo d'un homme portant un col de clergyman.

– Il est descendu ici ! s'exclama-t-elle. Tenez, c'est lui, là-bas, de l'autre côté de la rue, vous le voyez ? Assis sous l'arbre.

Quand Buck leva les yeux et les vit s'approcher, il était trop tard.

– F.B.I. Ne bougez pas.

Plusieurs revolvers se pointèrent sur son torse.

– Vous êtes Bob Walker ? demanda un agent.

– Buck, rectifia-t-il en repliant son journal. Oui, je suis Buck Walker.

– Au nom de la loi, je vous arrête, répliqua l'agent spécial du F.B.I. Henry Burns.

– Sans blague ?

Buck fut poussé sur la banquette arrière d'une voiture de location, les mains retenues par des menottes sous ses genoux.

Burns, trapu, la quarantaine, monta à côté de lui et lui lut ses droits. Cette formalité accomplie, l'agent se carra dans le coin.

– Ça te gêne de répondre à quelques questions ?

Pour Burns, le long moment qui suivit fut lourd d'incertitude. Le silence total d'un suspect est sa meilleure défense. Mais Walker haussa les épaules d'un mouvement nonchalant, l'air arrogant.

– Ça dépend des questions.

– Où habites-tu ?

– Au *St. Luke*.

– Ça te gêne qu'on fouille ta chambre ?

– J'm'en fous.

Burns donna l'ordre à ses deux collègues de monter perquisitionner dans la chambre.

– Vous avez oublié de me dire pourquoi je suis arrêté, dit ironiquement Buck. J. Edgar Hoover ne serait pas content.

– Vol de bateau. Nous avons aussi un mandat d'arrêt pour délit de fuite et refus de se présenter à la justice.

La vieille inculpation de vente de drogue avait tout déclenché !

– J'aimerais te poser quelques questions sur les Graham, reprit l'agent, en tirant de sa poche un petit carnet écorné. Nous enquêtons sur leur disparition.

– Qui dit qu'ils ont disparu ?

– Jennifer Jenkins a fait une déposition.

– Allez-y.

– Pour commencer, quand as-tu fait la connaissance de Jennifer ?

– Ma foi... fin 72, je crois. Nous avons été ensemble depuis.

– Vous viviez ensemble ?

– Ouais.

– Comment êtes-vous allés à Palmyre ?

– En bateau, rétorqua Buck avec un petit sourire railleur. Vous connaissez un autre moyen ?

– Votre propre bateau ?

Buck hocha la tête.

– Nous l'avons acheté à Maui il y a deux ans et nous l'avons retapé. Nous l'avons baptisé le *Iola*.

– Quand avez-vous vu les Graham pour la dernière fois ?

– Le 30 août.

– Que s'est-il passé ce jour-là ?

– J'ai rencontré Mac à terre et il nous a invités à dîner ce soir-là, à bord du *Sea Wind*. Il ne restait plus que nous quatre dans l'île, à ce moment. Quand nous sommes arrivés vers 18 heures, Jen et moi, les Graham n'étaient pas là.

Nous avons attendu une demi-heure environ, et puis nous sommes montés à bord du *Sea Wind*. Je me souvenais que Mac m'avait dit qu'ils seraient probablement en retard car ils allaient à la pêche pour le dîner, et que nous n'avions qu'à monter à bord et nous installer comme chez nous...

– Vous les avez vus partir à la pêche ?

– Oui. Dans leur Zodiac.

– Comment étaient-ils habillés ?

– Mac portait un short et un tee-shirt. Mme Graham était en costume de bain avec un vague chapeau.

– Vous ne les avez jamais revus ?

– Nous avons passé la nuit à bord du *Sea Wind*. Dans la matinée, nous sommes partis à leur recherche. Nous avons trouvé le Zodiac retourné à une centaine de mètres à l'ouest du *Sea Wind*.

– S'il n'était qu'à cent mètres, vous auriez dû le voir du bateau.

– Ça devait être un peu plus loin. Cinq cents, huit cents mètres, allez savoir.

– Qu'avez-vous fait ensuite ?

– Nous avons remis le canot à flot. Il n'avait pas l'air endommagé. J'ai tiré deux-trois coups sur le moteur et il a tourné rond. Nous avons passé les trois jours suivants à chercher les Graham partout, sans en trouver la moindre trace.

– Pourquoi n'avez-vous pas essayé de demander du secours ?

– Nous n'avions pas d'émetteur-récepteur. Il y en avait un à bord du *Sea Wind*, mais nous ne savions pas le faire marcher.

– Vous avez donc quitté Palmyre avec le *Sea Wind* ?

– Nous allions partir pour Fanning avec le *Iola*. Nous avons utilisé le moteur auxiliaire du *Sea Wind* pour remorquer le *Iola* dans le chenal et là-dessus le *Iola* s'est échoué sur le récif. Impossible de le dégager, alors nous avons largué la remorque et nous sommes sortis du chenal. Passé le récif, nous avons mouillé l'ancre du *Sea Wind* et je suis retourné dans le canot pour essayer de dégager le *Iola*. J'ai hissé la voile et j'ai tenté d'utiliser le vent, mais ça n'a pas marché. Alors nous avons transporté toutes nos affaires à bord du *Sea Wind*.

– Et vous avez simplement laissé le *Iola* sur le récif ?

– Eh oui.

– Et vous êtes partis à bord du *Sea Wind* ?

– Ben oui.

– Ainsi, vous avez décidé de naviguer jusqu'à Hawaii avec le *Sea Wind* ?

Buck hocha la tête. Il était évident que pour lui le plus dur était passé.

– A Kauai, en réalité. Nous y avons passé la nuit et le lendemain nous avons poussé jusqu'à Oahu.

Les autres agents revinrent à la voiture. Ils n'avaient rien trouvé d'intéressant dans la chambre d'hôtel.

– Avez-vous changé quelque chose au *Sea Wind*, une fois arrivés à Hawaii ? demanda Burns alors que la voiture démarrait.

– Ouais. Nous l'avons repeint.

– Pourquoi ?

– Parce qu'il avait besoin d'un coup de peinture.

– Pourquoi avez-vous effacé le nom du bateau ?

Buck haussa nonchalamment les épaules comme si la conversation ne l'intéressait plus.

– Tu dis que le *Sea Wind* avait besoin d'un coup de peinture, reprit Burns.

– Nous avions été éperonnés par un espadon, en route. Son épée avait carrément traversé la coque. J'ai dû descendre le long du bordé pour colmater la brèche.

– Et c'est pour ça que le bateau avait besoin d'être entièrement repeint ?

– Ouais.

– Quand êtes-vous arrivés à la grande île ?

– Il y a une huitaine de jours.

– Pourquoi ?

Buck considéra l'agent d'un air parfaitement méprisant.

– Parce que je ne voulais pas être pris, ducon.

L'agent leva les yeux de son carnet.

– Bon, alors comment vous êtes-vous débarrassés de leurs corps ? demanda-t-il brusquement.

– Allez vous faire foutre.

Ainsi s'acheva le premier et dernier interrogatoire de Buck Walker par le F.B.I.

17

Dimanche 10 novembre 1974

Une dizaine de personnes bronzées et en tenue de sport se réunirent discrètement à bord du *Journeyer* pour une brève navigation sur une mer clapoteuse. Tout le monde était d'humeur sombre, mais pas macabre. D'un commun accord, ce ne devait pas être une cérémonie funèbre mais plutôt un « service aloha » hawaiien. Cependant, bien que Mac et Muff soient officiellement portés disparus, et pas morts, tous les assistants commençaient à affronter la triste réalité, comme s'ils sortaient d'une longue anesthésie : il s'agissait bien d'un service d'adieu à la mémoire des Graham.

Bernard Leonard, en bermuda et chemise multicolore, coupa le moteur quand ils furent à environ deux milles au large de la célèbre pointe de Diamond Head. Le bateau tangua sur place et pendant un long moment le seul bruit fut celui de l'eau claquant contre la coque. Enfin un homme grisonnant, très grand et portant des lunettes noires, s'avança devant le groupe. Yachtman expérimenté, entraîneur de l'équipe de voile de l'université de Hawaii, il était aussi pasteur.

— Au nom des familles de Malcolm et Eleanor Graham, dit-il, je tiens à remercier chacun de vous d'être venu assister à ce service aloha.

Il récita ensuite une prière. Tous les assistants baissèrent la tête en se tenant par la main. Le bateau bougeait beaucoup mais tous avaient le pied marin.

— Ô Seigneur, nous Te demandons de tendre Tes bras aimants vers tous ceux qui ont connu et aimé Mac et Muff Graham. Nous prions pour que justice soit faite mais demandons que Tu libères nos cœurs de tout esprit de vengeance qui empoisonnerait notre âme et nierait que Ton amour et Ta grâce vont même aux prisonniers.

Ces derniers mots firent un peu grimacer Leonard. Ils évoquaient trop le précepte de Gandhi : Haïssez le péché mais aimez le pécheur. Leonard ne se sentait pas capable pour le moment d'un aussi noble sentiment. Ses amis Mac et Muff avaient manifestement été assassinés et leur *Sea Wind* bien-aimé volé. Il en appelait à la justice, pas à la miséricorde.

Kit était devenue un peu moins vindicative. Quelques jours plus tôt, un quotidien de Honolulu avait publié la photo de Jennifer menottes aux poignets, conduite par des policiers à une audience de la cour. Quelque chose, dans cette scène, dérangeait Kit mais elle ne comprit pas tout de suite quoi. Finalement, laissant échapper une exclamation horrifiée, elle reconnut dans le corsage à manches courtes que portait Jennifer une blouse paysanne brodée, à empiècement, de Muff, une de ses préférées. A partir de ce moment, Kit méprisa profondément Jennifer.

– Nous prions tout particulièrement pour Mac et Muff, poursuivit le pasteur. Si, comme cela paraît inévitable, ils ont effectivement quitté cette vie, nous remettons leur âme entre Tes mains. Conduis-les vers leur île haute. Amen.

Leonard remit le moteur en marche et le *Journeyer* décrivit lentement un grand cercle. Tout le monde s'approcha en silence de la rambarde pour jeter par-dessus bord, chacun à son tour, de grandes orchidées violet et blanc et des œillets rouges et blancs.

Kit regarda les fleurs dériver vers le large, poussées par le vent, un peu, pensa-t-elle, comme son frère et Muff avaient été emportés par les courants et les alizés au-delà de l'horizon, vers une île nommée Palmyre, pour leur dernier voyage.

18

Honolulu

Quinze jours avant les fêtes de Noël 1974, Buck Walker comparut pour l'affaire de vente de drogue qui avait causé sa fuite avec Jennifer Jenkins sept mois plus tôt. Toutefois, le juge Samuel P. King ajourna sa sentence quand l'avocat de la défense commis d'office, Jon T. Miho, annonça à la surprise générale :

– Mon client accepte de se soumettre à l'épreuve du détecteur de mensonges pour ce qui concerne la disparition de M. et Mme Graham.

Le substitut du district attorney, William Eggers, accepta l'ajournement.

Walker fut emmené par les policiers armés. Peu après, Miho fut interviewé par des journalistes dans le couloir.

– Bien que les tests du détecteur de mensonges ne soient pas reconnus par le tribunal, expliqua-t-il, des résultats favorables à M. Walker serviraient les négociations de la défense avec l'accusation.

L'avocat de Jennifer, Mark Casden, se dépêcha d'annoncer publiquement que sa cliente se soumettrait elle aussi à la même épreuve.

Jennifer avait payé sa caution le 13 novembre, sa tante, la veuve de l'oncle Bundy mort deux ans plus tôt, ayant hypothéqué sa maison d'Oahu pour avancer la somme. Depuis lors, Jennifer vivait chez des amis dans la grande île mais Buck restait en détention à la prison de Halawa depuis son arrestation.

Pendant la semaine de Noël, les représentants de l'accusation se mirent en rapport avec un expert du F.B.I. pour décider des questions à poser à chacun des accusés. Comme convenu, elles furent soumises à l'approbation des avocats de la défense.

Quelques jours après, Buck Walker fit savoir qu'il n'acceptait plus de subir les tests du détecteur de mensonges. Plus tard, de vives discussions s'élevèrent pour savoir si Jennifer s'était elle aussi rétractée ou si l'accusation avait décidé de ne lui soumettre les questions que dans le cas où les deux accusés consentaient à y répondre.

Pendant que les escarmouches judiciaires continuaient, la presse se rua sur l'affaire de Palmyre comme des fourmis sur les restes d'un pique-nique familial. L'histoire, bien sûr, était passionnante : une mystérieuse disparition, un éventuel double meurtre dans le décor paradisiaque d'une île tropicale déserte, un somptueux yacht volé, la capture pleine de suspense de deux amants, les principaux suspects... Les journalistes en faisaient leurs choux gras.

C'était aussi le sujet principal du journal télévisé du soir, à Hawaii, qui présentait souvent des photos des suspects et des victimes. La presse écrite rivalisait de manchettes et d'articles alléchants. « Une femme arrêtée pour vol de yacht », annonçait le *Honolulu Advertiser* du 30 octobre, dans son premier papier sur l'affaire, et le 4 novembre : « Mon frère est-il mort ? demande la sœur de Mac Graham au F.B.I. ». Le même jour, le *Star Bulletin* révélait : « Les chercheurs de Palmyre reviennent mais refusent de parler de leurs découvertes ».

Le 7 janvier 1975, une semaine avant le procès de Jennifer et Buck pour le vol du *Sea Wind*, le juge King accéda à la demande de l'avocat de Jennifer de séparer les deux cas. Ils seraient donc jugés séparément.

Ce jour-là, ils étaient présents tous deux dans la salle d'audience. Jennifer était assise à côté de Buck et ils causaient intimement à voix basse, comme deux amants profondément inquiets de leur avenir commun.

A un moment donné, Jennifer se pencha vers son avocat et lui dit :

– Buck me demande de passer la première.

– Que voulez-vous dire ?

– Il veut que je sois jugée la première. J'ai accepté. Dites-le au juge.

L'idée ne lui était pas venue que Buck puisse se servir d'elle pour tester son propre système de défense.

Le 13 janvier, Walker comparut devant le juge King pour la vieille affaire de drogue. Il fut condamné au maximum de cinq ans dans une prison fédérale.

Le procès de Jennifer Jenkins, n° d'instruction 74-160, commença le 19 juin 1975 devant le juge King dans une salle d'audience du tribunal fédéral de Honolulu de King Street. Contrairement à ce que croyaient beaucoup de Hawaiiens, cette rue ne portait pas le nom du père du juge, délégué territorial de Hawaii au Congrès des Etats-Unis, de 1934 à 1942, mais rendait hommage à un roi de Hawaii qui avait résidé dans le palais d'Iolani, juste en face.

Le temps anormalement frais pour la saison n'empêcha pas les curieux de se presser au tribunal pour occuper les places réservées au public, une fois que les journalistes de la presse écrite, de la radio et de la télévision se furent installés.

A 9 h 05, le procureur Bill Eggers se leva, boutonna sa veste en s'approchant de la tribune et s'adressa au jury pour préciser la nature des trois accusations retenues contre l'accusée : vol du *Sea Wind*, transport illégal entre Etats de biens volés, à savoir le *Sea Wind* et son contenu, et vol à bord du *Sea Wind* de quatre cents dollars appartenant aux Graham.

Il n'était pas question de meurtre, bien que les autorités fussent convaincues que Mac et Muff Graham avaient été assassinés et que les assassins n'étaient autres que Buck Walker et Jennifer Jenkins.

Il est évident que dans une affaire de meurtre, l'absence de cadavre affaiblit considérablement l'accusation. Le premier réflexe de défense d'un accusé, dans ce cas, consiste à proclamer que la prétendue victime peut être encore en vie. De plus, si l'accusé poursuivi pour meurtre est déclaré non coupable par un jury, il ne peut être jugé pour le même crime une seconde fois, et cela même si le corps de la victime et des preuves accablantes ont été entre-temps découverts. Pour cette raison, les prosecutors attendent souvent très longtemps avant d'entamer des poursuites pour meurtre, en espérant que le cadavre finira par être retrouvé.

Les policiers qui avaient eu à s'occuper de l'affaire de Palmyre étaient persuadés que, tôt ou tard, les corps des Graham ayant ou non été retrouvés, Buck Walker et Jennifer Jenkins seraient jugés pour meurtre. Ils considéraient les affaires de vols comme de simples répétitions avant le grand procès criminel qui réunirait les mêmes témoins et pratiquement les mêmes preuves indirectes.

On fit appeler le premier témoin de l'accusation : Kit Muncey apparut, pâle et les traits tirés par le chagrin et l'inquiétude, visiblement mal à l'aise d'avoir à comparaître. Jamais encore elle n'avait dû témoigner devant une cour de justice et elle était très nerveuse. Malgré tout, elle tenait à être là. Elle voulait contribuer à la condamnation de Jennifer Jenkins, regrettant pourtant que cette fille ne soit pas jugée pour meurtre.

Elle déclara que le *Sea Wind* et la navigation étaient « toute la vie » de son frère, elle ajouta que son frère et sa belle-sœur étaient tous deux des marins expérimentés et compétents, parfaitement préparés pour leur voyage à Palmyre.

Kit témoigna aussi de la stabilité du Zodiac, confirmée par les statistiques, et de l'habileté de Mac à le piloter.

Au cours des jours suivants, les autres témoins de l'accusation – Larry Briggs, Jack Wheeler, Tom Wolfe, Bernard Leonard – évoquèrent les événements de Palmyre durant l'été 1974. Deux thèmes furent particulièrement mis en avant : l'état lamentable du *Iola*, et la quête incessante de nourriture de Jennifer et Roy Allen. Leonard décrivit aussi en détail la tentative de fuite de Jennifer le matin de son arrestation.

Lorraine Wollen, qui vivait avec son mari à bord de leur voilier à Pokai Bay, témoigna ensuite en disant qu'ils avaient fait la connaissance de Jennifer Jenkins et de Roy Allen en octobre 1974, quand les jeunes gens vinrent s'amarrer à côté d'eux.

– Mlle Jenkins vous a-t-elle raconté comment ils s'étaient procuré le bateau à bord duquel ils étaient arrivés à Pokai ? demanda Eggers.

Le matin du départ du *Sea Wind*, répondit-elle, Jennifer l'avait invitée à prendre le café à bord. Ensuite, alors que Mme Wollen s'apprêtait à partir, elle avait remarqué une photo encadrée.

– J'ai demandé à Jennifer si c'était une photo des précédents propriétaires et elle m'a dit que oui. L'homme avait eu ce bateau pendant quatorze ans et, excédé des frais et de l'entretien qu'exige un bateau, il avait décidé de s'en débarrasser. J'ai eu l'impression que Jennifer et Roy avaient fait une bonne affaire.

Ce même jour, poursuivit-elle, elle était retournée à leur bateau après avoir fait les commissions et elle y avait trouvé un mot de Jennifer lui disant qu'elle n'avait pas le temps d'aller chercher un rouleau de pellicule donné à développer au Waianae Drugstore. Elle demandait à Lorraine d'avoir la gentillesse d'aller chercher les photos et de les lui envoyer à une adresse à Maui. Le mot était accompagné d'un billet de cinq dollars et du talon du drugstore.

Quelques jours plus tard, Mme Wollen alla chercher les photos, mais avant d'avoir eu le temps de les expédier, elle apprit l'arrestation de Jennifer à l'Ala Wai. Pensant que les photos pourraient constituer des preuves importantes, elle les porta au commissariat de police de Waianae.

– L'agent de service a étalé les photos sur le comptoir et, estimant qu'elles ne constituaient pas des pièces à conviction, il me les a rendues. Le lendemain, j'ai expédié les photos à Jennifer Allen, à l'adresse qu'elle m'avait indiquée.

Par la suite, une amie de Jennifer tenta de les lui faire parvenir à la prison de Honolulu. Une des gardiennes confisqua les épreuves et les remit au F.B.I.

Eggers en montra cinq au témoin, qui les identifia et reconnut que c'étaient bien les photos qu'elle était allée chercher pour Jennifer.

Ces cinq clichés, enregistrés comme pièces à conviction par l'accusation, montraient le *Iola* toutes voiles dehors à côté du *Sea Wind*. On voyait Palmyre à l'arrière-plan.

La pellicule comprenait d'autres photos mais elles ne furent pas montrées au jury. Cal Shishido les avait toutes vues, naturellement, et en avait éliminé quelques-unes de Jennifer et Buck entièrement nus dans diverses positions, à bord du *Sea Wind*. Shishido eut du mal à réfuter une rumeur particulièrement sordide à propos du caractère pornographique de certaines de ces poses. Agents et avocats étaient venus à tour de rôle l'implorer de leur montrer les photos de Jennifer en train de copuler avec un chien. Aucune photo de ce genre n'existait. Il y en avait quelques-unes de Jennifer nue, allongée sur le pont en compagnie des chiens, en train de caresser Puffer. Le seul cliché classé X représentait Buck, nu sur une couchette du *Sea Wind*, et Jennifer, nue aussi, penchée sur lui et se livrant à un acte de fellation. Une glace, dans le fond, montrait un appareil photo – le précieux reflex de Mac à un objectif – monté sur un trépied, manifestement réglé pour se déclencher automatiquement.

Les photos du *Iola* sans son panneau de cale avaient été prises du pont du *Sea Wind* dont on voyait une partie du gréement. Elles contredisaient manifestement la déclaration de Jennifer à Shishido, prétendant que le *Iola* s'était échoué sur un écueil à la sortie du chenal et y avait été abandonné. Le petit voilier était visiblement bien sorti du chenal et avait gagné la haute mer. L'absence du panneau de cale révélait que Buck et Jennifer avaient eu l'intention de le saborder.

L'accusation tenta de discréditer les propos de Jennifer concernant le Zodiac retourné. Elle cita à la barre un expert en petites embarcations, Kenneth White, qui déclara avoir examiné le moteur du Zodiac et n'avoir rien trouvé qui indiquât une immersion du canot dans de l'eau salée, ce qui aurait été le cas s'il avait chaviré dans le lagon de Palmyre. White affirma en outre que le Zodiac était « l'embarcation la plus stable qui existe au monde ». Il avait d'ailleurs personnellement vérifié la maniabilité de celui de Mac et Muff.

— Nous nous sommes embarqués à quatre dans le Zodiac, l'avons mis à l'eau et cherché à le faire chavirer. Nous n'avons réussi qu'à y faire pénétrer un peu d'eau en sautant tous les quatre du même côté. C'est tout.

Lorsque l'accusation laissa la parole à la défense, seize témoins à charge avaient été entendus.

Jennifer était seule à témoigner pour la défense. Ayant prêté serment, elle s'en tint obstinément à ce qu'elle avait raconté à l'agent du F.B.I. : le *Iola* avait été abandonné sur le récif à la sortie du chenal après que Buck avait essayé de le dégager.

Eggers lui montra alors les photos du *Iola* et du *Sea Wind* naviguant de conserve dans les eaux de Palmyre.

— Voulez-vous nous expliquer, s'il vous plaît, à quel moment, durant votre séjour à Palmyre avec M. Walker, le *Iola* et le *Sea Wind* ont fait voile ensemble sur l'océan ?

— Jamais.

Shishido baissa la tête pour cacher son sourire au jury. Jennifer Jenkins venait de nier une preuve concluante de l'accusation. Les cinq photos attestaient sans doute possible que le *Iola* et le *Sea Wind* avaient bien navigué ensemble sur l'océan.

Après le réquisitoire et la plaidoirie, le jury se retira et revint promptement avec son verdict. En l'entendant, Jennifer s'affaissa sur sa chaise, la figure blême. Elle était déclarée *coupable de tous les chefs d'accusation*.

Le 18 août, le juge King prononça contre elle une peine de deux ans de prison pour le vol du *Sea Wind*, assortie de cinq ans de mise en liberté surveillée pour les deux autres délits.

Buck Walker, qui lisait attentivement dans la presse les comptes rendus d'audience, adapta en conséquence ses arguments, en vue de son procès fixé au mois de décembre. Témoignant pour sa propre défense, il ne commit pas l'erreur de nier – en contradiction avec la preuve photographique – que les deux voiliers avaient navigué côte à côte à la sortie de Palmyre. Il dit au jury que le *Iola* s'était effectivement échoué dans le chenal mais qu'il avait pu le dégager. Une fois au large, dit-il, il devint évident que le *Iola*, qui faisait eau de toutes parts, avait subi une avarie trop importante. Jennifer et lui abandonnèrent alors leur bateau et partirent à bord du *Sea Wind*.

L'agent spécial Henry Burns comparut ensuite et témoigna que, selon sa version initiale, Walker avait été incapable de remettre le *Iola* à flot.

Walker fut, lui aussi, déclaré coupable de tous les chefs d'accusation et condamné à une peine de dix ans de prison, mais qui ne commencerait que lorsqu'il aurait purgé celle de cinq ans pour revente de drogue.

L'avocat de Walker affirma aux médias que son client avait été injustement inculpé de vol à cause de « l'opinion publique, des suppositions et des insinuations » laissant croire que les Graham avaient été assassinés pour leur yacht et leurs vivres.

Malgré ces deux condamnations l'énigme relative au sort de Mac et Muff restait entière.

Le mystère de l'île de Palmyre était loin d'être éclairci. Certains pensaient même qu'il ne le serait jamais.

19

Palmyre, six ans plus tard

La jungle avait repris possession de son territoire. L'espace dégagé par Mac à côté du mouillage du *Sea Wind* était redevenu un enchevêtrement de lianes et de broussailles. Le feu de camp de Buck, où Muff s'était un instant confiée à Jennifer, était lui aussi recouvert par la végétation. Le bâtiment dont Mac avait fait un atelier tenait encore debout, avec l'établi à l'intérieur et un gros bocal plein de vis et de boulons rouillés tapissés de toiles d'araignées argentées.

Sharon et Robert Jordan arrivèrent à Palmyre dans la première semaine de novembre 1980. Ils avaient entendu parler par d'autres plaisanciers, dans tout le Pacifique, de la disparition d'un couple de navigateurs mais ils n'avaient pas fait le rapprochement entre l'incident et cette île avant de découvrir dans un des baraquements de la jungle de vieux quotidiens jaunis et des coupures de presse relatant l'affaire, probablement abandonnés par des visiteurs venus justement dans l'île à cause de cette notoriété. Les Jordan lurent avidement chaque détail de l'affaire et échangèrent leurs propres hypothèses.

— Ces Graham avaient fait le tour du monde à la voile et ils sont venus disparaître ici, murmura un soir Sharon alors qu'ils buvaient du xérès à bord de leur voilier.

— On dirait vraiment qu'ils ont été assassinés.

— Quelle horreur !

Sharon était rassurée par le fait qu'ils soient tous deux seuls dans cette île.

— Tu sais, ça pourrait facilement arriver à n'importe qui... à nous.

Ils se promirent de ne pas laisser cette histoire les priver du plaisir de séjourner là pendant plusieurs mois, comme ils l'avaient prévu. Ils faisaient eux aussi le tour du monde à bord de leur voilier, le *Moya*, que Robert avait construit lui-même.

Les semaines suivantes passèrent vite pour le jeune couple de Johannesburg. Sharon, passionnée de culturisme, avait un corps mince et musclé ; elle faisait plusieurs kilomètres par jour pieds nus le long des côtes, le plus souvent entièrement nue dans la chaleur humide. Avec son bronzage uniforme, ses cheveux d'un noir de jais et ses grands yeux marron, elle avait l'air d'une princesse polynésienne explorant son domaine tropical personnel. Robert allait à la pêche tous les matins et entretenait son bateau. L'après-midi il faisait généralement une sieste, dans un hamac suspendu à l'ombre entre deux arbres solides.

Le 4 janvier 1981, le soleil se leva dans un ciel sans nuages. Après avoir déjeuné légèrement de céréales trempées dans du lait de coco, Sharon et Robert prirent leur canot pour aller à la pêche. A vrai dire, Sharon s'intéressait moins à la capture de quoi que ce soit qu'à l'observation de ces superbes bancs de poissons multicolores qui s'ébattaient dans le lagon.

En passant près d'une vieille rampe d'hydravion, sur la côte sud de l'île Cooper, Sharon admira un magnifique poisson écarlate qui nageait en zigzag au-dessous d'eux.

– Attends ! s'écria-t-elle soudain. Je vois quelque chose.

Robert se pencha à son tour, pour regarder dans l'eau.

– Qu'est-ce que c'est, ça ? demanda-t-elle.

– Un bateau.

Sharon se demanda si cette épave pouvait avoir un rapport avec la disparition du couple de Californiens.

Le lendemain, les Jordan commencèrent une ambitieuse opération de renflouement de ce bateau submergé. Ils rassemblèrent un certain nombre de fûts d'essence vides, les remplirent d'eau de mer et allèrent les couler à côté de l'épave. Ils mirent leur masque de plongée et descendirent par sept mètres de fond pour arrimer les fûts au vieux bateau, sans cesser de garder un œil vigilant sur les éventuels requins qui s'approcheraient.

Il leur fallut plus d'une heure pour bien fixer les fûts. N'ayant pas de bouteilles, ils devaient sans cesse remonter à la surface pour respirer. Ils furent aussi interrompus plusieurs fois par des requins trop curieux. Lorsque les barils métalliques furent enfin en place – chacun relié au bateau par un gros filin –, Robert replongea avec une pompe à main et Sharon avec une clé à molette. Ils débouchèrent tous les fûts et les vidèrent l'un après l'autre, à l'aide de la pompe à air. Quand le dernier baril quitta le fond, le vieux bateau se mit à flotter à une trentaine de centimètres du sable et s'immobilisa.

Sharon et Robert remontèrent comme des flèches à la surface pour respirer. Ils constatèrent qu'ils n'avaient pas prévu assez de fûts. Ils allèrent en chercher quatre autres et répétèrent la même opération. Une demi-heure plus tard, le bateau émergea à la surface du lagon dans un grand bruit d'éclaboussures.

La coque métallique était couverte de bernicles jaunâtres mais l'inscription *U.S.A.F.* était nettement visible. Les Jordan écopèrent toute l'eau du bateau et le tirèrent sur la plage pour l'examiner de plus près. En forme de cigare, avec un bordé bas, il n'avait manifestement pas été conçu pour la navigation en haute mer. Robert pensa que c'était probablement un canot de sauvetage. L'arrière comprenait quatre caissons de rangement rectangulaires, d'environ un mètre de profondeur, encastrés dans la coque. Deux de ces compartiments contenaient chacun une cantine métallique.

Les deux autres étaient vides.

25 janvier 1981

Sharon Jordan effectuait sa promenade matinale le long de la côte ouest du lagon, laissant son mari occupé à lire dans le hamac. Il faisait un temps splendide, mais très chaud, comme d'habitude.

Elle longeait la côte occidentale de Cooper, en suivant la trace laissée dans le sable et le corail par la marée haute. Elle préférait toujours marcher sur la plage qu'à l'intérieur des terres, parce qu'elle était curieuse de voir ce que la mer avait pu apporter pendant la nuit. A Palmyre, elle était rarement déçue.

Apercevant un coquillage intact, d'une beauté particulière, elle s'accroupit pour en épousseter le sable. Une belle pièce pour sa collection, pensa-t-elle. Huit cents mètres plus loin, environ, elle marchait le long de la côte de Strawn quand elle remarqua quelque chose qui scintillait au soleil, à une dizaine de mètres.

Poussée par la curiosité, elle s'en approcha, puis recula aussitôt en poussant un hurlement strident. Un crâne humain gisait dans le sable, à ses pieds, et dans le maxillaire, une dent couronnée d'or étincelait au soleil. D'autres ossements étaient dispersés autour.

Sharon lâcha ses coquillages et tomba à genoux dans le sable. C'était l'un d'eux ! Un des disparus ! Mais il était impossible que ces restes soient demeurés sur cette plage pendant toutes ces années !

Elle aperçut un peu plus loin une cantine d'aluminium, et à côté le couvercle et du fil de fer qui avait dû servir à le fixer sur le coffre. D'après l'emplacement des ossements, ils avaient dû en tomber. Dans le couvercle, il y avait un petit os et une montre-bracelet qu'elle ramassa. En dépit de la corrosion, on voyait qu'il s'agissait d'une montre de dame. Le coffre avait pu être jeté à terre par la dernière tempête qui s'était calmée la veille au soir. A l'intérieur de la cantine, elle aperçut un lambeau d'étoffe et remarqua aussi des traces noires calcinées sur les parois internes.

Son regard revint vers le crâne couleur d'ivoire. « Ce doit être la femme », pensa-t-elle. Un côté du crâne était calciné aussi. Elle ne voulait pas toucher ce *memento mori* grimaçant, mais elle le devait. Si elle le laissait là, la mer le remporterait.

D'un geste hésitant, elle le ramassa et le retourna. Il y avait un petit trou rond dans la région temporale.

Elle fut submergée par un flot d'idées. Il était évident que la pauvre femme avait été tuée par balle, fourrée dans ce coffre et puis... brûlée. « Ô mon Dieu, mon Dieu ! »

Quelque chose l'intriguait, dans cette cantine d'aluminium. Elle s'aperçut qu'elle était identique à celles que contenaient les caissons du canot de sauvetage. Mais *deux* de ces caissons étaient vides. Deux... Elle ne voyait là qu'un des coffres, l'autre manquait encore. « L'homme », se dit-elle avec un frisson. « Le coffre manquant doit contenir les restes de l'homme ! »

Avec une certaine aversion, elle chercha le long de la plage, en vain. Le second coffre et son macabre contenu devaient être encore au fond du lagon. Elle jugea préférable d'aller immédiatement chercher son mari qui l'aiderait à rassembler les ossements avant que la marée montante ne les emporte.

Portant avec précaution le crâne humain, Sharon Jordan partit en courant vers le *Moya*.

20

Cal Shishido travaillait à sa table au bureau du F.B.I., dans ce qu'on appelait plaisamment le « parc à vaches », la grande salle commune où les agents assis à de longues tables tapaient des rapports, répondaient au téléphone, bavardaient et fumaient assez pour produire du « vog », ce nuage de brouillard qui plane dans l'air de Hawaii après une éruption volcanique.

Depuis plus de dix ans que Shishido était affecté à Honolulu, il était le plus ancien agent de ce bureau. Il était assez inhabituel d'occuper si longtemps un même poste mais il avait obstinément refusé toute offre de transfert et toute promotion parce qu'il adorait Hawaii. Ses fils fréquentaient son ancien lycée, ses parents en retraite s'étaient installés près de chez lui et la plupart de ses amis intimes vivaient dans les îles. Et puis il y avait les parcours de golf les plus beaux du monde. Quand il plantait son tee au majestueux treizième trou en bordure d'océan, au Klipper Marine Golf d'Oahu, il contemplait les grands rouleaux qui venaient s'écraser à côté de lui et les vertes hauteurs de la réserve forestière de Waiahole à l'arrière-plan. Il ne pouvait concevoir d'échanger tout cela contre Cleveland, Pittsburgh ou Washington. Il était chez lui.

C'était un après-midi anormalement mort et le silence régnait dans le « parc à vaches ». Lorsque tous les agents travaillaient sur place, il était difficile de penser, dans le brouhaha, et plus encore d'avoir une conversation téléphonique. Mais à présent, Shishido entendait parfaitement, d'une distance de six à sept mètres, le nouveau qui répondait à un appel au bureau des plaintes, créé pour rester en communication avec les autorités locales et le public.

— Ils ont trouvé des ossements ? disait le jeune agent.

A ce moment, le poste de Shishido sonna. Un juge fédéral le rappelait au sujet d'un récent cambriolage de banque. En raccrochant, une minute ou deux plus tard, il vit que l'agent des plaintes était toujours au téléphone avec le même interlocuteur.

— Des cannibales, peut-être ? hasarda le jeune homme.

Shishido nota quelque chose dans le dossier du cambriolage et le remit dans le classeur.

— Comment s'appelle cet endroit, déjà ? Vous feriez bien de me l'épeler...

Cal regarda sa montre en se disant qu'il pourrait bien rentrer chez lui de bonne heure, pour une fois. Il avait fait assez d'heures supplémentaires, pendant le week-end.

— P., A., L., M., Y.,...

Shishido bondit de sa chaise et courut au bureau des plaintes.

— Donnez-moi ça ! dit-il en s'emparant du téléphone.

Le nouveau, tout frais émoulu de l'académie de Quantico, n'était à Hawaii que depuis six mois. Il allait encore au collège, bon Dieu ! quand l'affaire Graham avait éclaté, pensa Shishido. Il ne pouvait pas savoir !

— Ici l'agent spécial Shishido, je vous écoute !

Au bout du fil, l'officier des gardes-côtes lui répéta le message radio envoyé par le yacht *Moya*. Cet agent-là, nouveau lui aussi, ignorait tout de l'affaire de Palmyre.

Shishido griffonna quelques notes.

Après avoir raccroché, il alla rechercher le dossier Walker-Jenkins.

Une des premières personnes que Shishido appela ensuite fut Bill Eggers. Tous deux avaient toujours craint que les corps, ou même simplement des traces, de Mac et Muff Graham, ne soient jamais retrouvés. Lorsqu'ils avaient appris que Muff Graham portait des lunettes, ils avaient espéré que le verre noirci trouvé par Eggers dans les cendres du feu de camp, lors des recherches de novembre 1974, serait le sien ; mais l'ophtalmologue avait répondu que ce verre ne correspondait pas à l'ordonnance de Mme Graham.

Eggers fut enthousiasmé par la découverte d'ossements à Palmyre et il souhaita bonne chance à son vieil ami, pour son prochain voyage dans l'île ; il regrettait de ne pas l'accompagner cette fois. Il avait quitté le bureau du district attorney l'année précédente et avait ouvert son propre cabinet à Honolulu.

– Bon Dieu ! Je n'arrive pas à y croire ! s'exclama-t-il. Ça ne peut être que les restes des Graham !

Shishido était d'accord.

– Je donnerais cher pour voir la tête de Walker et Jenkins quand ils l'apprendront ! Ils croyaient s'en être bien tirés !

La nouvelle de la macabre découverte de Palmyre fit rapidement le tour des îles Hawaii. « Ossements humains trouvés à Palmyre », « Meurtre à Palmyre », « Un témoin décrit sa découverte d'ossements à Palmyre », titraient les journaux en gros caractères gras.

Le 4 février, une équipe du F.B.I dirigée par Cal Shishido quitta Hawaii pour Palmyre. Ils restèrent six jours absents. A leur retour, les caméras de KGMB-TV les attendaient à leur descente d'avion pour filmer le déchargement du coffre métallique oxydé découvert par Sharon Jordan.

Ce fut le principal sujet du journal télévisé de 22 heures :

« Des agents du F.B.I. sont revenus ce soir avec un crâne et des ossements découverts il y a quinze jours sur l'île de Palmyre par un couple de plaisanciers d'Afrique du Sud. Les restes de squelette avaient été enfermés et apparemment brûlés dans un coffre métallique qui avait ensuite été lesté et jeté au fond du lagon. Le coffre a dû remonter et être rejeté par les courants sur la plage de corail où les restes furent découverts. La principale question qui se pose maintenant est de savoir s'il s'agit des restes de Malcolm et Eleanor Graham. Ce couple de San Diego avait mystérieusement disparu, il y a sept ans, sur l'île de Palmyre, un paradis tropical situé à un millier de milles nautiques au sud de Hawaii. Buck Walker et Jennifer Jenkins furent inculpés du vol de leur yacht. Les agents fédéraux attribuent à un incroyable coup de chance la découverte de ces ossements et du coffre. »

Rappelant que la marée suivante aurait fort bien pu rendre les ossements au lagon, le journaliste faisait observer que « ces os n'ont peut-être été visibles que pendant quelques heures, et ils auraient probablement ensuite disparus à jamais. S'ils appartiennent aux Graham, quelques instants de chance aideront peut-être à éclaircir un mystère vieux de sept ans ».

Les spéculations prirent fin le 17 février, quand William C. Evin, agent spécial responsable du bureau du F.B.I. à Honolulu, annonça que les restes découverts à Palmyre venaient d'être officiellement identifiés comme ceux d'Eleanor « Muff » Graham. Un stomatologue légiste avait procéder à l'identification en comparant les dents avec le dossier dentaire et les radios fournis par le dentiste de Muff à San Diego.

Le 20 février, le Grand Jury de Honolulu prononça l'inculpation de Buck Walker et Jennifer Jenkins pour l'assassinat de Muff Graham. (Walker et Jenkins ne furent pas inculpés pour le meurtre de Mac Graham.) Le Grand Jury les accusait d'avoir, « à un moment donné entre le 28 août 1974 environ et le 4 septembre 1974 environ, dans l'île de Palmyre, district de Hawaii et sous la juridiction maritime et territoriale des Etats-Unis, assassiné avec préméditation Mme Eleanor Graham, au cours de la perpétration ou tentative de perpétration d'un vol, commettant ainsi un délit d'assassinat ».

Des détails macabres commencèrent à être rendus public. « Le coffre d'aluminium découvert à côté des ossements était trop petit pour contenir un cadavre entier, expliqua-t-on à la presse de Honolulu. Le corps a dû être coupé en morceaux pour tenir dans cette boîte. La tempe gauche du crâne présente un trou ; les os et le coffre sont couverts de traces calcinées. Ce corps a été exposé à une chaleur intense. »

Pratiquement tous les articles attiraient l'attention sur la conduite suspecte de Buck et de Jennifer en 1974, rappelant le vol du *Sea Wind*, sa nouvelle couche de peinture, la tentative d'évasion de Jennifer dans la rade, la fuite de Buck et ainsi de suite. Les journaux n'hésitaient pas à accuser carrément : « Des amis des Graham affirment que les deux San-Diegains ont été assassinés par Walker et Jenkins. » Même lorsqu'il n'y avait pas d'accusation directe, elle était implicite : « Les Graham avaient décrit le couple comme des va-nu-pieds déplaisants dont ils auraient aimé être débarrassés » ; « Les Graham déclaraient par radio qu'ils n'aimaient pas l'allure de Walker et Jenkins, *les seuls autres habitants de l'atoll*. Ils manquaient de vivres et leur yacht était dans un triste état » ; « La dernière transmission radio des Graham annonçait que Walker et Jenkins étaient à court de provisions, coupaient les cocotiers et tiraient du poisson au pistolet » ; « Les Graham ont dit à Curt Shoemaker que Walker et Jenkins étaient prêts à tout et n'avaient plus de vivres » ; « Les rapports n'étaient pas amicaux entre... », etc. Les manchettes elles-mêmes étaient accusatrices : « Walker et Jenkins jugés pour l'assassinat du couple en croisière ».

Le 5 mars, Jennifer Jenkins, âgée maintenant de trente-cinq ans, se constitua prisonnière à la police de Los Angeles. Le lendemain, elle fut mise en liberté provisoire sous caution de cent mille dollars et promit de comparaître à Hawaii devant un tribunal fédéral, le 2 avril, pour y répondre de l'accusation de complicité dans l'assassinat de Muff Graham.

Contrairement à son ancienne compagne, Buck Walker n'avait aucune intention de se rendre aux autorités.

Cal Shishido, cherchant à savoir où se trouvait Walker, téléphona au bureau du F.B.I. à Seattle. Aux dernières nouvelles, à ce qu'avait entendu dire le Hawaiien, Walker était en train de purger une peine au pénitencier fédéral de McNeil Island dans l'Etat de Washington.

L'agent de Seattle rappela dans les vingt minutes :
– Walker s'est évadé.
– *Evadé ?* Vous vous foutez de moi ? Quand ça ?
– Y a un an et demi.
– Pas de piste ?
– Rien. Personne ne sait où il est.

Bureau du marshal, Seattle, Etat de Washington

Quand le marshal adjoint Richard Kringle Jr, officier fédéral chargé d'appliquer les jugements, fut avisé des inculpations pour meurtre à Hawaii, il entra immédiatement en action et envoya par télex au siège de Washington D.C., des renseignements concernant Buck Walker et la découverte d'ossements humains dans une petite île appelée Palmyre.

L'affaire Buck Duanne Walker faisait partie des quatre-vingts avis de recherche de fugitifs que le bureau des marshals à Seattle avait reçus du F.B.I. en octobre 1979, quand cette agence s'était dessaisie de sa responsabilité de recherche des évadés de prisons fédérales. Kringle, quarante-quatre ans, avait un caractère de bouledogue déterminé à ne pas lâcher son os qui convenait parfaitement à sa mission.

Walker s'était évadé le 10 juillet 1979 du camp de sécurité minimale adjacent au pénitencier fédéral de McNeil

Island, dans le détroit de Puget, juste au sud-ouest de Tacoma. Il avait couvert les deux milles à la nage jusqu'au continent ou alors – selon une pittoresque rumeur que Kringle n'avait jamais entièrement réfutée – il avait été repêché par un hydravion monomoteur. Kringle apprit que la commission des libérations sur parole comptait remettre Walker en liberté au bout de sept ans. Il s'était évadé après avoir purgé près de cinq ans.

Lorsque Kringle fut chargé de l'affaire à la fin de 1979, il chercha la raison de cette évasion précipitée, puisque le plus dur de sa peine était déjà derrière lui. Mais à la lumière de l'inculpation pour meurtre, l'évasion se comprenait parfaitement. L'adjoint imaginait aisément Walker tremblant à chaque instant dans sa prison, dans la crainte que les corps de ses victimes ne reparaissent tôt ou tard au grand jour.

Kringle apprit qu'avant son évasion de McNeil, Walker s'était imposé avec une détermination féroce un entraînement physique sévère pour renforcer encore sa musculature déjà solide. L'agent apprit également que Walker était très intelligent, avec un quotient intellectuel entre cent trente et cent quarante. Lecteur vorace, il était devenu une espèce d'avocat de prison, il fournissait aux autres détenus des conseils pour leurs appels ou leurs pourvois, en échange de la plus forte devise des maisons de détention, des cartouches de cigarettes. Il entretenait une correspondance très assidue, écrivant parfois jusqu'à six à sept lettres dans une journée. A la lecture des copies de ces lettres étonnamment bien tournées, conservées par routine dans le dossier du détenu, Kringle remarqua que le ton de Walker ne variait jamais : tout le système était contre lui, il était victime d'un coup monté. Les gardiens de McNeil confièrent à Kringle que Walker s'intéressait aussi aux sciences occultes. « Il se croyait capable de quitter son corps », révéla l'un d'eux.

D'après son dossier, Walker avait été marié deux fois et avait une fille, Noel, née en 1967. Il avait épousé la mère, Patricia McKay, en 1966 et ils avaient divorcé en 1972. McKay, qui avait obtenu la garde de l'enfant, vivait encore dans la terreur de son ex-mari. « Je ne veux pas qu'il sache où je suis, dit-elle aux agents fédéraux. Il y a une chose que vous devez comprendre, sur Buck. C'est un psychopathe classique. Et il n'a jamais été interrogé pour la majorité des vols à main armée qu'il a commis ! »

Kringle remarqua que tous les détenus à qui Walker

avait écrit dans d'autres prisons, ainsi que la plupart de ses copains à McNeil, étaient de véritables incorrigibles, voleurs de banque, trafiquants de drogue, racketteurs, kidnappeurs, assassins. L'agent connaissait le fonctionnement de cette confrérie sans foi ni loi. Dès qu'un de ses membres avait la possibilité d'en faire témoigner un autre lors d'un procès, il le faisait dans l'espoir qu'au cours du déplacement, de la prison à la salle d'audience, ou vice versa, le copain trouverait le moyen de s'évader. Lorsqu'un type comme Walker se retrouvait dehors, il était souvent invité à participer à des entreprises criminelles montées par des amis en liberté depuis plus longtemps. Kringle savait que ce genre de relations indiquait que Walker n'avait nulle intention de reprendre le droit chemin. Or, les fugitifs qui ne s'attiraient pas d'ennuis étaient les plus difficiles à retrouver.

Kringle connaissait également l'existence de Jennifer Jenkins. Son nom figurait dans la liste des correspondants de Walker. Il lui avait écrit de McNeil dix-huit mois environ avant son évasion, à une adresse de Santa Barbara. Il n'y avait aucune trace d'une réponse.

Si, bien souvent, une ancienne maîtresse ou un complice étaient d'une aide précieuse pour retrouver un fugitif, Kringle pensait que ce ne serait pas le cas pour Jennifer, puisqu'elle avait manifestement rompu toute relation avec Buck Walker avant son évasion. Mais, pensa l'agent, il lui fallait découvrir la *nouvelle* femme dans la vie de Walker.

Ruth Claire Thomas, trente-neuf ans, une petite ménagère à lunettes, menait une existence monotone avec son agent de change de mari et leurs deux enfants, dans un lotissement ombragé à Olympia, Etat de Washington. Cette vie banale bascula du jour où, devenue membre de l'Aloha Club, elle participa à une des visites organisées à l'île McNeil pour remonter le moral des détenus originaires de Hawaii. Au cours de ces visites récréatives, Ruth et les autres membres du groupe offraient aux prisonniers des guirlandes de fleurs fraîches aux sons d'une musique hawaiienne enregistrée. Ruth fit la connaissance de Buck Walker à sa première visite. Bientôt, elle n'y alla plus que pour lui. Le lendemain de l'évasion de Buck, Mme Thomas quitta sa famille et disparut, non sans avoir pris la précaution de vider entièrement le compte en banque commun.

Une fourgonnette poussiéreuse quitta l'autoroute n° 8 à Yuma, en Arizona, et s'arrêta à une station-service. Deux hommes descendirent du véhicule. Ils étaient vêtus à la mode locale, d'un jean et d'une chemise de cow-boy à boutons-pression et poches pointues. Les U.S. marshals adjoints Ted Kringle et Don Baker ne ressemblaient guère à des policiers sur la piste d'un fugitif dangereux.

Kringle avait quitté Seattle une semaine plus tôt et s'était d'abord rendu à une adresse que Ruth Thomas avait récemment donnée à Lac Tahoe, pour obtenir un nouveau permis de conduire de Californie. Les occupants des lieux, avertis par Kringle, des peines qu'ils encouraient pour aider un fugitif, confirmèrent que Buck Walker et Ruth Thomas avaient séjourné là de façon irrégulière, l'été précédent. Ils lui donnèrent l'adresse de Walker à Las Vegas : elle se révéla être celle d'une boîte postale. Quelques jours plus tard, Walker téléphona au centre postal de Las Vegas pour demander que l'on fasse suivre tout son courrier à l'adresse d'une librairie de Yuma. Dans l'heure qui suivit, Kringle prit la route de l'Arizona, où il retrouva Baker.

Au bureau local du shérif, à Yuma, les deux policiers déguisés découvrirent l'équipe de choc de la brigade des stupéfiants qui y avait établi son P.C. Kringle montra la photo d'écrou de Walker.

— C'est Sean O'Dougal, ça, dit immédiatement Art Cash de la brigade des Stups. Nous l'avons vu par ici mais pas depuis quelques jours. Il est en cheville avec un nommé Terry Conner. Ce Conner possède une maison dans un des quartiers les plus chics de Yuma et une grosse Lincoln Continental. Il aime faire croire aux gens qu'il vend assez de hamburgers dans sa gargote pour financer son grand train de vie.

— Elle est en ville, cette gargote ?

— Non, dans un petit patelin, une halte de routiers, Wellon, à une cinquantaine de kilomètres d'ici, à l'est.

— Où Walker a-t-il l'habitude de traîner ? demanda Kringle.

— Nous savons où il descend, quand il est en ville. Je vais vous y conduire.

— Au fait, qu'est-ce que vous lui reprochez, à ce Conner ?

— Contrebande, trafic de drogue. Il importe de grosses

quantités d'héroïne de Thaïlande. Votre mec, O'Dougal, ou Walker, la transporte pour lui depuis le Mexique.

Kringle sourit ironiquement.

– C'est bien notre Bucky, ça.

Yuma, 4 août 1981

Buck Walker ne s'était toujours pas montré.

Kringle était d'avis de ne pas faire la planque près de la maison d'Elmswood Avenue où, d'après les Stups, Walker vivait avec une femme d'une quarantaine d'années nommée Luanne.

– Walker est tellement à la coule, dans le genre malfrat, qu'il risque de repérer notre planque avant que nous l'apercevions, dit Kringle à Baker. Je veux qu'il pense pouvoir rentrer chez lui sans risque.

Mais Kringle et son collègue passaient tout de même plusieurs fois par jour du côté de la maison. Ils cherchaient une Oldsmobile chocolat de 76, immatriculée en Arizona, ALF 752, le dernier des moyens de transport de Buck.

En passant pour la énième fois dans la rue, à 9 heures du matin, le cinquième jour de leur présence en ville, ils virent une femme en robe de chambre mauve fané déposer une poubelle au bord du trottoir. Elle avait des bigoudis dans les cheveux, une mine épouvantable, mais Kringle la reconnut tout de suite.

– C'est Ruth Thomas.

Maintenant connue sous le nom de Luanne Simmons, la plus vieille des nanas de la bande Conner-Walker avait été surnommée la Révérende Mère par l'équipe de choc de l'agence antidrogue. On savait, bien tristement pour elle, que son ex-compagnon voyageait avec la plus jeune femme du groupe – une beauté de dix-neuf ans, fille d'un ex-détenu de McNeil. Bon gré mal gré, Ruth Thomas acceptait apparemment cette situation car tout ce monde semblait former une grande famille de truands heureux.

– Toujours pas d'Olds marron, grogna Kringle en faisant le tour du pâté de maisons. Toujours pas de Bucky.

Quand son patron téléphona quelques jours plus tard, Kringle dut avouer qu'il ne pouvait prévoir si Walker reviendrait à Yuma. Ni quand.

– Ça pourrait être demain ou dans un mois.

Le lendemain, Kringle prit l'avion pour Seattle, laissant Art Cash sur place.

12 août 1981, après minuit

Une Oldsmobile marron immatriculée dans l'Arizona s'arrêta au poste de contrôle douanier U.S., au sud de Yuma. Le conducteur, grand et musclé, et sa très jeune passagère reçurent l'autorisation de passer, d'un geste nonchalant, après un vague coup d'œil dans le coffre. Le douanier de service n'avait pas remarqué que cette voiture figurait sur la liste *Surveillance aux frontières*.

A 2 heures du matin, un agent de la police municipale de Yuma remarqua l'Olds dans le parking du *Torch Light Motel*, aux abords de la ville. Il donna l'alerte par radio.

Art Cash et ses hommes se précipitèrent sur les lieux. Tous se garèrent plus bas dans la rue, sauf Cash qui pénétra dans le parking au volant de sa fourgonnette et s'arrêta à côté de l'Olds inoccupée. L'agent qui avait découvert la voiture et Cash montèrent à l'arrière de la fourgonnette pour observer sans être vus, par les glaces sans tain.

Dix minutes plus tard, Conner et Walker sortirent de la chambre 16. Tous deux paraissaient assez nerveux. Walker se glissa au volant de son Olds et ramassa sous son siège un sac en papier. Conner ouvrit la portière de droite et monta à son tour. Il regarda à l'intérieur du sac, puis il tira de sa poche une enveloppe qu'il remit à Walker.

En quelques secondes, des agents armés de la brigade des stupéfiants entourèrent les deux hommes. Walker et Conner furent traînés hors de la voiture, plaqués les bras en croix sur le capot et fouillés pour chercher des armes, après quoi on leur mit des menottes à tous deux.

Cash se pencha dans l'Olds et ramassa le sac en papier et l'enveloppe. Elle contenait au moins plusieurs milliers de dollars. Le sac était rempli de centaines de gélules multicolores. Cash en cassa une et goûta la poudre. Barbituriques. Tout frais arrivés du Mexique, estima-t-il.

Il regarda le grand gars musclé bien en face.

– Buck Duanne Walker, lui dit-il. Je vous arrête. Vous aussi, Conner.

– Il y a erreur, répliqua Walker. Je m'appelle Frank Wolf.

– O.K. ! Frank Wolf. Je vous arrête.

LIVRE DEUXIÈME

LA JUSTICE

21

– Vince ! m'annonça ma secrétaire par l'interphone,
Mlle Jenkins est là.

J'accueillis ma visiteuse dans la salle d'attente et fus surpris de la trouver en compagnie d'un petit chien tout poilu
au museau grisonnant.

– Je vous présente Puffer, monsieur Bugliosi, me dit
Jennifer en se baissant pour gratter l'oreille du chien. C'est
mon bébé.

L'entrée en matière était inhabituelle venant d'une personne soupçonnée de meurtre.

Je les fis entrer dans ma bibliothèque aux murs couverts,
du sol au plafond, de livres de droit. Je fermai la porte.
Jennifer et moi nous assîmes face à face à la longue table
d'acajou. Puffer se roula en boule aux pieds de sa maîtresse.

– Puffer m'accompagne partout. Elle était avec moi à
Palmyre.

– Je devrais peut-être aussi l'interroger ?

Jennifer rit poliment, en plissant ses grands yeux marron. La meurtrière présumée qui faisait les gros titres des
journaux offrait l'aspect désarmant d'une petite fille.

Je n'avais entendu parler pour la première fois de l'île de
Palmyre que quelques semaines auparavant. Un ami
m'avait fourni la photocopie d'une série de trois articles
parus l'année précédente dans le *Honolulu Star Bulletin*,
intitulée « Meurtres à Palmyre », racontant la disparition et
l'assassinat présumé de Mac et Muff Graham, la macabre
découverte des ossements de Muff Graham et les inculpations d'assassinat contre Buck Walker et Jennifer Jenkins.

Mon ami connaissait Ted Jenkins – « il jure que sa sœur est innocente ». Il m'avait demandé de recevoir Jennifer et, si c'était possible, de la défendre.

Cependant, après avoir lu ces articles, j'avoue que je n'avais guère envie d'assurer la défense de Jennifer Jenkins. A première vue, si quatre personnes vivent seules sur une île déserte et si deux d'entre elles sont assassinées, il est difficile de croire à l'innocence des deux autres, surtout lorsque ces deux-là reparaissent à Hawaii dans le bateau des victimes et ont un comportement très suspect. Le F.B.I., le State Attorney de Hawaii et une chambre fédérale d'accusation, au vu de toutes les pièces à conviction, avaient jugé, d'un commun accord, Buck Walker et Jennifer Jenkins coupables du double crime. Et deux jurys avaient établi leur culpabilité dans le vol du bateau. Avant d'accepter de la défendre, je devais avoir l'intime conviction qu'elle n'était pas une meurtrière.

Après les amabilités d'usage, Jennifer me dit que j'étais le premier avocat que sa famille avait essayé de joindre, tout de suite après l'inculpation pour meurtre de 1981.

– Mon oncle Harold a téléphoné à votre cabinet et il a laissé ses coordonnées mais vous étiez en voyage.

Je ne me souvenais pas d'avoir reçu un tel message mais j'avais passé presque tout l'hiver 80-81 à Chicago pour un procès fédéral d'assises qui avait duré trois mois. La famille de Jennifer avait alors fait appel à Barry Tarlow, un éminent avocat d'assises de Los Angeles, bientôt remplacé par Brian J. O'Neill et Leonard Weinglass. O'Neill s'était retiré de l'affaire par la suite mais Weinglass resterait comme co-défenseur si j'acceptais de représenter Jennifer.

Je lui dis d'emblée que j'espérais qu'elle n'avait rien à voir avec l'assassinat de Mac et Muff Graham. Elle soupira.

– J'ai commis bien des erreurs dans ma vie, mais je n'ai pas tué Mac et Muff.

Je l'observai attentivement, pendant un moment.

– Vous accepteriez donc, je suppose, de vous soumettre au test du détecteur de mensonges ?

– Oui, répondit-elle sans hésitation. Je ferai tout ce que l'accusation désire. Détecteur de mensonges, penthotal, ce qu'on voudra. Et le jury pourra en connaître les résultats.

– Quels qu'ils soient ?

– Oui.

Ce que Jennifer venait de dire revêtait pour moi une grande importance. La plupart des coupables refusent toute espèce de test de détection de mensonges. Ceux qui acceptent le font avec l'assurance de leurs avocats que les résultats ne sont recevables aux procès qu'avec leur consentement, qu'ils ne donnent évidemment jamais si ces résultats leur sont défavorables. Mais Jennifer acceptait d'avance de se soumettre à toutes les épreuves imposées par ses accusateurs et de faire communiquer aux jurés les résultats, quels qu'ils soient. Comment pourrait-elle promettre cela si elle était coupable ?

— D'ailleurs, reprit-elle, Barry Tarlow m'a fait passer au détecteur de mensonges tout de suite après l'inculpation. Les résultats étaient bons.

Je pris note de me le faire confirmer.

Je voulais maintenant en venir à l'affaire.

— Racontez-moi tout ce qui est arrivé. En commençant par le commencement, quand vous avez fait la connaissance de Buck. Prenez votre temps.

Lorsque je regardai de nouveau ma montre, il était 22 heures et Jennifer était loin d'avoir terminé son histoire. Je l'avais, naturellement, souvent interrompue en posant des questions, en demandant des éclaircissements.

— Il est tard, dit-elle en étouffant un bâillement.

— Arrêtons là pour ce soir. Je vous répète, Jennifer, que je ne pourrai pas vous représenter si vous êtes, en quoi que ce soit, mêlée à ce double crime.

— Comme je suis innocente, me dit-elle avec assurance, cela me convient tout à fait.

Je lui confiai un grand bloc-notes jaune, comme en emploient tous les avocats d'Amérique.

— Si jamais vous pensez à quelque chose de favorable à votre défense, je veux que vous le notiez. Faites une autre liste de tout ce que vous jugez défavorable, ainsi que des justifications que vous pourriez fournir. La prochaine fois, nous passerons vos notes en revue.

Elle parut hésiter à prendre le bloc.

— Qu'y a-t-il ?

— Je dois me concentrer toute la journée sur mon travail.

— Faites-le quand vous êtes chez vous.

— J'ai besoin de me détendre de temps en temps.

J'avais de nouveau devant moi la petite fille qu'elle avait cessé d'être pendant des heures.

— Ecoutez, Jennifer, il pèse sur vous l'accusation la plus grave. Vous avez déjà été condamnée pour le vol du bateau. Si vous voulez avoir une chance d'être reconnue non coupable dans l'assassinat, vous devez travailler d'arrache-pied à votre défense.

– Je sais, murmura-t-elle, mais le ton ne révélait aucune véritable inquiétude.

Elle prit distraitement le bloc, en se levant.

Un peu agacé, je l'accompagnai jusqu'à l'ascenseur. Quand je revins dans mon cabinet, les bureaux que je partageais avec deux confrères étaient naturellement vides. On n'entendit bientôt, dans le silence, que le léger bruit de mon crayon, que je tapotais machinalement sur la table en réfléchissant à l'histoire exotique que Jennifer avait commencé à me raconter.

J'étais surtout frappé par la terrible ironie du sort : Mac Graham voulait fuir l'insécurité de la grande ville en se réfugiant dans une paisible et idyllique petite île déserte des mers du Sud et il finissait sauvagement assassiné et abandonné au fond du lagon. Il avait subi une mort bien pire que tout ce qui aurait pu lui arriver à San Diego.

Quel inimaginable enfer existait donc sur cette terre ? La jeune femme que je venais de voir était-elle responsable, avec son amant, des horreurs qui avaient frappé les Graham pendant l'été de 1974 ?

Pourtant, Jennifer ne me semblait pas avoir les réactions d'une personne coupable. J'avais, au cours de ma carrière, interrogé bien des individus coupables de crimes plus ou moins graves et jamais aucun ne m'était apparu aussi détaché qu'elle. Les coupables sont normalement en proie à une foule de craintes, de soupçons qui remontent forcément à la surface. Je n'avais constaté chez Jennifer que de la placidité, de la nonchalance. Mais, d'un autre côté, elle ne se conduisait pas non plus comme une personne injustement accusée du plus affreux des crimes ; ces personnes-là sont généralement furieuses et s'emportent contre la cruauté des circonstances qui les mettent « au banc des accusés ». Affrontant de fausses accusations, elles veulent prouver leur innocence au monde entier. Comme Jennifer ne se comportait ni en coupable ni en innocente, il ne ressortait de ma première entrevue avec elle qu'un sentiment viscéral, l'intime conviction qu'elle n'avait pas participé aux meurtres. Mais il me restait néanmoins quelques doutes. Il me faudrait plusieurs autres entretiens avec elle, avant que j'accepte de la défendre. Je me rappelai aussi la maxime française que m'avait sortie une fois, au début de ma carrière, un vieux district attorney : « Une femme ne révèle pas sa culpabilité aussi facilement qu'un homme. »

Une chose, en particulier, me troublait, mais je ne le compris que le lendemain en relisant mes notes, chez moi.

Elle avait à plusieurs reprises évoqué sa tristesse à la mort de Mac et Muff Graham mais, pas une fois, elle n'avait employé le mot meurtre. Elle parlait simplement de deux morts accidentelles dont personne n'était responsable. J'abordai cette question bille en tête, dès que nous nous retrouvâmes dans ma bibliothèque, elle, la fidèle Puffer et moi.

– Il est évident que Muff a été assassinée, Jennifer. Mac aussi, indiscutablement.

Elle haussa les sourcils avec étonnement en me regardant comme si je proposais une toute nouvelle hypothèse.

– Je vous l'ai dit, ils sont allés à la pêche et ils ne sont jamais revenus. Nous avons trouvé leur embarcation retournée. J'ai toujours pensé qu'ils s'étaient noyés et avaient été attaqués par des requins.

– Les ossements de personnes noyées ou mangées par des requins ne remontent pas à la surface sept ans plus tard, dans un coffre métallique.

Elle fit un geste vague.

– Len Weinglass dit qu'on n'a pas la preuve que Muff était dans ce caisson.

Jennifer, je vous en prie ! Il est évident que Mac et Muff ont été assassinés et que ce n'est pas un enfant de chœur qui a fait le coup. Nous n'arriverons à rien si nous ne regardons pas la réalité en face. Seules quatre personnes vivaient sur cette île. Buck et vous avez commis le crime ensemble, ou Buck tout seul. Les circonstances ne permettent absolument aucune autre conclusion logique. Pour le moment, je ne demande qu'à croire à votre innocence. Dans ces conditions, Buck est l'unique assassin.

– Je ne peux pas imaginer Buck en train de tuer Mac et Muff. Ils étaient gentils avec nous, surtout Mac. C'était un prince, cet homme. Il venait tout le temps nous offrir du poisson qu'il avait pêché. Il fournissait des cigarettes à Buck. Nous jouions ensemble aux échecs, dit-elle, et ses arguments semblèrent éveiller de vives réminiscences. Ces gens-là étaient bons, Vince !

– Je n'en doute pas.

– Buck n'aurait jamais...

Sa voix se brisa. C'était sa première manifestation d'émotion.

– L'été dernier, lors d'une audience à Honolulu, reprit-elle, j'étais assise à côté de Buck, dans le prétoire. Je ne l'avais pas revu depuis des années. Avant l'arrivée de la cour, nous avons eu l'occasion de parler un peu. Je lui ai dit que je n'avais jamais cru qu'il était arrivé à Mac et Muff autre chose qu'un accident de bateau. Il m'a répondu qu'il l'avait toujours pensé lui aussi... Je lui ai demandé comment il expliquait que le corps de Muff ait été apparemment fourré dans un coffre en métal et il m'a dit : « C'est peut-être Mac qui a fait ça. »

Elle leva les yeux, peut-être pour voir l'effet que produisait sur moi cette hypothèse, puis elle poursuivit :

– J'ai répliqué à Buck que ça ne tenait pas debout. Si Mac avait voulu tuer Muff, il aurait attendu le lendemain, que nous soyons partis. Il aurait pu faire tout ce qu'il voulait et raconter ensuite aux autorités que Muff était tombée par-dessus bord dans l'océan. Et il aurait navigué le restant de sa vie sur toutes les mers du monde avec son *Sea Wind*.

– Quelle a été la réaction de Buck ?

Elle secoua la tête.

– Il n'a rien dit. Il a simplement... haussé les épaules.

– Vous ne vous êtes rien dit d'autre ?

– Eh bien... Je lui ai demandé de passer le premier. Vous comprenez, pour le procès du vol de bateau, il m'avait demandé de passer la première et j'avais accepté. Je pensais que ce devait être son tour, cette fois.

– Qu'a-t-il dit ?

– Ses mots exacts ? « Je ne vais pas coller ma tête sur le billot. » A ce moment, le juge est arrivé, et je n'ai plus échangé un mot avec Buck, depuis.

– Bon, en apprenant que les restes de Muff avaient été trouvés à côté de ce coffre, vous avez bien dû commencer à soupçonner Buck de l'avoir tuée ?

– Non, pas vraiment. Cela m'a... simplement embrouillée. Je ne crois toujours pas que Buck les ait tués. Vous devez comprendre, Vince. J'aimais Buck, je l'adorais. Plus qu'aucun autre homme avant ou depuis. Et je connaissais le véritable Buck, le Buck caché, mieux que personne d'autre. D'ailleurs, je vivais en permanence avec lui, à Palmyre. Je ne vois vraiment pas comment il aurait pu commettre cet horrible crime, sous mon nez, sans que je le sache !

Je m'adossai contre ma chaise et considérai Jennifer. Les

suspects coupables cherchent naturellement à se disculper en faisant porter le chapeau à quelqu'un d'autre. Mais Jennifer se refusait à accuser Buck, alors que pourtant je lui en donnais l'occasion. Elle ne voulait même pas faire l'effort de prendre ses distances. Et je n'avais pas non plus le sentiment qu'elle usait avec moi d'une espèce de psychologie à rebours.

– Qu'avez-vous noté sur votre bloc-notes, depuis la dernière fois ? lui demandai-je.

– Rien.

Elle retombait dans sa nonchalance insouciante.

Avec une certaine irritation, je lui conseillai de garder le bloc et de prendre le temps de faire ses devoirs. Puis je lui demandai de reprendre et de continuer l'histoire là où elle l'avait laissée lors de notre précédente entrevue.

19 mars 1982

Je rencontrai Leonard Weinglass pour la première fois dans son cabinet où il avait tous ses dossiers. Il était installé dans le vénérable Bradbury Building qui date de 1893 et fait partie du patrimoine historique de Los Angeles.

Je connaissais Weinglass de réputation. Je savais que c'était un homme de gauche, qu'il avait eu à instruire les affaires des insoumis de Chicago et des papiers du Pentagone, qu'il avait défendu Bill et Emily Harris, deux membres de l'Armée de libération symbionèse ; il avait également participé à la défense de Wounded Knee, cause indienne célèbre.

Un long article paru sur lui dans le *Los Angeles Times*, deux ans plus tôt, résumait « l'engagement Weinglass » comme « une variété de radicalisme bon enfant fait à la fois d'un souci de l'opprimé et de l'absolue certitude que le capitalisme est agonisant ». L'avocat de quarante-huit ans était décrit comme un opposant au nucléaire, aux missiles MX, aux gros pétroliers, à la politique étrangère macho interventionniste et à la peine de mort. Nous étions aux antipodes l'un de l'autre.

Il m'accueillit en m'appelant par mon prénom, suggéra que je l'appelle Len et me serra chaleureusement la main. Barbu, sans cravate, il avait des cheveux bruns striés de gris tombant sur son col et une petite tonsure bien ronde au sommet du crâne.

Je commençai par adoucir un peu l'image qu'il avait sans doute de moi en lui affirmant que lorsque j'étais procureur, j'avais toujours scrupuleusement respecté le cinquième principe du Code de déontologie de l'Association américaine du barreau, stipulant que le premier devoir d'un prosecutor est de veiller à ce que justice soit faite et non à rechercher une condamnation, à moins que la condamnation ne soit l'expression de la justice. J'étais fier, lui dis-je, d'avoir été surnommé le « D.A. humain ».

Sans vouloir paraître trop flagorneur, j'ajoutai que j'étais un sympathisant de la cause des droits civiques pour laquelle il se battait depuis des années.

Sur ce, nous commençâmes à travailler sur l'affaire Jenkins.

En avril 1982, après bon nombre d'entretiens avec Jennifer, je pris la décision de la défendre contre l'accusation d'assassinat. Mais, puisque Buck et Jennifer avaient été ensemble durant toute la période de Palmyre et paraissaient avoir agi de concert ensuite, je décidai de revenir sur le passé pour tenter de les séparer. Je savais instinctivement que la solution était de reprendre mon rôle de D.A. et de requérir contre Buck Walker au procès de Jennifer Jenkins. Malgré ses protestations, j'étais bien convaincu de la responsabilité de Walker dans le meurtre sauvage de Mac et Muff Graham.

Weinglass m'avoua qu'il n'aimait pas beaucoup cette démarche.

– J'ai bien peur que si Buck Walker est condamné, me dit-il d'une voix lourde de prémonitions, Jennifer ne le soit aussi.

5 mai 1982

Ce ne fut pas facile de mettre la main sur les minutes du procès de Jennifer pour le vol du bateau, mais il me le fallait. La transcription en serait indubitablement utilisée par l'accusation lors du procès pour attaquer la crédibilité de Jennifer chaque fois que son témoignage varierait du précédent. Weinglass n'en avait aucune copie. Il lui semblait qu'un des anciens avocats de Jennifer devait en avoir une, mais quand je téléphonai à ce confrère il fut incapable de la retrouver. Je finis par apprendre qu'elle avait été entreposée dans un garde-meuble avec d'autres vieux dossiers caducs.

Lorsque j'eus enfin entre les mains les sept cent quarante-neuf pages, je fus troublé en découvrant bon nombre de contradictions entre ce que Jennifer m'avait dit et son témoignage de 1975.

Elle m'affirmait que Buck et elle avaient trouvé à bord du *Sea Wind* un testament rédigé par Mac en 1961, stipulant que, dans le cas où il mourrait en mer, la personne désignée dans un autre document (Jennifer n'avait vu aucun autre document) pourrait attendre deux ans avant de remettre le bateau à sa sœur Mary « Kit » Muncey. Buck et elle n'auraient évidemment pas été désignés dans cet autre document mais elle considérait que les termes du testament justifiaient leur décision de rentrer à Hawaii avec le *Sea Wind* et de naviguer avec pendant deux ans avant de le restituer à Mme Muncey. Mais lors de son procès pour vol, elle avait simplement dit qu'ils avaient trouvé un testament de Mac nommant sa sœur, Mary Muncey, exécutrice testamentaire. Elle ne faisait absolument pas mention de ce délai de deux ans. Au contraire, elle avait déclaré que, lorsqu'elle avait été arrêtée à Honolulu, Buck et elle comptaient se rendre à Seattle, pour ramener immédiatement le *Sea Wind* à Kit Muncey.

Quant au déroulement de la journée capitale – le 30 août 1974, date supposée de la disparition de Mac et Muff –, je trouvai deux contradictions majeures. Au cours d'un de nos premiers entretiens, Jennifer m'avait dit que Buck avait gardé le canot du *Iola* toute la journée du 30 août, elle n'avait donc aucun moyen d'aller à terre, à moins qu'il ne vienne la chercher. L'idée m'était alors venue que Buck n'avait pas eu à s'inquiéter que Jennifer vienne à terre et le surprenne alors qu'il commettait ses crimes. En revanche, s'il lui avait laissé l'embarcation, il pouvait craindre d'être surpris en flagrant délit de meurtre ou de transport des corps de Mac et Muff. L'argument selon lequel Buck avait gardé le canot étayait parfaitement la thèse que je comptais exposer au jury : Buck *seul* avait commis le double meurtre. Mais si Jennifer avait le canot...

Et justement, je découvrais qu'au cours de son témoignage de 1975 elle avait déclaré que c'était elle et non Buck qui avait le canot ce jour-là.

La seconde divergence était elle aussi alarmante. Jennifer

m'avait dit que, dans la matinée du 30 août, Buck et elle avaient fait la navette entre son camp et le *Iola* pour ramener toutes ses affaires à bord, le réchaud, la lanterne, ses vêtements, en prévision de leur départ. Mais dans son témoignage elle affirmait être restée toute la journée à bord.

Naturellement, dès que je la revis, je fis état devant Jennifer de ces divergences. Elle ne parut pas surprise et me répondit calmement. Pour ce qui était du testament, elle m'expliqua que ses avocats, au procès pour vol, lui avaient conseillé de ne pas évoquer cette clause, ni leur intention de garder le bateau pendant deux ans avant de le rendre.

– Ils disaient que ça semblerait invraisemblable.

Je lui fis observer qu'avant même de voir ses avocats, elle n'avait pas parlé à l'agent Cal Shishido du F.B.I. du testament et de sa clause insolite, à quoi elle répliqua qu'elle avait bien trop peur, ses idées étant bien trop embrouillées pour lui permettre d'exposer toute l'histoire. Elle savait aussi que cette clause bizarre, puisqu'elle ne s'appliquait pas à eux, ne leur donnait aucun droit sur le *Sea Wind*.

Mais ce qu'elle avait dit à Shishido, constituant une troisième version, était encore pire. A son procès, elle déclara qu'elle et Buck avaient l'intention de rendre immédiatement le bateau à la sœur de Mac. Elle vint ensuite me raconter qu'ils comptaient attendre deux ans. C'était déjà assez grave. Mais le plus terrible était l'explication donnée à Shishido : si Buck et elle n'avaient pas averti les autorités de l'accident de Mac et Muff, c'était parce qu'ils savaient que le *Sea Wind* leur serait alors enlevé. Elle avouait tout bonnement que Buck et elle comptaient ne jamais rendre le bateau. Je lui demandai, non sans une pointe de colère, pourquoi elle avait raconté à Shishido une histoire aussi grotesque et accusatrice. Elle répondit qu'elle ne pouvait pas donner la *vraie* raison de leur silence sur la disparition des Graham. Buck avait bien insisté pour n'entretenir aucun contact avec les autorités puisqu'il était un fugitif. Et lors de son interrogatoire par Shishido, elle protégeait encore l'identité de Buck.

– Pourquoi m'avez-vous dit que vous aviez fait la navette entre la terre et le *Iola*, dans la matinée ?

– Parce que c'est vrai.

– Voyons, Jennifer, c'est important. Très important. Je vais vous reposer la question. Qui avait le canot ce jour-là ? Vous ou Buck ?

– Si j'ai bonne mémoire, Buck avait le canot ce jour-là, dit-elle sans hésitation.

Je me demandai si Jennifer, dans les années suivant son procès pour vol, n'avait pas compris la signification de la possession du canot ce jour-là et changé son histoire en conséquence. C'était une pensée inquiétante, aux énormes ramifications.

– Pourquoi, alors, avez-vous témoigné en 75 que c'était vous qui l'aviez ?

– Franchement, je n'en sais rien. J'ai parlé de cette affaire à tant de gens, depuis des années... Ça m'est quelquefois difficile de me rappeler ce qui s'est réellement passé ce jour-là. Mais je crois que Buck avait le canot.

Je savais que bien des témoins perdent pied quand on les bombarde de questions et de scénarios construits par la police, l'accusation ou les avocats de la défense, et ceci au point de ne plus savoir si ce qu'ils disent est réellement arrivé ou si le « souvenir » a été introduit dans leur mémoire par quelqu'un d'autre. Avec le temps – huit ans, dans ce cas précis – on peut s'attendre à des différences dans un récit. Mais les accusateurs de Jennifer n'allaient pas voir les siennes d'un bon œil. Ils s'en serviraient pour la discréditer dans l'esprit des jurés.

Un autre problème, plus sérieux, se posait, qu'il me faudrait tenter de résoudre au procès. Elle reconnaissait qu'à son procès pour vol, elle avait produit un faux témoignage.

Je n'en étais pas particulièrement surpris ni choqué. Pour les profanes, étrangers aux cours de justice, la simple évocation du faux témoignage déclenche gyrophares et sirènes ; mais dans la réalité, il a sa place dans pratiquement tous les procès. Un membre éminent du barreau de New York a pu ainsi observer : « Il n'est guère de procès où le faux témoignage n'apparaisse pas d'une façon plus ou moins flagrante. » C'est si courant que les avocats comme les magistrats finissent par s'y attendre.

Jennifer avait menti à plusieurs reprises, dans le fauteuil des témoins, mais le principal mensonge concernait le sort du *Iola*.

Elle m'avait dit que l'idée de Buck était de quitter Palmyre avec le *Sea Wind* et que, malgré ses protestations, elle s'était finalement laissé persuader par l'argument de Buck selon lequel le *Sea Wind*, sans protection dans le lagon de Palmyre, serait vite pillé. Ils respecteraient l'amour de Mac pour son bateau en veillant sur lui. Jennifer trouva ce raisonnement logique et s'y conforma. Mais je découvris qu'à son procès, elle avait raconté (comme à Shishido) qu'ils avaient abandonné le *Iola* échoué sur le récif et elle s'en était sottement tenue à son mensonge, même face au document photographique prouvant le contraire. Jennifer me disait maintenant que, peu après que les photos du *Sea Wind* et du *Iola* ensemble avaient été prises, Buck avait sabordé leur vieux bateau en ouvrant tous les panneaux de cale.

– Quand je l'ai vu pour la dernière fois, me dit-elle, il naviguait vers l'horizon en s'enfonçant lentement dans l'océan et ça m'a bien attristée.

Elle m'expliqua ensuite que Buck, avant même de quitter Palmyre, avait imaginé l'histoire du *Iola* s'échouant sur les coraux pour justifier l'utilisation du *Sea Wind*. Il lui avait dit que jamais les autorités ne croiraient la vérité, qu'ils agissaient par souci des dernières volontés de Mac.

J'entendais déjà la déclaration de l'accusation au jury lors du procès : « Mlle Jenkins reconnaît avoir menti à un autre jury. Elle assure qu'aujourd'hui elle dit la vérité. Si nous savons qu'elle a déjà menti sous serment, pourquoi la croirions-nous maintenant ? » Si tout ce qu'elle avait dit et fait ne suffisait pas déjà, un tel argument avait de quoi braquer tout un jury contre elle.

– Alors ? Qu'en pensez-vous ? demanda-t-elle tout à coup. Ai-je bien réussi à vous compliquer le travail ?

Sa figure était souriante, mais elle ne souriait pas vraiment.

– Les causes difficiles ne me font pas peur, Jennifer. Ce qui m'agace avec vous, répliquai-je de mon air le plus sérieux, c'est que même lorsque vous dites que vous êtes innocente, et je vous crois, vous prenez des allures de coupable. C'est de l'hypocrisie.

Elle rit, franchement cette fois, faisant disparaître le sourire de circonstance.

– Il faut que je vous dise, Jennifer, ce que sera ce procès. Les circonstances uniques de cette affaire la réduisent à une question d'arithmétique. Quatre personnes se trouvent sur une île déserte, deux sont assassinées et les autres filent dans le bateau des victimes, et agissent par ailleurs de manière très suspecte, comme vous l'avez fait Buck et vous. Quatre moins deux égalent deux. Or, je vais devoir convaincre le jury que quatre moins deux égalent un. Et que l'unique tueur est Buck.

– Bonne chance, dit-elle avec un nouveau sourire.

Le ton suggérait que le problème était le mien et qu'elle me souhaitait gentiment de réussir à le résoudre. Je me dis, une fois de plus, que Jennifer était ahurissante.

Préparer Jennifer à son procès me posa bien plus de problèmes que pour tout autre témoin rencontré dans ma carrière. Normalement, lorsque je procède à un interrogatoire, je note tout ce que me dit le témoin sous une forme narrative, comme si c'était un récit des faits raconté à la troisième personne. Ensuite, je convertis cela en questions et réponses possibles. Les choses étant ce qu'elles sont, il y a toujours des modifications à apporter, mais avec Jennifer elles étaient infinies. Souvent, des feuillets entiers de questions devenaient sans objet par l'apparition d'un nouvel élément ou d'une version différente d'un incident déjà évoqué en détail. Il me fallait aussi changer perpétuellement la direction de mon interrogatoire parce qu'elle m'ouvrait soudain de nouveaux horizons à explorer.

Pourquoi y avait-il toujours une autre petite couche de vérité à révéler, une ombre nouvelle dans ce château des miroirs ? Après une séance particulièrement exaspérante avec Jennifer, je confiai à ma femme au souper que tous mes ennuis provenaient peut-être de ce que « j'essayais d'enfoncer une cheville carrée dans un trou rond ».

La réponse franche de Gail fut alarmante :

– Je ne suis pas sûre d'avoir confiance en elle.

– Pourquoi ?

– Quand je l'ai vue, elle ne m'a pas regardée dans les yeux.

– Ça ne fait pas d'elle une meurtrière, ma chérie.

– Je sais. Mais ce n'est pas tout. Je me demande comment il était possible de se trouver sur cette île minuscule pendant que Buck Walker tuait ces gens et de n'en rien savoir. Où était-elle ?

– A bord du *Iola*.

– Qu'est-ce qu'elle y faisait ? Encore du pain ?

– Eh bien, effectivement, avouai-je, presque à contre-cœur, oui, entre autres choses, elle a fait cuire du pain toute la journée.

Gail ne dit rien de plus. Ce n'était pas la peine, son expression était assez éloquente.

Voyant que ma propre femme, qui garde la tête froide

plus que quiconque, soupçonnait ma cliente, je compris l'ampleur de mes problèmes.

Non seulement les circonstances exceptionnelles évoquaient irrésistiblement la culpabilité conjointe de Buck et de Jennifer, mais les médias avaient échauffé les esprits. Hitler n'aurait pu avoir plus mauvaise presse à Londres que ces deux-là à Honolulu.

Il était manifestement nécessaire de présenter le plus tôt possible une demande de renvoi de l'affaire loin du fracas de la publicité devant une autre juridiction où les conditions d'une justice impartiale et équitable seraient davantage réunies. En juillet 1981, à Honolulu, Len Weinglass avait fait citer comme témoin, devant le juge Ernest M. Heen, le Pʳ Jay Schulman de l'université de Columbia, spécialiste éminent en matière d'opinion publique.

Déclarant avoir lu des centaines d'articles de la presse écrite de Hawaii et parcouru les transcriptions de dizaines d'émissions de radio et de télévision à ce sujet, Schulman concluait :

– Mon avis est que la publicité entourant cette affaire a touché à peu près tous les jurés éligibles de Hawaii. L'histoire est macabre, bizarre et pourvue de tous les ingrédients d'un feuilleton fantastiquement passionnant.

Dans son contre-interrogatoire le substitut Elliot Enoki demanda s'il n'était pas vrai que « la majorité de la publicité concernait le cas de Buck Walker, ses précédentes condamnations pour trafic de drogue et autres délits, son évasion et le fait qu'il était un fugitif ».

– Non, répondit Schulman. Buck Walker et Jennifer Jenkins sont constamment associés. La conclusion inévitable est que tous deux sont coupables. Dans tous les articles sur l'affaire, Walker et Jenkins sont jumeaux. Jenkins est la compagne de Walker ; ils avaient une liaison avant d'aller à Palmyre, leur association était évidemment plus étroite sur cet atoll et ils sont revenus ensemble à bord du *Sea Wind*. La publicité a constamment mêlé Walker et Jenkins.

Schulman, en tant qu'expert, était catégorique : Jennifer ne pouvait être jugée équitablement à Honolulu.

Le juge Heen ne partageait pas ce point de vue. Le 12 août 1981, il repoussa oralement la demande de renvoi vers une autre juridiction.

Le 12 mars 1982, le juge James M. Burns, successeur de Heen, rendit une ordonnance écrite refusant aussi le changement de juridiction pour l'affaire des meurtres de Palmyre.

Mais lors de cette même session du 12 mars – quatre jours après ma première entrevue avec Jennifer et avant que j'aie décidé d'assurer sa défense –, le juge Burns accéda à la requête de Leonard Weinglass de dissocier les procès de Jennifer et de Buck (comme le juge King l'avait fait pour l'affaire du vol de bateau). Il y aurait donc deux procès distincts, celui de Buck et celui de Jennifer.

22

Le 19 janvier 1984, le juge fédéral Bert Tokairin ouvrit une audience à Honolulu pour fixer les dates des procès. Je n'y assistai pas mais les avocats présents demandèrent des délais, le state attorney Enoki déclara qu'il avait encore besoin de six mois pour instruire l'affaire : Partington, l'avocat de Walker, réserviste, devait accomplir une période de cinq mois à l'armée à partir de mai et Len était retenu dans l'Est pour un autre procès d'assises.

Après que les deux prévenus, par l'intermédiaire de leurs avocats, eurent renoncé à leur droit à des jugements rapides, Tokairin proposa la date du 15 janvier 1985 pour l'ouverture du procès Walker, celui de Jennifer devant suivre immédiatement. On nous avertit que l'accusation requerrait des peines d'emprisonnement à vie pour chacun des accusés.

En attendant, Len multipliait ses efforts – parallèlement à ceux des avocats de Walker – pour obtenir le renvoi devant une autre juridiction, la population de Hawaii ayant déjà jugé et condamné les deux accusés.

La plupart des gens accusés d'assassinat puis libérés sous caution ne trouveraient pas même un emploi de cireur de souliers dans une gare routière. Mais Jennifer s'était remarquablement bien débrouillée. Récemment promue directrice d'agence d'une société de télécommunications, elle avait six employés sous ses ordres.

Après sa condamnation pour vol, elle avait passé sept mois (avril à novembre 1977) à l'Institution correctionnelle fédérale de Long Beach, en Californie, suivis de quatre-vingt-dix jours dans une maison d'arrêt à mi-temps. Dans cet établissement de sécurité minimale, elle avait le droit de travailler à l'extérieur, comme vendeuse, dans la journée. Elle entra aussi à l'université de Californie de Santa Barbara et, en janvier 1978, participant à un programme travail-études, elle fut engagée à mi-temps au Centre d'études des institutions démocratiques, un groupe de réflexion composé d'intellectuels penchant fortement à gauche. En février, libérée de l'établissement à sécurité minimale, elle quitta l'université et fut engagée à plein temps comme secrétaire dans ce centre. Son contrat prit fin en janvier 1979 mais elle trouva immédiatement un emploi d'agent commercial pour la société John Lawrence & Associates à Van Nuys. En octobre 1980, elle acheta une confortable petite maison de lotissement à un étage pour cent mille dollars, à Simi Valley, une banlieue-dortoir de classe moyenne supérieure, au nord-ouest de L.A. Cherchant un travail offrant plus de possibilités d'avancement, elle entra dans la firme de télécommunications en septembre 1982, pour vendre aux entreprises des systèmes téléphoniques de luxe. Elle remboursait l'emprunt effectué pour acheter sa maison, elle avait une voiture neuve, un emploi bien rémunéré. J'envisageai d'utiliser l'argument suivant devant le jury : aurait-elle été à même de consacrer une telle énergie physique, mentale et émotionnelle nécessaire à la réussite d'une aussi brillante carrière si elle se savait coupable d'un meurtre pour lequel, selon toute probabilité, elle serait un jour condamnée à passer le reste de sa vie derrière des barreaux ? Mais à peine avais-je eu cette idée que j'entrevis une autre interprétation possible.

L'accusation pourrait fort bien riposter en montrant Jennifer capable de remiser le double meurtre aux oubliettes et de poursuivre sa vie en gravissant des échelons justement grâce à son sang-froid extraordinaire. Elle était peut-être à ce point en marge des règles de la vie sociale qu'elle imaginait n'avoir rien fait de mal et n'avait par conséquent aucun remords. (Il est universellement reconnu que les inadaptés sociaux coupables d'un crime obtiennent souvent des résultats favorables aux épreuves du détecteur de mensonges.) Mieux valait donc laisser de côté cet argument qui, au pire, risquait de suggérer chez Jennifer une dangereuse froideur plutôt que son innocence.

Je continuai de la préparer pour son procès. Comme elle travaillait maintenant assez loin de mon cabinet, j'allais une ou deux fois par mois à son bureau en dehors des heures de travail – arrivant en général après l'heure de pointe et les embouteillages – et j'apportais un grand sac de fruits secs que nous grignotions, plutôt que de perdre du temps dans un restaurant. En nous remontant avec force cafés, nous restions à travailler jusqu'à une heure très avancée.

Elle rendait, en général, nos rendez-vous assez irréguliers. Bien souvent, elle me téléphonait dans l'après-midi pour annuler celui du soir. C'était presque devenu une habitude, si bien que ma secrétaire nota une fois sur mon agenda : « La princesse a dormi sur un pois cette nuit. Obligée d'annuler. » Ces changements donnaient lieu à des conversations comme celle-ci :

– Lundi soir, alors, Jen ?

– Ah non, je regrette, c'est le *Lundi du football* à la télé.

– Mardi soir ?

– Je vais dîner chez ma mère.

– L'heure du procès approche, Jennifer ! Nous avons encore beaucoup de travail. On dirait qu'il ne s'agit pour vous que d'une petite affaire de conduite en état d'ivresse à Honolulu !

– Bon, d'accord, d'accord, alors disons vendredi soir, ça va ?

J'avais parfois l'impression qu'elle acceptait de me voir et de préparer sa défense uniquement pour me faire plaisir, alors qu'elle risquait de passer sa vie en prison. La réalité était-elle devenue pour elle si terrible qu'elle ne puisse l'affronter en face consciemment ? Ou aurait-elle, compte tenu de sa précédente condamnation, renoncé à tout espoir ?

Quels que soient les délais demandés et accordés, Jennifer était invariablement en faveur des ajournements.

– Vince, m'expliqua-t-elle une fois, ma carrière se déroule bien et je trouve maintenant la vie belle. Je préfère penser à une foule d'activités plus intéressantes que d'aller à Honolulu me faire juger pour meurtre.

Comment, me demandai-je, était-il possible qu'une personne sous le coup d'une inculpation d'assassinat puisse « trouver la vie belle » et reléguer les risques courus à l'arrière-plan de son esprit ? Je finissais par avoir l'impression qu'avec tous ces délais, ces renvois et ces ajournements, Jennifer espérait que l'affaire s'éteindrait d'elle-même et tomberait dans l'oubli.

– Jennifer ! C'est un procès d'assises ! lui répétais-je. Il ne va pas s'évaporer. La date sera bientôt fixée. Et il vous faudra témoigner. Nous devons nous préparer !

Mes liasses de notes, avec les questions à poser à Jennifer, s'accumulaient mais elle n'avait toujours pas écrit un seul mot sur le bloc que je lui avais donné, le premier soir. Chaque fois que je lui en faisais la remarque, elle haussait vaguement les épaules ou riait, disait qu'elle n'avait pas eu le temps, trop de travail ou bien : « J'essaie de ne pas y penser, sauf quand nous nous rencontrons. » Tant d'insouciance me laissait pantois.

Un de mes principaux problèmes avec Jennifer était le manque de précision de ses souvenirs concernant quelques événements. Elle en venait même à introduire des divergences dangereuses sur lesquelles l'accusation se jetterait. Certaines étaient si subtiles qu'elles n'émergeaient clairement que lorsque je découvrais qu'une suite de questions pourtant bien précises m'entraînaient dans des directions opposées.

Sur quelques points, pourtant, Jennifer ne variait pas et se montrait même parfois particulièrement résolue. C'était le cas, par exemple, à propos de l'attitude de Buck après la disparition des Graham.

– Buck m'a présenté trois possibilités, me répétait-elle souvent. Je pouvais partir avec lui à bord du *Sea Wind*, ou bien tenter ma chance seule avec le *Iola*, ou encore rester à Palmyre.

Elle estimait que Buck ne lui avait pas laissé le choix et qu'elle avait été bien obligée de prendre la mer avec lui à bord d'un voilier qui ne leur appartenait pas.

– Je ne voulais pas rester toute seule dans cette île, vous pensez bien, et j'avais trop peur pour naviguer en solitaire avec le *Iola*.

Depuis ma toute première conversation avec Jennifer, au début de 1982, je savais qu'il me faudrait aborder et résoudre tant bien que mal une question clé. Il m'apparaissait clairement que Buck avait été la personnalité dominante dans leurs relations. Non seulement cela ne me gênait pas, mais je préférais que ce soit le cas, à la condition que Jennifer n'ait pas été complètement sous sa coupe, ce que je ne pensais pas.

Si nous n'arrivions pas à convaincre le jury que Jennifer était capable de tenir tête à Buck, à l'occasion, les jurés pourraient conclure qu'elle avait été influencée jusqu'à accepter les meurtres, malgré sa propre répugnance morale instinctive. Je lui expliquai donc maintenant qu'il était impératif de montrer au jury les limites de sa soumission à Buck.

– N'importe quoi, même une toute petite chose, insistai-je en demandant des exemples de rébellion.

Elle réfléchit un moment.

– Ah oui... quand nous habitions ce chalet dans la montagne, à la grande île. Lors d'une dispute, je ne sais plus pourquoi, il m'a lancé à la tête un plat de spaghettis. Et il est parti en claquant la porte. Quand il est revenu quelques heures plus tard, il y avait encore des spaghettis partout, sur les murs, par terre. Je n'y avais pas touché. Il m'a ordonné de nettoyer tout ça mais je lui ai répliqué que c'était à lui de nettoyer ses saletés. Et il l'a fait. Il savait quand il ne devait pas aller trop loin.

C'était peu de chose mais nous allions dans la bonne direction.

Dans les premiers jours de février 1984, Leonard Weinglass et moi nous rencontrâmes pour discuter de notre stratégie.

Il n'existe aucune autre profession libérale où un si grand nombre de membres ont réussi à se créer de toutes pièces une image aussi imposante que celle d'avocat d'assises. Dans tous les comptes rendus, ils sont « brillants », « grands », « puissants », « maîtres », « ténors », etc. Cette haute considération repose surtout sur l'idée généralement reçue que pour réussir, il faut posséder toutes ces qualités, alors qu'à vrai dire il en faut bien moins. (Beaucoup d'avocats d'assises se voient attribuer ces qualificatifs, même s'ils sont médiocres, simplement pour avoir participé si peu que ce soit à une affaire à sensation.) Pour parler franchement, si l'avocat d'assises moyen croisait sa renommée dans la rue il ne la reconnaîtrait pas. Malheureusement, beaucoup de clients apprennent cela à leurs dépens.

Lorsque finalement le procès commença, je fus heureux de constater que Len méritait sa réputation. Je le trouvai compétent, expérimenté, d'une grande conscience professionnelle, un confrère avec qui il était très agréable de travailler.

Cependant, cela mis à part, il fut évident, dès notre première rencontre, que nous nous heurtions à un désaccord majeur.

– Je pense, me dit Len, que nous ne devons pas reconnaître qu'il y a eu crime.

Un gouffre s'ouvrait brusquement entre nous.

– Voyons, Len, si nous nions le crime, nous perdrons notre crédibilité auprès du jury. La crédibilité est essentielle à ma plaidoirie finale. Les jurés sauront, comme tout le monde, que Muff a été assassinée.

La position de Len n'était pas complètement absurde. Elle heurtait toutes les fibres de l'avocat chevronné que je suis mais il était possible de montrer, même si l'argument était faible, que l'accusation n'avait pas prouvé le crime au-delà de toute espèce de doute raisonnable. D'ailleurs, un des dogmes de l'avocat de la défense est de désarçonner l'accusation à chaque occasion. D'un point de vue stratégique, cependant, j'étais d'avis de proclamer au monde qu'un crime abominable avait été commis à Palmyre avant de prouver que notre cliente n'y était pour rien.

Len et moi étant codéfenseurs, chacun avait également droit à la parole, mais à l'usage il se révéla qu'à chaque divergence entre nous Len s'en remettait à moi, non par obligation mais simplement parce qu'il est de meilleure composition que moi. Hors du prétoire, je suis un homme facile à vivre. Mais lorsque je défends une cause, et particulièrement pendant le procès, je rentre fréquemment en conflit avec tout le monde, l'accusation (ce qui est normal), le juge, mon codéfenseur si j'en ai un et parfois même mon client.

Je vis un procès comme une guerre et quiconque prend position contre moi risque d'être écrasé par le forcené que je deviens pour faire prévaloir mon idée de la justice. Ce portrait n'est peut-être pas très flatteur mais il a le mérite d'être honnête.

Honolulu

Le juge Samuel P. King fut chargé de statuer dans l'affaire du double crime de Palmyre. King avait présidé les procès pour vol de bateau des deux accusés et avait prononcé les peines de prison à la suite de leurs condamnations.

A propos de celle de Jennifer, King avait commenté : « Je suis certain que bon nombre des explications que vous avez données n'étaient pas mensongères mais elles ne représentaient certainement pas toute la vérité. Bien que vous ne soyez pas inculpée de meurtre dans l'affaire actuelle, la question inquiétante demeure de savoir ce qui est arrivé au juste aux Graham. »

Etant donné cette opinion si négative du témoignage de ma cliente (mais assez justifiée, compte tenu de son faux témoignage flagrant), je me demandais comment King allait la traiter à son nouveau procès.

King, d'origine hawaiienne, était né à Han-k'eou, en Chine, en 1917, et avait gravi les échelons de la magistrature grâce à de précieuses relations politiques et familiales. En 1953, son père avait été nommé gouverneur des Territoires hawaiiens par le président Eisenhower.

La famille King était farouchement républicaine et le plus jeune membre, tout frais diplômé de la faculté de droit de Yale, avait été, de 1953 à 1955, président du comité central du parti républicain à Hawaii. Aux élections de 1954, Sam King se rendit célèbre avec sa formule : « Personne n'accuse tous les démocrates d'être des communistes, mais ils sont politiquement les obligés des communistes ! » En 1961, il avait été nommé président du premier tribunal itinérant de Hawaii.

En 1970, comme pour démontrer combien ses racines politiques étaient profondes, il descendit du banc de la magistrature pour faire campagne comme gouverneur. Il remporta les primaires républicaines mais fut vaincu aux élections générales par le candidat démocrate John Burns. King exerça les deux années suivantes à titre privé et, en 1972, il fut récompensé de sa loyauté envers le parti quand le président Nixon le nomma au banc fédéral.

Dès janvier 1982, l'avocat de Honolulu, Peter Wolff, qui était alors, avec Len, le codéfenseur de Jennifer, avait prévu que King présiderait les assises de Palmyre. Dans une lettre à Len, il écrivait : « Earle (Partington) et moi craignons que le juge King n'ait déjà pris sa décision sur l'affaire. Il a plus ou moins indiqué qu'à son avis les deux inculpés étaient également coupables de meurtre. »

Ce préjugé possible mis à part, la défense trouva finalement en King un juge acceptant que l'affaire de Palmyre soit renvoyée à une autre juridiction. La défense présenta, le 8 juin 1984, une nouvelle requête, parfaitement identique aux deux précédentes qui avaient été repoussées. Elle fut accordée par le juge King le 8 août : « ... En conséquence, il est ordonné par les présentes que la requête présentée par la défense du transfert de la procédure au district de Californie du Nord est accordée. » Comme de coutume en cour fédérale, le juge King suivrait l'affaire dans la nouvelle juridiction.

Les propos qu'il tint aux avocats furent bien moins formalistes que son ordonnance :

– Tout à fait entre nous, j'aimerais bien être à San Francisco pour la saison de l'opéra, confia-t-il en souriant.

23

Seattle, 22 février 1984

Le sinistre hiver mouillé du nord-ouest de la côte du Pacifique traînait en longueur. L'U.S. marshal adjoint Ted Kringle était enchanté d'avoir suffisamment de paperasserie en retard pour rester bien à l'abri dans son bureau.

Vers 10 heures, par cette matinée de grisaille, son téléphone sonna. Un collègue l'appelait de Los Angeles.

– Ted ? Nous pensons que Dougherty est à L.A., lui annonça-t-il.

Joseph William Dougherty, quarante-cinq ans, criminel endurci et violent, avait purgé une peine à l'île McNeil où il était devenu le copain de Buck Walker et de Terry Conner. On le soupçonnait pour le moment de cambrioler des banques en Californie.

– Nous avons planqué près de la boîte aux lettres de Dougherty et nous avons découvert une correspondance avec Buck Walker à Marion, poursuivit l'agent de L.A.

– Ouais, fit Kringle avec un reniflement de mépris. C'est le joyeux club des Anciens de McNeil.

– Si je vous appelle, c'est qu'il paraît que Walker va être libéré sur parole. Qu'est-ce que vous diriez si nous le suivions pour arriver à Dougherty ? Est-ce que ça marcherait ?

– Qu'est-ce que vous me chantez, libéré sur parole ? Walker attend d'être jugé pour meurtre et il n'a guère de chances d'être remis en liberté. Vous devez être mal renseigné.

– Non, je vous jure, Ted, Walker a vraiment une date de mise en liberté sur parole. J'ai téléphoné à Marion pour confirmation. Ils le relaxeront le 7 mars. Dans quinze jours.

Kringle s'alarma.

– Il a dû y avoir une erreur quelque part, grommela-t-il.

Il savait que ce cauchemar était bien réel, aussi invrai-semblable que cela paraisse, et qu'il devait agir vite.

Kringle n'avait plus beaucoup pensé à Buck Walker, de-puis deux ou trois ans ; il n'en avait pas besoin. Walker purgeait plusieurs peines bien à l'abri au pénitencier fédéral de Marion, dans l'Illinois. Marion, l'actuel équivalent d'Al-catraz, est connu des repris de justice comme « le bout de la route ». L'établissement peut se targuer d'avoir le plus haut niveau de sécurité de toutes les prisons fédérales des U.S.A. Seuls les criminels les plus dangereux y sont incarcérés, dans des cellules individuelles vingt-trois heures par jour pendant les quatre premières années, et entravés par des chaînes pour être conduits aux douches.

Kringle avait fini par rattraper son gibier quelques mois après l'arrestation de Walker à Yuma. Buck avait d'abord été envoyé à Hawaii pour y être inculpé de meurtre et avait été ramené à Seattle, menottes aux poignets, fers aux che-villes et chaîne à la taille, pour y répondre de son évasion de McNeil.

Immédiatement après l'appel de l'agent de L.A., Kringle téléphona à Marion où on lui confirma que Walker était bien inscrit sur la liste des mises en liberté surveillée du 7 mars. Kringle s'entretint avec un directeur adjoint de l'in-culpation pour meurtre de Hawaii.

– Rien dans son dossier ne concerne une inculpation de meurtre, répliqua le directeur.

Kringle dut donner plusieurs autres coups de fil pour éclaircir ce mystère. Après avoir été condamné à Seattle pour son évasion, Walker avait été envoyé à l'Institution correctionnelle fédérale de Lompoc, près de Santa Barbara. On ne fut pas long à comprendre, dans le système péniten-tiaire, qu'en raison de son évasion de McNeil la place de Walker était à Marion, où il fut transféré en juillet 1982. A Lompoc, son dossier était classé dans les bureaux de la pri-son où travaillaient des détenus. Lorsque le dossier était arrivé à Marion, toute référence à une inculpation pour meurtre s'était volatilisée. Kringle avait déjà entendu parler de ce genre de chose ; il suffisait d'un bakchich, d'une promesse ou d'une menace d'un détenu à un autre, et Wal-ker était capable des trois.

Kringle remua ciel et terre, raconta-t-il plus tard, pour clamer partout et à tout le monde que Buck Walker ne de-vait en aucun cas être libéré sur parole. Dans les quarante-huit heures, sa mise en liberté surveillée fut annulée. Il s'en était fallu de quatorze jours qu'il ne soit relâché dans la nature.

Quelque part en Virginie, 5 octobre 1984

Noel Allen Ingman, un témoin relogé dans le cadre du programme fédéral de protection des témoins, était assis en face de l'agent du F.B.I. Harold « Hal » Marshall, de Honolulu, chargé de l'affaire de Palmyre depuis que Calvin Shishido avait pris sa retraite, en 1982.

– Que je comprenne bien, dit Marshall qui, avec ses cheveux clairsemés, son ventre bedonnant et ses épaules rondes, avait davantage l'air d'un routier que d'un policier. La première fois que vous avez vu Buck Walker, c'était à McNeil ?

– C'est ça, répondit Al Ingman. Je m'étais déjà tapé trois ans en sécurité maximale et j'avais été transféré au camp adjacent à la prison. Je travaillais dans la centrale électrique quand Buck y a été affecté.

– C'était quand, ça ?

– Fin 77, début 78.

– Qui d'autre était affecté à la centrale ?

– Terry Conner et J. W. Williams.

Ingman, un ancien instituteur diplômé de l'université de l'Alaska, faisait bien plus que ses cinquante-trois ans, moins à cause de ses cheveux gris et de ses lunettes aux verres épais comme des culs de bouteille que par sa pâleur et ses traits tirés. Héroïnomane de longue date, il avait converti à la drogue des membres de sa propre famille.

Parler aux autorités était devenu pour lui une habitude. Bénéficiant du programme de protection des témoins depuis 1982, il avait déjà fourni des témoignages qui avaient aidé à condamner certains de ses anciens complices, dont Terry Conner et Ruth Thomas. A la barre, il avait avoué sa complicité avec Conner dans le trafic de drogue et expliqué le fonctionnement du réseau. Conner finançait les opérations en commettant des hold-up de banques, Walker transportait la marchandise illicite du Mexique aux Etats-Unis et Ingman était le distributeur.

En argot des prisons, Ingman était une balance. En échange, son adresse était tenue strictement secrète et ne figurait même pas dans les rapports ou les documents qui circulaient dans les prisons. C'était un homme marqué. Le gouvernement fédéral avait pris en charge sa sécurité.

Marshall avait recherché Ingman parce que le mouchard avait fait savoir qu'il avait d'importants renseignements contre Walker.

– Quel était votre travail à la centrale ? demanda Marshall en s'apprêtant à prendre des notes.

– Les chaudières fonctionnaient à l'aide d'un programme informatique, alors on restait simplement assis devant l'ordinateur et on surveillait les écrans. On se relayait, en services de huit heures. C'était plutôt peinard. On fumait beaucoup de dope.

– Marijuana ?

– Ouais, et des bâtonnets thaïs. Avec des bonnes relations, une filière, on pouvait avoir ce qu'on voulait. Alors on veillait comme ça toute la nuit, en se défonçant et en se racontant des histoires.

– Des histoires vraies ?

– Je n'avais pas l'impression que les potes inventaient tout ça. Nous avions tous été mêlés à un tas de... d'aventures. Alors on parlait de tout ça... Bof ! Ça faisait passer le temps.

– Que disait Walker de l'affaire de Palmyre ?

– Des tas de choses. Il nous a raconté qu'il a plongé dans le port quand sa copine a été arrêtée dans la rade de Honolulu et qu'il a nagé sous l'eau et sous les docks. Après, quand il a été arrêté, il a réussi à se procurer un pistolet, mais le flingue a été trouvé avant qu'il s'en serve pour s'évader, à ce qu'il disait.

– Vous ne me dites pas grand-chose, Ingman.

En dépit de sa nature bon enfant et de son allure de brave tonton, Marshall savait être dur quand il le fallait. Il avait parfois un regard d'oiseau de proie. Ingman comprit tout de suite.

– Je me souviens que Buck nous a raconté toute une histoire, reprit-il, sur cette île de Palmyre. Y avait un autre couple avec un bateau. Ils ont dû avoir des emmerdes avec ce couple. Bref, il leur a fait le coup de la planche.

– Pardon ?

– Vous savez, quoi, comme au cinéma dans les films de pirates. Le supplice de la planche. Il était aussi question de viande crue jetée à la baille par Walker pour attirer les requins.

Ingman prit le temps d'allumer une cigarette.

– Il les a obligés à sauter par-dessus bord ? s'exclama Marshall.

– Le type a marché sur la planche, mais je ne sais pas s'il a sauté avec les requins.

– Walker a-t-il dit si sa compagne, Jennifer Jenkins, était présente au moment de ces assassinats ?

Ingman hésita un moment.

– Me souviens pas, dit-il enfin. Mais je lui ai tout de même demandé s'il avait confiance en elle.

Marshall leva les yeux de son carnet.

– Et alors ?

– Il a dit que sa môme était en béton, que jamais elle ne parlerait.

Huntsville, Texas, 9 octobre 1984

Marshall trouva J. W. Williams dans une prison d'Etat du Texas. Déjà quatre fois condamné pour des hold-up de banques, il s'était évadé deux fois de prisons fédérales et il venait d'être condamné pour avoir violé une femme et l'avoir laissée pour morte sur une plage du golfe du Mexique. Il purgeait une peine de quarante ans pour viol qualifié et tentative de meurtre.

D'après Al Ingman, Williams était là le soir où Walker avait raconté sa version du double meurtre de Palmyre et il avait participé plus tard à l'opération de contrebande de drogue de Yuma dirigée par Conner et Walker.

Grand et fort, âgé d'une quarantaine d'années, il avait des cheveux bruns coupés court et des yeux noirs au regard vague. Marshall le jugea d'une intelligence au-dessous de la moyenne.

Purgeant une longue peine et avec d'autres inculpations à affronter encore, Williams cherchait à négocier une réduction quelconque, mais Marshall l'avertit tout de suite qu'il ne ferait aucune offre avant de savoir ce que Williams avait à lui dire.

– Vous avez travaillé à la centrale électrique de McNeil en 1977 ? demanda d'emblée l'agent du F.B.I.

– Ouais.

– Qui était là ?

– Walker, Al Ingman et Terry Conner.

– Y avait-il des gardiens avec vous dans le bâtiment ?

– Pensez-vous ! Y avait que deux gardiens pour trois

cent cinquante détenus, dans tout le camp. C'était plutôt relâché. Nous étions livrés à nous-mêmes. Et peinards, avec la stéréo, la télé et même un sauna.

– Est-ce que vous parliez de vos activités passées ?

– Bien sûr, tiens. On n'arrêtait pas de causer.

– Saviez-vous pourquoi Walker était en prison ?

– Une histoire de drogue, je crois ?

– Lui arrivait-il de parler d'une île du Pacifique ?

Williams hocha la tête.

– Il nous a raconté un tas de choses sur Palmyre.

– Est-ce qu'il parlait du couple disparu ?

– Une fois, il nous a raconté qu'il les avait collés dans un canot pneumatique et laissés sur l'océan sans eau ni rien à manger.

– Vous l'avez cru ?

– Je me disais comme ça qu'il s'était probablement occupé d'eux, d'une façon ou d'une autre, histoire de ne pas laisser de témoins quand il volerait leur bateau. Une autre fois, il nous a dit qu'il leur avait fait le coup de la planche.

Marshall resta impassible.

– Oui, et alors ?

– Eh bien, Buck nous a dit comme ça qu'il leur avait attaché les mains dans le dos et qu'il les avait fait marcher jusqu'au bout de la planche, par-dessus bord.

– Lui tout seul ?

– Avec sa copine. A ce qu'il disait, ils avaient fumé de la dope et s'étaient déguisés en pirates. Buck disait qu'il avait pris des foies de volaille ou d'autres choses dans le réfrigérateur, sur le bateau du couple, et qu'il les avait jetés à l'eau pour attirer les requins. Je me souviens qu'il parlait aussi de bandeaux, qu'il leur avait bandé les yeux, à un moment donné.

Williams avait tendance à ajouter précipitamment des détails, comme s'ils venaient tout juste de lui revenir, mais l'agent continuait imperturbablement à prendre des notes.

– Walker était-il drogué quand il vous racontait tout ça ?

– Pour sûr, nous étions tous défoncés.

– A quoi ?

– On fumait de la marijuana.

– A votre avis, Walker était-il lucide, à ce moment-là ? En possession de tous ses moyens ?

– Oh oui, sûr !

– Vous étiez encore à McNeil quand Walker s'est évadé en 79 ?

– Ben tiens ! Je l'ai aidé.

– Comment ?

– Nous avons construit un radeau, avec une chambre à air de tracteur et un grand morceau de bâche. Nous l'avons caché dans la forêt, près d'une crique.

– Vous avez pu faire tout ça sans être surpris par les gardiens ?

– Ils se figuraient, comme nous étions dans une île, que nous ne pouvions pas nous tirer.

– Pourquoi ne vous êtes-vous pas évadé avec lui ?

– Je voulais attendre ma libération sur parole. Pas Buck. Il était inquiet.

– De quoi ?

– Il avait tout le temps peur qu'on ne trouve quelque chose à Palmyre. Il voulait être loin, avant que ça arrive.

– Après votre libération sur parole, vous avez rejoint Conner et Walker en Arizona ?

– C'est ça. J'étais avec Buck au Mexique quand nous avons appris qu'on avait trouvé des ossements sur cette île.

– Qu'a-t-il dit ? demanda l'agent, en restant le crayon en l'air.

– Il a dit comme ça que les fédés falsifiaient les pièces à conviction parce que ça ne s'était pas passé ainsi.

– Comment, alors ?

– Il a dit qu'il n'a jamais fourré de cadavres dans des coffres en métal.

Pour de nombreuses raisons, principalement pour éviter des surprises au procès, l'avocat de la défense a un droit de « découverte », c'est-à-dire le droit d'examiner ou de copier certaines pièces à conviction de l'accusation. Ainsi, dans la plupart des cours de justice, le prévenu peut connaître par avance les déclarations faites avant le procès par les témoins à charge. Dans une cour fédérale comme celle où Jennifer serait jugée, l'accusation n'est pas tenue de communiquer ces déclarations préalables à la défense avant que le témoin ait répondu à l'interrogatoire direct en cours de procès. La défense n'a droit qu'à une brève suspension d'audience pour examiner le témoignage avant de procéder à son contre-interrogatoire. Dans la pratique, toutefois, seuls les substituts qui veulent se faire mousser se conforment à cette règle sévère. Heureusement pour nous, le prosecutor Enoki n'était pas de ceux-là et nous reçûmes les rapports d'interrogatoires du F.B.I. – tapés sur le formulaire n° 302 du F.B.I., familièrement appelé un 302 – longtemps avant le procès de Buck Walker.

Enoki avait cependant fait une exception pour les déclarations d'Ingman et de Williams, qui ne furent communiquées que très peu de temps avant le procès Walker. En les parcourant, je n'exclus pas naturellement la possibilité qu'il s'agisse de la vérité. Mais il est de notoriété publique qu'on ne peut pas se fier aux mouchards, non seulement parce qu'ils sont par définition des criminels indignes de confiance et forcément menteurs, mais encore parce qu'ils ont un mobile puissant pour affabuler : l'espoir d'un échange de bons procédés avec les autorités. De plus, l'histoire que Buck aurait racontée à Ingman et Williams ne tenait guère debout. Je n'avais entendu parler d'aucune « planche » à Palmyre (bien qu'il puisse évidemment y en avoir à bord d'un bateau), il n'avait jamais été question de « déguisements de pirates » et l'affaire des foies de volaille me paraissait carrément invraisemblable. Et si Muff avait servi de nourriture aux requins, comment ses restes étaient-ils parvenus dans une cantine métallique ? La perception de plus en plus forte que j'avais de la personnalité de Jennifer excluait sa complicité active dans un crime sauvage. Pour moi, il était absolument incroyable qu'elle eût participé, si peu que ce fût, à la torture de Mac et Muff et les eût donnés en pâture aux requins. De toute façon, même si Walker avait raconté cette histoire à Ingman et Williams, il ne s'ensuivait pas qu'il leur avait dit la vérité. En fait, à en croire Williams, Walker aurait raconté deux histoires tout à fait différentes sur le sort tragique des Graham.

Mais même en croyant fermement à l'innocence de Jennifer, je ne pouvais naturellement pas en être certain à cent pour cent. Comment une personne qui n'était pas là-bas pouvait-elle avoir une certitude ? La possibilité de sa culpabilité, si inconcevable qu'elle me parût, était donc une chose que je devais affronter.

24

Le juge Samuel King et les avocats se rendirent dans la nouvelle juridiction, pour une audience préalable.

Je n'avais encore jamais rencontré le juge, pas plus que les state attorneys Elliot Enoki et Walter E. Schroeder.

Lors de la réunion informelle, dans son cabinet, le juge se montra paternel, et même grand-paternel, avec ses cheveux gris clairsemés, ses yeux agrandis par les verres optiques et ses bajoues qui tremblaient comme de la gelée quand il riait. Il avait toujours une plaisanterie ou un mot d'esprit à la bouche, même sur son banc de justice, et il adorait faire rire le public. Sam King me plut dès le premier abord, parce qu'il n'avait pas cette sotte emphase pompeuse commune à tant de magistrats. C'était un brave homme.

Enoki, trente-six ans, un nippo-américain collet monté, fortement charpenté, arborait un perpétuel sourire ironique laissant supposer qu'il savait quelque chose que tout le monde ignorait. Ses cheveux noirs raides se plaquaient sur son front comme s'il sortait de la douche. Premier attorney du barreau de Honolulu, Enoki aurait été à lui seul un redoutable adversaire mais, en plus, il était secondé par Walter Schroeder, un avocat de Washington D.C., envoyé spécialement par le ministère de la Justice pour l'assister.

Il n'était pas d'usage que Washington envoie à San Francisco un prosecutor pour assister un confrère de Honolulu ; normalement, le coaccusateur aurait dû être choisi dans le barreau de San Francisco. Cette initiative révélait que le gouvernement prenait des mesures particulières pour permettre à l'accusation de remporter la victoire aux procès sur Palmyre. Je ne savais rien de Schroeder, un personnage effacé portant lunettes, mais me doutais qu'il se révélerait d'une habileté considérable. Malheureusement, ce premier jugement était bon. Schroeder allait découvrir des faits nouveaux qui, si le jury le croyait, seraient extrêmement préjudiciables à Jennifer.

Lors de cette brève réunion, le premier soin de King fut de fixer des dates précises pour ces procès si longtemps retardés. Les deux parties furent d'accord pour considérer que celle du 15 janvier 1985, initialement prévue pour le procès Walker, était trop rapprochée. Elle fut repoussée au 28 mai. Le procès Jenkins suivrait immédiatement.

Nous convînmes de la présence de deux jurés suppléants, en plus des douze formant un jury normal, ainsi que de la possibilité pour l'accusation et la défense de *voir dire* (ce terme de loi français désigne l'examen préliminaire auquel est soumis un futur juré pour que soit testée son impartialité). Ce serait une exception à la règle qui veut que dans les procès fédéraux d'assises seul le juge procède à cette formalité. Chacune des parties, cependant, serait limitée à une heure seulement de *voir dire*.

Après la mise au point de quelques détails de moindre importance, King mit fin à la réunion en annonçant qu'il entendrait toutes les requêtes préliminaires le 11 janvier.

Cela ne nous laissait guère de temps pour préparer les quelques surprises que j'avais en tête.

Dans les ouvrages de droit pénal se trouvent des articles intitulés « conscience de culpabilité » recensant tous les types de comportements d'un accusé – fuite, résistance aux forces de l'ordre, évasion, destruction de pièces à conviction, déclarations fausses ou contradictoires, etc. – déclarés recevables par certaines cours comme preuves indirectes de la conscience de culpabilité. En plus de ces indications conventionnelles de culpabilité, en tant que prosecutor j'avais toujours cherché à m'emparer d'un petit détail obscur et à le développer en un argument révélant la conscience de culpabilité de l'accusé.

Aujourd'hui, devenu avocat de la défense, je trouvais tout naturel de prendre le contre-pied et d'arguer de la conscience d'innocence, également illustrée par le comportement de l'accusée. Assez curieusement, ces mêmes ouvrages qui consacrent des pages et des pages à la conscience de culpabilité ne mentionnent jamais la conscience d'innocence. A croire que le mécanisme central du droit pénal a été établi pour prouver la culpabilité et jamais l'innocence ; il s'agit sans doute d'un résidu du *Common Law*, le droit coutumier qui fut aboli en Angleterre en 1701, selon lequel l'accusé n'avait pas même le droit de faire citer des témoins pour sa défense. Il est bon de noter que le terme « preuve indirecte » en est venu à signifier preuve indirecte de culpabilité. Pourtant, il peut fort bien exister aussi des preuves indirectes d'innocence !

Si le jury avait le droit d'apprendre que Jennifer avait d'elle-même proposé de subir l'épreuve du détecteur de mensonges et accepté que les résultats en soient communiqués aux jurés, il me semblait qu'il en viendrait naturellement à se demander comment elle avait pu faire une telle proposition si elle était coupable.

En l'absence de toute stipulation des deux parties, les cours jugent généralement irrecevable la « preuve du détecteur de mensonges », sous prétexte qu'elle n'est pas scientifiquement établie. Je pensais que le juge King se servirait automatiquement de ce règlement pour empêcher ma démarche, même si, en l'occurrence, je voulais mettre en évidence l'état d'esprit de Jennifer et non établir la fiabilité du détecteur de mensonges. Pour tenter ma chance avec le juge King, et fortifier ma position, il me faudrait m'armer de précédents et de jurisprudences.

Je passai une journée et demie à la bibliothèque juridique du canton de Los Angeles à lire toutes les affaires que je pus trouver ayant fait appel au détecteur de mensonges, et je découvris que pas une seule ne traitait spécifiquement de la tactique que j'avais imaginée pour Jennifer.

Je finis néanmoins par en dénicher une, et même pas tout à fait pertinente, instruite dans le Massachusetts en 1974. Comme Jennifer, l'accusé avait proposé de passer l'épreuve du détecteur de mensonges et autorisé la communication des résultats au jury. La cour repoussa la proposition mais la cour d'appel réforma le jugement le condamnant en notant que « vu la possibilité de conséquences préjudiciables » de l'offre de l'accusé de laisser communiquer les résultats d'une épreuve « restant à passer », le juge avait suffisamment de raisons d'ordonner l'épreuve et de recevoir les résultats comme pièces à conviction.

Le cas de Jennifer était différent, bien sûr, en ceci que je ne cherchais pas, comme dans l'affaire du Massachusetts, à faire recevoir les résultats. Je voulais simplement faire savoir au jury qu'elle avait offert de les communiquer. Le tribunal du Massachusetts avait reconnu que lorsque l'accusé a quelque chose à perdre c'est une justification pour se départir de la règle fondamentale. Ne serait-ce que par implication, ce jugement allait dans une direction favorable à ma position.

Je présentai une requête, le 19 décembre, à la cour du juge King. Après l'avoir lue, un chroniqueur judiciaire de Honolulu me téléphona :

– Je suis les affaires criminelles depuis des années, mais je vous avoue n'avoir jamais vu de requête comme celle-là.

Moi non plus.

Enoki s'opposa à ma requête sans recourir à aucune autorité (mes recherches dans ce domaine m'avaient déjà appris qu'il n'y avait pas de précédent) mais en invoquant simplement le fait que la cour « ne devait pas dévier de la règle selon laquelle les offres de passer les tests du détecteur de mensonges sont irrecevables ainsi que leurs résultats non stipulés ».

Je savais que la bataille allait être rude.

Honolulu, 8 janvier 1985

A 16 heures, le Grand Jury, ayant reçu en début d'après-midi les informations fournies par les deux copains de Buck, Ingman et Williams, inculpa Buck Walter et Jennifer Jenkins de meurtre avec préméditation.

L'accusation avait accueilli les nouveaux éléments d'information comme un important coup de chance pour sa cause. Elle voulait croire que Buck, comme beaucoup de détenus, s'était fié naïvement à la camaraderie de la prison.

L'accusation crut également l'histoire de Williams, selon laquelle Jennifer Jenkins, avait participé aux meurtres. En fait, l'idée qu'elle était l'instigatrice du double crime et Walker un simple exécutant s'était fortement ancrée dans l'esprit des représentants de l'ordre.

Les jurés croiraient-ils deux individus aussi patibulaires qu'Ingman et Williams, quand ils comparaîtraient comme témoins ?

L'accusation était plus que décidée à tenter cette chance.

25

Je continuais de travailler avec Jennifer, toujours exaspéré par son refus de croire que Buck Walker avait froidement assassiné Mac et Muff Graham. Elle manifestait un total scepticisme, malgré tous mes efforts pour lui étaler sous le nez les preuves de sa culpabilité.

Comme, par exemple, le fanal allumé au mât du *Sea Wind*. En lisant les minutes du procès pour vol de Jennifer, j'avais relevé le témoignage de Tom Wolfe. Il racontait qu'une fois il avait accompagné les Graham dans une exploration de l'île dont ils ne comptaient revenir qu'à la nuit tombée ; avant de partir, Mac avait allumé le fanal au sommet du grand mât pour qu'ils n'aient pas de difficulté à retrouver le *Sea Wind* ni à monter à bord dans une obscurité totale. Songer à allumer un fanal en plein après-midi caractérisait un marin expérimenté et prévoyant, comme l'était Mac Graham, tout le monde s'accordait pour le dire.

Mais Jennifer avait témoigné que le 30 août, quand Buck et elle s'étaient rendus sur le *Sea Wind* pour leur dîner d'adieu, à 18 h 30, les Graham étaient absents et le fanal du grand mât éteint. Buck l'avait lui-même allumé plus tard pour permettre à Mac et Muff de retrouver facilement leur chemin dans le noir.

En lui montrant le témoignage de Wolfe, je demandai à Jennifer :

— Vous ne trouvez pas bizarre que Mac n'ait pas allumé le fanal avant de partir à la pêche, puisqu'il avait censément dit à Buck qu'ils rentreraient probablement tard ?

— Sur le moment, non.

— Et maintenant ?

– Peut-être, répondit-elle, parfaitement impassible.

Et puis il y avait la question de l'eau-de-vie d'abricot. Je demandai à Jennifer de me décrire une nouvelle fois en détail ce que Buck et elle avaient fait ce soir-là à bord du *Sea Wind* en attendant les Graham. Elle me dit que lorsqu'ils étaient descendus, ils avaient trouvé « certaines choses » disposées sur la table.

– Quelles choses ? Soyez précise.

– De la liqueur d'abricot et de la vodka. Des cacahuètes grillées. Des olives. Ah oui, une boîte de biscuits, aussi. Buck disait que Mac l'avait prévenu qu'ils nous laisseraient quelque chose à manger au cas où ils arriveraient en retard pour le dîner.

– Qu'avez-vous fait, alors ?

– Je me suis servi un verre de liqueur d'abricot et Buck a pris de la vodka. Et puis il a emporté la boîte de biscuits et nous sommes montés sur le pont.

Après notre entretien de ce soir-là, je restai assis dans un fauteuil de mon cabinet de travail, chez moi, jusqu'à plus de 2 heures du matin, mon éternel bloc de papier jaune sur les genoux. En comparant mes notes de la conversation avec Jennifer et son témoignage, je revenais sans cesse à cette scène à bord du *Sea Wind* durant cette soirée capitale du 30 août. Si Buck était monté sur le *Sea Wind* plus tôt dans la journée, comme je le soupçonnais, soit pendant qu'il tuait les Graham soit après les avoir tués, il était concevable qu'il y eût quelques traces de sa présence sur ce bateau. Même le malfaiteur le plus intelligent, le plus prudent peut commettre une erreur. Parmi mes notes griffonnées à la hâte, avant de monter enfin me coucher, figurait la suivante : « Demander à Jennifer quelle est sa boisson alcoolisée favorite. »

Je lui posai la question dès le début de notre entretien suivant et elle me répondit sans hésiter :

– La liqueur d'abricot.

– Mac et Muff le savaient-ils ?

Elle prit le temps de la réflexion.

– Non.

Elle avait bu des cocktails une ou deux fois sur le *Sea Wind* mais on n'avait pas servi de liqueur d'abricot « alors on n'en a jamais parlé ».

– Buck savait-il que c'était votre alcool préféré ?

– Oui, bien sûr, dit-elle sans méfiance et apparemment indifférente à mes intentions.

– Vous n'avez pas l'impression que Buck a posé lui-même cette bouteille sur la table ?

Elle m'interrogea du regard, m'examina mais ne dit rien pendant un long moment. Je la laissai démêler cela toute seule.

– Je vois où vous voulez en venir, murmura-t-elle enfin et sa figure s'allongea.

Le fanal du mât et l'eau-de-vie d'abricot furent les deux pièces à conviction qui, pour la première fois, parurent ébranler sa certitude de l'innocence de Buck Walker. Mais elle ne vacilla qu'un bref moment. Jusqu'au procès, le fond de sa pensée demeura inchangé. Jennifer ne pouvait absolument pas accepter l'idée que Buck ait tué les Graham.

26

San Francisco, 28 mai 1985

Un beau temps, ensoleillé et venteux, régnait sur la baie. L'air était frais et vif. Les tramways se croisaient le long des rues abruptes bordées d'hôtels élégants et de restaurants de classe internationale. Des dizaines de milliers de voitures de banliusards roulaient sur la toile d'araignée des ponts desservant les autoroutes surélevées et les tours du centre des affaires ; entre les hauts immeubles de styles et de formes variés, on entrevoyait un ciel immense d'un bleu idéal, une parfaite toile de fond pour le mélodrame promis par la presse.

Après un petit déjeuner très matinal en prison, Buck Walker fut embarqué dans un fourgon de police banalisé aux vitres grillagées, et accompagné par deux gardiens armés pour le trajet à travers la ville, de sa cellule provisoire à la prison cantonale au parking du sous-sol du palais de justice gardé par des policiers, armés également. Ce genre de

217

scène préfigurerait, dans un film de Sam Peckinpah, un horrible carnage.

A 9 h 30, le juge Samuel King pénétra dans la salle d'audience. Elliot Enoki et Walter Schroeder, tous deux très lugubres en costume trois-pièces marine, occupaient une longue table perpendiculaire au tribunal et placée à la droite du juge. En face des avocats de l'accusation étaient assis Earle Partington, élégamment vêtu d'un costume de flanelle grise, d'une chemise rose et d'une cravate bordeaux, et le codéfenseur Ray Findlay, encore assez jeune mais tout grisonnant et les yeux cachés par des lunettes teintées. Findlay, à l'opposé de son confrère, cherchait à se fondre dans le décor et à éviter le feu des projecteurs. Entre les deux avocats, grand, massif, indéchiffrable, se tenait l'homme accusé d'avoir assassiné Muff Graham.

Walker, âgé maintenant de quarante-sept ans, avait considérablement vieilli en onze ans, depuis Palmyre. Ses cheveux, soigneusement coiffés mais clairsemés, quinze kilos superflus et un double menton lui donnaient l'air mou comme de la pâte à pain. Le jury allait avoir du mal à imaginer le bel homme fanfaron, grand et fort, aux traits burinés des photos prises en 1974. Ses yeux regardaient froidement à travers des lunettes à double foyer, à monture noire, qu'il remontait fréquemment sur son nez du bout de l'index. Il portait une chemise hawaiienne à fleurs, une veste en velours côtelé de coupe western renforcée aux coudes et un pantalon de polyester marron, tenue qu'il conserverait pendant toute la durée de son procès. Son teint cireux s'expliquait par les trois ans et neuf mois passés derrière les barreaux, depuis son arrestation à Yuma. Pour s'adresser à ses avocats, il chuchotait derrière sa main, sans jamais provoquer le moindre incident de prétoire. Mais sous cet aspect d'expert-comptable, une indiscutable malveillance faisait frémir tous ceux qui l'approchaient.

Le juge King se présenta au groupe des soixante jurés présélectionnés : « J'ai soixante-neuf ans, je suis marié depuis quarante ans avec la même femme, leur dit-il en souriant. Et j'ai quatre petits-enfants trois quarts. » Il posa à chacun quelques questions préliminaires puis donna la parole à Enoki et Partington.

Peu avant midi, l'accusation et la défense s'accordèrent sur le choix du jury et des deux suppléants. Les jurés prêtèrent serment.

Dans l'après-midi, Enoki prononça le premier exposé du ministère public :

– Je ne pense pas qu'il vous sera difficile d'accorder toute votre attention à cette affaire car elle se déroule dans un décor très extraordinaire...

Il résuma ensuite les charges pesant contre l'accusé, parla aux jurés de Mac et Muff Graham et de leur splendide bateau, le *Sea Wind*, décrivit Palmyre et expliqua comment, onze ans plus tôt, les Graham s'étaient retrouvés seuls dans cette île avec Buck Walker et Jennifer Jenkins. Puis il donna un aperçu des pièces à conviction que l'accusation entendait présenter au cours du procès. Quant au mobile du crime, il dit que Walker et son amie vivaient comme des naufragés sur cette île, et presque sans vivres.

Assise au premier rang du public, une petite femme frêle mais au regard intense, âgée de plus de cinquante ans, serrait dans une main un mouchoir en papier roulé en boule et ne quittait pas du regard l'accusateur public. Depuis dix ans, Kit Graham-McIntosh avait subi plusieurs opérations pour un cancer. A côté d'elle, son second mari Wally McIntosh, un ingénieur retraité qu'elle avait épousé en 1977, lui tenait la main. Ils étaient venus ensemble de Seattle pour assister au procès dont ils n'entendaient pas perdre un seul moment.

– J'aime bien voir et savoir tout ce qui se passe, répondit Kit avec un sourire à un journaliste qui l'abordait dans le couloir pendant une suspension d'audience. Mac était mon seul frère et je l'aimais tendrement.

En prenant place à côté de son mari, Kit pensa que c'était une chance que sa mère, morte un an plus tôt, n'ait pas à endurer cette présentation publique des pièces à conviction. Celle de Muff n'avait même pas vécu assez longtemps pour apprendre la hideuse découverte macabre dans l'île de Palmyre. Elle avait décliné rapidement après la disparition de sa fille et était décédée moins de deux ans plus tard. La cause de la mort était, selon une amie de la famille, « un cœur brisé ». Dorothy, la sœur aînée de Muff, était morte elle aussi entre la disparition de sa sœur et la découverte de ses restes.

Quand Enoki alla se rasseoir, Ray Findlay se leva pour prononcer l'exposé de la défense. Il boutonna la veste de son costume fripé et regarda le jury d'un air presque penaud.

D'une voix lancinante, il refit une description géographique de l'île, en insistant sur l'abondance de cocotiers, de poissons comestibles et de crabes.

– Personne n'allait mourir de faim sur cette île, déclarat-il. Personne n'allait être réduit au désespoir par la faim. Ils avaient de quoi manger, et ils faisaient du troc pour se procurer ce qui leur manquait.

Mais le juge l'interrompit d'un ton acerbe :

– Vous plaiderez plus tard !

Ses bajoues avaient en un éclair viré au rouge betterave et ses paroles mordantes ne deviendraient au fil du procès que trop familières à la défense.

– Oui, Votre Honneur, répondit humblement Findlay.

Durant tout le procès, en présence du jury, King ne cesserait d'exprimer ostensiblement son manque de respect pour les avocats de la défense, non seulement par son vocabulaire mais par le ton de sa voix et par ses gestes. Il ponctuait ses phrases de coups de poing sur la table et tapait avec son crayon la base du micro placé devant lui. Ce tic produisait un martèlement amplifié qui se répercutait dans toute la salle, signalant à l'auditoire que la défense l'exaspérait une fois de plus.

Findlay poursuivit néanmoins son exposé. Deux fois, il fut durement interrompu par une admonestation du juge.

– Personne ne conteste que M. Walker est un voleur de bateau, dit l'avocat de la défense en se balançant nerveusement d'un pied sur l'autre. Il a volé le *Sea Wind*, oui...

Mais, fit observer Findlay, ce vol n'eut lieu qu'après la disparition des Graham.

Il conclut sur le thème qui allait être la principale ligne de défense de Walker : il n'y avait pas eu de meurtres à Palmyre, rien que des morts accidentelles.

– Les Graham sont partis à la pêche dans leur petite embarcation pneumatique. Nous ne savons pas si le Zodiac a heurté un écueil ou si un coup de vent l'a fait chavirer. Je crois que les pièces à conviction prouveront au moins une chose : personne ne sait quand ni comment Muff Graham est morte et personne ne peut avancer un indice prouvant, au-delà d'un doute, que l'accusé, Buck Walker, a commis ce meurtre.

Par cette maladresse de langage, qu'on ne saurait malgré tout lui reprocher, l'avocat de la défense venait de se contredire involontairement en reconnaissant qu'il y avait bien eu meurtre, ce qui était sans doute la question cruciale du procès Walker.

Len Weinglass et moi assistions au procès Walker, ainsi que Ted Jenkins. Nous écoutâmes tous, avec une grande attention, les dépositions des témoins. Quand l'un d'eux quittait la barre, Len restait assis pour entendre le début du témoignage suivant et je me précipitais dans le couloir pour interroger celui qui partait. J'étais particulièrement intéressé par ceux qui risquaient de témoigner plus tard contre Jennifer.

Le premier témoin à charge, Larry Briggs, fut appelé dès l'ouverture de l'audience au matin du 29 mai. Interrogé par Walt Schroeder, le capitaine du *Caroline* expliqua qu'il avait aidé à remorquer le *Iola* dans le lagon le 27 juin.

– Pour ma part, déclara-t-il, le *Iola* ne me faisait pas l'effet d'un bateau en état de prendre la mer. Il était très délabré.

Il révéla que le trajet Hawaii-Palmyre était ce qu'on appelle « une traversée facile à la voile ».

– Et l'inverse ?

– C'est beaucoup plus difficile parce que vous avez d'un bout à l'autre le vent et les courants contre vous. La traversée est très rude pour n'importe quel bateau.

– Auriez-vous tenté une telle navigation avec un bateau comme le *Iola* ? demanda Schroeder.

– Sûrement pas. A moins de ne pas avoir le choix.

Le message était clair : le *Iola* ne pouvait retourner à Hawaii, mais Buck et Jennifer avaient le choix. Le *Sea Wind*.

Lors du contre-interrogatoire par Findlay, Briggs confirma que les requins abondaient dans le lagon. Ensuite, pour tenter de démontrer que dans l'île tous ne craignaient pas Buck Walker, Findlay demanda au témoin s'il était vrai qu'un des radioamateurs du *Caroline* s'était bien entendu avec l'accusé.

Le juge intervint alors :

– J'accorde une objection.

Aucune objection n'avait été faite mais, saisissant la perche tendue par King, Schroeder se leva immédiatement et s'opposa à la question.

– Objection accordée, ordonna le juge.

Findlay en fut tout éberlué.

– Mais, Votre Honneur, les relations...

– Accordée ! rugit le juge.

– Le témoin peut observer...

– Assez ! Assez ! La question est rejetée !

L'avocat de la défense, ébranlé par l'éclat du juge, prit un temps pour mettre de l'ordre dans ses pensées. Finalement, il demanda au témoin s'il avait vu le radioamateur en question en compagnie de l'accusé.

– Si je les ai vus, je ne m'en souviens pas, après tout ce temps.

– Vous souvenez-vous d'avoir fait une déposition au F.B.I. ?

King se leva à moitié de son banc, la figure congestionnée.

– Vous allez finir par vous créer de sales ennuis, tonnat-il, si vous vous obstinez à passer outre à ma décision !

– Mais..., bredouilla faiblement Findlay.

Le juge ordonna au jury de quitter la salle. Le mal avait déjà été fait, bien sûr. Les jurés avaient vu le juge rabaisser plus bas que terre l'avocat de la défense, mettant en doute sa crédibilité et sa compétence ; ce qu'ils ignoraient, en revanche, c'est que le juge avait outrepassé la loi. Findlay avait parfaitement le droit de demander à Briggs quel genre de relations il avait observées entre l'accusé et les autres personnes présentes à Palmyre. Certes, du point de vue technique, il n'avait pas convenablement préparé sa question (ce qui n'était d'ailleurs pas la cause de la décision de King), mais il tentait à juste titre d'utiliser une déclaration antérieure de Briggs au F.B.I. pour lui rafraîchir la mémoire.

En l'absence du jury, le juge continua de tempêter contre Findlay en l'accusant de contrevenir à sa décision. Assis dans le public, je commençai à ressentir des crispations au creux de l'estomac. Etait-ce un avant-goût du procès de Jennifer ? Si une manœuvre de procédure somme toute normale pouvait produire chez ce juge une telle irritation, que se passerait-il lorsque je tenterais la défense anticonformiste que je projetais, et avec mon style agressif habituel ?

L'accusation cita en tout six témoins oculaires de l'été 1974 à Palmyre : Briggs, Jack Wheeler, Bernard et Evelyn Leonard, Donald Stevens et Thomas Wolfe. Un trait commun ressortait de leurs témoignages : Buck et Jennifer n'avaient plus de vivres, leur bateau ne tenait pas la mer et comme aucun n'avait jamais vu les jeunes gens à bord du *Sea Wind* – alors qu'eux-mêmes y avaient été invités – ni liés en aucune façon à Mac et Muff, tous concluaient à l'hostilité entre les deux couples.

Après avoir eu communication d'un rapport 302 du F.B.I. faisant allusion à des lettres écrites par les Graham à la sœur de Mac, j'avais demandé copies de ces lettres et les avais récemment reçues d'Enoki. La correspondance, irrecevable car considérée comme rumeur, révélait clairement que les deux couples avaient eu des rapports sinon d'amitié, du moins de bon voisinage et de civilité, même si chacun avait espéré occuper l'île tout seul.

En concluant un interrogatoire anodin de Wheeler, Findlay dit à King :

– Votre Honneur, je n'ai plus d'autre question.

De façon incroyable, le juge s'en prit à l'avocat, devant le jury :

– Ne dites jamais que vous n'avez pas d'autre question avant d'avoir consulté M. Partington !

– Je ne pense pas..., bégaya Findlay décontenancé.

Le juge poursuivit son sévère sermon :

– Vous devez me dire simplement : « Puis-je avoir une seconde ? » Après quoi vous vous tournez et vous regardez M. Partington.

King grondait publiquement Findlay comme un enfant, pour une question de procédure qui ne concernait que les avocats et non le juge. Sa conduite était scandaleuse.

Deux des témoins à charge que je craignais le plus suivirent Wheeler. Bernard et Evelyn Leonard étaient membres d'un club facétieusement surnommé la « Hawaian Connection ». Ce groupe, dont faisait partie Curt Shoemaker, était d'accord avec les quelques représentants des forces de l'ordre qui pensaient que Jennifer était le véritable cerveau dans l'affaire des meurtres de Palmyre.

L'attitude du juge pendant le contre-interrogatoire de Bernard Leonard fut la répétition de ce qui s'était produit avec Briggs, à cela près que cette fois la victime était Partington. Et toujours sous les yeux du jury. Findlay procédait au contre-interrogatoire de Leonard et lui demandait des détails géographiques sur Palmyre quand Partington se leva et présenta une requête raisonnable :

– Puis-je avoir un moment avec M. Findlay, Votre Honneur ? Il n'est jamais allé à Palmyre, moi si.

– Il m'a l'air de bien se débrouiller. S'il avait besoin de

secours, il se retournerait et vous en demanderait, répliqua sèchement le juge.

Partington fut blessé.

– Je voulais simplement expliquer...

– Faites vite. N'allons pas perdre cinq minutes.

Les codéfenseurs avaient absolument le droit de se consulter à ce moment, ce qu'ils firent d'ailleurs, mais après que le juge eut indiqué encore une fois aux jurés le peu de cas qu'il faisait des avocats de la défense. (Hors de la présence du jury, King continua de se laisser aller à ses accès de colère, en criant par exemple : « Ça suffit comme ça ! », « Est-ce que vous avez déjà plaidé en assises ? », « Je connais vos arguments ! »)

Après quelques jours à peine de ce traitement, Partington fut atteint d'un zona. Cette douloureuse affection de la peau provoqua une vague de plaisanteries d'un goût douteux sur le malheureux qui succombait à un désordre nerveux pendant le procès le plus important de sa carrière.

Quand j'allai aborder Bernard Leonard dans le couloir, après sa déposition, il se montra plutôt froid, comme je m'y attendais. Pour parler franchement, il me toisa comme si j'étais un cancrelat ou une sale bestiole sortie de sous une pierre.

On a dit que l'ancien présentateur des informations de C.B.S., Walter Cronkite, était capable d'influencer des millions d'Américains par un simple haussement de sourcils lorsqu'il passait en revue l'actualité. Je craignais que Leonard n'ait le même genre d'influence sur le jury. Près de douze ans s'étaient écoulés depuis les événements de Palmyre et nous étions à San Francisco, loin de l'atoll désert. Bien des choses peuvent changer en douze ans, y compris l'aspect et le maintien d'une personne (Buck Walker en était un parfait exemple). Je savais que les jurés accorderaient un poids considérable aux témoignages des personnes présentes à Palmyre en juillet et août 1974. Ces gens avaient vu Jennifer comme elle était *alors* et avaient observé, de leurs yeux, ce qui s'était passé entre Jennifer, Buck et les Graham. Leonard et sa femme, cités tous deux au procès de Jennifer, pourraient, par leurs gestes ou le ton de leur voix, révéler subtilement à des jurés suspendus à leurs lèvres à quel point ils étaient sûrs de sa culpabilité et les braquer ainsi contre elle. Je savais qu'il me faudrait secouer Leonard pour ébranler la certitude qu'il avait de la culpabilité de Jennifer. Il était impossible de l'amener à croire à son innocence mais j'espérais au moins l'amadouer un peu pour qu'il témoigne sans trop manifester par le geste ou le regard son préjugé personnel.

Par un entretien téléphonique qu'avait eu avec lui Len Weinglass, le 12 mars 1982, je me doutais que ce serait difficile. Pour Leonard, Jennifer était « capable de mettre à exécution toutes ses décisions », y compris passer des épreuves du détecteur de mensonges. Buck était manifestement « un malfaiteur », avait-il dit à Len, mais Jennifer était intelligente, agressive et rusée. Elle était « l'instigatrice » du crime qu'elle avait fait commettre par Buck. « Elle l'avait projeté. Il l'avait commis. » Leonard avait ajouté qu'il ne souhaitait pas parler plus longtemps avec la défense parce que « ce que je vous dirais risquerait de vous aider et je ne veux pas aider Jennifer ».

Le 3 janvier 1984, j'avais moi-même tenté d'établir une communication avec Leonard et je lui avais écrit.

Je lui disais d'emblée que le ton de ma lettre allait sans doute lui paraître effronté mais que, à cause de la position qu'il avait adoptée et du fait que la liberté de Jennifer était en jeu, j'espérais qu'il me le pardonnerait. J'essayais de faire appel à son raisonnement. Puisqu'il était professeur, je pensais qu'il comprendrait bien que l'attitude inflexible qu'il avait adoptée – le jugement apparemment irrévocable qu'il avait rendu sans avoir accès à tous les faits – était incompatible avec sa vocation et ses principes. J'allais jusqu'à lui rappeler le profond constat de Socrate, un des plus grands maîtres de l'histoire du monde, que la seule chose qu'il savait, c'est qu'il ne savait rien.

Je tentais ensuite de faire appel à sa loyauté en lui demandant s'il pensait avoir été juste en jugeant Jennifer coupable alors qu'il n'avait examiné aucune des pièces.

Je lui disais enfin que j'avais passé d'innombrables heures à examiner et étudier tous les documents, les minutes, les transcriptions de cette affaire, interrogé aussi Mlle Jenkins en profondeur, et que j'étais « personnellement convaincu qu'elle était complètement innocente de l'accusation de meurtre pesant sur elle ».

Je concluais par cet appel : « Si vous aviez la bonté de me donner l'occasion de vous rencontrer, à la date et au lieu que vous choisiriez, je suis sûr de pouvoir amplement justifier à vos yeux la conclusion à laquelle j'ai abouti. Si je n'y parviens pas, vous n'aurez rien perdu, à part une heure ou deux de votre temps. Je crois que vous vous apercevrez que nous voulons tous deux que justice soit faite, pour la mort de vos amis, Malcolm et Eleanor Graham. On a dit que la vérité, parfois fugace et insaisissable, était mère de la justice. C'est seulement en conservant, au cours de notre enquête, un esprit ouvert, que nous pourrons éviter, monsieur, monsieur, l'erreur judiciaire. »

Je disais finalement à Leonard que j'attendais impatiemment sa réponse. Il n'y en eut pas.

En ce moment, après m'être présenté je lui rappelai tout de suite que je ne représenterais pas Jennifer si je la croyais coupable de meurtre. Il resta planté devant moi, les épaules légèrement voûtées, sa longue figure aussi chaleureuse que celle d'un employé de l'administration.

— Les avocats se fichent que leurs clients soient coupables ou innocents, rétorqua-t-il en se retenant tout juste de renifler.

— Je puis vous assurer que ce n'est pas mon cas.

Pendant un instant des plus brefs il parut considérer cette possibilité.

— J'ai eu onze ans pour réfléchir à cette affaire, me dit-il. Croyez-moi quand je vous dis que Jennifer est habile à convaincre les gens de son innocence. Elle a le don de persuader n'importe qui de n'importe quoi. C'est une menteuse invétérée.

Nous marchions, tout en causant, et je l'entraînai vers une pièce inoccupée que j'utilisais pour mes entretiens avec les témoins.

— En aucun cas Mac et Muff n'ont pu inviter ces deux-là à bord du *Sea Wind*, encore moins leur dire de s'y installer comme chez eux pour les attendre, conclut Leonard.

Je reconnus volontiers que l'invitation à dîner et à « faire comme chez eux » était un mensonge évident.

Leonard soupesa gravement mon affirmation. Il était visiblement surpris et intrigué, en me suivant dans la pièce.

— L'invitation à dîner est une histoire inventée par Buck, lui expliquai-je, et nous nous assîmes tous les deux. Pas par Jennifer. Buck lui a dit qu'ils étaient invités à bord du *Sea Wind* pour dîner. Jennifer n'a jamais dit qu'elle l'avait entendu de la bouche de Mac ou de Muff. Au contraire, elle reconnaît ne pas avoir vu les Graham de toute la journée du 30 août.

. — Le jour de son arrestation à l'Ala Wai elle m'a dit, à moi, et je cite : « Mac et Muff nous ont invités à dîner. »

— Vous êtes professeur de lycée, monsieur, vous devez

certainement être familiarisé avec le langage courant. « Nous » était simplement une ellipse. Cela ne veut pas dire que Mac ou Muff lui avaient fait personnellement cette invitation. Selon les propos de Buck, comme elle les a compris, ils étaient tous deux invités à dîner.

– Je vois ce que vous voulez dire.

Son attitude signifiait « ça va, compris, finissons-en ».

Nous évoquâmes ensuite le fait que le *Sea Wind* n'était pas fermé à clé lorsque Buck et Jennifer étaient montés à bord dans la soirée.

Mac verrouillait toujours son bateau, affirma-t-il, même quand il s'absentait pour très peu de temps.

– Pensez-vous que Jennifer pouvait le savoir ?

Il hésita.

– Probablement pas.

Quand nous nous séparâmes, je me dis que j'avais peut-être tempéré l'animosité de Leonard contre Jennifer ou éveillé au moins en lui le sens de la justice. Il me faudrait attendre sa déposition au procès pour savoir quel effet avaient produit sur lui ma lettre et ma conversation.

Quand je retournai dans la salle, Evelyn Leonard, une femme menue aux pommettes saillantes qui frisait la soixantaine, occupait avec son mari les fauteuils des témoins.

Evoquant sa dernière entrevue avec Muff, elle déclara :

– Muff pleurait à fendre l'âme et répétait qu'elle était sûre de ne jamais quitter cette île vivante.

Comme Leonard me l'avait demandé, lorsque sa femme eut fini de déposer, je ne la suivis pas pour l'interroger.

Tom Wolfe, qui avait visité Palmyre à bord du *Toloa*, témoigna de l'attaque et de la morsure du pit-bull de Walker, de l'incapacité de Buck à attraper du poisson, de la pénurie du *Iola* et de la tension croissante entre les couples du *Sea Wind* et du *Iola*.

En conclusion de la déposition de Wolfe, l'accusation évoqua la disparition de la mort-aux-rats. Wolfe s'empressa de répondre qu'il l'avait remarquée la veille de son départ et signalée à Mac.

Le témoin suivant fut Curt Shoemaker, dont le teint rubicond, les cheveux décolorés par le soleil et la démarche chaloupée confirmaient son propos quand il se vantait d'avoir parcouru dans sa vie quatre-vingt-dix mille milles d'océan.

Walt Schroeder continuait de procéder aux interrogatoires des témoins à charge et il questionna Shoemaker sur ses horaires de communications radio avec les Graham. Vinrent ensuite les souvenirs précis de leur dernier contact, qui firent l'effet d'une bombe, surtout juste après l'affaire de la mort-aux-rats.

– Vous rappelez-vous le sujet de votre dernière conversation avec Mac Graham le 28 août et s'il a parlé de ce qui se passait là-bas au même moment ?

– Eh bien, vers la fin de la transmission j'ai entendu une voix à l'arrière-plan et Mac m'a dit : « Une minute. Il se passe quelque chose. » Là-dessus il est monté sur le pont, puis il est redescendu à la cabine et m'a dit : « Il y a un canot qui s'approche du bateau », et puis : « Je suppose qu'ils viennent signer une trêve », ou quelque chose comme ça. Et il m'a demandé d'attendre encore une fois, pendant qu'il remontait sur le pont.

– Il est revenu à la radio ?

– Oui, bien sûr, au bout de dix à quinze secondes. Il m'a parlé d'un gâteau qu'ils apportaient à bord. Puis il a mis fin à la transmission.

– Avez-vous entendu quelque chose en bruit de fond, pendant que Mac vous parlait ?

– Oui, une voix de femme et puis des rires. Je crois que Muff parlait aussi. Il m'a semblé entendre deux voix féminines.

Je savais, par ma lecture des minutes des deux procès pour vol, que Shoemaker n'avait jamais mentionné cette trêve, dans ses autres dépositions, alors qu'il en avait eu amplement l'occasion. A mon grand étonnement, Findlay, dans son contre-interrogatoire, ne fit pas observer cette contradiction critique. Etait-il possible que l'avocat de Walker n'ait pas lu les minutes des autres procès ? Notre copie avait abouti dans un garde-meuble ; la leur aussi, peut-être.

Quand l'audience fut levée, après la déposition de Shoemaker, je sortis dans le couloir. Un groupe de spectateurs commentait le témoignage du vieux marin :

– Alors maintenant, nous savons comment ils ont fait, disait l'un.

– Ouais, reconnaissait un autre. Ils ont nappé leur gâteau de mort-aux-rats. Je vous jure, quelle façon de s'en aller !

Cette analyse hâtive était désastreuse pour Jennifer. Il était peu probable que Buck ait fait cuire un gâteau puis l'ait garni de mort-aux-rats. Jennifer, en revanche, se servait constamment de son four pour ses inventions culinaires variées. Si le public croyait que les Graham avaient été empoisonnés, pourquoi les jurés ne le penseraient-ils pas aussi ? Je connaissais mal les effets de la mort-aux-rats sur les humains mais, si elle pouvait causer la mort, la fin ne devait pas être rapide. Les Graham auraient commencé par être affreusement malades et se seraient servis de leur radio pour demander de l'aide, des secours. Leur silence à ce sujet me semblait écarter toute mort par empoisonnement. (Tom Wolfe m'avait d'ailleurs fait part de l'éventualité que Mac ait pris le poison dans l'intention de « faire son affaire au pit-bull de Buck ».) Cependant, je ne pouvais être certain qu'un jury aboutisse aux mêmes déductions que moi.

Je montai immédiatement au bureau du state attorney, au seizième étage, pour m'entretenir avec Schroeder.

– La déposition sur la mort-aux-rats est extrêmement préjudiciable et n'a aucune valeur probante. Ce que vous cherchez, Walt, c'est à enfoncer dans la tête des jurés l'idée que Buck et Jennifer ont empoisonné les Graham, alors qu'aucune preuve, aucune pièce à conviction n'étaie cette hypothèse.

Mon principal souci, bien entendu, était que, lors du procès de Jennifer, l'accusation tente de se servir de la déposition de Shoemaker sur la mort-aux-rats.

Schroeder coupa court à mon intervention.

– Non, Vince, nous voulons simplement montrer que les Graham étaient au courant de la disparition du poison et que cela avait aiguisé leur méfiance envers Jennifer et Buck, rendant donc impossible la prétendue invitation à dîner.

Malgré les protestations de Schroeder, je ne fus pas convaincu.

Je prévoyais qu'au procès de Jennifer il me faudrait attaquer rudement Shoemaker lors de mon contre-interrogatoire quand il répéterait – et il n'y manquerait pas – son histoire de Buck et Jennifer apportant un gâteau dans la soirée du 28 août.

D'autre part, j'étais résolu à ne pas faire entendre le témoignage de Tom Wolfe sur la mort-aux-rats. Quels que soient les effets réels de ce poison, sa simple évocation était toxique.

Dans les rangs du public se tenait une personne fascinée par les débats : Patricia McKay, une forte femme d'environ cinquante-cinq ans aux cheveux grisonnants. Malgré l'âge et quelques kilos superflus, la finesse des traits de l'ex-Mme Walker laissait penser que, dans sa jeunesse, elle avait été d'une grande beauté.

Sa présence avait surpris Buck, car depuis des années ils n'avaient eu aucun contact. Ils échangèrent quelques salutations par l'intermédiaire de Partington mais Patricia prit soin de ne pas laisser soupçonner son identité. Elle n'était pas venue apporter un soutien à Buck. Elle expliqua plus tard : « Je voulais voir par moi-même, j'avais besoin de savoir. » Elle comptait rapporter tous les détails à Noel, leur fille de dix-neuf ans persuadée que son père était victime d'un coup monté.

Tel n'était pas le sentiment de Patricia. Buck était un voyou quand ils s'étaient connus et aimés en 1961, affirmait-elle, et elle était convaincue qu'il était resté un malfrat après leur divorce de 1972. Bien sûr, il y avait eu de bons moments, au début. Patricia avait cru en Buck et, lorsque tout allait bien, l'amour et la passion les unissaient. Mais quand les choses allaient mal, c'était horrible. Patricia avait souvent craint pour sa vie, même après le divorce.

– J'ai toujours senti que si Buck tuait quelqu'un, ce serait moi. Nos rapports étaient aussi explosifs que ça.

Faire le tour du monde à bord de son propre yacht somptueux était le rêve de Buck, disait-elle, et dans les premières années il restait assis pendant des heures à la table de la cuisine à dessiner des modèles de voiliers. Une fois, il avait même commandé par correspondance un manuel et des plans de voiliers, pour en construire un lui-même.

Quand elle avait vu dans le journal une photo du *Sea Wind*, elle avait eu froid dans le dos. Le ketch des Graham ressemblait tout à fait au bateau des rêves de Buck.

Les procès ne progressent jamais bien vite, sauf dans les romans et au cinéma, et pendant les jours suivants le défilé des témoins à charge se poursuivit.

Leur contre-interrogatoire par la défense manquait singulièrement d'inspiration et parvenait rarement à retourner leur version des événements. La médiocrité de la défense était accentuée par les assauts perpétuels de King qui, en plein prétoire, mettait en doute la compétence des avocats. Des réflexions du genre : « Vous nous faites perdre notre temps ! », « Assez de ces âneries, passons à autre chose » ou « Pressons, pressons » se succédaient dans son répertoire fielleux.

Au cours d'une suspension d'audience, un journaliste aborda Findlay dans le couloir.

– Le juge me paraît bien remonté.

– Ce juge est si mauvais que c'en est incroyable ! répliqua Findlay d'un air écœuré, sans même demander que ses réflexions ne soient pas publiées. Non seulement son comportement est odieux mais son parti pris contre nous s'étend même aux questions annexes.

Je me doutais bien que la conduite de King influencerait le jury contre Walker, car il allait de soi que si un juge traitait l'accusation avec un tel respect et professait un tel mépris des avocats de la défense, c'était qu'il jugeait déjà l'accusé coupable. Mais Partington et Findlay conservaient l'attitude soumise des bœufs conduits à l'abattoir.

King était manifestement déchaîné, indifférent à l'effet préjudiciable pour le prévenu qu'avaient sur le jury ses éclats de colère.

Je n'avais encore pris aucune décision, mais je savais déjà qu'il me faudrait trouver un moyen de modifier l'attitude de King au moment du procès de Jennifer ; il me serait impossible de supporter une seule de ses attaques.

Frank Mehaffy, un professeur d'université de Sacramento, la capitale de la Californie, vint témoigner, de façon neutre, de sa présence sur un bateau dans la rade de Kauai Nawiliwili, le 12 octobre 1974, lorsqu'un ketch qu'il identifia comme le *Sea Wind* s'amarra à la jetée. Le lendemain, il avait fait la connaissance du couple à bord de ce bateau inconnu, Roy Allen et Jennifer Jenkins.

Mehaffy fut le premier témoin à charge à mentionner un trou mystérieux dans la coque du *Sea Wind*. Roy Allen lui aurait alors expliqué qu'au retour de Palmyre un espadon avait percé le bateau, juste au-dessous de la ligne de flottaison.

Kit secoua une ou deux fois la tête d'un air sceptique pendant la déposition du professeur. Elle était persuadée que le trou dans la coque provenait d'une balle perdue au cours du sauvage assassinat de son frère et de sa belle-sœur. L'accusation avait manifestement abouti à la même conclusion et introduisait ce détail pour insinuer dans l'esprit des jurés le scénario de la fusillade à bord.

Au cours d'une suspension d'audience, un grand gaillard efflanqué assis devant moi se retourna pour engager la conversation. Agé d'environ trente-cinq ans, la figure tannée, le menton orné d'une petite barbiche bien taillée, il se présenta comme un entrepreneur en bâtiment de Los Angeles.

– Qu'est-ce qui vous a fait venir à ce procès ? lui demandai-je par politesse.

– Je suis cité comme témoin.

Quand je lui expliquai qui j'étais il me dit qu'il s'appelait Joel Peters.

– Non ! Pas le Joel Peters de la rade d'Ala Wai ?

– Eh, si.

– Il y a des années que je vous cherche, Joel ! Quatre ans !

– Vous rigolez ?

Je ne plaisantais pas du tout. Je lui demandai de passer avec moi dans le couloir, où je vis Len en grande conversation avec Ted Jenkins. Je leur présentai Peters.

– Ce monsieur, Joel... je n'ai jamais su son nom de famille jusqu'à maintenant, est un des témoins clés pour la défense de Jennifer ! leur dis-je vivement, en tenant par le bras l'entrepreneur un peu abasourdi. Je le cherche depuis que Jennifer m'a parlé de lui. J'ai demandé à Enoki des renseignements sur un dénommé Joel mais il m'a dit qu'il n'en avait jamais entendu parler. J'ai téléphoné partout, pour le rechercher.

– Le F.B.I. m'a appelé il y a un mois environ, pour me demander de témoigner, dit Peters. Ils devaient me chercher aussi. J'ai quitté Hawaii il y a des années. Je me suis installé à Los Angeles.

Len et Ted Jenkins avaient l'air perplexes.

– Vous ne vous rappelez pas qui est Joel ? demandai-je. C'est le type à qui Jennifer a rapporté du linge le matin de son arrestation, alors même que des gardes-côtes et des agents du F.B.I. la poursuivaient. C'est une preuve formidable.

Len et Ted me regardèrent avec des yeux vagues, sans rien comprendre et sans partager mon enthousiasme.

– Attendez le procès ! leur dis-je. Vous verrez ce que Joel fera pour nous !

Ils me sourirent, d'un air de dire : « c'est vous qui le dites » et reprirent leur conversation.

Cité par l'accusation, Peters expliqua qu'il avait fait la connaissance de Buck et de Jennifer dans la grande île à l'automne de 1973 et les avait revus l'année suivante à Maui où ils préparaient le *Iola*. A l'Ala Wai, en octobre 1974, il avait vu Buck passer dans un youyou et l'avait hélé.

– Buck m'a montré un bateau et m'a dit que c'était le sien, déclara Peters.

Il précisa que ce bateau ne ressemblait pas du tout à celui qu'il leur avait vu regréer dans la baie de Maalaea. Quand on lui montra une photo du *Sea Wind*, il l'identifia comme le bateau en question.

Le témoin suivant, Katherine Ono, était employée à la division des ports de l'Etat de Hawaii. En s'aidant de documents de la division pour se rafraîchir la mémoire, elle déclara que le 18 octobre 1974, un nommé Roy Allen, « un individu crasseux, en short », avait rempli avec elle des formulaires d'immatriculation pour « un voilier de fabrication artisanale » baptisé le *Lokahi*, en disant qu'il l'avait achevé dans l'année. Ce bateau était « un ketch Angleman en bois, de onze mètres quarante-trois de long sur trois mètres trente-cinq de large avec un tirant d'eau d'un mètre soixante-quinze de la passerelle à bâbord, propulsé à la voile et au moteur auxiliaire (le signalement exact du *Sea Wind*) aux couleurs blanc et violet », selon la description donnée par Allen. Ono attribua au bateau le numéro d'immatriculation de l'Etat de Hawaii HA25946C0672.

Le témoin suivant fut Sharon Jordan. Vêtue d'une jupe noire étroite et d'un chemisier de soie sauvage écarlate, avec ses cheveux noirs tombant jusqu'à la taille et son teint bronzé, elle semblait sortie tout droit des *Mutinés du Bounty*. Elle raconta posément, avec un accent distingué, comment elle avait découvert des ossements à côté d'un coffre métallique, sur la côte nord du lagon de Palmyre, en janvier 1981.

Jusqu'à présent, l'horreur des événements survenus à Palmyre avait été voilée, les témoignages qui concernaient la question de la culpabilité ne se rapportant pas à la réalité des atrocités commises. L'atmosphère du procès changea brusquement à la lente apparition d'une boîte métallique argentée, solennellement poussée dans un diable par un agent du F.B.I. Cette cantine d'aluminium mesurait quatre-vingt-quatre centimètres de long sur cinquante-huit centimètres quatre de large et elle était profonde de quarante-cinq centimètres sept. Un grand silence tomba. Le coffre à moitié rouillé était criblé de trous, certains causés par la corrosion, d'autres par les experts qui avaient examiné la pièce à conviction. Portant les numéros 28 et 29, le coffre et son couvercle furent placés pour la première fois sous les yeux du jury.

Tous les regards étaient rivés sur cette boîte qui avait été, selon toute probabilité et pendant sept ans, le cercueil de Muff Graham, au fond du lagon de Palmyre.

Dans son contre-interrogatoire, Partington posa des questions conçues de façon à évoquer la possibilité que les ossements et la boîte aient pu être rejetés sur la côte séparément, ce qui impliquerait que les restes de Muff Graham n'aient *jamais* été à l'intérieur. Mais Sharon Jordan campa fermement sur ses positions et résista à toute tentative de séparer les ossements du coffre, élément pourtant crucial pour Partington s'il voulait avoir un minimum de crédibilité quand il plaiderait plus tard que Muff Graham n'avait pas été assassinée.

Il considérait Jordan comme un témoin si important qu'il avait fait le voyage de Johannesburg pour aller lui parler. Mais malgré cette préparation il fut incapable de réduire l'impact de plusieurs observations capitales. La description des ossements roulant hors du coffre renversé sur la plage était trop inexorablement vive :

– J'ai trouvé une montre [1] et un petit os dans le couvercle de la boîte. Le reste des ossements avaient l'air d'être tombés de la boîte ; ils étaient disposés en demi-cercle dans son voisinage immédiat. J'ai trouvé aussi un bout de fil de fer, tout près, adapté à la forme du coffre et qui avait manifestement servi, à un moment donné, à maintenir le couvercle fermé.

Partington exprima alors son désaccord en se rapportant à ce qu'elle lui avait dit à Johannesburg.

– Vous rappelez-vous m'avoir entendu vous dire que si la

---

1. Un rapport du F.B.I. d'avril 1981 décrivait cette montre comme une Westclox de dix-sept rubis dont le cadran marquait 12 h 15. Il était naturellement impossible de savoir s'il s'agissait de midi ou de minuit, ni si la montre s'était arrêtée au moment de la mort de Muff.

végétation avait poussé dans la boîte, la calant sur le sol, les ossements n'avaient pu en tomber récemment comme le prétend le ministère public ? A quoi vous m'avez répondu que vous n'aviez pas pensé à cela et qu'en effet les ossements ne venaient sans doute pas de tomber de la boîte ?

– Je ne me souviens pas de vous avoir dit ça.

Après la déposition de Harry Cauklin, un ancien garde-côte qui avait vu Buck plonger dans le port de l'Ala Wai au matin du 29 octobre et s'enfuir, l'agent du F.B.I. Henry Burns comparut ; c'était un vétéran du Bureau, au cou de taureau, qui avait arrêté Buck dans la grande île en novembre 1974. Il relata en détail la conversation qu'il avait eue avec le prisonnier, dans la voiture qui les conduisait à Hilo.

Il déclara que Buck lui avait parlé de l'invitation à dîner à bord du *Sea Wind*, le 30 août 1974, de son arrivée à bord ce soir-là avec Jennifer, de l'absence des Graham, de la découverte du canot retourné le lendemain matin, de son idée qu'ils étaient morts dans un accident, etc.

Ken White, l'expert que l'accusation avait fini par dénicher au Texas pour dire aux jurés qu'il n'avait trouvé aucune trace d'eau salée à l'intérieur du moteur du Zodiac prit la suite. C'était le troisième jury à entendre que rien ne permettait d'envisager le naufrage du canot de Mac et Muff dans le lagon. Ce témoignage renversait encore un des arguments fondamentaux de la défense et sa thèse de l'accident.

Le témoin Frank Ballantine, qui avait vendu et entretenu des Zodiac pendant dix-huit ans, vint certifier que c'était « probablement l'embarcation la plus stable qu'on puisse trouver ». A sa connaissance, un seul Zodiac avait chaviré, et c'était à quarante milles au large par des creux de dix mètres.

Calvin Shishido, maintenant à la retraite, vint ensuite témoigner de ses voyages à Palmyre en 1974 et 1981.

Enoki demanda à l'ancien directeur de l'enquête d'identifier le contenu d'un grand carton. Le jury fut invité à contempler pour la première fois les restes incomplets de Muff Graham : six sacs en plastique contenaient divers ossements. On retira finalement du carton le crâne. Shishido identifia l'ensemble : il s'agissait bien des restes qu'il avait reçus des Jordan et envoyés ensuite au laboratoire du F.B.I. à Washington D.C., pour identification et analyse.

On lui montra ensuite la montre-bracelet et Enoki lui demanda :

– Reconnaissez-vous la pièce à conviction n° 27 ?

– Oui. Sharon Jordan me l'a remise. Elle fut plus tard identifiée comme une Westclox de dame.

– Cette montre n'a jamais été reconnue comme appartenant à quelqu'un, n'est-ce pas ? intervint le juge King.

Enoki confirma qu'elle ne l'avait pas été.

Shishido identifia également le .22 Ruger Bearcat de Buck qu'il avait trouvé à bord du *Sea Wind*. Ce pistolet, acheté en 1963 par le frère de Buck, Don Walker, était encore enregistré à son nom.

L'accusation appela ensuite Joseph Stuart, qui dit avoir fait la connaissance de Buck Walker (qu'on lui présenta sous le nom de Roy Allen) à une soirée, chez lui, dans sa maison de Honolulu, en octobre 1974.

– Il m'a raconté qu'il jouait aux échecs avec les Graham, propriétaires du bateau, dans l'île de Palmyre... Le couple, s'étant trouvé à court d'argent, aurait misé le bateau. Celui qui gagnait la partie gagnait le bateau de l'autre.

– D'après lui, que s'est-il passé ? demanda Enoki.

– Il disait qu'il avait gagné la partie et donc le bateau. Ils avaient récupéré son vieux bateau.

– Quel était le contexte de cette conversation ? C'était une blague ou quoi ?

– Il le racontait comme une histoire vraie, monsieur.

Al Ingman, le témoin à charge suivant, paraissait, avec ses lunettes sur le nez, aussi nerveux et mal à l'aise qu'un pasteur baptiste dans un bordel ; pas une fois il ne regarda son ancien compagnon de cellule Buck Walker.

Interrogé par Schroeder, il se répandit en détails et broda sur les prétendues confidences du prévenu faites à McNeil, au printemps de 1979.

– Il a mentionné qu'il avait forcé l'homme à marcher au bout de la planche.

– Qu'entendait-il par là ?

– Eh bien, marcher sur le bordé du bateau.

– Vous a-t-il dit sur quel bateau ils se trouvaient alors ?

– Il était entendu que c'était le bateau du type, parce que Buck et sa copine étaient invités à dîner par ce couple.

– M. Walker vous a-t-il rapporté si cet homme a dit quelque chose quand on le forçait à marcher sur la planche ?

– Il a dit que l'homme faisait dans son froc et tremblait des pieds à la tête.

– En vous racontant que cet homme tremblait et déféquait, quel était le comportement de M. Walker ?

– Il rigolait.

– M. Walker vous a-t-il jamais dit, carrément, qu'il avait assassiné ce couple ?

– Il a déclaré que... je ne me rappelle pas le mot... il était question de descendre, ou de jeter de la boîte, ou d'effacer, un terme d'argot des prisons, un truc comme ça.

– A-t-il employé ce terme en faisant allusion à l'homme seul ou au couple ?

– Au couple, je crois, mais je n'en suis pas sûr.

Si le jury croyait Ingman, cette déposition représentait le couperet pour Buck, naturellement.

Ingman raconta encore que, plus tard, dans une caravane à Tijuana au Mexique, il avait demandé à Walker s'il n'avait pas peur du bruit qui courait, comme quoi sa copine collaborait avec les autorités et acceptait d'être témoin à charge contre lui, et que « Walker paraissait s'en inquiéter un peu mais il ne pensait pas qu'elle le ferait ».

Peu après l'annonce dans la presse de la découverte des ossements à Palmyre, Ingman était allé au Mexique pour remettre à Walker les dix mille dollars restant à régler sur une transaction de contrebande de drogue. Walker, expliqua Ingman, avait une maison à Puerto Escondido, un petit village de pêcheurs tout en bas, à la pointe méridionale du Mexique. Il y vivait avec une « fille toute jeune ». Ingman dit qu'il avait parlé à Walker des récits dans la presse sur « une boîte contenant des restes de femme qui flottait à la surface. J'ai ajouté que c'était bizarre qu'une boîte remonte comme ça à la surface après si longtemps ».

– Et qu'a répondu M. Walker ? demanda Schroeder.

– Que tout ça c'était de la connerie, qu'il l'avait jamais mise dans une boîte.

– Vous a-t-il raconté ce qu'il avait fait du cadavre ?

– Non, pas du tout.

Par son contre-interrogatoire Partington fit avouer à Ingman qu'il était défoncé à la marijuana lorsque Walker avait raconté la sanglante histoire, à McNeil, et lui fit aussi admettre une des réalités de la vie de prison :

– On se raconte beaucoup d'histoires, en taule, des trucs qui ne sont même pas vrais.

Il reconnut également avoir été toxico à la cadence de

quatre cents dollars par jour et avoir fourni de l'héroïne à ses deux fils, dont un était mort plus tard d'une overdose.

Partington fit apparaître Ingman comme un « témoin professionnel » en lui faisant révéler les sommes qu'il avait touchées du ministère public, au cours des années, pour témoigner contre divers individus : sept mille huit cents dollars, avant même qu'il soit admis dans le programme de protection des témoins, vingt-huit mille ensuite. Cet argent, disait Ingman, n'était qu'un défraiement, pour les dépenses médicales, sa subsistance et son logement.

– Si les autorités ne pensaient pas que vous collaboriez avec elles, vous n'auriez pas reçu cet argent, n'est-ce pas ? dit Partington.

– Probable.

Richard Taylor qui, avec son frère Carlos, avait projeté de rejoindre Buck et Jennifer à Palmyre comparut comme témoin à charge, mais ses sourcils froncés et l'expression maussade de sa longue figure révélaient que c'était bien contre son gré qu'il venait témoigner contre son vieux copain.

Il confirma qu'il avait bien reçu la lettre que Buck et Jennifer lui avaient écrite de Palmyre.

– Buck me demandait de lui apporter de l'époxy, dit-il, et à la question lui demandant ce que c'était et à quoi cela servait il répondit : C'est une résine, pour réparer la fibre de verre.

Il rappela que le couple avait également besoin de vivres, « surtout de la farine et du sucre ».

Pourquoi son frère et lui n'étaient-ils pas venus comme promis au secours de leurs amis ? Ils avaient perdu leur foc au cours d'un sévère coup de vent alors qu'ils étaient en croisière dans les îles Hawaii.

Il dit qu'il n'avait plus eu de nouvelles de Buck et Jennifer avant qu'ils reparaissent à Oahu. Il s'était rendu le 27 octobre sur leur nouveau bateau au mouillage de l'Ala Wai, deux jours seulement avant que le filet fédéral se resserre autour du *Sea Wind* repeint et de ses passagers.

– Que vous a dit Buck de leur nouveau bateau ? demanda Schroeder.

Taylor fit une grimace, comme s'il venait d'avaler du vinaigre.

– Buck m'a dit qu'ils étaient là-bas, à Palmyre, bredouilla-t-il nerveusement, et qu'il n'y avait pas grand-chose à faire. Il avait souvent joué aux échecs avec un type sur l'autre bateau. Au bout d'un moment, le type lui devait tellement d'argent que... qu'ils avaient échangé leurs bateaux.

— Au cours de cette conversation, a-t-il mentionné une noyade, un naufrage ou une disparition à Palmyre ?

— Non, pas du tout.

Findlay fit dire à Taylor qu'il avait passé trois semaines à Palmyre en 1977 et qu'il avait eu « un mauvais pressentiment ». Findlay lui demanda pourquoi.

— Ce n'était pas seulement parce qu'elle est de l'espèce des îles fantômes. C'était plus que cela. Elle me paraissait hostile. J'ai visité bon nombre d'îles, mais Palmyre était différente. Je n'arrive pas à dire exactement pourquoi, mais je ne m'y suis jamais senti à l'aise. Je crois que je ne suis pas le seul.

Cette remarque visait à laisser entendre que la disparition mystérieuse des Graham pouvait être attribuée à l'île elle-même, et non à Buck Walker.

Après avoir établi que Taylor avait possédé et fait naviguer des Zodiac, Findlay lui demanda :

— D'après votre expérience du Zodiac, pouvez-vous nous dire s'il est possible qu'une personne en soit éjectée, par exemple dans une situation où un virage brutal devient nécessaire ?

— *Absolument*, répliqua Taylor, et sa figure s'éclaira comme si c'était exactement le genre de question qu'il voulait s'entendre poser. En fait, nous avons dû équiper notre propre Zodiac de harnais de sécurité, car il est dépourvu de prises auxquelles se raccrocher.

Buck Walker avait encore quelques amis dans ce monde.

27

Le jury allait maintenant entendre des témoignages sur la question centrale du procès Walker : l'assassinat de Muff Graham. Afin de détruire le principal argument de la défense, qui prétendait qu'elle était morte dans un accident du Zodiac, l'accusation fit défiler une kyrielle d'experts médicaux et scientifiques. Leurs dépositions souvent abstraites et obscures couvriraient des centaines de pages de minutes.

Le Dr Oliver Harris, stomatologue légiste, armé de lunettes qu'il ne cessait de mettre et d'ôter, décrivit l'examen du crâne et de sa mandibule qui en était détachée (« fracturée par traumatisme contondant ») lors de la découverte des ossements à Palmyre. Il cita d'autres traces de coups par instrument contondant : des fractures d'une molaire supérieure gauche et d'une inférieure droite, sur la couronne de la dent n° 13 et des racines de la dent n° 30. Il nota aussi des « lignes de fracture » dans le maxillaire inférieur. Il précisa que ces fractures avaient pu être produites *pari mortem* (au moment de la mort) ou *post mortem* (après la mort).

– Ces fractures auraient-elles pu se produire *ante mortem* (avant la mort) ? demanda Enoki.

Autrement dit, les traumatismes avaient-ils pu être subis par exemple lors d'une chute, d'un accident ?

– A mon avis, non. La douleur de la fracture aux racines des molaires est si insoutenable que le sujet se précipiterait immédiatement chez un dentiste. Et la fracture du maxillaire inférieur était de nature à causer la mort, à moins que la personne ne reçoive instantanément des soins médicaux.

Le jury savait déjà que Mac avait la possibilité d'appeler du secours par radio ou de partir avec le *Sea Wind* pour Fanning ou toute autre île afin de recevoir des soins.

Enoki demanda à l'expert dentaire quel degré de force serait nécessaire pour provoquer ces fractures. Pour séparer le maxillaire du crâne et briser des dents « profondément enfoncées dans l'os » à la racine, il faudrait, répondit le témoin, « une force extrême. Ce n'est pas caractéristique d'un accident d'automobile, mais plutôt d'un coup de marteau d'enclume, ou de matraque, ou de quelque autre objet lourd et arrondi ». Le Dr Harris ajouta qu'il y avait eu des coups multiples.

Une femme juré baissa la tête, une autre se tourna vers Buck Walker et le regarda fixement. Les autres paraissaient hypnotisés par l'expert qui déposait de la voix monotone d'un homme habitué au macabre.

Procédant au contre-interrogatoire, Partington demanda si quelque chose dans l'environnement marin ou tout autre phénomène naturel avait pu causer de tels traumatismes aux dents et au maxillaire.

– Je ne connais rien dans l'environnement marin pouvant causer de semblables fractures.

Le conservateur du service d'anthropologie du Smithsonian Institute de Washington prit la suite du Dr Harris. Douglas Uberlaker était l'unique conseiller en anthropologie légiste du F.B.I., depuis 1977.

Grand, le type même du professeur de Princeton, en veste de tweed, pantalon de flanelle et mocassins, il déclara avoir examiné, à la demande du ministère public, le crâne, le maxillaire et les autres ossements.

– Le squelette était incomplet, certaines parties manquaient, expliqua-t-il, et il n'a pas été possible de le reconstituer entièrement.

Mais les restes suffisaient, assura-t-il, pour conclure avec assez de certitude qu'il s'agissait des ossements d'un seul être humain, une femme de race blanche mesurant « approximativement un mètre soixante-cinq ».

Enoki fit stipuler dans le procès-verbal d'audience qu'il s'agissait bien des restes d'Eleanor Graham.

– Voyez-vous cette zone blanchâtre sur le sommet du crâne ? demanda-t-il ensuite.

Uberlaker considéra le crâne qu'il avait entre les mains.

– Oui. En effet. C'est ce que nous appelons une calcination. Elle s'étend sur la partie gauche du crâne en partant de l'orbite et passe par le sommet jusqu'à la base, d'où elle revient vers le centre.

– Pouvez-vous nous dire ce qui a provoqué cette zone blanche ?

– Oui. Le meilleur facteur causal que je puisse lui attribuer serait une chaleur intense appliquée à cette région extrêmement localisée pendant un certain laps de temps.

– Cette chaleur intense pourrait-elle être celle du soleil ?

– Je ne le crois pas. On pourrait aboutir à une telle décoloration après des années d'exposition au soleil mais on constaterait aussi un type d'érosion qui n'apparaît pas ici. Ce qui me laisse à penser que la source de chaleur a dû être quelque chose de plus intense que le soleil.

– Cela pourrait-il être du feu ?

– Pas un feu de camp, ni un simple feu de bois mais une source de chaleur beaucoup plus vive, s'élevant à des températures extrêmes.

– Un chalumeau à acétylène aurait-il cette puissance ?

– Oui.

Nouvelle horreur.

Partington objecta qu'Enoki mettait les réponses dans la bouche du témoin. Avec un petit haussement d'épaules, le juge fit une remontrance de pure forme. Mais l'image était indélébile : un chalumeau à acétylène ! Un témoignage scientifique indiquait à présent que les outils de Mac, le mari bien-aimé de Muff, avaient servi à son assassinat. Quel raffinement de cruauté !

Ce qui se passait dans la tête des jurés était visible à leurs expressions ; ils ne pouvaient s'empêcher de dévisager Buck Walker qui restait stoïquement impassible à la table de la défense. Cet homme à l'aspect assez banal avait-il été capable d'une telle sauvagerie ? Et avait-il fait la même chose à Mac ?

L'interrogatoire direct de l'anthropologiste par Enoki se poursuivit implacablement. Le témoin, négligeant le caractère sensationnel de sa déposition, parlait comme s'il faisait un cours d'anatomie à des étudiants de première année.

– Avez-vous pu déterminer quand cette chaleur a été appliquée au crâne par rapport à la mort ou à la décomposition ?

Uberlaker se carra dans le fauteuil de bois, croisa ses longues jambes et eut l'air de mourir d'envie de tirer de sa poche une pipe bien culottée. Il était évident qu'il s'amusait beaucoup à fournir au compte-gouttes les pièces manquantes d'un puzzle criminel.

– Eh bien, c'est difficile à définir exactement. Les bords

de la zone de calcination suggèrent que quelque chose a dû protéger de l'extrême chaleur la partie du crâne non décolorée. Dans les autres cas de ce genre rencontrés, cela avait *toujours* été de la chair.

La blancheur avait-elle pu être causée par la fossilisation ? demanda Enoki en cherchant à éliminer toutes les causes naturelles. La réponse fut non. La fossilisation, expliqua Uberlaker, « est un processus à très long terme ».

– Avez-vous remarqué des traces d'usure ou d'érosion provenant d'une autre source ?

– Oui. La partie gauche de la face présente cinq traces d'abrasion très plates que nous appelons « usure du cercueil ». Il y a aussi plusieurs traces plus petites sur le côté droit. Quand un squelette est resté plusieurs années dans un cercueil, le lent mouvement de la giration terrestre peut causer une abrasion de l'os frottant contre une surface dure.

Le jury n'avait pas besoin qu'on lui précise que cette « usure du cercueil » provenait du coffre métallique.

Cherchant toujours à réfuter tout argument de la défense prouvant une mort accidentelle, Enoki demanda :

– Avez-vous relevé une trace ou une preuve d'une attaque ou d'une morsure de requin, sur les restes que vous avez examinés ?

– Non.

– Vous seriez-vous attendu à trouver des traces si la victime avait été attaquée par un requin ?

– Oui. Les requins attaquent avec une force considérable. Ils arrachent et emportent de grandes portions de chair et d'os, en laissant les empreintes très nettes et bien ciselées de leurs dents.

Pour conclure, Enoki demanda à l'anthropologiste s'il avait abouti à une conclusion sur la cause du trou dans la tempe gauche.

– Non. C'est une partie très mince du crâne, une des plus fragiles.

Au cours du contre-interrogatoire de Partington, Uberlaker avoua qu'il n'avait pas été surpris du tout par un trou dans le crâne, ni par les fractures de certains os, les os *longs*.

– Certains phénomènes naturels, tels que l'abrasion, peuvent produire un trou dans le crâne et... Je connais de nombreuses circonstances naturelles capables de provoquer une fracture des os sans que cela évoque un mauvais coup ou une activité criminelle.

Un nouveau mystère fit alors surface. Uberlaker témoigna qu'il avait observé sur le sommet du crâne « plusieurs dépôts noirâtres » qui semblaient être des « restes d'étoffe brûlée ».

Partington demanda aussitôt :

– Ne m'avez-vous pas dit quand je vous ai vu au Smithsonian que la brûlure ayant laissé les dépôts noirâtres, contrairement à la décoloration, avait pu survenir des années après la mort ?

– Oui, répondit distraitement l'anthropologiste juste avant de descendre du podium.

Mais les implications étaient plus précises. Etait-il possible qu'on eût mis le feu aux restes de Muff des années après son assassinat ? Qui l'aurait fait ? Et pourquoi ?

Un homme au teint blafard, avec des lunettes aux verres épais et des cheveux gris hérissés en broussaille, s'avança rapidement vers le fauteuil des témoins. C'était l'expert qui, dans tout procès pour meurtre, est là pour expliquer au jury comment la victime est morte. Mais le Dr Boyd Stephens, médecin légiste en chef et coroner pour la ville et le canton de San Francisco, témoigna que lors de son examen des ossements, effectué à la demande du ministère public, le 16 avril 1985, il n'avait pu constater « aucune cause de mort reconnaissable ».

Enoki lui demanda s'il avait fait des « constatations » concernant les dégâts subis par les restes squelettiques.

– Oui. Le radius et le cubitus de l'avant-bras gauche présentent des fractures transversales. Mais les tibias, gauche et droit, ont été fracturés par torsion.

– Quelle est la force nécessaire pour provoquer ce genre de fracture par torsion ?

– Une force considérable, chez un individu vivant. C'est généralement une force rotative, fréquemment constatée dans les accidents de ski. Cela implique qu'une partie de l'extrémité reste fixe, ou maintenue, alors que le corps tourne autour d'elle ou, à l'inverse, que le corps est fixe et l'extrémité soumise à rotation.

Outre les divers types de fractures, le Dr Stephens expliqua que les cinq zones aplaties près de l'orbite gauche et sur la pommette gauche l'avaient été au point qu'on pourrait « placer une règle en travers ».

Enoki le pria de donner son opinion d'expert et de dire si

ces surfaces avaient pu être rabotées par le caisson métallique. Le témoin répliqua que oui, en effet, ses parois intérieures avaient pu provoquer les abrasions du crâne.

Il confirma ensuite que, de toute évidence, ce crâne avait été exposé à une source de chaleur intense.

– Mais pas le genre de chaleur venant d'une exposition au soleil, précisa-t-il avec une gourmandise évidente. Nous parlons d'un produit hautement inflammable ou d'un gaz qui est en train de brûler. Pour cela, il faudrait atteindre une température de plus de six cents degrés.

Pour le point suivant, Stephens fut plus catégorique qu'Uberlaker :

– Cette brûlure s'est produite alors qu'il y avait encore des chairs sur le crâne. La protection des tissus et de l'humidité explique les marges irrégulières. La brûlure, à mon avis, a dû se produire au moment de la mort ou à peu près.

– La décomposition du corps humain dégage-t-elle assez de gaz pour faire remonter à la surface et flotter un caisson de la taille de la pièce à conviction n° 28 ?

– Oui.

Stephens expliqua que les gaz les plus courants émis par la décomposition de restes humains sont le méthane, l'hydrogène sulfureux et le dioxyde de carbone. En déplaçant l'eau à l'intérieur de la caisse ils font littéralement office de force de renflouement.

– Nous avons vu, dans la baie de San Francisco, des tas de cadavres remontés à la surface alors que le corps était alourdi par des poids de cent kilos.

Enoki, tenace comme un terrier, en revint à la possibilité que le trou dans la tête ait pu être causé par une balle. Encore une fois, le Dr Stephens fut plus accommodant que son prédécesseur.

– Je ne crois pas qu'il s'agisse d'une abrasion.

– Avez-vous écarté la possibilité que ce trou ait été causé par une arme à feu ?

– Non, pas du tout.

Au cours du contre-interrogatoire, le médecin légiste reconnut qu'il avait essayé de déterminer la présence de « corps étrangers » autour du trou, par la photo et la radiographie.

– Quand une balle de plomb pénètre dans un os, un peu de plomb se dépose, n'est-ce pas ? demanda Partington.

– C'est exact.

– Et vous n'avez trouvé aucune trace de plomb ?

– Aucune.

L'avocat de la défense demanda ensuite au témoin si, étant donné l'hypothèse émise par l'accusation de la présence des ossements à l'intérieur du caisson, il s'était attendu à voir des traces d'abrasion comme celles du crâne. Stephens dit qu'il imaginait le crâne maintenu « quelque peu en position » par les ligaments des vertèbres mais il avoua qu'il s'attendait à trouver des zones d'abrasion « sur beaucoup des autres os » aussi.

– Que vous n'avez pas trouvées ?

– Que je n'ai pas trouvées.

Le témoin dit qu'il devait y avoir dans la caisse un autre élément qui maintenait plus fermement le crâne, sinon il ne serait pas usé sur ces seules surfaces.

– L'élément le plus vraisemblable serait le sable, conclut le légiste.

Cette réponse était inespérée pour Partington.

– On ne peut donc pas exclure la possibilité que ces abrasions se soient produites alors que le crâne était fermement planté dans du sable et des coraux à l'*extérieur* de la caisse ?

– Je ne puis l'exclure. Cela ne demande que du mouvement, une surface plane, que le crâne soit contre cette surface et change de position cinq fois.

Avec cette réponse, Partington ouvrait la possibilité théorique que le cadavre de Muff n'ait jamais été dans le caisson ; élément central, de nouveau, puisque le système de défense de Walker était la mort accidentelle.

Il était évident que si le corps de Muff avait bien été fourré dans ce caisson, l'hypothèse de l'accident n'était pas crédible. A la table de la défense, les figures s'éclairèrent.

Les quatre témoins suivants furent les techniciens du F.B.I. affectés au laboratoire du Bureau à Washington. Ils s'exprimèrent avec précision, habitués qu'ils étaient depuis longtemps à servir de témoins scientifiques. Le but de leurs interventions était de placer de nouveau le cadavre de Muff dans sa boîte, pour qu'il n'en sorte plus.

William Tobin, un spécialiste des métaux, déclara qu'il avait procédé à une suite d'examens du caisson et conclu qu'il s'était produit une chaleur intense *à l'intérieur*, manifestement provoquée par une matière hautement inflammable à base d'hydrocarbure, « quelque chose comme de l'essence, du kérosène ou du fuel ».

Il basait cette opinion, expliqua-t-il, sur des traces de soufre et de carbone, sous-produits des feux d'hydrocarbure, découvertes dans le caisson.

De plus, cet expert expliqua qu'ayant découpé un morceau du caisson pour l'examiner sous un microscope de haute précision, il avait observé une « variation très anormale de la taille du grain », entre le métal de l'intérieur et les surfaces extérieures. Le grain plus gros à l'intérieur indiquait que ces surfaces-là avaient été soumises à « des températures élevées » tandis que les surfaces externes « n'étaient pas exposées à l'atmosphère mais plutôt à un médium extincteur très sévère ». Ce médium, pensait-il, était l'eau.

Enoki voulut savoir si les trous de corrosion dans le couvercle et le fond de la caisse l'auraient empêchée de remonter à la surface. Non, répondit le témoin, il avait vu des conteneurs bien plus lourds, « renfermant des corps humains parfois, même avec des chaînes et des poids et percés de grands trous triangulaires volontairement découpés, remonter des profondeurs de l'océan et flotter à la surface ».

Le chimiste Roger Martz fit ensuite le récit d'une série d'expériences – étude de solubilité, analyse infrarouge, radio, chromatographie et thermographie des gaz – effectuées sur le caisson. Sur la surface interne il avait découvert « une substance cireuse contenant des acides gras et les sels de calcium desdits acides gras. Cette substance, appelée *adipocere*, résulte des graisses naturelles du corps chimiquement transformées par la décomposition ». Martz expliqua que l'adipocere se forme après la mort quand « le corps est soustrait à l'air, ce qui serait le cas sous l'eau ».

Il précisa aussi que les sels de calcium des acides gras ne sont pas particuliers à l'être humain mais peuvent aussi être formés par des animaux.

Dans son contre-interrogatoire, Partington chercha à évoquer la possibilité que ces sels de calcium et acides gras aient été produits par des plantes. Le chimiste doutait que les plantes eussent suffisamment d'acides gras pour former la substance détectée mais il reconnut qu'il n'était pas botaniste.

L'agent Chester Blythe, expert en micrographie, témoigna qu'il avait procédé à l'examen d'un morceau « d'étoffe de coton fanée, de couleur verdâtre » collé dans le fond de la caisse d'aluminium.

– Les fibres présentaient les caractéristiques de l'étoffe brûlée, conclut-il.

L'agent Roy Tubergen, sérologiste, c'est-à-dire expert spécialisé dans l'étude du sang, raconta qu'il avait effectué un test de dépistage à la phénolphtaléine sur un résidu du fond de la caisse.

– Ce test est si sensible qu'il permet de détecter une seule goutte de sang dans dix mille fois son volume d'eau. Là, j'ai obtenu un résultat positif.

L'équipe de l'accusation avait bien travaillé. Petit à petit, l'accumulation de témoignages scientifiques établissait qu'un corps humain – manifestement celui de Muff Graham – s'était trouvé à un moment donné à l'intérieur de ce caisson. La thèse de l'accident, tout en succombant à une mort plus lente que celle de la pauvre Muff, était bien à l'agonie.

Mais la défense avait encore à plaider sa cause.

Le jury avait entendu pendant deux jours des dépositions obscures et complexes d'experts médicaux et scientifiques, marmonnées dans un jargon accablant sur un rythme de machine à coudre. Tout le monde fut soulagé lorsque Enoki fit à nouveau comparaître des témoins qui ne possédaient pas un *curriculum vitae* de dix pages.

Le 5 juin en fin de journée, l'accusation fit appeler son dernier témoin. On s'attendait à ce qu'Enoki présente ses conclusions le lendemain matin.

Avant de renvoyer les jurés chez eux, le juge King leur rappela, comme il le faisait chaque jour, de ne pas parler de l'affaire, de ne pas lire de journaux ni regarder des émissions d'information télévisées évoquant le procès.

Avant que les gardiens ne l'emmènent, Buck Walker sourit largement à ses avocats et donna à Partington une claque dans le dos du genre « bien joué, mon vieux ».

La défense était maintenant prête à plaider sa cause ; les chefs d'accusation contre Walker avaient été finalement réduits à un seul : meurtre avec préméditation.

6 juin 1985

Le premier témoin de la défense fut Charles Morton, un criminologiste, ancien directeur de l'Institut privé de sciences légales d'Oakland. Il déclara que son examen de la caisse de métal ne révélait aucune « preuve directe » indiquant qu'elle ait contenu un cadavre. En revanche, ajouta-t-il, il n'avait rien trouvé « excluant cette possibilité ».

Dans son effort forcené pour garder l'hypothèse des ossements hors de la caisse, Partington demanda à l'expert s'il avait constaté quelque chose qui suggérerait que les abrasions des os s'étaient produites à l'intérieur.

– J'ai cherché dans la boîte des zones qui pourraient l'indiquer. Je n'ai trouvé qu'une abrasion relativement légère en deux endroits.

Partington aurait préféré, bien sûr, une absence totale de trace d'abrasion.

Lors de son contre-interrogatoire, Enoki demanda :

– Si la caisse était partiellement remplie de sable, ce sable ne fournirait-il pas une autre surface causant l'abrasion possible d'un os humain ?

– Certainement, répondit sans hésiter le criminologiste.

Enoki se servit ensuite du témoin de la défense pour soutirer un témoignage capital étayant sa propre hypothèse, à savoir que si les restes de Muff avaient été trouvés juste à côté de cette caisse, c'est qu'ils avaient été à l'intérieur, car autrement, comment auraient-ils échoué là, précisément ?

– Au fait, dit-il comme en passant, les os ne peuvent flotter, n'est-ce pas ?

– En effet, reconnut le témoin de la défense.

Il fut suivi par un sérologiste du même institut qui annonça qu'il avait découpé un morceau du lambeau d'étoffe verte trouvé dans la caisse et l'avait analysé. Ses expériences lui avaient démontré l'absence de protéines humaines dans le sang (contredisant manifestement le témoignage du sérologiste du F.B.I.), par conséquent ce sang pouvait être aussi bien animal qu'humain.

Vint ensuite l'expert dentaire de la défense, un petit homme nerveux à l'allure studieuse, spécialisé dans le traitement des grands brûlés. Le Dr Duane Spencer déclara qu'à son examen les dents de Muff ne présentaient aucune trace de brûlure ; il dit aussi que les conclusions de son confrère cité par l'accusation, à savoir que les dents de Muff avaient été fracturées par un « instrument contondant », laissaient supposer à tort que le traumatisme avait été causé au moment de la mort ou à peu près.

– Les dents sont ce qu'il y a de plus dur dans le corps humain, elles sont plus dures que les os. Mais après la mort elles se dessèchent, deviennent cassantes et il ne faut pas beaucoup de force pour les briser.

Débordant de son domaine spécialisé, le Dr Spencer proposa une nouvelle cause possible des abrasions du crâne :

– Lorsqu'un cadavre flotte dans l'eau, c'est généralement sur le ventre, les bras ballants. Si ce corps s'échoue sur du sable, des galets ou des rochers, dans cette position la figure peut frotter le sol, quelle que soit la nature abrasive de celui-ci. Je crois que cela pourrait être une explication des abrasions de la face.

La défense, cherchant toujours à soutenir l'hypothèse de la mort accidentelle et, pour démontrer que le canot des Graham aurait bien pu chavirer dans le lagon, fit appeler ensuite un météorologiste de l'U.S. Air Force. Il souligna l'extrême isolement de Palmyre et avoua qu'en dépit de son travail, qui était de fournir des renseignements et des prévisions météo pour les missions aériennes dans toute la région du Pacifique, il n'avait jamais entendu parler de Palmyre avant les événements auxquels se rapportait ce procès.

En feuilletant des photos par satellite de la zone de Palmyre, l'expert de la météo révéla que celles du 27 août montraient « une activité orageuse très intense » qui se calmait le 28. Le 29 et le 30, le jour clé, le mauvais temps s'était déplacé d'environ cent milles au nord de l'île ; le commandant Rodney West, de la 20e Compagnie météo de la base aérienne de Hickam, à Hawaii, déclara que le front orageux situé au nord de Palmyre, dans la journée du 30 août, avait pu « probablement » provoquer des grains avec des vents allant jusqu'à trente-cinq nœuds, sur Palmyre.

(Le météorologiste de l'accusation, président du département de météorologie de l'université de Hawaii, avait témoigné précédemment que le 30 août paraissait avoir été une journée de « beau temps » à Palmyre. Il avait noté une « forte zone d'averse » au nord de l'atoll, fin août et début septembre, mais, selon toute vraisemblance, elle n'avait engendré sur Palmyre qu'un léger alizé de sud-est, « probablement d'une force ne dépassant pas sept à dix ou onze nœuds ». Il trouvait « extrêmement difficile d'imaginer » sur l'atoll des orages ou des grains subits, pendant cette période. Tout le monde sait que les météorologues sont rarement d'accord sur le temps qu'il fera demain ; nous en avions deux, ici, en désaccord sur le temps qu'il avait fait dans le passé !)

Findlay fit venir ensuite un expert du maniement des canots de type Zodiac et lui demanda si oui ou non un vent violent pouvait retourner un Zodiac motorisé. Le témoin assura que c'était possible, avec des vents dépassant les vingt nœuds (trente-sept kilomètres à l'heure).

L'hypothèse de la défense, la noyade des Graham quand leur embarcation avait chaviré, exigeait du jury qu'il acceptât toute une série de conditions : si des grains s'étaient abattus sur Palmyre le 30 août, si le lagon, généralement calme même quand la tempête faisait rage au large, était devenu singulièrement turbulent, si Mac et Muff se trouvaient justement dans le lagon pendant les quelques minutes que dure un grain, si le Zodiac n'était pas, comme l'affirmaient les témoins de l'accusation, impossible à retourner, si Mac et Muff, ayant été jetés à l'eau, avaient été incapables de regagner leur embarcation ou de nager jusqu'à la plage...

Mais Partington et Findlay faisaient de leur mieux pour convaincre les jurés que l'addition de tous ces *si* aboutissait à un doute raisonnable sur la culpabilité de Buck Walker.

Le spécialiste de biologie marine de l'université de Hawaii, Richard Grigg, toujours aussi mince et leste que le surfeur champion qu'il avait été jadis, vint témoigner d'un voyage qu'il avait fait à Palmyre en août 1984, à la demande de la défense.

Il expliqua que le but de l'excursion était de rechercher le second caisson manquant du canot de sauvetage. Après de nombreuses plongées minutieuses, totalisant seize heures sous l'eau, on n'avait rien trouvé du tout. Les plongeurs, en revanche, avaient vu beaucoup de requins au nez noir. Avaient-ils eu peur ? Grigg haussa les épaules.

– Pas tant que ça. Avec les requins, on est plus en sécurité en restant tout contre le fond, plutôt qu'en nageant en surface. La plupart des accidents arrivent en surface ; les requins sont attirés par les éclaboussures, par une agitation de l'eau.

Le jury apprit aussi que les requins ont une « très mauvaise vue » et aggravent leur cas en fermant les yeux au moment de l'attaque. Le requin gris de récif, cependant, peut d'un seul coup de dents « emporter facilement une livre de chair ». Grigg dit qu'il avait vu de nombreux requins gris en dehors du lagon mais un seul à l'intérieur. Il expliqua encore que les requins du lagon, s'ils étaient tout aussi agressifs, étaient plus petits et que par conséquent « ils n'arracheraient pas un bien grand morceau ». Le témoignage laconique de Grigg fut extrêmement utile à Partington qui le bombarda de questions suggérant que les Graham avaient fort bien pu être tués par des requins.

Pour réfuter l'argument de l'accusation, c'est-à-dire que le caisson métallique avait refait surface après avoir été jeté dans le lagon par Buck, Partington s'informa sur la stabilité au fond du lagon. Grigg précisa que les sédiments du fond étaient « très fins » et que les débris métalliques qui s'y trouvaient dispersés étaient « enrobés », comme s'ils étaient là depuis des années sans avoir été déplacés.

Le fond (le point le plus profond était de quarante-cinq mètres) était très stable, et rien n'indiquait qu'un coffre, tel que ce caisson de métal, aurait pu se déplacer par lui-même. Ni les vagues ni les courants ne pouvaient pousser quoi que ce soit, une fois l'objet bien logé dans le fond.

Grigg et son équipe avaient procédé à des examens minutieux sur toute la longueur de la plage reliant les îlots de Strawn et de Cooper et compté le nombre d'épaves rejetées par la marée, à peu près tous les quinze mètres.

– Quel était le but de cet examen ?

– Déterminer dans quelle mesure l'endroit où les ossements et le coffre ont été trouvés était un cul-de-sac.

– Avez-vous découvert des sites contenant plus d'épaves que d'autres ?

– Oui. Celui où ont été découverts le coffre et les ossements.

– Savez-vous pourquoi ?

– C'est un lieu de confluence – c'est-à-dire une concentration de courants –, qui fait qu'un plus grand nombre d'objets à la dérive s'y rassemblent.

Autrement dit, la découverte des ossements à côté du coffre ne signifiait pas nécessairement qu'ils s'y trouvaient.

Partington ayant accompli de l'excellent travail avec Grigg, un homme crédible, Enoki sentit qu'il valait mieux ne pas trop faire parler ce témoin et il se contenta de poser quelques questions anodines.

Bien que son compagnon de croisière, Thomas Wolfe, ait été cité comme témoin à charge, Norman Sanders vint témoigner pour la partie adverse ; en 1981, il avait lu dans la presse australienne un récit de la découverte du cadavre de Muff Graham dans « un coffret d'acier sur l'île de Palmyre », et il avait écrit aux autorités de Honolulu pour proposer son aide à l'accusation, mais le bureau de l'U.S. attorney préféra finalement se passer de ses services. A la fin de

1983, Partington fit le voyage d'Australie pour aller recruter l'ancien professeur de géologie. Sanders, naturalisé australien et seul homme politique d'origine américaine à siéger au Sénat du parlement fédéral d'Australie, fut alors engagé par la défense, tous frais payés, pour se livrer à des expériences géologiques à Palmyre pendant le voyage de 1984. Barbu, la tête haute, Sanders bombait le torse et cela lui donnait un aspect vaniteux et trop sûr de lui.

Il fit part au jury de ses pathétiques impressions sur l'île, au cours de son bref séjour de 1974.

– Palmyre est une des dernières îles désertes du Pacifique. C'est un endroit très menaçant, hostile. J'ai noté dans mon livre de bord : « Palmyre, un monde hors du temps, un lieu où tout pourrit, même le vinyle. » Ce que je n'avais vu se produire ailleurs. Je concluais : « Palmyre n'appartiendra toujours qu'à elle seule, jamais à l'homme. » L'endroit est effrayant.

La présence de sang dans l'eau augmentant les possibilités d'attaques de requins, Partington fit dire à Sanders qu'il avait vu Mac frapper de petits requins à la machette, sur des hauts-fonds. Sanders identifia deux photos qu'il avait prises de Mac ; sur l'une d'elles, il posait avec la machette, le mollet gauche bandé ; l'autre le représentait, dans l'eau jusqu'aux chevilles, brandissant son arme tandis qu'un petit requin s'approchait de ses pieds.

Partington, s'en tenant fermement à son hypothèse de l'accident de bateau, demanda alors si le lagon comportait des obstacles dangereux pour les petites embarcations.

– C'est plein de pieux d'acier plantés tout droit et de blocs de béton, en divers endroits ; beaucoup d'étais y traînent, qu'on ne voit pas à marée haute et qui constituent un danger pour les petites embarcations, mais à marée basse on les voit, et on peut les éviter.

Pour faire planer un doute sur la crédibilité des témoins à charge, Partington changea subitement de sujet et posa une question à propos d'une conférence téléphonique de Sanders avec les avocats du ministère public, à la suite du voyage à Palmyre de 1984.

– Une voix qui m'a semblé être celle de M. Schroeder disait : « Ma foi, ces accusés sont de sales gens. Ce sont des tueurs. Pourquoi travaillez-vous pour la défense ? » Une autre personne est alors intervenue en disant : « Nous plaisantons, simplement, docteur Sanders », comme si elle estimait que cela n'avait pas été la chose à dire, expliqua Sanders au jury, puis il adressa un petit sourire satisfait en direction de l'accusation comme pour dire : « Et vlan, ça vous apprendra ! »

Si l'accusation avait pu traiter ce témoin avec un tel manque de tact, d'autres n'auraient-ils pas été intimidés par ce genre de tactique ? Partington tenait à faire réfléchir le jury sur cette question.

A la demande de la défense, la cour accepta la déposition de Sanders en qualité d'expert en géomorphologie côtière. Il expliqua qu'il avait passé plusieurs heures sur les lieux où les ossements avaient été découverts et qu'il avait étudié l'érosion des bords du lagon. L'avocat de la défense lui demanda quelles conclusions il tirait de ses expériences.

Sanders eut l'air de savourer ce moment.

– Il y a manifestement beaucoup d'érosion côtière, ainsi que de la concrétion, qui est le contraire de l'érosion. La concrétion se produit lorsque le sable s'accumule sur les bords du lagon. Ces deux phénomènes sont très rapides, à Palmyre, ce qui signifie une fluctuation des plages extrêmement soudaine.

Partington demanda à Sanders si son analyse des échantillons de sable révélait des qualités abrasives. Le témoin répondit par l'affirmative.

– Compte tenu de ces mouvements du sable dont vous avez parlé, qu'adviendrait-il d'un squelette abandonné pendant un certain temps sur cette plage ?

– Il serait enseveli. L'amoncellement du sable aurait vite fait de recouvrir le squelette ou tout autre objet se trouvant là. Il resterait là jusqu'à ce qu'on vienne le désensabler.

Homme-orchestre pour la défense, Sanders rendit son verdict sur le bateau de Buck et Jennifer : oui, il était capable de prendre la mer. Il fit même preuve de tant de zèle que le juge King le rappela plusieurs fois à l'ordre : « Attendez au moins la question ! », « Soyez bref, nous n'avons que faire de vos cogitations », « Pouvons-nous passer là-dessus le plus vite possible ? », « Pressons, pressons ! »

Lors du contre-interrogatoire, Schroeder, non sans mal, fit avouer à Sanders qu'il avait senti beaucoup de tension entre Mac et Muff d'une part, et Jennifer et Buck de l'autre. A sa connaissance les deux couples ne se fréquentaient pas.

Tous les regards se braquèrent sur le témoin suivant, une brune spectaculaire d'une trentaine d'années qui s'approcha du fauteuil des témoins avec une nonchalance révélant une certaine habitude d'être admirée ; vêtue d'une robe imprimée, chaussée de fines sandales élégantes et arborant un sourire éblouissant, Galatea Eatinger faisait l'effet d'une fraîche brise tropicale.

Interrogée par Findlay, elle révéla qu'elle vivait à Hawaii depuis dix ans et qu'en juin 1980, à bord de l'*Aquaholics*, un petit bateau de pêche, elle avait visité Palmyre. Trois autres voiliers d'amis, le *Kiave*, le *Luty* et le *Hawaian Moon* étaient aussi du voyage.

– A cette occasion, pendant l'été de 1980, avez-vous découvert un os ? demanda Findlay.

– Oui.

Un os ? Trouvé dans l'île sept mois avant la découverte de Sharon Jordan ? Ce rebondissement à la Perry Mason me fit sourire. Le beau témoin mystérieux allait-il sortir de son chapeau d'autres révélations stupéfiantes qui retourneraient la situation ?

Un tel silence venait de tomber sur la salle d'audience qu'on pouvait entendre le très léger tapotement de la sténotypiste sur sa machine.

Findlay fit montrer par le témoin, sur la carte de Palmyre, l'endroit exact où elle avait trouvé l'os. Elle traça un cercle, sur la côte du lagon, à peu près à mi-chemin entre Strawn et Cooper, à environ deux cents mètres de la découverte de Sharon Jordan.

Elle avait trouvé l'os « rejeté sur le rivage, près des buissons », alors qu'elle cherchait des crabes. Elle avait constaté en le ramassant qu'il était « très propre, recouvert d'un peu d'algues vertes » et elle avait immédiatement pensé à « l'affaire du couple disparu ».

Elle montra l'os à ses amis et le garda pendant environ trois semaines avant de le jeter par-dessus bord, là où l'*Aquaholics* était amarré aux corps-morts.

Findlay fit enregistrer comme pièce à conviction un dessin de l'os qu'Eatinger avait fait pour la défense quelques mois plus tôt. Plaçant devant le témoin plusieurs planches d'un ouvrage d'anatomie, Findlay lui demanda si elle voyait là quelque chose qui ressemblait à cet os trouvé dans le sable.

– Celui-là, répondit-elle en montrant un humérus d'adulte, l'os du bras allant de l'épaule au coude.

Dans son contre-interrogatoire, Schroeder jeta le doute sur la crédibilité du témoin en lui faisant reconnaître qu'elle avait cru au premier abord que c'était un fémur.

Il lui demanda ensuite ce qui l'avait poussée à se débarrasser de cet os si elle pensait réellement, comme elle l'avait témoigné lors de l'interrogatoire par la défense, qu'il était peut-être en rapport avec l'affaire des meurtres de Palmyre.

– C'était un peu trop macabre et démoralisant pour que je le garde. Et encombrant, aussi. Chaque fois que je tendais la main pour prendre quelque chose, l'os était là.

Sur quoi elle frémit délicieusement.

Eatinger dit ensuite que si elle n'avait rien dit de sa découverte aux autorités, elle en avait parlé à un ami plaisancier, le témoin Richard Grigg, qui l'avait immédiatement recrutée pour défendre l'accusé.

11 juin 1985

Les derniers éléments de l'affaire Walker commencèrent à être présentés quatorze jours après la sélection du jury. Dans l'intervalle, cinquante-deux témoins étaient venus déposer, trente-quatre cités par l'accusation, dix-huit par la défense.

Enoki, de sa voix monotone, insista sur les deux principaux arguments de l'accusation : le *Iola* était incapable de prendre la mer, et Buck et Jennifer avaient épuisé tous leurs vivres.

– Allaient-ils supporter de se nourrir de poisson, de crabes, de noix de coco et de salades d'herbes variées, à deux cents mètres des Graham et de leur *Sea Wind* bourré de toutes les provisions imaginables ?

Enoki soutint que Walker avait eu le mobile, les moyens (« Il avait un pistolet et ne répugnait pas à se servir de son arme dans l'île ») et l'occasion de commettre le crime. En fait, assura-t-il, Walker était « une des deux seules personnes au monde qui auraient pu commettre ce meurtre ».

L'accusation récapitula le témoignage de Sharon Jordan et ceux des divers experts en déclarant que les pièces à conviction et les découvertes scientifiques réfutaient la mort par noyade ou de toute autre façon accidentelle de Muff Graham.

Il cita les preuves du meurtre : les ossements trouvés dans le coffre, le crâne brûlé en partie, apparemment quand il y avait encore des chairs, les coups de marteau d'enclume ou d'un autre instrument qui avaient causé plusieurs fractures, etc.

Et Enoki rappela toutes les preuves s'opposant à la thèse de la noyade : la stabilité du Zodiac, la placidité du lagon (« Même en cas de tempête, les creux, dans le lagon, ne dépassent guère trente centimètres, selon certaines estimations, au plus cinquante à soixante selon d'autres. »), les obstacles se trouvant tous réunis à de faibles profondeurs, etc.

Réfutant la thèse de la défense selon laquelle les ossements et le caisson avaient été rejetés à terre séparément, Enoki nota que le criminologiste de la défense lui-même avait reconnu que « les os ne flottent pas ». Et aussi le fait que les ossements avaient été découverts groupés sur la plage, ce qui prouvait « qu'ils avaient dû être tous réunis, comme par exemple dans un coffre ou une boîte quelconques ». Et il insista encore :

– Les innocents n'ont pas à falsifier des preuves, à maquiller un bateau, à le réenregistrer sous un autre nom ni à fuir les autorités en plongeant dans un port pour s'évader. Ce sont là des éléments, la cour vous le dira, qui peuvent être considérés par vous, messieurs et mesdames les jurés, comme des marques de la conscience de culpabilité. Je vous demande de rendre un verdict reflétant les véritables circonstances de cette affaire, c'est-à-dire que l'accusé, Buck Walker, a assassiné Eleanor Graham.

Après une suspension d'audience d'un quart d'heure, le jury revint écouter les conclusions de la défense.

Partington commença par se placer sur la défensive :

– Les jurés estiment généralement que nous, les avocats, parlons trop longuement, je m'efforcerai donc d'être bref, mais je suis sûr que vous trouverez malgré tout que j'ai été trop long, et je vous prie d'avance de m'en excuser.

Et, s'aventurant en terrain douteux :

– Je ne prétends pas être objectif, je ne le suis pas. Je suis ici pour prendre le parti de mon client et faire naître des doutes.

Il reconnut, raisonnablement, que Buck Walker était effectivement un voleur de bateau.

– Mais, comprenez bien, je vous en prie, que cela n'implique pas qu'il soit un assassin. Un gouffre sépare le vol d'un bateau et le meurtre d'une personne.

Partington affirma, comme il fallait s'y attendre, que le *Iola* était tout à fait capable de naviguer et que Buck et Jennifer, bien qu'à court de vivres, avaient largement de quoi subsister en se nourrissant de poissons, de crabes et de noix de coco. Il compara le prétendu mobile de cette affaire à la situation d'un homme pauvre attendant la mort d'une richissime tante :

– Si l'argument de l'accusation est porté à son comble, lorsque votre tante Minnie mourra subitement en vous laissant ses millions, ce sera la preuve que vous l'avez assassinée ?

Cette analogie ne provoqua pas les hochements de tête approbateurs du jury. Un des jurés, à la figure longue, jeta à Partington un regard glacial. L'avocat de la défense persévéra néanmoins en disant que le mobile seul ne peut être invoqué pour condamner quelqu'un.

Son client avait quitté Hawaii pour fuir une inculpation de trafic de drogue, ce qui expliquait une grande partie de l'activité de Walker après la disparition des Graham.

Partington s'attaqua vaillamment aux témoignages scientifiques nuisibles. Il insinua que des ossements avaient été rejetés à terre séparément et qu'ils étaient restés longtemps enfouis dans le sable. Le sable et les rochers étaient responsables des abrasions, tandis que le soleil et peut-être un feu de camp sur la plage avaient calciné en partie le crâne. Ces conditions étaient la cause des fractures et des rongeurs avaient grignoté les os. Si les abrasions du crâne avaient été provoquées à l'intérieur du coffre, pourquoi n'y en avait-il aucune trace sur les parois internes ? Quant aux fractures :

– Il n'y a rien d'insolite à ce que des ossements exposés aux intempéries pendant un certain temps présentent des fractures.

Pour ce qui était des brûlures du crâne qui avaient pu être infligées après la mort :

– Cela signifie que quelqu'un a manipulé ces ossements et, si cela est vrai, les conclusions scientifiques de l'accusation sont suspectes.

Il en vint ensuite au témoignage de Galatea Eatinger :

– Nous savons d'après les restes récupérés (par Sharon Jordan) que l'os trouvé par Mlle Eatinger ne pouvait pas avoir appartenu à Mme Graham, parce qu'elle aurait eu alors trois humérus. Et nous savons tous que nous n'avons chacun que deux bras. Par conséquent, cet os pouvait être à Mac Graham. Et qu'est-ce que cela vous suggère ? Mac Graham n'est pas dans le second caisson manquant au fond du lagon. Ses restes sont dispersés dans le lagon, ce qui vient étayer la thèse de la noyade ou de l'attaque par des requins.

« L'accusation prétend que la défense s'appuie sur l'accident de Zodiac pour expliquer ce qui est arrivé aux Graham. Non, pas du tout. Ce que nous demandons, c'est comment on peut affirmer sans l'ombre d'un doute que les Graham n'ont pas été victimes d'un accident de bateau ou d'une attaque de requins ?

Partant du principe qu'aucun meurtre n'avait été commis, Partington changea subitement de ton et avança que, si meurtre il y avait, Jennifer Jenkins pouvait l'avoir commis seule.

– Elle a été le navigateur, pendant le voyage à Palmyre. Il est évident qu'elle n'est pas une tête de linotte, car la navigation astronomique demande des connaissances et de l'habileté. Quand on a voulu l'arrêter à l'Ala Wai, Jenkins a couru comme une folle. Nous savons que Walker avait au moins deux autres bonnes raisons d'échapper à la police. Il avait volé le bateau et il était en fuite sous une inculpation de trafic de drogue. Mais Jenkins n'avait aucune raison de fuir. Et pourtant, elle a cherché à s'échapper. Pourquoi ? M. Shoemaker a déclaré dans son témoignage qu'il avait entendu des voix féminines à la radio. Donc, apparemment, Jenkins était reçue à bord. Si vous voulez mon avis, c'est une preuve évidente que s'il y avait une occasion de commettre un meurtre à bord du *Sea Wind*, seule l'accusée Jenkins pouvait en profiter puisque, à en croire l'accusation, Walker n'y était pas accepté.

« Si l'accusation tient à prouver un crime, il faudrait qu'elle fasse beaucoup mieux que cette fois-ci. Je vous remercie.

C'était une récapitulation très émouvante.

Après la suspension du déjeuner, Enoki eut sa dernière chance de s'adresser au jury et d'enfoncer le clou. Par une réfutation aussi brève qu'assurée, il rappela aux jurés que le ministère public n'était pas chargé de résoudre tous les éléments d'une énigme.

– Nous n'avons pas à prouver des choses comme les moyens précis employés pour assassiner Mme Graham, ce qu'on a fait de ses restes ou bon nombre des autres détails que M. Partington nous a rabâchés. Tout ce qui est exigé de l'accusation, c'est qu'elle prouve que M. Walker a tué Mme Graham avec préméditation.

Répondant à Partington qui soutenait qu'aucun meurtre n'avait été commis, Enoki déclara :

– Le seul témoignage irréfutable et inoubliable de Sharon Jordan vaut au moins dix avis d'experts. Elle était là, elle vous a dit ce qu'elle a vu. Les ossements avaient tout à fait l'air d'être tombés du coffre.

« Voyez la montre-bracelet qu'elle a trouvée ! s'exclamat-il en la brandissant. Il n'en reste pas grand-chose et personne ne l'a identifiée comme ayant appartenu à Muff Graham, mais en dépit de la rouille on distingue un bracelet métallique argenté. Si vous voulez bien vous reporter à la pièce à conviction 8 A, la photo des Graham à bord du *Sea Wind* à leur mouillage de Palmyre, vous verrez qu'elle porte au poignet gauche un bracelet argenté remarquablement semblable à celui-ci.

« Et d'ailleurs, enchaîna Enoki, la preuve que Muff a été assassinée "ne dépend pas de la preuve apportée par l'accusation de la présence des ossements dans le coffre". Par exemple, dit-il, Muff n'a-t-elle pas été brûlée alors qu'il y avait encore des chairs sur ses os ?

« Cela ne suffit-il pas à vous convaincre, en conjonction avec toutes les autres pièces à conviction, que Muff a bel et bien été assassinée ?

Les dépositions étant terminées, les arguments présentés, le juge King lut à haute voix les pages d'instructions dont la loi exige qu'elles soient communiquées au jury avant les délibérations. Il marmonna ainsi pendant près d'une demi-heure. A un moment donné, Buck Walker ôta ses lunettes, se frotta les yeux, les remit et continua de suivre sur sa copie des instructions.

A 14 h 57, le juge dit aux jurés :

– La cause est à vous.

Il leur apprit qu'ils ne seraient pas séquestrés pendant la nuit. Il leur conseilla de passer dans la salle des délibérations, de travailler pendant quelques heures et puis de revenir pour une heure ou deux après le dîner offert par le bureau du state attorney. Il leur conseilla également de ne pas prendre d'engagements pour les deux ou trois jours suivants et de revenir chaque matin au palais de justice pour délibérer pendant la journée et le début de la soirée, jusqu'à ce qu'ils soient parvenus à un verdict.

Un jury doit, avant toute chose, se choisir un président. Ce fut chose faite en la personne de Charles Simmonds, un vétéran de deux précédents jurys.

Onze jurés avaient déjà pris leur décision. Lorsque Simmonds fit porter une note au greffier d'audience demandant à voir certaines pièces à conviction, ce fut plus par curiosité collective que par nécessité. Ils se repassèrent les photos présentées au cours du procès, en prenant tout leur temps pour examiner les gros plans du coffre métallique, des ossements et du crâne.

Aucun juré ne croyait aux dépositions des repris de justice.

Tout en avouant qu'ils aimaient bien le juge, ils reconnaissaient son évident parti pris.

– Je crois qu'il cherche à faire condamner Buck, dit un juré.

– La défense aussi, plaisanta un autre, et tout le monde rit.

Une fois épuisée la fascination des diverses pièces à conviction, quand ils eurent réfléchi chacun pour soi en buvant du café, Simmonds demanda si l'on ne pourrait pas passer au vote. Tout le monde fut d'accord. Une femme juré distribua de petits bouts de papier pour le scrutin secret. Le président les rassembla ensuite et les dépouilla : onze voix pour la condamnation, une indécise.

Les jurés ne mirent pas longtemps à identifier l'indécis. Le gros homme trapu du dernier rang était assez sympathique mais, de l'avis de certains jurés, pas très dégourdi du cerveau. Quand ils lui demandèrent poliment d'expliquer son vote, il répondit simplement qu'il ne voyait pas exactement comment Buck Walker avait tué Muff Graham.

– Un instant ! s'exclama Robyn Shaffer, vingt-deux ans, la plus jeune de l'assistance. Vous pensez que Walker l'a tuée ?

– Bien sûr ! Mais je ne vois pas comment.

Plusieurs personnes se mirent à parler en même temps mais le président rétablit l'ordre. Ils n'avaient pas à résoudre tous les mystères, expliqua-t-il patiemment. Le meurtre ne serait probablement jamais élucidé dans sa totalité. Tout ce qu'on leur demandait, c'était de déterminer si l'accusé était coupable ou non coupable. Comme le juré réticent souriait et hochait la tête, Simmonds déclara :

– Passons encore une fois aux voix.

A 16 h 40, le jury sonna le greffier d'audience pour annoncer que l'accord s'était fait sur le verdict. Il fallut une demi-heure pour récupérer tous les avocats et ramener Buck Walker au banc des accusés.

Le jury, qui avait suspendu ses travaux pendant vingt minutes pour permettre à un juré de déplacer sa voiture d'un parking qui fermait tôt, avait délibéré pendant un laps de temps incroyablement court, une heure et vingt-trois minutes. Les jurés n'avaient même pas attendu de faire un bon repas tous ensemble aux frais de la princesse. Buck Walker était encore dans le palais. On l'avait fait descendre au sous-sol pour être reconduit en prison tellement on était sûr que le jury ne rendrait pas son verdict avant plusieurs heures de délibération.

Lorsque le greffier lut le verdict de culpabilité, les quatre avocats qui avaient vécu pendant si longtemps avec cette affaire restèrent curieusement impassibles, tout comme Kit, la sœur de Mac.

Il n'en fut pas de même pour l'accusé.

Il grimaça, serra les dents et regarda fixement le sol, comme pour se donner du courage. Enfin, il leva lentement les yeux vers le box du jury et regarda dans les yeux la jeune Robyn Schaffer qui jura que, même si elle vivait jusqu'à cent ans, elle n'oublierait jamais la dureté et la froideur glaciale du regard de l'assassin condamné.

San Francisco, 28 juin 1985

Pâle, la mine hagarde, Buck Walker resta muet quand le juge King demanda si l'accusé avait quelque chose à dire avant l'énoncé de sa peine.

Qualifiant le meurtre de Muff Graham de « crime particulièrement monstrueux », King condamna Walker à la prison à vie. Il fit observer, néanmoins, que toute personne condamnée à vie par une cour fédérale peut demander une libération sur parole après dix ans de détention. Pour cette raison, le juge ordonna que cette peine soit consécutive aux précédentes sentences encourues par Walker.

Lorsque Buck, stoïque, sortit ce jour-là de la salle d'audience, il avait encore onze ans de prison à purger pour possession de drogue, évasion et transport de biens volés.

Jennifer Jenkins avec Puffer, à bord du *Iola*.
(Pièce à conviction de la défense.)

L'île Strawn, où les ossements ont été découverts.

Sharon Jordan sur le site des ossements.

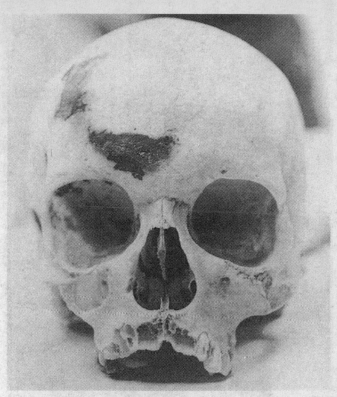

Le crâne.

Le caisson.

Le *Sea Wind* à Palmyre, avec Muff sur le pont.

Buck Walker procédant à des réparations sur le *Iola*.

Deux visages de Buck Walker. (Photo David Shapiro.)

Muff Graham à Tahiti en 1962.
(Collection de Kit Graham Muncey.)

Mac et Muff Graham à bord du *Sea Wind* à Aden en 1964.
(Collection de Kit Graham McIntosh.)

28

Los Angeles

Un des premiers coups de téléphone que je reçus après la condamnation de Walker fut celui du journaliste du *Los Angeles Times* qui avait couvert le procès.

– Ce verdict ultra-rapide du jury n'augure rien de bon pour Jennifer, me dit-il.

Il est extrêmement rare qu'un jury d'assises rende aussi rapidement son verdict dans une affaire de meurtre. C'est encore plus rare lorsqu'il y a une telle pénurie de preuves concrètes et quand les experts scientifiques et médicaux viennent tout compliquer. C.B.S. Radio ne craignit pas d'affirmer que c'était un verdict « sans précédent ». Toutes les personnes mêlées au procès s'attendaient à ce que le jury délibère pendant un ou deux jours au minimum. Tout en pressentant ce verdict de culpabilité je fus tout de même étonné par la rapidité de la décision. Il était évident que les principes usuels exigeant, pour condamner, des pièces à conviction concluantes ne s'appliquaient pas ici. Les circonstances uniques de l'affaire remplaçaient les preuves. Dans un cas normal, si l'accusé n'a pas commis le crime, des millions d'autres personnes peuvent, théoriquement, l'avoir commis. Mais pas à Palmyre. Si Buck et Jennifer n'étaient pas coupables, il ne restait personne d'autre. L'accusation n'avait pas besoin de fournir de preuves dans un cas pareil.

Jennifer fut bouleversée par la condamnation de Buck.

– Je parviens encore difficilement à croire qu'un homme que j'ai tant aimé ait pu être si déloyal avec moi, me dit-elle tristement. J'avais toujours pensé que je pourrais l'empêcher de faire des bêtises. Je croyais qu'une fois que nous aurions quitté Hawaii, les tentations seraient moindres. Parce que, dans le fond, comment pourrait-on s'attirer des ennuis dans une île déserte ?

Len aussi était très secoué parce qu'il avait approuvé les efforts des avocats de Walker pour faire planer les doutes et contester le meurtre en dépit des témoignages scientifiques. Len reconsidérait maintenant sa position ; il décida, pour le moment, d'adopter la mienne pour le procès de Jennifer.

Il apparut bientôt que ce procès allait être retardé à cause d'empêchements du juge King. Ma cliente rêveuse continua d'être satisfaite de tout délai.

Mais cela m'inquiétait. Jusqu'à présent, tandis que je m'efforçais de faire comprendre sa situation à Jennifer, ses adversaires s'étaient surtout intéressés à Buck Walker. Désormais, ils allaient consacrer tout leur temps et toute leur énergie à asseoir leur point de vue contre elle.

– Il n'y a rien à gagner et beaucoup à perdre, en s'ingéniant à retarder le procès, dis-je pour la mettre en garde. Nous avons déjà notre défense et elle ne deviendra pas plus forte. En ce moment même, des prosecutors et des agents du F.B.I., assis autour d'une table, à Honolulu, se demandent comment ils peuvent encore renforcer leur position contre vous.

Ma principale crainte était que des agents fédéraux ne se précipitent pour aller interroger toutes les anciennes compagnes de cellule de Jennifer – comme ils l'avaient fait pour Buck – et ne dénichent un témoin qui accepterait de déposer contre elle. Je lui demandai si, à Terminal Island, elle avait parlé de l'affaire à quelqu'un capable de mentir et de raconter qu'elle avait fait des confidences incriminantes. Non, elle ne voyait personne. Et en dehors de la prison ? Non plus. Le monde entier avait sa confiance.

Fin août 1985, la date du procès fut fixée au 3 février 1986, ce qui nous accordait, ainsi qu'à l'accusation, six mois supplémentaires pour nous préparer.

Alors que la date approchait, Jennifer reçut une lettre d'un homme, Joe Buffalo (« un Indien de sang mêlé avec de longs cheveux épais et une grosse barbe ») dont elle disait qu'il était un ami. Elle l'avait connu à Hawaii en 1975. Il lui apprenait que des agents du F.B.I. l'avaient récemment contacté et avaient cherché à lui soutirer quelque chose dont ils pourraient se servir contre elle. Brutalement réveillée, Jennifer me téléphona anxieusement pour me dire que j'avais raison.

Au point où en étaient les choses, les témoignages incriminants seraient plus nombreux au procès de Jennifer qu'à celui de Buck (l'indic Al Ingman ne comparaîtrait pas, nous savions maintenant que le jury n'avait pas cru à sa déposition contre Buck), et il avait été condamné en un temps record. A de très rares exceptions près, toutes les preuves indirectes qui l'avaient fait condamner seraient utilisées contre Jennifer. Mais, en plus, seraient utilisés ses invraisemblables mensonges débités à l'agent du F.B.I. Calvin Shishido, l'histoire contradictoire qu'elle avait racontée à Bernard Leonard, ses mensonges à Lorraine Wollen et le faux témoignage lors de son précédent procès à Honolulu ; l'accusation ne manquerait pas d'affirmer que tout cela constituait une nette conscience de culpabilité de sa part.

Au procès de Jennifer, l'accusation allait avoir recours, essentiellement, aux mêmes témoins et aux mêmes pièces à conviction qu'à son procès pour vol. La seule différence serait qu'il s'agissait à présent d'un cadavre. Mais un cadavre n'était pas une preuve formelle contre Jennifer ; il ne faisait que changer l'inculpation en transférant le chef d'accusation du vol au meurtre. Dans ces conditions, puisque le précédent jury l'avait condamnée au vol sur la base des faits et témoignages qui figureraient dans le prochain procès criminel, elle avait déjà implicitement été condamnée pour meurtre. Il allait de soi que la conclusion reliant la mort de Muff au vol du *Sea Wind* s'imposait. J'espérais simplement qu'aucun fait nouveau, même infime, à l'encontre de Jennifer n'apparaîtrait.

Il est difficile de trouver quelque chose de plus minuscule que la carapace extérieure d'une fourmi et, pourtant, ce sujet prit soudain une importance considérable.

En relisant le rapport du coroner concernant l'autopsie effectuée sur les restes de Muff Graham en avril 1985, je découvris quelque chose de potentiellement explosif dont l'accusation n'avait pas fait état au procès Walker : « Dans la moelle des os longs on constate un dépôt de corail et de matière sableuse disposé par couches d'une façon indiquant une exposition à l'eau. Des portions reconnaissables d'exosquelettes d'insectes en ont été extraites. Il s'agit de morceaux de fourmis. Ces fragments présentent les caractéristiques anatomiques d'une petite fourmi de couleur foncée, longue approximativement de quatre à cinq millimètres. » Quand, au juste, me demandai-je, des fourmis avaient-elles pu s'introduire dans la moelle des os ?

Quelques mois après que j'avais accepté de plaider cette affaire, en 1982, Len et moi nous étions mis d'accord pour qu'il s'occupe de tous les témoins scientifiques et médicaux puisqu'il voulait contester le meurtre même et que ces témoins-là déposeraient sur ce fait pour l'accusation. En tant que coroner, le Dr Boyd Stephens était désormais un des témoins de Len. Je demandai à mon confrère ce qu'il savait de ces exosquelettes de fourmis. Il me répliqua que, selon Stephens, les fourmis n'avaient pu s'insinuer que dans la moelle d'un corps encore charnu, et très peu de temps après la mort, mais *pas* si les os étaient secs et sans aucun corps gras. Or, ce devait être sûrement le cas lorsque la mer les avait rejetés sur la plage en 1981. Je compris que les exosquelettes de fourmis allaient me conduire tout droit à la question qui m'inquiétait le plus : savoir si, oui ou non, Jennifer avait participé au meurtre.

Pour le jury, mon argument devait être que Buck avait assassiné Mac et Muff sans Jennifer et à son insu. Par conséquent, il avait dû fourrer immédiatement les deux cadavres dans les caissons de métal, pour les lui cacher. Mais si ce que le coroner avait dit à Len était exact, la complicité de Jennifer s'imposait puisque les cadavres avaient été laissés sur le sol assez longtemps pour que les fourmis s'y introduisent. Si Buck n'était pas pressé, s'il ne cherchait pas à cacher les corps à Jennifer... L'accusation tiendrait là une puissante preuve indirecte de la complicité de la jeune femme.

Comme les exosquelettes mettaient en cause la culpabilité de Jennifer, non celle de Buck, il était naturel que l'accusation ne se soit pas servie de ce détail au procès Walker. Mais si elle avait bien fait son travail, elle devait être au courant et ne manquerait pas d'en profiter au procès de Jennifer. Ce genre de preuve physique concrète allait projeter un peu de lumière dans les ténèbres mystérieuses des crimes de Palmyre.

L'affaire demeurait énigmatique, mais allions-nous en être réduits à étudier les fourmis et leurs habitudes, pour découvrir le déroulement des faits ?

Après mûre réflexion, je téléphonai à Len et lui demandai s'il acceptait de me laisser m'occuper du problème des exosquelettes. Il accepta.

J'appris ainsi que l'étude des fourmis s'appelle la myrmécologie, une branche de l'entomologie. Plusieurs coups de téléphone me conduisirent finalement à Roy Snelling, un entomologiste attaché depuis vingt-cinq ans au Muséum d'histoire naturelle de Los Angeles, spécialisé, justement, dans la myrmécologie. Snelling et un professeur de Harvard étaient considérés comme les plus grands experts des U.S.A. dans ce domaine.

Le lendemain même, je me rendis au muséum, une grande bâtisse de pierre de taille située en face de l'université de Californie du Sud. Snelling m'avait fièrement informé que ce muséum contenait la plus importante collection de fourmis (mortes, présumais-je) d'Amérique du Nord.

Je découvris le bureau de Snelling, encombré de livres, de revues professionnelles et de dossiers. Agé d'une cinquantaine d'années, le savant était grand et dégingandé, la figure burinée. Il portait un jean délavé et une chemise écossaise aux couleurs sourdes. Ses cheveux longs tressés et maintenus par un bandeau révélaient son origine cherokee. Il avait enseigné l'entomologie à l'U.S.C. (l'université de Californie du Sud) et écrit de nombreux articles sur les fourmis.

A mon grand soulagement, Snelling m'affirma catégoriquement que les fourmis étaient tout à fait capables de s'introduire dans la moelle d'ossements dépourvus de toute chair.

– Même lorsqu'il n'y a plus de chair sur les os, les corps gras du squelette restent présents et attirent les fourmis.

– Ainsi, quand les ossements ont été rejetés à terre, en 1981, sept ans après les meurtres, ils contenaient encore assez de corps gras pour attirer les fourmis ?

– Oh oui ! Le corps gras de l'ossature, en réalité de la graisse liquéfiée, s'évapore très lentement. Même un os vieux de vingt à trente ans, apparemment complètement desséché, a encore de quoi attirer les fourmis.

– Mais que pensez-vous du fait que ces os avaient séjourné dans l'eau ? Est-ce que ça n'aurait pas accéléré le processus d'évaporation ?

– Si. L'eau fait effectivement évaporer le corps gras plus rapidement que si les os séjournaient dans un endroit sec mais ce serait quand même un processus extrêmement lent, qui durerait plusieurs années, en particulier si les os se trouvaient dans une boîte empêchant le mouvement de l'eau contre les ossements.

– Quand vous dites plusieurs années, vous pensez à combien, à peu près ?

– Oh, une bonne dizaine au moins.

Les fourmis décrites dans le rapport du coroner, enchaîna Snelling, correspondaient à la catégorie *solenopsis*, présentes dans de nombreuses parties du monde, y compris le Pacifique.

– On les appelle aussi les fourmis à graisse parce qu'elles sont tout particulièrement attirées par les corps gras de toute espèce, humains ou animaux.

Il m'expliqua que la moelle était plus appréciée par ces insectes que les tissus musculaires, puisque c'était une substance grasse.

Jusqu'à présent, tout ce que me disait l'entomologiste ne nous aidait que dans la mesure où les fourmis se seraient introduites dans la moelle en 1981. Mais que s'était-il passé en 1974 alors qu'il y avait beaucoup plus de corps gras dans les os pour les attirer ? Je posai la question clé : combien de temps aurait-il fallu aux fourmis pour pénétrer dans le corps de Muff s'il était resté exposé sur le sol après son assassinat, en 1974 ?

– Eh bien, pour commencer, les fourmis ne peuvent pas traverser l'épaisseur de l'os, il leur faut une fracture pour s'introduire dans la moelle.

– Les ossements contenant des exosquelettes de fourmis étaient fracturés.

– Même avec une fracture, les insectes mettent *plusieurs jours* pour pénétrer à travers la peau et atteindre la moelle.

Je serrai les dents. La probabilité de l'exposition sur le sol du cadavre de Muff pendant des jours était extrêmement ennuyeuse. Dans ce cas-là, Buck n'aurait pas cherché à dissimuler son crime à Jennifer. Par conséquent...

Snelling battit des paupières en percevant mon évident malaise.

– N'est-il vraiment pas possible que des fourmis pénètrent dans un corps plus rapidement ?

– Quand je dis plusieurs jours, cela suppose que les fractures n'aient pas été ouvertes. Mais si les os brisés avaient percé les chairs et la peau, comme c'est le cas pour les fractures multiples, les fourmis auraient eu *immédiatement* accès à la moelle.

Je me détendis ostensiblement. Les os de la cuisse et du bras horriblement fracturés de Muff avaient fort bien pu déchirer le derme jusqu'à la couche extérieure, exposant ainsi la moelle même pendant le court laps de temps qu'il avait sans doute fallu à Buck pour aller chercher le caisson et y tasser le corps de Muff pour le cacher à Jennifer.

Il m'était naturellement impossible de prouver que cela s'était réellement passé ainsi mais je savais maintenant que le ministère public ne le pourrait pas non plus. Avant que je quitte son bureau, Snelling accepta de témoigner pour la défense en qualité d'expert. Avec sa déposition, le jury ne pourrait conclure que la présence de ces exosquelettes était nécessairement une preuve de la culpabilité de Jennifer. J'espérais tout de même que le sujet ne serait pas abordé mais, au moins, j'étais préparé.

Fin novembre 1985

Sans me consulter, Len avait conseillé à Jennifer de tenter de négocier avec les avocats de l'accusation, étant donné la portée de leurs arguments. Jennifer, ayant rapporté ces propos à son frère, Ted Jenkins demanda à me voir à mon domicile de Los Angeles. La réunion eut lieu en présence de Jennifer, Len et Ted.

Len entra directement dans le vif du sujet :

– Je crois que nous devrions envisager sérieusement d'obtenir une entrevue avec Enoki. Je ne sais pas s'il sera d'accord mais s'il accepte de discuter nous pourrions peut-être obtenir une inculpation de meurtre au second degré ou même d'homicide involontaire. Enoki insistera sans doute pour une peine de prison minimale de deux ans.

Ted et Jennifer échangèrent un regard mais ni l'un ni l'autre ne fit de commentaire.

– L'adversaire dispose d'arguments très solides, enchaîna vivement Len comme pour prévenir un refus. Plus solides, dans un sens, que contre Buck, et nous n'avons pratiquement pas d'autre moyen de défense que les dénégations de Jennifer. Inutile de vous rappeler avec quelle rapidité le jury a condamné Buck.

Ted haussa les sourcils.

– Vince ?

– Je m'oppose à toute négociation, répondis-je sans hésiter. Il est indiscutable qu'ils ont des arguments solides mais je pense que nous pouvons quand même gagner.

Je récapitulai ensuite nos points forts pour souligner

l'importance du témoignage de Jennifer démontrant son aversion pour toute forme de violence.

J'ajoutai que j'avais finalement trouvé un témoin, Bill Larson (le compagnon de voyage de Don Stevens à bord du *Shearwater*) qui témoignerait des relations amicales des Graham avec Jennifer et Buck. Ceci rendait beaucoup plus plausible que Jennifer ait cru à l'invitation à dîner à bord du *Sea Wind*.

— Et permettez-moi de vous dire que je reprendrai toute l'histoire de façon exhaustive, déclarai-je en m'adressant surtout à Jennifer. Mais il est évident qu'il faudra y mettre du vôtre, Jenny.

Ma cliente parla enfin et, comme d'habitude, avec ambiguïté. Elle était opposée à toute négociation mais si jamais nous décidions de discuter avec le ministère public, elle n'accepterait pas de passer plus de six mois en prison.

— Enoki ne sera jamais d'accord avec ça ! s'exclama Len.

Je n'aimais pas la réponse mesurée de Jennifer.

— Si vous êtes innocente, Jennifer — ce que je crois, et que nous croyons tous —, comment pourriez-vous plaider coupable ? Comment pourriez-vous, en face du juge, dire que vous avez été complice de l'assassinat de Muff alors que ce n'est pas vrai ! Il ne s'agit pas de discutailler pour une banale histoire d'ivresse au volant. Vous resteriez, pour le reste de votre vie, une meurtrière condamnée par la justice ! Ça vaut la peine d'y réfléchir à deux fois !

Jennifer me promit d'y penser.

— Je ne vous demande qu'une seule chose, lui dis-je encore. Quoi que vous décidiez de faire, ne tardez pas, n'attendez pas la veille du procès. Je refuse de passer un jour de plus à le préparer !

J'avais l'impression de crier au fond d'un puits.

Elle répondit qu'elle me ferait connaître sa décision dans quelques jours. Je me faisais l'effet, pour le moment du moins, d'être la reine des abeilles entourée de ses sujets.

J'interrompis mes travaux sur l'affaire en attendant sa décision. Bien sûr, nous perdions un temps précieux, mais je ne comptais absolument pas passer sur cette affaire une seconde de plus, après les centaines et centaines d'heures que j'y avais déjà consacrées, surtout si elle choisissait finalement de plaider coupable et de négocier !

Une longue semaine plus tard, Jennifer me téléphona pour m'annoncer qu'elle n'entendait pas plaider coupable.

— Epatant ! Nous allons y aller à fond, Jen !

Elle rit nerveusement.

– Je suppose que ma vie est entre vos mains, à présent,
Vince.

24 décembre 1985

Enoki nous avisa par téléphone que des agents du F.B.I.
s'étaient rendus récemment auprès de Buck Walker en prison. Je ne voyais qu'une seule raison à une telle visite.

– Je parie qu'ils ont fait une offre quelconque à Buck,
une réduction de peine ou autre, s'il acceptait de témoigner
contre Jennifer, dis-je à Len.

Il se demanda, tout haut, ce que Buck avait bien pu leur
répondre.

Cependant, quand nous reçûmes la liste définitive des
témoins à charge, le nom de Buck Walker n'y figurait pas.

Il avait apparemment refusé d'incriminer son ancienne
compagne.

29

Lors de son procès pour vol, Jennifer avait déclaré que dans l'après-midi du 30 août, se trouvant sur le *Iola*, elle avait entendu le moteur du Zodiac « qui s'éloignait, entre 16 et 17 heures ». Quand je l'avais interrogée, elle m'avait répondu qu'il était « environ 16 h 30 ». J'avais naturellement l'intention de soutenir, au procès, que le canot était alors piloté par Buck et contenait les cadavres de Mac et de Muff, et qu'après les avoir jetés dans le lagon, Buck avait retourné le Zodiac sur la plage pour amener Jennifer à croire au naufrage et à la mort accidentelle des Graham. En supposant qu'il ait fallu à Buck dix minutes environ pour jeter les corps à l'eau et retourner le canot une fois sur la plage, il devait plutôt être 16 h 40.

Lors de son procès, Jennifer avait dit, et m'avait répété par la suite, qu'ils avaient commencé à rechercher Mac et Muff le lendemain matin « juste après l'aube » et qu'ils avaient retrouvé le canot échoué quelques minutes plus tard. L'embarcation était « à une cinquantaine de centimètres au-dessus de la ligne de marée haute ». (Jennifer me dit aussi que le Zodiac était perpendiculaire à la côte, avec l'arrière – où est accroché le moteur – tourné vers l'eau.) Elle se souvenait que ce n'était pas la marée haute. Par conséquent, si la marée était haute entre 16 h 40 le 30 août et l'aube du 31, la mer serait montée sur la plage de plus de cinquante centimètres et aurait noyé le moteur. Mais le ministère public avait établi que celui-ci était absolument propre, sans la moindre trace de sel.

Comme je m'attendais à ce que l'accusation y voie la démonstration que Jennifer avait inventé cette histoire de « canot retourné sur la plage », j'aurais dû chercher immédiatement à me renseigner pour savoir si oui ou non la marée était haute dans la période citée. Mais je dois avouer que mes connaissances des choses de la mer sont tellement limitées que je ne me doutais même pas qu'il existât quelque part un tableau des marées de Palmyre.

Je savais, bien sûr, que si l'on pouvait prouver qu'il y avait bien eu une marée haute entre 16 h 40 le 30 août 1974 et le point du jour le 31, cela signifierait que Jennifer avait menti et imaginé toute son histoire de Zodiac retourné sur le sable. Et si elle avait inventé cela, elle était probablement coupable de l'assassinat des Graham. Comme j'avais déjà conclu à son innocence, je ne voulais évidemment pas qu'il pût exister la moindre preuve de culpabilité. Mais ne pas vouloir et ne pas chercher à savoir sont deux choses différentes. Et je n'avais pas fait tous les efforts nécessaires pour élucider cette affaire de marées.

Pendant près d'un an, je remis chaque jour au lendemain mes recherches sur ce sujet. Finalement, je me forçai à rester au téléphone jusqu'à ce que j'obtienne le renseignement, bon ou mauvais. De bureau en bureau, je fus aiguillé sur quelqu'un à Seattle qui me renvoya à un certain service d'horaires des marées du National Ocean Service (N.O.S.) à Rockville, dans le Maryland. Quoi qu'on cherche, dans la vie, il existe toujours, quelque part, un individu spécialisé pour le savoir.

La première personne que j'eus au bout du fil dans le Maryland me dit qu'en effet l'information que je cherchais sur les marées existait bien. Sur les cartes et tableaux, Palmyre figurait comme la station marégraphique 2721. Elle m'apprit aussi que, dans le cadre du programme d'enregistrement des marées, une caméra était postée sur Palmyre. Une caméra ? Incroyable. La pensée me vint aussitôt à l'esprit que la caméra (une chance sur dix millions) avait pu être témoin du crime ? Dans ce cas, où était le film, à présent ? J'eus alors l'impression irréelle qu'on ne pouvait aller nulle part dans le monde sans être observé. Mais d'autres agents du N.O.S. me détrompèrent ; non, il n'y avait pas de caméra à Palmyre, seulement une jauge marégraphique (avec compteur de pression) installée dans le lagon, à l'île Sand. De plus, les marées n'avaient été mesurées à Palmyre que durant trois périodes : du 30 mai 1947 au 31 décembre 1948, du 1er janvier 1949 au 12 novembre 1949 et du 19 février au 26 mars 1967. Ces mesures, prises simultanément avec celles de Honolulu, permettaient au N.O.S. de calculer, à d'autres moments, les marées de Palmyre. Ces déterminations, bien que classées officiellement sous le terme de « prédictions », sont d'une précision étonnante.

Lorsque je posai aux agents du N.O.S. la question cruciale : y avait-il une marée haute à Palmyre entre 16 h 40 le 30 août et l'aube du 31, on me répondit qu'il fallait d'abord savoir l'heure de lever du jour à Palmyre le 31 août 1974. Je devais pour cela téléphoner à l'Observatoire national à Washington D.C. On me précisa aussi que sur les deux marées hautes qui se produisent approximativement toutes les vingt-quatre heures et cinquante minutes (le cycle moyen des marées quotidiennes dans le monde entier), une était de « vive-eau » (haute haute) et l'autre de « morte-eau » (haute basse) où la mer, naturellement, remontait moins loin sur la plage. De même pour la marée basse, il y en avait de basses basses et de basses hautes. Le mieux, me dirent-ils, serait qu'ils m'envoient des cartes. Et si je n'y comprenais rien, je n'aurais qu'à les rappeler.

En attendant, je me renseignai auprès de l'Observatoire national pour savoir à quelle heure le jour s'était levé à Palmyre le 31 août 1974.

— Eh bien, à vrai dire, me répondit-on, il y a trois phases au crépuscule.

— Non, excusez-moi, c'est l'aurore qui m'intéresse, pas le crépuscule.

J'appris alors que le mot « aurore » n'est pas employé par l'Observatoire national. Plus poétique que scientifique, ce terme décrit subjectivement plutôt que quantitativement l'illumination naturelle du matin. L'Observatoire emploie le mot « crépuscule » pour désigner non seulement la période allant du coucher du soleil à la nuit mais aussi celle qui va du point du jour au lever du soleil. Et, par-dessus le marché, il y a trois types de crépuscules : civil, nautique et astronomique.

J'étais déjà complètement dérouté et me demandais si je finirais par obtenir les renseignements souhaités. Il était évident qu'il me fallait tout d'abord comprendre la distinction entre ces types de crépuscules matinaux. On m'expliqua que le « crépuscule civil » commence dans la matinée, quand le centre du soleil se trouve à six degrés au-dessous de l'horizon et se termine au lever du soleil (le moment où le bord supérieur de l'astre apparaît). Le « nautique » commence plus tôt, quand le soleil se trouve à douze degrés au-dessous de l'horizon et l'« astronomique » à dix-huit degrés.

J'expliquai à l'astronome que ce qu'il me racontait était très instructif mais, excusant le mauvais jeu de mots, « pas très éclairant » pour moi, profane en cette matière.

– Ne pourriez-vous pas me définir ces trois crépuscules en langage clair ? lui demandai-je.

Il arrive trop souvent que les experts soient incapables de communiquer à d'autres leurs connaissances spéciales. C'est même plutôt la règle que l'exception. Mais, cette fois, mon interlocuteur était, par chance, l'exception. Avec une grande patience, il m'expliqua que, généralement, le crépuscule astronomique commence environ une heure et demie avant le lever du soleil, au moment de la matinée où la haute atmosphère reçoit les rayons solaires de sous l'horizon et les reflète en partie sur la terre. A cause de la clarté croissante du ciel, les étoiles et les planètes ne peuvent plus être photographiées. Le crépuscule nautique débute une heure environ avant le lever du soleil, durant la période où les cinquante-trois étoiles utilisées pour la navigation astronomique cessent d'être visibles. Quant au « civil », il commence une demi-heure avant le lever du soleil, au moment où l'on n'a plus besoin d'éclairage artificiel (les phares de voiture par exemple) pour y voir pendant les activités à l'extérieur.

Maintenant, nous nous comprenions. Quand les profanes parlent de l'« aurore » ou de l'« aube », me précisa l'expert, ils évoquent généralement un moment imprécis entre les crépuscules civil et nautique, quand il commence à faire jour.

En consultant ses tableaux, il m'informa que dans la région de Palmyre en plein Pacifique, dans la matinée du 31 août 1974, le crépuscule astronomique se situait à 4 h 32, le nautique à 4 h 56 et le civil à 5 h 21.

Je possédais maintenant une base de travail concrète. Il me fallait à présent découvrir ce que Jennifer entendait par « aube ». Je lui posai donc la question et elle me répondit :

– Vous savez, quoi, quand il commence à faire jour, le matin.

– Vous voulez dire le moment où il fait assez jour pour tout voir sans lumière artificielle ?

– Non, avant.

Nous parlions donc, comme l'astronome l'avait supposé, d'un moment situé entre les crépuscules nautique et civil, c'est-à-dire vers 5 h 08 à Palmyre au matin du 31 août. Jennifer me précisa qu'en disant « juste après l'aube » elle voulait dire environ cinq minutes plus tard, ce qui nous amenait à 5 h 13. Elle me dit aussi qu'après avoir découvert le canot, appelé et cherché Mac et Muff dans les environs immédiats, remis l'embarcation à l'eau et le moteur hors-bord en place, il s'était écoulé une dizaine de minutes. Il était donc alors environ 5 h 23.

J'attendis ensuite, avec impatience, les cartes et tableaux marégraphiques du N.O.S. Je les reçus une semaine plus tard. Les tables des marées couvraient l'océan Pacifique central et occidental ainsi que l'océan Indien pour l'année 1974.

Y avait-il eu une marée haute à Palmyre entre 16 h 40 le 30 août et 5 h 23 le 31 ? En ajoutant une heure supplémentaire (pour l'heure d'été) au temps constant utilisé pour les tables, le résultat me parut assez bon, à première vue. Il y avait eu une marée haute à Honolulu à 15 h 07 le 30 août 1974, c'est-à-dire une heure et demie *avant* que Jennifer entende le moteur du Zodiac. Mais c'était l'heure de Honolulu ; il fallait donc ajouter une heure et dix-neuf minutes pour avoir celle de Palmyre, ce qui fixait le moment de vive-eau à 16 h 26, quatorze minutes exactement *avant* 16 h 40.

Tout cela était bien beau en soi, mais poserait un problème au procès. Le jury trouverait sans doute « bien commode » que la marée haute ait eu lieu, justement, quatorze minutes avant l'heure critique de 16 h 40 (et quatre minutes à peine avant que Jennifer entende le Zodiac). Cela réglait tout de même la question de la marée haute haute. Mais la marée haute suivante, la « haute basse » ? Avait-elle eu lieu, comme je l'espérais, après 5 h 23 le lendemain matin ? Et suffisamment après pour pallier le problème de « commodité » des temps ? Or, et c'était rageant, la mer était étale à 5 h 35, douze minutes seulement après l'heure approximative indiquée par Jennifer pour leur départ avec le Zodiac. Tout ce scénario allait paraître vraiment trop bien arrangé. Une marée haute haute quatorze minutes avant que le canot ne chavire, la suivante douze minutes après que Buck et Jennifer étaient partis dans le Zodiac. Autrement dit, Jennifer était sauvée par quatorze minutes d'un côté et douze de l'autre et le jury risquait de trouver cela bien suspect.

Je décidai donc de ne pas présenter le rapport comme pièce à conviction, en dépit de l'insistance de Jennifer et de Len. Mon raisonnement était que si le jury considérait le témoignage de Jennifer comme une pure affabulation, la partie était perdue pour nous. Tandis que s'il n'y avait aucune preuve, dans un sens ou dans l'autre, sur cette question je pourrais au moins trouver un argument susceptible de la rendre non concluante aux yeux du jury.

Je n'étais cependant pas prêt à renoncer si vite. Je me dis que je pourrais peut-être tirer le meilleur parti d'une mauvaise situation en montrant le rapport à Enoki et en le persuadant de le présenter au procès.

– Qu'est-ce que c'est que ça ? demanda-t-il avec brusquerie quand je l'étalai devant lui.

Je lui fis part d'un peu de mes toutes nouvelles connaissances sur le cycle des marées, en lui avouant mon problème, et insinuai que ce rapport pouvait aussi bien faire du tort à l'accusation ou à la défense que les aider. Mais dans l'intérêt de la justice j'estimais que pour rendre un verdict équitable, le jury devait être en possession de toute l'information possible sur la question.

Enoki réfléchit pendant une journée puis il refusa. Par la suite, je présentai une requête au juge King pour qu'il prenne *judicial notice,* c'est-à-dire qu'il reconnaisse les faits contenus dans le rapport du N.O.S. (ce qui en dissocierait la défense), mais il repoussa ma demande.

Ainsi donc, le jury ne saurait rien des heures de marée haute à Palmyre durant les deux journées des 30 et 31 août 1974.

Toutefois, pour des raisons sentimentales et personnelles, j'étais satisfait d'avoir pris le temps d'aller jusqu'au fond de la question. Finalement, j'étais plus confiant que jamais et certain de représenter une accusée franche, entraînée dans un labyrinthe insolite de circonstances incriminantes et innocente de tout crime.

30

Len me téléphona huit jours avant l'ouverture du procès. Il était descendu dans un hôtel de San Francisco à deux pas du palais de justice et révisait ses notes en prévision des débats. Nous avions l'intention, ma femme et moi, de partir le lendemain matin et de descendre dans le même hôtel.

— Vince, me dit-il d'emblée d'une voix qui n'augurait rien de bon, je suis convaincu, après avoir repassé en revue toutes nos pièces, que notre seule chance est d'éviter que Jennifer témoigne. Je crois qu'elle est le point le plus faible de notre cause.

Je fus extrêmement surpris.

— Non seulement Jennifer n'est absolument pas le point faible de notre cause, rétorquai-je, mais elle est *toute* notre cause ! Nous n'avons rien d'autre. Ce n'est pas le genre d'affaire où les témoins se pressent pour déposer en faveur de l'accusé. Tout ce que nous avons, c'est Jennifer. Sans elle, je devrai jeter par la fenêtre quatre-vingts pour cent de ma plaidoirie.

— Mais elle n'a pas besoin de témoigner pour que vous plaidiez le doute raisonnable.

— Je plaiderai naturellement le doute raisonnable mais aussi son innocence !

— A part sa parole, il n'existe aucune preuve d'innocence, même si nous la faisons témoigner, insista-t-il. Si vous plaidez l'innocence aux jurés, vous allez perdre des points auprès d'eux. Contentez-vous du doute raisonnable. Nous ne disons pas qu'elle est coupable, bien sûr. Vous soutiendrez qu'il existe raisonnablement ici ou là des doutes.

Len ne se faisait pas l'avocat du diable, comme le font parfois des codéfenseurs pour découvrir les points faibles de leur cause. Il pensait sincèrement qu'elle ferait si mauvais effet au contre-interrogatoire qu'elle se ferait plus de tort que de bien. Mais j'avais passé d'innombrables heures à préparer Jennifer et j'étais sûr qu'elle saurait se défendre.

– La raison pour laquelle elle doit témoigner, dis-je à Len, c'est que son comportement et ses mensonges, dénués d'explication, la font paraître très coupable. Mais Jennifer peut justifier tous ses actes et il est évident qu'elle seule peut et doit le faire.

Len répliqua que les explications cruciales pouvaient être « déduites » des pièces à conviction.

– Ecoutez, Len, je ne devrais pas avoir besoin de vous rappeler que la démonstration finale doit être basée sur ce qui sort de la bouche des témoins. Sans le témoignage de Jennifer, rien ne peut expliquer avec précision la raison de ses actions et de ses paroles incriminantes. Je ne pourrai que *spéculer* sur ses mobiles. Je respecte votre jugement et je sais que cet appel est professionnel de votre part, cependant, ou bien elle témoigne, ou alors vous devrez plaider cette cause tout seul.

– Vous avez peut-être raison, dit-il d'une voix hésitante.

En faisant mes bagages pour le voyage à San Francisco, je considérais cette question du témoignage de Jennifer comme réglée une fois pour toutes. Je me trompais, et doublement.

San Francisco, 31 janvier 1986

J'achevais de me raser quand le téléphone sonna dans ma chambre d'hôtel, vers 9 heures du matin. Jennifer m'appelait de chez son frère Ted à Lafayette, de l'autre côté de la baie. Sa mère et elle devaient séjourner chez lui pendant toute la durée du procès. Ted et Sunny avaient l'intention d'y assister tous les jours.

J'étais arrivé la veille en fin d'après-midi et j'avais passé la soirée à l'hôtel avec Len, pour étudier les derniers détails. Nous n'avions, ni l'un ni l'autre, mentionné notre conversation téléphonique de l'avant-veille.

– Vous avez fait bon voyage ? me demanda gaiement Jennifer.

Très bon.

– Vous avez écouté vos bandes ?

– Tout au long du chemin.

(A part le tennis, mon principal passe-temps depuis des années est d'enregistrer des cassettes d'artistes du monde entier quand ils sont au faîte de leur gloire. En montant à San Francisco, j'avais écouté mes préférées, des enregistrements, de 1940 jusqu'à présent, de tous les grands classiques de la musique latino-américaine, par Mario Lanza, Plácido Domingo, Julio Iglesias, etc.)

– Len vous a-t-il parlé de mon témoignage ?

– Oui. Et je présume que vous avez dit qu'il faudrait tout un troupeau de chevaux sauvages pour vous empêcher de témoigner.

Il y eut une pause inquiétante au bout du fil.

– Jennifer ? Je n'aime pas votre silence.

– Eh bien... je crois que nous devrions au moins en parler.

Les tergiversations de Len m'avaient surpris mais à présent j'étais complètement sidéré. J'avais bien expliqué à Jennifer, plus d'une fois, pourquoi son témoignage était capital. « Tous ces jurés assis dans le box savent que s'ils étaient à votre place, accusés d'un meurtre qu'ils n'avaient pas commis, rien au monde ne pourrait les empêcher de hurler leur innocence du haut d'une montagne ! » Je lui avais répété qu'il n'y avait rien de plus criant dans une salle d'audience que le silence de l'accusé quand, après que les témoins se sont succédé pour prouver sa culpabilité, il ne fait pas ces quelques pas vers leurs fauteuils pour proclamer son innocence.

– Il n'y a rien à discuter, Jennifer, répliquai-je, furieux. La question est réglée. Ou vous témoignez, ou je rentre immédiatement à L.A.

Trop de souvenirs d'entrevues exaspérantes avec elle m'assaillaient. Elle prit encore un temps, mais beaucoup moins long que le premier.

– D'accord, d'accord, je témoignerai, marmonna-t-elle, comme si elle me faisait une faveur.

Mais je rageais trop pour en rester là.

– Je dois vous dire que vous me décevez beaucoup, Jennifer. Je vous en veux infiniment plus qu'à Len. En vous conseillant de ne pas témoigner, il se place sur un plan purement professionnel. Mais quelle est votre explication, à vous ? Vous devriez mourir d'envie de témoigner et de proclamer votre innocence. Vous savez que tout ce que vous avez dit et fait dans cette affaire sent la culpabilité à plein nez. Vous paraissez effroyablement coupable aux yeux de tous !

– Pas à ceux de mes amis ! protesta-t-elle, ce qui me fit voir encore plus rouge.

– Je ne parle pas de vos amis, nom d'un chien ! Mais des gens qui vont constituer le jury !

Une fois de plus, en raccrochant, j'avais l'impression que nous étions de nouveau sur les rails.

Sur la proposition de Ted Jenkins, nous nous donnâmes tous quatre rendez-vous dans un café en face du palais, avant de nous y rendre pour quelques formalités, dans l'après-midi. Offrant un jus d'oranges fraîchement pressées, un excellent café et des pâtisseries maison, cet établissement sympathique et sans prétention allait devenir notre refuge habituel pendant tout le procès, en particulier les matins où le temps manquait pour prendre, à l'hôtel, un petit déjeuner normal.

Jennifer portait un des ensembles achetés au cours d'une tournée des boutiques avec Len. Il lui avait conseillé de choisir des toilettes simples et de bon goût, « rien d'extravagant », et des couleurs plus claires que celles qu'elle aimait d'habitude. Il pensait que les teintes claires lui adoucissaient l'expression. Ce jour-là, elle était vêtue d'un tailleur beige et d'un corsage de soie blanche. Il était difficile de deviner que cette jeune femme d'une élégance discrète allait être jugée pour meurtre.

Nous en étions encore à nous passer la crème et le sucre quand Ted jeta une petite bombe inattendue :

– Je veux connaître le point de vue de Len sur le témoignage de Jennifer... Ensuite, j'aimerais savoir ce que Vince en pense.

Le frère de Jennifer avait une voix sèche, une manière de parler plutôt brusque. Il avait manifestement l'habitude d'être écouté.

Je me hérissai aussitôt.

– Je ne peux pas le croire ! Vous voulez dire que cette question n'a pas encore été résolue ?

– Je voudrais entendre les deux points de vue, Vince.

Len réitéra les arguments qu'il m'avait présentés au téléphone mais avec beaucoup moins de vigueur. Pour la troisième fois, j'exposai ma position et conclus en déclarant que nous n'avions pas le choix dans cette affaire.

– Jennifer doit témoigner !

Mes derniers mots s'adressaient directement à elle. J'avais remarqué qu'elle nous regardait à peine, Len et moi, alors que nous parlions à tour de rôle. Elle pliait et dépliait sa serviette en papier, en lui donnant diverses formes. Elle se conduisait comme une personne qui entend évoquer une affaire qui ne la concerne pas et l'ennuie prodigieusement.

– Vince est très persuasif, reconnut Len.

Ted hocha la tête.

Je me demandai si sa sœur ne refusait pas de témoigner par simple paresse, ce qui lui ressemblerait assez. Affronter le jury et le ministère public serait une épreuve trop difficile, épuisante, et Jennifer n'avait encore jamais fait preuve d'une réelle volonté de travailler à sa propre défense. Le bloc-notes que je lui avais donné au début de nos entretiens était encore vierge. J'éprouvais parfois l'envie de la saisir par les épaules pour la secouer : « Jennifer, bon Dieu de bon Dieu ! Réveillez-vous ! Vous êtes accusée d'assassinat ! »

A vrai dire, en dépit des innombrables heures passées avec elle depuis plus de trois ans de préparation de son procès, Jennifer Jenkins demeurait pour moi une énigme.

J'eus bientôt à me colleter avec un problème évident mais épineux et potentiellement dangereux. Jusqu'à présent, le juge King s'était montré très amical envers moi et même anormalement courtois. Par exemple, un jour, alors que les avocats du procès Walker discutaient avec le juge, dans son cabinet, des instructions à donner au jury, Elliot Enoki se tourna vers moi, pendant une pause, et me demanda si, lorsque j'étais prosecutor, il m'était arrivé de voir une de mes condamnations réformée en appel. (La réponse est non.) Avant que je puisse répondre, King intervint : « Elles (les cours d'appel) n'oseraient pas ! » King plaisantait, bien sûr, mais cela révélait néanmoins un certain respect pour mon travail.

Cependant, sans être aussi pompeux et tyrannique que bien d'autres juges, il manifestait peu de patience et se livrait en plein tribunal à des accès de colère contre tout avocat dont le comportement lui déplaisait. L'avocat visé sortait immanquablement perdant de ces accrochages et sa crédibilité auprès du jury en souffrait.

Evidemment, si je pouvais éviter toute confrontation verbale en plein prétoire avec le juge King, cela vaudrait bien mieux pour moi (et pour ma cliente). Ma seule ressource, me disais-je, était de faire immédiatement savoir au juge, avant l'ouverture du procès, que je n'accepterais pas d'être maltraité devant le jury et que s'il jugeait bon de négliger mon avertissement, il aurait à en payer le prix devant le même public. Je visais le match nul avant le commencement de la partie.

Après une discussion sur des détails juridiques sans grande importance, le juge King eut l'air perplexe lorsque je déclarai vouloir évoquer d'autres choses qui ne se prêtaient pas au caractère officiel de la salle d'audience.

— Elles sont de nature personnelle, Votre Honneur, expliquai-je.

Comme je comptais parler sans ménagement, je préférais le faire en privé pour ne pas l'embarrasser devant la presse, très nombreuse à couvrir le procès et à l'affût des premières escarmouches dans la fameuse affaire des meurtres de Palmyre.

A l'exception de la vue panoramique sur la baie, le cabinet de King n'avait rien de remarquable. Nous étions entourés sur trois côtés, du sol au plafond, par les traditionnels tomes de droit poussiéreux. Le juge ôta sa toge noire et l'accrocha à un portemanteau, puis il s'assit à un bout de la petite table de conférence. Il portait une chemise blanche aux manches retroussées, sans cravate. Len et moi nous plaçâmes à sa droite, l'accusation en face de nous.

Quand il siégeait, King était plus détendu que ses confrères, et dans l'intimité de son cabinet, il était tout à fait décontracté et se laissait facilement aller à la plaisanterie. Ce fut sur ce ton que je me lançai :

— Monsieur le juge, vous incarnez un paradoxe. Votre conduite personnelle s'avère bien moins stricte que celle de la plupart des magistrats mais vos règlements, dans le prétoire, sont plus restrictifs. Je souhaite évoquer avec vous quelques questions, parce que vous avez déjà fait preuve d'une certaine souplesse. Trop de juges, de juges fédéraux en particulier, sont réputés, à juste titre, être des ânes pompeux fermés au dialogue.

Il commença à sourire mais se reprit aussitôt. Son expression ironique disait clairement : « Merci de votre compliment à rebours ! »

— Heureusement pour nous, enchaînai-je rapidement en

sachant que le terrain était très glissant, vous n'entrez pas dans cette catégorie. Mon premier point est celui-ci : devons-nous toujours nous lever, à l'audience, quand nous nous adressons à vous ?

– Non, répondit-il sans hésitation.

– Parfait. Deuxièmement, je préférerais que nous ne soyons pas obligés d'utiliser le microphone, sur l'estrade. Beaucoup de tribunaux, dans ce pays, n'ont pas de micros et les gens s'entendent très bien. Il m'est plus commode, pour le contre-interrogatoire, d'être libre de mes mouvements.

– Je vous laisserai quitter l'estrade, dit plus aimablement King, mais vous ne devrez pas vous approcher du témoin.

– C'est justement mon troisième point. Je sais que vous refusez que nous nous approchions des témoins, ou seulement quand nous en demandons l'autorisation. Mais nous sommes des auxiliaires de la justice. Je ne pense pas qu'on doive accorder davantage d'importance aux témoins qu'aux avocats. Ce serait rabaisser ces derniers aux yeux du jury car les jurés savent, par leur expérience de la vie, qu'il est absolument anormal de demander une autorisation avant de s'approcher de quelqu'un.

Le juge King ne céda pas.

– Accordez-moi mes petites manies, dit-il.

Agaçant, mais ce n'était pas un problème majeur.

– Ensuite, les deux avocats de chacune des parties devraient avoir le droit d'élever une objection à une question. Le permettre ne présente aucun inconvénient au tribunal mais le refuser risque de porter préjudice aux deux parties.

Selon l'édit de King, si au cours du contre-interrogatoire on posait à un de mes témoins une question inconvenante qui m'aurait échappé, Len ne pouvait pas soulever d'objection au nom de la défense. Et pendant le temps qu'il lui faudrait pour me chuchoter l'impropriété afin que je puisse faire objection, la réponse aurait déjà été enregistrée. C'était ridicule d'entraver par ce règlement absurde la défense ou l'accusation.

– Repoussé, déclara King. Point suivant ?

J'avais la très nette impression que le juge ne mettait pas en cause la logique de ses arguments : il y tenait obstinément car ils étaient siens, voilà tout. Il ne manifestait pas la souplesse que je lui avais attribuée.

Maintenant, les choses allaient devenir intéressantes.

– Monsieur le juge, sur toutes les précédentes questions

je n'ai pas eu mon mot à dire, vous seul avez statué. Je ne proposais que des suggestions. Mais à présent, j'ai vraiment mon mot à dire et je le dirai. Il s'agit de l'envergure et de la crédibilité que doit avoir un avocat face à un jury. Je ne peux pas parler au nom de mes confrères, mais si je fais ou dis quelque chose qui vous déplaît, j'aimerais que vous me fassiez vos remontrances hors de la présence du jury. Ce que je veux dire, précisai-je en le montrant du doigt, c'est que vous ne devez pas me rabaisser, de quelque manière que ce soit, devant les jurés. Si vous avez des reproches à me faire, suspendez l'audience.

J'avais parlé sur un ton assez dur et la figure de King s'était visiblement assombrie.

– Je ne siégerai certainement pas en m'inquiétant de votre sensibilité exacerbée, monsieur Bugliosi, rétorqua-t-il. Ce n'est pas votre susceptibilité qui m'empêchera d'agir comme je l'ai toujours fait.

– Je ne suis pas le moins du monde susceptible, monsieur le juge. Vous pouvez me traiter d'âne bâté tant qu'il vous plaira, mais pas devant le jury. Je refuse d'être traité comme un moins-que-rien en présence des jurés.

Elliot Enoki, Walt Schroeder et Len Weinglass feignaient discrètement de regarder de l'autre côté, ne voulant évidemment pas prendre part à cette discussion. Cela me convenait très bien.

– S'il s'agissait d'un simple procès en correctionnelle, pas de problème, dis-je. Mais c'est un procès d'assises avec un jury populaire et quand le juge prend ce genre de libertés, cela fait indiscutablement du tort au prévenu, un dommage considérable. Nous parlons de ma crédibilité devant ce jury-ci.

Le juge ne répondit pas immédiatement. Il me considéra comme s'il examinait un animal difficile à cataloguer. Son attitude plaisamment amicale s'était évaporée comme la buée sur une vitre.

– Mon principal souci en entamant ce procès, monsieur le juge, poursuivis-je sur un ton un peu plus léger, c'est le droit de Jennifer à un jugement équitable et je ne voudrais pas que le jury soit influencé par un parti pris évident du tribunal en faveur de l'accusation. Si jamais cela arrivait, je me verrais contraint de passer à l'offensive, *devant les jurés !* Je n'aurais pas le choix, déclarai-je, et je me levai. J'espère ne pas vous avoir offensé, monsieur le juge. Je n'ai parlé ainsi que parce que je tiens à ce que ma cliente bénéficie de son droit à un jugement équitable.

King me surprit en souriant, en souriant vraiment, aussi facilement qu'Eisenhower.

« Il est sonné », me dis-je. J'avais l'impression qu'il allait mettre un moment à absorber tout ce que je lui avais débité.

– Je comprends, dit-il calmement, et il me tendit la main.

Je la lui serrai.

Quand nous quittâmes le cabinet du juge, Len me regarda d'un drôle d'air.

– Depuis des années que j'exerce le droit, Vince, c'est bien la première fois que j'entends un avocat s'adresser à un magistrat comme vous venez de le faire !

– Qu'est-ce que vous en pensez ? Suis-je allé trop loin ?

– Difficile à dire. Mais vous avez fait connaître votre position et j'ai dans l'idée que ce sera probablement pour le mieux.

Je fus soulagé d'entendre cela de la part de mon codéfenseur. Mais s'il se trompait, nous allions payer cher mon éclat.

1ᵉʳ et 2 février 1986

Le dernier week-end avant le procès fut marqué, pour moi, par de longues heures d'un travail ininterrompu, car il y avait encore beaucoup à faire. J'étais à l'étage au-dessus de celui de Len, ce qui fait que nous passions notre temps dans l'escalier ou l'ascenseur pour monter et descendre nous consulter. Sans même prendre le temps d'aller faire un véritable repas dans un bon restaurant, nous vivions de ce qu'avait à offrir le café voisin de l'hôtel. Peu de villes au monde ont le charme de San Francisco, mais je savais que ce procès aurait aussi bien pu se passer dans n'importe quel patelin anonyme car je n'aurais ni le loisir ni le goût d'épuiser tous les enchantements de la ville au bord de la baie.

Le dimanche après-midi, un petit mystère fut éclairci mais, comme cela arrivait bien souvent dans cette affaire, il déboucha sur un plus grand.

Plusieurs mois auparavant j'avais remarqué, dans l'inventaire de l'accusation, que les autorités avaient découvert à bord du *Sea Wind* un portefeuille contenant un permis de conduire et diverses cartes de crédit au nom de Dannell Donald Petersen, un dentiste californien exerçant à Carlsbad, une banlieue de San Diego. J'avais demandé à Jennifer qui était Petersen et pourquoi son portefeuille se trouvait à bord du voilier des Graham et elle m'avait assuré qu'elle ne connaissait personne de ce nom et ne savait rien de ce portefeuille.

Earle Partington avait laissé tous ses dossiers à Len, qui y avait découvert un rapport du F.B.I. sur cette affaire Petersen, que l'accusation n'avait pas jugé bon de nous communiquer en même temps que les autres 302.

Le 31 octobre 1974, dans sa maison d'Enchitas à une quinzaine de kilomètres de son cabinet sur la route de la corniche, Petersen avait dit aux agents qu'il avait perdu son portefeuille contenant deux cents dollars et diverses cartes de crédit à Malacca, dans l'île de Maui en décembre 1973. Il se souvenait avoir dîné à bord d'un vieux petit voilier délabré, avec un jeune couple qui l'avait invité à bord ; ils avaient fait connaissance ce soir-là dans un bar de la plage. En repartant, il s'était aperçu de la disparition de son portefeuille et était retourné au bateau mais les jeunes gens avaient refusé de le laisser remonter à bord. Ils allaient chercher eux-mêmes le portefeuille, mais quelques minutes plus tard, ils revinrent sur le pont en déclarant qu'ils n'avaient rien trouvé. Ennuyé par ce contretemps, Petersen s'était adressé à la police de Maui. Un agent était descendu à la marina pour interroger le jeune couple mais le portefeuille du dentiste n'avait jamais été retrouvé, du moins pas avant qu'il refasse son apparition à bord du *Sea Wind*, un an plus tard, en octobre 1974.

Dans le 302 du F.B.I., Petersen donnait le signalement du couple qu'il soupçonnait de lui avoir volé ses papiers. L'homme « était surnommé Butch, me semble-t-il, il devait avoir environ trente-cinq ans, mesurait plus d'un mètre quatre-vingts et pesait sans doute dans les cent kilos. Cheveux châtains tombant sur le col et une dent manquante ou cassée sur le devant. La jeune femme, âgée d'environ trente ans, était assez petite, un mètre soixante-deux ou soixante-trois, des cheveux bruns frisés, c'était une ancienne serveuse dans un bar de matelots de Wailuku, à Maui, et elle avait un langage très grossier ». D'après le dentiste, le couple avait trois chiens, un petit corniaud tout poilu et deux molosses qui étaient restés attachés sur le pont tout le temps qu'il était à bord.

Les agents retournèrent voir Petersen à son cabinet de Carlsbad le 14 novembre 1974 pour lui montrer des photos anthropométriques permettant peut-être d'identifier le couple. Sans hésiter, il désigna Jennifer Jenkins parmi cinq femmes et Buck Walker parmi cinq hommes.

Len me dit qu'il avait déjà parlé à Jennifer de l'incident Petersen mais qu'elle ne se le rappelait pas. Je lui téléphonai aussitôt, de la chambre de Len, mais le souvenir ne lui en était pas revenu.

– La police est descendue au *Iola*, Jennifer, pour vous interroger tous les deux à propos de ce portefeuille. Comment pouvez-vous l'avoir oublié ?

– Que voulez-vous que j'y fasse ? Je ne m'en souviens pas, voilà tout.

Après cette conversation, Len et moi réfléchîmes à ce qui avait pu se passer.

– Buck a pu voler le portefeuille, suggéra Len, à l'insu de Jennifer.

– Mais même, elle devrait au moins se rappeler l'arrivée de la police, l'interrogatoire au sujet d'un portefeuille perdu !

Nous pensâmes aussi qu'elle avait peut-être trop bu et ne se souvenait pas de cette soirée. A l'époque, elle se couchait rarement sans avoir absorbé de copieuses quantités de tranquillisants sous une forme ou sous une autre.

Nous étions tout de même troublés par l'inquiétante possibilité selon laquelle Jennifer, avant Palmyre, se soit livrée avec Buck Walker à une quelconque activité illégale. Mais, naturellement, cela ne faisait pas d'elle une meurtrière.

31

3 février 1986

A 9 h 30 précises, le greffier d'audience Kathy Harrell, qui avait passé victorieusement l'épreuve du barreau de Californie et était elle-même avocat à part entière, s'éclaircit la gorge et annonça :

– Action pénale 84-0546-02, les Etats-Unis d'Amérique contre Jennifer Jenkins.

– Etes-vous prêt, monsieur Enoki ? demanda le juge King.

– Oui, Votre Honneur. Elliot Enoki et Walter Schroeder, représentant l'accusation.

– Monsieur Bugliosi ?

– Prêt, Votre Honneur, répondis-je. Vincent Bugliosi et Leonard Weinglass représentent l'accusée, Jennifer Jenkins.

Plus de onze ans s'étaient écoulés depuis la disparition de Mac et Muff Graham... onze longues années d'enquêtes officielles, de procédure, d'ajournements, de rumeurs et d'insinuations dans la presse à sensation, de préparation exhaustive par l'accusation autant que par la défense, mais enfin le procès commençait, Jennifer Jenkins allait être jugée.

De ma place à la table de la défense, j'examinai les visages des soixante jurés présélectionnés. Certains paraissaient ensommeillés, d'autres vaguement curieux, quelques-uns fâchés d'avoir été arrachés à leur foyer ou à leur travail pour accomplir un devoir civique assommant. Douze hommes et femmes parmi eux détiendraient entre leurs mains le sort de Jennifer.

Ils étaient tous sagement assis aux premiers rangs des bancs du public. Une large travée séparait en deux parties ces rangées de bancs de bois ciré, allant de l'entrée de la salle à une barrière basse avec une petite porte battante façon saloon. Au-delà de cette barrière de bois, s'étendaient deux longues tables perpendiculaires, à gauche celle de l'accusation, à droite celle de la défense, où Jennifer était assise entre Len Weinglass et moi, tout cela dominé par la haute tribune d'acajou au pied de laquelle se trouvait la table du greffier d'audience.

Le juge lut rapidement une déclaration préparée à l'avance :

– Jennifer Jenkins est accusée d'assassinat et elle a été inculpée par la chambre d'accusation, c'est-à-dire le Grand Jury du district de Hawaii...

Il rappela le principal chef d'accusation, alléguant « qu'à un certain moment de la période allant du 28 août 1974 environ au 4 septembre 1974 environ, dans l'île de Palmyre, Buck Walker et Jennifer Jenkins ont délibérément, volontairement et avec préméditation, assassiné Mme Eleanor Graham, en violation de l'article 18 du Code pénal des Etats-Unis, section 1111(a) ».

Le *voir dire*, en d'autres termes, l'interrogatoire des jurés présélectionnés, pouvait maintenant commencer.

A mon humble avis, le champ extrêmement restreint des questions permises au *voir dire* réduit le choix d'un jury à un tiers d'art et d'habileté et deux tiers de hasard. Beaucoup d'avocats d'assises expérimentés reconnaissent qu'après un long et vigoureux *voir dire*, les douze jurés qui se retrouvent dans le box ne valent pas mieux que s'ils avaient été tirés au sort. Pourquoi ? Parce que le juré qu'une des parties souhaite garder en est presque toujours un dont la partie adverse ne veut pas ; chacun récuse les jurés qui paraissent bons pour l'antagoniste.

Un nombre surprenant d'avocats considèrent néanmoins que le *voir dire* est le moment le plus important d'un procès. Il le serait s'ils avaient le pouvoir surnaturel de deviner quels jurés seront favorables à leur cause indépendamment du réquisitoire ou de la plaidoirie. Mais naturellement, personne ne détient ce pouvoir. L'avocat exerce un indiscutable contrôle sur d'autres aspects du procès et une préparation assidue est toujours rentable, mais pendant le *voir dire* il opère davantage par instinct faillible. Si même après des années et des années de mariage des maris et des femmes ne se connaissent pas réellement, comment pourrait-il exister un moyen certain d'évaluer un futur juré par quelques questions de routine ? Pour cela, je n'ai jamais eu grande confiance dans ce procédé.

Les avocats pénalistes ont coutume de dire en manière de plaisanterie que l'accusation recherche généralement des hommes de type nordique aux cheveux en brosse et à l'aspect conservateur alors que la défense penche pour les cheveux longs et le velours côtelé ou le tweed plus ou moins élimé.

Plus précisément, on suppose que les artistes, sculpteurs, musiciens, écrivains, etc. ont tendance à considérer les accusés avec plus d'indulgence. La même supposition s'applique aux personnes des « professions d'entraide », infirmières et assistants sociaux, ainsi qu'aux Italiens, aux Hispaniques, aux juifs et aux Noirs. Les célibataires qui ne sont pas profondément absorbés par la vie sociale de la communauté, les ouvriers d'usine, les employés de bureau et ceux qui préfèrent la lecture à la télévision sont tous jugés plus orientés vers la défense. En revanche, les avocats de la défense se méfient des représentants des forces de l'ordre et, curieusement, des secrétaires qui, selon une récente étude des jurys sur le plan national, seraient plus généralement attirées par l'accusation. La seule explication que j'aie pu trouver à cette statistique, c'est qu'elles sont habituées par nécessité à obéir à leur patron et, dans un procès, il est évident que le patron, c'est l'accusation. Les ingénieurs, les scientifiques, les comptables et les bibliothécaires sont également considérés comme des jurés favorables à l'accusation ; peut-être parce que leur profession les pousse à être objectifs et que leurs conclusions se basent plutôt sur des faits concrets que sur des émotions.

Cela dit, et comme on ne sait jamais à qui se fier, il arrive souvent que l'« artiste » à l'allure hippie soit un raciste facho-réac à tous crins alors que le type conservateur apparemment proaccusation fait partie de l'A.C.L.U., l'Union américaine pour les droits et libertés civiques.

Len et moi étions d'accord pour penser qu'une personne comme un ingénieur, exerçant une profession en principe favorable à l'accusation, ne serait pas mauvaise dans ce cas particulier puisque celle-ci n'avait aucune preuve concrète et concluante à présenter. Len craignait aussi que les femmes de l'âge de Jennifer ne lui soient défavorables et ne pensent : « A sa place, jamais je ne me serais laissé embobiner par un type comme Buck Walker et je n'aurais jamais fait tout ce qu'elle a fait. »

Grâce à des amis qu'il avait au bureau des avocats commis d'office de San Francisco, Len trouva un chercheur local qui, pour des honoraires de pure forme, fit une étude de référence sur tous les jurés présélectionnés, pour obtenir des détails qui ne peuvent ressortir au *voir dire*, tels que l'affiliation à un parti politique.

A l'appel de leur nom par le greffier d'audience, les douze premiers sélectionnés franchirent la petite porte battante et prirent place dans le box du jury.

Le juge leur apprit qu'ils « allaient entendre beaucoup parler d'une île du Pacifique, proche de l'équateur ». Il demanda combien d'entre eux fréquentaient le « milieu du yachting ». Quatre personnes levèrent la main.

D'après les questions posées par le juge, nous eûmes rapidement une esquisse du profil de chacun des occupants du box.

Ce fut bientôt au tour de l'accusation de poser les questions. Bien que ce ne soit en aucun cas le but du *voir dire*, les avocats s'en servent pour commencer à influencer plus ou moins les jurés et à les attirer dans leur camp.

— Mesdames et messieurs, dit Enoki, si le juge vous avise que les preuves indirectes sont aussi valides que les preuves concrètes, l'un de vous, de par ses croyances, aurait-il du mal à accepter ce principe de droit ?

Personne ne parla ni ne leva la main.

— L'un de vous exigerait-il que l'accusation, afin de prouver une proposition, fasse venir une personne qui dirait catégoriquement : « J'ai vu cela, de mes propres yeux », au lieu d'établir par d'autres moyens qu'un fait s'est réellement produit ?

Toujours pas de réaction.

— Y a-t-il ici quelqu'un qui ne puisse accepter la loi de culpabilité par complicité, c'est-à-dire qu'une personne soit jugée coupable de quelque chose qu'une autre personne a commis ?

Pour toute réponse, le même silence unanime et négatif.

Par cette dernière question, Enoki confirmait ce que Len et moi avions toujours supposé. L'hypothèse de l'accusation était que Buck Walker avait bien commis les crimes, mais à la connaissance de Jennifer et avec son aide.

Lorsque notre tour arriva, Len prit la parole :

— Ici, dans ce box, vous devez présumer, comme la loi l'exige, que Jennifer Jenkins est innocente. Quelqu'un a-t-il du mal à accepter cela ?

Le silence fut, cette fois, aussi éloquent qu'affirmatif. Len s'adressa à un juré en particulier :

– D'après votre expérience, estimez-vous qu'il arrive à des experts de se tromper ?

– Oh, naturellement !

Len demanda si l'un d'eux avait eu une amie de moins de trente ans qui était devenue intime avec un homme dont les activités la mettaient en danger.

– Oui, répondit une femme. Une de mes amies a un compagnon qui la maltraite et dont elle ne veut pas se séparer.

(Nous souhaitions un juré avec ce type d'antécédents, précisément, l'accusation n'en voulait surtout pas. Ils finirent par récuser cette personne.)

Faisant allusion à Buck Walker, Len demanda :

– Pouvez-vous tous accepter la proposition selon laquelle, dans notre système judiciaire, chaque personne doit être jugée personnellement, à part de toute autre, en se basant uniquement sur les faits précis de l'affaire dans laquelle cette personne est impliquée ?

Pas de réponse négative.

Len me donna alors la parole. Mon but initial était d'endoctriner.

– Le juge King vous a expliqué que dans cette affaire l'inculpation de Mlle Jenkins n'est pas une preuve de sa culpabilité.

Je demandai si quelqu'un avait un grief contre cette réalité et la réponse fut « non ». Poussant plus loin cette inculpation du Grand Jury, je dis aux jurés :

– Normalement, seule l'accusation présente sa cause devant cette chambre appelée Grand Jury. Et c'est ce qui est arrivé dans cette affaire. Aucune défense n'a été présentée, Mlle Jenkins n'a pas été appelée à témoigner.

Avant que je puisse demander aux jurés s'ils comprenaient que ce qui était arrivé était usuel, Enoki se leva d'un bond pour protester contre la tournure que prenaient mes questions, ce qui était prévisible. Le juge soutint son objection.

Tout en reconnaissant à part moi que ce n'était pas du *voir dire* conventionnel de ma part, je ne voulais pas que le jury s'embarque dans ce procès avec l'idée qu'un autre groupe de jurés (de « grands » jurés, pas moins) avait déjà soupesé les deux causes de l'affaire et conclu à la culpabilité de Jennifer.

Je poursuivis mon entreprise d'endoctrinement sous forme d'une autre question :

– Dans cette affaire, mesdames et messieurs les jurés, nous avons l'intention de prouver, et nous sommes certains de prouver, que Mlle Jenkins est totalement innocente des charges qui pèsent contre elle. Toutefois, comprenez bien que nous n'avons absolument aucune obligation juridique à apporter cette preuve. C'est à l'accusation de prouver que ses dires sont fondés, et cela dans tous les cas.

Les jurés indiquèrent qu'ils le comprenaient.

Jusqu'à présent, et dans l'ensemble, toutes nos questions n'avaient exigé du jury que de répondre par oui ou par non. Ce genre de *voir dire* convient parfaitement aux jurés. Comme le prétoire est un endroit inconnu pour la plupart d'entre eux, avec un décor impressionnant, ils sont très réticents. Mais pour savoir ce qui se passait dans leur tête, j'avais besoin de les faire parler, d'entendre leur voix, leurs intonations, les mots choisis par eux. Je devais donc formuler mes questions de manière qu'ils dussent répondre autrement que par oui ou non.

– Comme monsieur le juge vous l'a dit, l'accusation doit prouver la culpabilité avec une quasi-certitude. C'est une très lourde obligation. Je veux maintenant demander à chacun de vous ce qu'il pense personnellement de cette règle. Par exemple, la trouvez-vous équitable ? Jugez-vous qu'il est juste que la charge soit aussi lourde parce que la vie et la liberté d'une personne sont en jeu, ou estimez-vous qu'elle est injuste, d'une lourdeur peu réaliste, trop élevée et que par conséquent cette charge devrait être abaissée ? Ou peut-être pensez-vous que le système judiciaire devrait réexaminer cette règle pour déterminer si nous devons la respecter telle qu'elle est ou la modifier d'une façon quelconque ? Quel que soit votre état d'esprit, je veux l'entendre de votre propre bouche et j'aimerais que vous soyez le plus explicites possible.

Quelques réponses :

Le juré Clay Gillette : J'estime que c'est une règle très juste. A mon avis, il n'y a rien à y changer.

Carol M. Steagall : Si quelqu'un accuse autrui de quelque chose, il doit avoir l'obligation de le prouver. On ne peut tout de même pas accuser arbitrairement les gens sans dire : « Voilà pourquoi » ou apporter une preuve.

Joseph F. Lockary : Je n'ai rien d'autre à proposer. Je suis sûr que parfois des gens qui ont commis des crimes restent en liberté. Mais il y a aussi des gens dont la culpabilité a été prouvée, en principe, et qui étaient innocents. Ce n'est pas à l'épreuve de toute erreur... Je... Fondamentalement, je suis d'accord avec cette règle.

Maintenant, les jurés parlaient. Ils parlaient abondamment.

Clarence Lessa : Je pense qu'un tas de gens se tirent de nombreuses situations, dans notre société. Je pense vraiment que nous sommes un peu trop indulgents, que nous oublions les victimes. C'est ça qui m'embête.

Celui-là me faisait bien l'effet d'un juré pour l'accusation.

– Bien, repris-je. La situation étant ce qu'elle est aujourd'hui en Amérique – nous perdons la guerre contre le crime et la drogue –, estimez-vous que la charge de la preuve doive être allégée pour permettre à l'accusation d'obtenir plus facilement une condamnation ?

Lessa : Ma foi, je crois que le problème est plus profond que ça, c'est peut-être quelque chose qui dépasse ce que nous sommes capables de faire. Je pense que notre système de tribunaux est aussi bon qu'il peut l'être. Je pense qu'il est équitable. Mais il y a d'autres domaines qui ont besoin d'être attaqués.

Après sa première réaction j'avais eu tendance à récuser Lessa mais sa réponse à ma question suivante révélait qu'il n'était pas obstinément pour la manière forte, il était capable de réflexion et ses objections étaient raisonnables. Et puis il souriait beaucoup, un bon critère pour un juré. Nous décidâmes de tenter notre chance avec Lessa.

Joanne M. Murphy, une institutrice catholique de quarante-cinq ans, me fit une impression tout à fait contraire quand j'entendis sa réponse sévère :

– La règle est là, alors je la respecte.

– Oui, mais si vous étiez investie de l'autorité vous permettant de la changer, que feriez-vous ? Allégeriez-vous la charge pour faciliter le travail de l'accusation ?

Son visage se ferma brusquement.

– Je ne sais vraiment pas ce que je ferais.

Je passai à d'autres. King les avait bien prévenus qu'il ne pouvait y avoir dans cette affaire que deux verdicts possibles : coupable ou non coupable. En m'adressant aux deux jurés d'origine écossaise, je demandai :

– Vous devez savoir, sans doute, que dans votre pays il existe trois verdicts ?

Irene Angeles et James McGowan répondirent que non.

– Je crois que c'est coupable, non coupable et *pas prouvé*. Avez-vous entendu parler de ça, en Ecosse ?

Ni l'un ni l'autre n'étaient au courant.

Comme je le fais toujours, pour chacune de mes causes, je demandai ensuite à chaque juré quel était son passe-temps favori. On leur demande généralement, par routine, leur métier, leur profession mais le passe-temps est beaucoup plus révélateur. Beaucoup de gens n'aiment pas particulièrement leur travail mais un passe-temps ne déplaît à personne. Un emploi de comptable ou de vendeur de chaussures en dit infiniment moins long qu'un goût pour la chasse au chevreuil ou les œuvres sociales. Les réponses de ces jurés furent très variées, allant de la voile et de la pêche à la tapisserie et au bricolage.

– Personne n'a encore mentionné la télévision, dis-je avec un sourire. Je croyais que c'était un passe-temps populaire. Apparemment, je me trompais.

– Nous n'osons pas l'avouer ! fit une voix au dernier rang.

Tout le monde rit.

Revenant à nos affaires, chacune des parties remit au juge la liste de ses récusations péremptoires (aucune raison n'était exigée), et King dit charitablement aux récusés :

– Dites-vous bien que ceci ne porte en aucune façon atteinte à votre intelligence, à votre bonne présentation ou à votre patriotisme.

Finalement, le jury choisi était composé de sept femmes et cinq hommes âgés de trente-six à soixante-quatorze ans. Deux suppléants avaient été également désignés.

Presque immédiatement, je commençai à m'inquiéter d'un juré perché tout raide au milieu du premier rang.

Frank Everett, vêtu d'une manière très austère, avait une mâchoire taillée dans la pierre et un teint fleuri de bon Américain. Ce républicain bon teint, natif du Texas, était un ingénieur à la retraite. Len et moi misions sur le fait que Michael Nevins, un ingénieur électricien, et lui ne seraient pas favorablement impressionnés, de par leur profession, par le manque de preuves concrètes de l'accusation. Everett avait déjà participé une fois à un jury qui avait déclaré l'accusé coupable mais il s'agissait d'une affaire d'enfant maltraité et Len et moi étions enclins à ne pas en tenir compte. Maintenant, cependant, en voyant la mine revêche d'Everett et ses sourcils froncés sur le monde entier, de sa place au milieu du premier rang, je me dis que nous avions probablement commis une grave erreur. Nous avions d'abord décidé de le récuser, mais quand nous étions arrivés à notre dixième et dernier « péremptoire », nous avions jugé préférable de récuser quelqu'un qui nous déplaisait encore plus.

Alors que le juge priait le jury de revenir au palais le lendemain matin et de ne discuter de l'affaire avec personne, je me penchai vers Len, indiquai le nom d'Everett sur la liste du jury et lui chuchotai :

– Ce type est exactement le genre de juré que j'ai toujours souhaité quand je représentais l'accusation.

Len fit une grimace.

J'écartai les bras, en secouant la tête.

Il était trop tard, maintenant.

32

Le procès commence

Le 4 février, il faisait un froid vif et ensoleillé. En me hâtant vers le palais, chargé de ma serviette rebondie et d'une brassée de papiers divers, je prévoyais une de ces journées d'hiver venteuses et revigorantes qui sont la spécialité de San Francisco. Malheureusement, je n'en profiterais pas.

– Un mot, Votre Honneur, dis-je en me levant, avant que vous ne fassiez entrer le jury. On va faire allusion ici au procès pour vol de Jennifer. Ma question est : comment devons-nous nous y référer ?

Mon codéfenseur intervint pour dire que d'après ce qu'il avait compris « les témoins seraient avisés par les deux parties qu'ils devaient déposer en disant qu'ils avaient témoigné lors d'une précédente procédure mais sans indiquer que c'était un procès pour vol ».

– Oui, reconnut le juge. Je croyais que nous nous étions mis d'accord là-dessus.

– En effet, mais il m'est venu de sérieux doutes, dis-je, et j'exposai mes soucis. Il est concevable que les jurés, surtout du fait qu'ils seront informés du jugement et de la condamnation pour meurtre de Buck Walker, s'imaginent que la précédente procédure à l'encontre de Jennifer était aussi une poursuite pour meurtre, ce qui lui ferait le plus grand tort.

Comme, si elle avait été précédemment acquittée, elle ne repasserait pas en justice, rappelai-je, les jurés risquaient de penser qu'ayant été condamnée pour meurtre et le jugement réformé pour un quelconque vice de forme, elle devait être rejugée.

– Je préférerais que le jury sache qu'il s'agissait d'un procès pour vol, insistai-je, plutôt que de laisser supposer la possibilité d'un procès pour meurtre.

Finalement, il fut convenu que nous mentionnerions le procès pour vol de Jennifer sans parler, naturellement, de sa condamnation.

Au premier rang du public, se tenait un spectateur familier, Wally McIntosh, qui avait assisté avec sa femme à tout le procès de Buck Walker. Cette fois Kit n'avait pu l'accompagner ; elle se remettait d'une nouvelle opération d'un cancer, mais elle n'avait rien perdu de son intérêt pour l'affaire de Palmyre. La sœur de Mac avait fait promettre à Wally de lui téléphoner tous les soirs pour lui raconter les événements de la journée, qu'il notait assidûment dans un cahier spécial. Quelques semaines plus tôt, elle avait envoyé une centaine de copies d'une lettre adressée aux « Amis et équipages du yacht à voile *Sea Wind* », dans laquelle elle écrivait : « Le procès pour meurtre de Jennifer Jenkins doit s'ouvrir le 4 février à San Francisco. Nous espérons encore pouvoir y assister, tant mon mari et moi sommes certains de sa complicité. Merci de nous accorder votre soutien constant. Cela a été une période difficile pour toutes les personnes concernées. Nous ne pouvons qu'espérer que justice sera faite. »

Lorsque les jurés entrèrent dans la salle d'audience à 9 h 50, le juge King leur lut de brèves instructions et leur apprit que Buck Walker ne serait pas « disponible » pour témoignage dans l'un ou l'autre sens. Ils n'avaient pas à en chercher la cause.

– Monsieur Enoki, avez-vous la déclaration d'ouverture pour l'accusation ?

– Oui, Votre Honneur.

Posant devant lui un long bloc-notes couvert de sa fine écriture, Enoki se permit un de ses rares semblants de sourires, salua les jurés et entama la procédure contre Jennifer Jenkins pour le meurtre de Muff Graham.

Après un bref aperçu historique sur Palmyre, il fit apporter devant les jurés un téléviseur portable sur une table roulante et leur montra un film vidéo d'un survol de l'île. Il en vint ensuite aux événements de 1974, en soulignant qu'il avait fallu vingt jours à Buck et Jennifer, dans leur « navire délabré » pour atteindre Palmyre, deux fois plus que le temps normal du voyage.

– Le *Iola* a beaucoup souffert pendant cette traversée et

à son arrivée, il faisait eau de toutes parts. De plus, son moteur était hors d'usage.

Il affirma que, le *Iola* ne pouvant reprendre la mer, « Mlle Jenkins et M. Walker étaient en réalité naufragés sur Palmyre, en l'absence d'autres moyens de transport ».

– De plus, conclut-il, le *Iola* ne contenait pas assez de vivres et Mlle Jenkins était obligée de faire du troc pour obtenir des provisions, de demander de quoi manger à d'autres navigateurs faisant escale à Palmyre. A la fin du mois d'août 1974, les provisions du *Iola* étaient épuisées au point qu'il manquait des denrées de base comme la farine.

Par contraste, Enoki qualifia le yacht des Graham d'exceptionnel et impeccable, contenant de substantielles réserves alimentaires.

– Les rapports entre les deux couples s'étaient détériorés, en ce mois d'août, et ils se fréquentaient à peine. Mlle Jenkins et M. Walker n'étaient jamais vus à bord du *Sea Wind* alors que d'autres visiteurs arrivés après eux étaient amicalement reçus à bord par les Graham. Muff Graham a même dit qu'elle n'avait aucune confiance en Jenkins et Walker et qu'elle les craignait. A vrai dire, Muff Graham...

Je bondis :

– Votre Honneur, avant que nous allions plus loin, je pense qu'il devrait y avoir une offre de preuve (hors de la présence du jury). L'accusation me semble aborder le ouï-dire sans pouvoir le prouver.

Je savais que Muff Graham avait manifesté sa peur de Buck Walker mais personne n'avait jamais rapporté qu'elle ou Mac craignait Jennifer.

Enoki retira sa remarque avant que le juge statue sur mon objection.

Parlant sans emphase, il avertit les jurés qu'ils entendraient le témoignage de Curt Shoemaker sur sa dernière communication radio avec ses amis Graham à Palmyre.

– Dès que le *Sea Wind* revint à Hawaii en octobre, reprit Enoki, il fut promptement repeint.

« M. Walker effaça le nom de *Sea Wind* et réenregistra le voilier sous le nom de *Lokahi*. Mlle Jenkins ne parla pas des Graham ni de leur disparition aux gens qu'ils rencontrèrent. Ils racontèrent à tout le monde qu'ils avaient gagné le *Sea Wind* au jeu.

En rappelant l'arrestation de Jennifer, Enoki évoqua sa

fuite dans la rade d'Ala Wai et les nombreuses contradictions de son histoire.

Enoki conclut en disant qu'une fois toutes les pièces à conviction présentées, les jurés, il en était sûr, « estimeraient Jennifer Jenkins coupable d'avoir assassiné Eleanor Graham ».

Sur ce, il retourna s'asseoir.

Len Weinglass, au nom de la défense, lut une déclaration de quarante-cinq minutes, bien musclée. Il prit tout son temps pour expliquer pourquoi Jennifer avait de bonnes raisons de croire à la mort accidentelle des Graham.

— En se fondant sur ce qu'elle avait vu, le Zodiac retourné sur la plage, elle a pensé qu'il était arrivé un accident dans le lagon, que les Graham étaient tombés de leur canot, avaient été attaqués par les requins ou que l'embarcation avait heurté un obstacle et chaviré.

Tout en reconnaissant que Buck Walker avait été condamné pour le meurtre de Muff Graham, Weinglass souligna qu'à Palmyre Jennifer n'avait aucune raison de le soupçonner d'un crime, « si en fait Buck Walker l'avait commis ». Mon confrère n'abandonnait pas complètement l'hypothèse de la mort accidentelle de Muff Graham.

En abordant la découverte des ossements par Sharon Jordan, Len déclara :

— Personne ne peut nous dire au juste comment le caisson s'est échoué précisément là où il a été trouvé ni depuis combien de temps il y était. L'intérieur présente des traces de feu, des endroits calcinés. Mais je suis sûr que personne ne peut nous dire quand ce feu a été allumé. Ce caisson était dans l'île depuis dix-sept ans, avant sa découverte en 1981. Et les experts diront : « Je peux vous assurer qu'il y a eu un feu, mais je ne sais pas quand. » Le crâne est blanc, ce qui indique une chaleur intense. Mais cela a pu se produire alors que la boîte crânienne était recouverte de chairs ou bien des années plus tard quand le crâne décharné était enfoui dans le sable. Quelqu'un aura fait du feu, soumettant la partie du crâne qui dépassait à la chaleur. Est-ce tellement inconcevable que ce crâne ait été brûlé bien des années après, par quelqu'un d'autre ? Cette affaire présente un mystère dans le mystère.

Len promit que la défense citerait un témoin qui, étant monté à bord du *Iola* à Palmyre, considérait le voilier comme bon à prendre la mer.

— D'autres personnes vous diront que le *Iola* n'était pas

en état de naviguer mais elles ne sont pas montées à bord. L'homme qui y est monté, Don Stevens, vous dira que ce bateau était bien en état de naviguer.

J'attendais une objection du ministère public mais Enoki et Walt Schroeder gardèrent le silence. En principe, il est interdit d'évoquer les témoignages et pièces à conviction au cours des déclarations d'ouverture mais mon confrère, en avocat d'assises chevronné, venait de le faire en prenant l'opposition par surprise, et il s'en était bien tiré.

– Je pense qu'au cours de ce procès, des éléments crédibles démontreront qu'il n'y avait aucun risque de pénurie à Palmyre. Que Buck et Jennifer avaient un bateau capable de prendre la mer et de les transporter à Fanning pour s'approvisionner en vivres. Et qu'aucune hostilité ne régnait entre eux et les Graham.

Len conclut en disant que lorsque les jurés auraient entendu tous les témoignages, « nous sommes persuadés que vous serez tous convaincus que Jennifer est une personne innocente ».

Après la suspension d'audience de midi, Jack Wheeler, le gardien de l'île de Palmyre, fut appelé comme premier témoin de l'accusation.

Il apparut d'emblée que, comme lors du procès Walker, Schroeder procéderait aux interrogatoires tandis qu'Enoki se chargerait des contre-interrogatoires et exposerait l'affaire au jury. Ils ne se départirent à aucun moment d'une attitude accusatrice conventionnelle, la mine sombre et hérissée de vertueuse indignation.

– En vous basant sur votre expérience de marin et vos observations du *Iola*, dans quel état était ce bateau ? demanda Schroeder.

– La vérité me force à dire qu'il se déglinguait sérieusement, répliqua Wheeler, et il ajouta, avec irritation, qu'il avait entendu une pompe fonctionner constamment pour écoper en petits fonds ce qui indiquait que même dans le lagon abrité le voilier faisait eau.

– Avez-vous jamais parlé avec l'accusée, Jennifer Jenkins, de son projet de voyage jusqu'à l'île de Fanning, à cent soixante-quinze milles nautiques au sud-est de Palmyre, pour s'y approvisionner ?

– Absolument.

– Vous rappelez-vous ce que vous lui avez dit ?

– Que ce serait impossible de naviguer à la fois contre le courant de deux nœuds qui existait là et contre le vent.

– Vous souvenez-vous de lui avoir dit autre chose ?

– Je lui ai conseillé de se rendre plutôt aux Samoa, ce qui aurait été plus simple, mais beaucoup plus long, environ quinze cents milles.

– Je crois que vous aviez sur votre bateau un émetteur-récepteur Drake, semblable à celui du *Sea Wind* ?

– C'est exact.

– L'accusée, Jennifer Jenkins, est-elle venue à votre bord pour utiliser votre matériel radio ?

– Une fois.

– Avez-vous montré à Mlle Jenkins comment se servir de cet émetteur, quand elle est montée à bord ?

– Non.

– Lui avez-vous appris à actionner la manette de trans-mission-réception ?

– Non.

Jennifer avait expliqué à l'agent du F.B.I. Calvin Shishido qu'elle n'avait pas pu contacter les autorités lors de la dis-parition des Graham parce que ni Buck ni elle ne savaient faire fonctionner la radio du *Sea Wind* (le *Iola* n'en avait pas, naturellement). Mais la déposition de Wheeler laissait entendre que Jennifer savait parfaitement se servir d'un émetteur-récepteur. Je me penchai vers Jennifer pour lui demander à mi-voix si elle était montée à bord du bateau de Wheeler pour utiliser sa radio. Très négligemment, elle me répondit que non.

– Vous n'avez pas entendu ce qu'il vient de dire ? insis-tai-je.

Elle haussa vaguement les épaules.

– Il est évident qu'il se trompe.

– Comment voulez-vous que le jury le sache, Jennifer ?

– Plus de questions, annonça Schroeder.

L'audience fut levée jusqu'au lendemain. Je poursuivis Wheeler dans le couloir et l'abordai devant un groupe de personnes du public pour lui dire que Jennifer niait formel-lement s'être servie de sa radio.

– Je n'ai jamais dit qu'elle l'avait fait, répliqua-t-il sur un ton bougon.

Je fus tout à fait dérouté.

– Pourtant, vous l'avez laissé entendre dans votre dépo-sition, monsieur Wheeler !

– J'ai appelé pour elle, voilà tout.

A ce moment, l'accusation sortit de la salle et j'appelai Schroeder, qui fronça les sourcils et s'approcha.

– Walt, ce témoin dit que Jennifer n'a pas du tout *utilisé* la radio. Elle a simplement demandé à Wheeler d'effectuer un appel pour elle. Vous avez obtenu de lui un témoignage indiquant au jury qu'elle avait procédé à l'opération radio elle-même.

– Je vous avais bien dit qu'elle n'a jamais fait marcher ma radio, grommela avec agacement Wheeler à Schroeder, et ce dernier le reconnut.

Le représentant de l'accusation, sachant pertinemment que Jennifer n'avait jamais fait fonctionner la radio de Wheeler, avait orienté ses questions de façon à donner l'impression qu'elle savait bien s'en servir.

– Subsiste-t-il un doute dans votre esprit maintenant, Walt, sur la réalité des faits ?

– Non, bredouilla-t-il.

– Quand M. Wheeler déposera demain, j'exige que vous mettiez cela au point pour le jury, immédiatement, dis-je sans dissimuler mon irritation.

(Le lendemain matin, avant l'arrivée du juge, Schroeder vint à la table de la défense me présenter ses excuses, pour avoir créé une fausse impression. Je les acceptai et pendant toute la suite du procès Schroeder respecta à la lettre les règles du droit.)

La première soirée du procès fut caractéristique, pour moi. Je travaillai jusqu'aux petites heures du matin pour peaufiner et modifier la liste des questions que je comptais poser aux témoins.

Je veillai aussi chaque soir dans l'attente des minutes de la journée. Le rapporteur de la cour me les apportait à mon hôtel dès que ses assistants avaient fini de taper le document, de deux cents à trois cents pages. Je devais parfois attendre jusqu'à 2 ou 3 heures du matin, mais cette lecture m'était très utile pour préparer mes interrogatoires du lendemain. Des mots importants qui peuvent vous échapper dans le prétoire vous sautent aux yeux lorsqu'ils sont écrits noir sur blanc.

Je travaillais aussi à l'amélioration et à la présentation de ma démonstration finale, ce que j'allais faire jusqu'au moment de ma plaidoirie.

Les procès pour meurtre exigent de tous les participants une remarquable endurance physique.

Quand une vie est en jeu, il y a bien peu de temps pour le repos.

33

Quand Jack Wheeler revint, le lendemain matin, Len Weinglass commença son contre-interrogatoire en établissant tout de suite que le vieux loup de mer avait trouvé Jennifer sympathique.

Lorsqu'on lui demanda s'il était vrai que Jennifer avait confectionné plusieurs gâteaux pour les Wheeler, durant les dix jours précédant leur départ de Palmyre, il reconnut ne se souvenir que d'un seul. Len lui fit observer qu'au précédent procès de Jennifer il avait assuré qu'elle leur avait offert « plusieurs très bons gâteaux ». Le témoin avoua que ses souvenirs de ce genre d'événements culinaires étaient probablement plus vifs en 1975.

Wheeler rappela ensuite que le vieux canot de sauvetage militaire traînait toujours dans un entrepôt de Palmyre quand il avait accompagné une équipe de recherches dans l'île en novembre 1974.

— Avez-vous vérifié si les caissons étaient encore tous à leur place, à bord de cette embarcation ?

— Non.

Weinglass plantait une nouvelle petite graine de doute, laissant entendre que, peut-être, les crimes n'avaient pas été commis alors que Buck et Jennifer étaient dans l'île quelques mois plus tôt.

Pour ce qui était de son estimation de l'état du *Iola*, « qui se déglinguait sérieusement », Wheeler reconnut qu'il n'avait jamais mis les pieds à bord. Quant au pompage quotidien, il expliqua qu'étant donné la longueur du voyage de Hawaii et l'âge du voilier, la présence d'eau dans les petits fonds n'avait rien d'anormal.

— Ce n'était pas la grosse affaire, avoua-t-il avec un vague haussement d'épaules.

De toute évidence, Wheeler n'était pas le témoin le plus digne de foi. En 1975, par exemple, il avait déclaré que les vents dominants à Palmyre pendant la saison en cause étaient « d'est » alors qu'à l'interrogatoire de Schroeder il avait répondu qu'ils étaient de « nord-est ». Quand Weinglass lui demanda de s'expliquer à ce sujet, Wheeler répliqua sans se troubler :

– Toute personne un peu au courant sait que dans l'hémisphère Nord, vent d'est signifie du nord-est.

(En réalité, le météorologiste cité par l'accusation, le Dr Ramage, témoin au procès Walker et cité à celui de Jennifer, avait expliqué que les vents dominants autour de Palmyre en août et septembre étaient des alizés de sud-est. Comme Fanning se trouve au sud-est de Palmyre, toute navigation de Palmyre à Fanning irait directement contre le vent, puisque les vents sont décrits par la direction de leur provenance. Les courants océaniques, en revanche, sont désignés par la direction dans laquelle ils portent. Ainsi, un vent d'est souffle d'est en ouest alors qu'un courant d'est vient de l'ouest pour aller vers l'est.)

Len émit des doutes sur l'opinion de Wheeler selon laquelle il était « impossible » de naviguer à la voile de Palmyre à Fanning, mais le vieux marin campa fermement sur ses positions.

– Lorsque Jennifer vous a entretenu de son projet d'aller se réapprovisionner à Fanning, ne lui avez-vous pas dit, monsieur Wheeler, que ce voyage serait difficile ?

– Très difficile.

– Mais lui avez-vous dit que c'était « impossible » ?

– Je ne me souviens pas des mots exacts.

– Vous ne pouvez pas dire à la cour ni au jury si vous avez affirmé à Jennifer qu'il serait « impossible » d'aller à Fanning ?

– Je n'en sais rien. Je crois que je voulais surtout lui dire qu'elle n'y arriverait pas.

Len et moi avions décidé de ne pas attendre que Schroeder rectifie le précédent témoignage de Wheeler à propos de l'utilisation de sa radio par Jennifer.

– Vous souvenez-vous d'un bref entretien avec M. Bugliosi hier après l'audience ?

– Je sais que je lui ai parlé.

– Vous a-t-il demandé si Jennifer Jenkins avait fait fonctionner la radio à bord de votre bateau ?

– Je crois que j'ai parlé pour elle. Elle m'a simplement indiqué ce qu'il fallait dire.

– A votre connaissance, insista mon confrère, elle ne savait pas comment se servir de la radio ?

– C'est exact.

Quand Len revint s'asseoir, Jennifer souriait. Ma propre satisfaction fut de courte durée.

En effet, Schroeder interrogea ensuite le témoin sur la teneur du message qu'il avait transmis pour elle.

Il était question d'un autre bateau qui devait venir avec des provisions, des vivres. Je ne sais pas à qui nous parlions.

– Vous rappelez-vous où vous avez envoyé le message ?

– A Honolulu.

Incroyable. Du jour au lendemain, l'accusation suscitait un témoignage encore plus accusateur que celui qui avait été rétracté ! Si Wheeler avait raison, quelques jours à peine après l'arrivée du *Iola* à Palmyre, fin juin, la pénurie de vivres était déjà si inquiétante que Jennifer avait besoin de demander immédiatement des provisions par radio !

Jennifer griffonna un mot et le glissa devant moi. « Je n'ai pas envoyé de message radio en juin. Jack se trompe. »

En nous basant sur notre connaissance de l'affaire, Len et moi étions d'accord avec Jennifer mais, après consultation, nous décidâmes de ne pas contester le dernier témoignage de Wheeler. Avec un type comme lui, tout risquait d'empirer au lieu de s'améliorer. Nous espérions simplement que le jury croirait à notre chronologie des événements et verrait l'affaire s'éclaircir grâce à d'autres dépositions.

L'accusation fit ensuite appeler Bernard Leonard. Il était tout à fait clair que Leonard et sa femme, comme Shoemaker et Shishido, allaient être de loin les plus dangereux pour Jennifer. Les Leonard s'étaient lancés dans une guerre personnelle contre Buck Walker et Jennifer Jenkins et avaient toujours tenu à les faire condamner pour meurtre. J'étais sûr qu'ils croyaient sincèrement que Buck et Jennifer avaient commis le crime mais j'estimais aussi que leur parti pris était si flagrant qu'ils n'hésiteraient peut-être pas à faire tout ce qui serait nécessaire pour assurer une seconde condamnation. Mon contact avec Leonard, avant le procès, avait-il eu un effet positif ? Je n'allais pas tarder à le savoir.

– La personne qui s'est présentée à vous à Palmyre sous le nom de Jennifer Jenkins est-elle présente aujourd'hui dans cette salle ? demanda tout de suite Schroeder.

– Oui.

– Pouvez-vous nous la désigner, s'il vous plaît ?

– Elle est assise là, répliqua vivement Leonard en pointant un long index sur Jennifer.

Je ne sais comment il s'arrangeait pour que ces simples mots ne soient pas une banale identification de la personne mais celle de la meurtrière de Mac et Muff Graham. Manifestement, tous mes efforts pour éviter justement que Leonard emploie ce ton accusateur avaient échoué.

Leonard déclara que le *Iola* était « en très mauvais état et inapte à la navigation. Il était construit en bois, les planches étant chevillées à la charpente. Quand le bateau vieillit, les planches gauchissent, provoquant des voies d'eau ». Il dit ensuite spontanément, habitude qu'il allait conserver durant toute sa déposition :

– Le bateau, pour cette raison, était recouvert de fibre de verre. Quand on a recours à la fibre de verre sur un bateau de ce type, c'est vraiment la dernière chance.

– Lorsque vous étiez à Palmyre, Jennifer vous a-t-elle parlé de leur voyage depuis Hawaii à bord du *Iola* ?

– Elle m'a dit que par moments, dans la cabine, elle avait de l'eau jusqu'aux genoux.

– Avez-vous eu l'occasion de demander à Jennifer Jenkins comment ils comptaient quitter Palmyre ?

– Elle a répondu qu'elle ne quitterait pas l'île avec ce bateau.

Jamais je n'avais entendu témoignage aussi explosif. Au minimum, cette dernière déclaration de Leonard contredisait carrément la déposition à venir de Jennifer, où elle dirait qu'après la disparition de Mac et de Muff elle comptait quitter Palmyre à bord du *Iola* et avait dû être persuadée par Buck de prendre le *Sea Wind*.

Le témoignage de Leonard se poursuivit : Jennifer lui aurait dit que son compagnon et elle étaient à court de vivres et souhaitaient échanger divers articles d'équipement nautique contre de l'alimentation.

– Nous n'avons fait aucun troc avec ces gens-là, déclara-t-il avec force.

Il dit avoir personnellement visité le *Sea Wind* « près de vingt fois ». Sa femme et lui étaient souvent invités à dîner par les Graham mais il n'avait jamais vu Jennifer ou Buck à bord du ketch. Et même, ajouta-t-il, il n'avait jamais vu les Graham « fréquenter » Buck et Jennifer.

Leonard affirma que Mac Graham fermait toujours à clé la porte de la cabine du *Sea Wind* chaque fois que Muff et lui quittaient le bateau.

A la question de savoir si les Graham l'avaient invité à bord à un moment où ils allaient s'absenter, Leonard répondit avec conviction :

– Non. Et je crois que les Graham n'auraient jamais fait ça.

Schroeder était dans la position de l'aérostier qui regarde son ballon se gonfler et n'a qu'à régler de temps en temps le débit de gaz.

Quand il demanda à Leonard si sa femme et lui avaient décidé de quitter Palmyre plus tôt que prévu, le témoin répondit que oui et ajouta spontanément :

– Il y avait une atmosphère de malaise. Les occupants du *Iola* n'étaient pas le genre de personnes que nous avions l'habitude de rencontrer en croisière.

Interrogé sur la dernière visite des Graham au *Journeyer*, Leonard ne répondit pas directement mais se lança dans une autre histoire. Je fis alors objection, en disant pour l'édification du jury :

– Il est évident que ce témoin aime raconter ce qu'on ne lui demande pas.

Le juge soutint mon objection et avertit Leonard de ne répondre que par oui ou par non aux questions n'exigeant aucun développement.

Schroeder modifia la sienne :

– Qui était présent, à cette dernière réunion ?

– Mac, Muff, Evelyn et moi, répondit Leonard d'un air pincé.

– Avez-vous remarqué si Mme Graham manifestait une émotion quelconque alors qu'elle s'entretenait avec votre femme ?

– Oui.

– Que faisait-elle ?

– Elle pleurait.

– Après avoir quitté Palmyre, avez-vous appris de votre femme ce qui faisait pleurer Mme Graham ?

La question entrait dans la catégorie du ouï-dire et je fis objection, sur quoi Leonard lança en couvrant ma protestation :

– Mais les « oui » ne racontent pas l'histoire !

– Vous n'êtes pas en jugement ici, lui dit sèchement le juge King. Répondez simplement aux questions qu'on vous pose.

Tout ce que Leonard disait de son propre chef portait préjudice à Jennifer et je fus heureux que le jury constate l'exaspération du juge.

Par mesure de stratégie, je m'efforce de faire le moins d'objections possible dans un procès pour meurtre. Les interruptions constantes irritent les jurés, qui doivent tout supporter avec patience. De plus, ils ont l'impression que les avocats, par des artifices de procédure, cherchent à les empêcher d'entendre des témoignages pertinents et cela les rend méfiants. Mais Leonard était là pour répondre aux questions, pas pour juger l'affaire à lui tout seul.

Leonard témoigna ensuite de sa conversation avec Jennifer alors qu'ils étaient remorqués dans son canot jusqu'au cotre des gardes-côtes le jour de son arrestation ; elle lui avait raconté que Buck et elle avaient trouvé le Zodiac retourné, « là-bas », à Paradise Island, et aussi que Buck et elle avaient tenté de quitter Palmyre à bord du *Iola* mais s'étaient plantés sur le récif à la sortie du chenal. Quelques minutes plus tard, à bord du cotre, Leonard fut atterré, dit-il, lorsque Jennifer, changeant son histoire, raconta aux autorités qu'elle et Buck avaient d'abord tenté de remorquer le *Iola* hors du lagon avec le *Sea Wind* et avaient pris le bateau des Graham une fois que le leur s'était échoué, sans espoir de renflouement, sur le récif.

Les dernières questions de l'accusation furent consacrées à la demande qu'avait faite Jennifer d'aller aux toilettes, après que le cotre des gardes-côtes s'était amarré à l'appontement du Hawaii Yacht-Club de l'Ala Wai. Leonard expliqua qu'étant membre du club, il avait une clé des toilettes. Il avait ouvert pour Jennifer.

– Vous rappelez-vous si elle a emporté son sac à main ?

– Oui, elle l'avait.

– Combien de temps est-elle restée dans les toilettes ?

– Longtemps, m'a-t-il semblé. Plus longtemps que nécessaire, ajouta Leonard, encore une fois de son propre chef en poursuivant son réquisitoire personnel.

– Avez-vous entendu ou observé quelque chose de particulier pendant que Jennifer était dans les toilettes ?

– La chasse d'eau. C'est une de ces installations à soupape que l'on peut actionner à répétition sans attendre le remplissage et elle fonctionnait constamment.

Leonard expliqua que sa femme Evelyn était arrivée à ce moment-là et qu'il lui avait demandé d'aller voir ce que faisait Jennifer.

– Et alors ? Que s'est-il passé ?

– Ma femme est ressortie avec Jennifer.

– Plus de questions, Votre Honneur.

L'intention évidente de l'accusation était d'insinuer que Jennifer s'était débarrassée de preuves compromettantes dans les toilettes.

Je commençai mon contre-interrogatoire sur cette histoire de chasse d'eau suspecte.

– Pouvons-nous supposer, monsieur Leonard, que selon vous Jennifer jetait dans les toilettes quelque chose dont elle n'aurait pas dû se débarrasser ?

– Cette idée m'est venue.

– Que ce qu'elle jetait avait peut-être un rapport avec les événements de Palmyre ?

– Cela allait de soi, naturellement.

– L'accusation nous a fait savoir que ce même jour votre femme et vous avez été interrogés par le F.B.I. Pourriez-vous expliquer à ce jury pourquoi vous n'avez pas jugé bon de parler aux agents de cet incident de la chasse d'eau ?

Leonard hésita.

– Les agents étaient là aussi, à la porte des toilettes.

– Ainsi, selon votre témoignage, ils savaient ce qui était arrivé et par conséquent vous n'aviez pas besoin de le leur dire. Est-ce exact ?

– Sans doute.

– Dans ces conditions, pourquoi avez-vous dit à ces mêmes agents que Jennifer avait été vue aux avirons de son canot dans la rade, et avait ensuite été rattrapée par les gardes-côtes ? Pourquoi avez-vous eu à faire part au F.B.I. de cette information-là ?

De nouveau, Leonard hésita et changea de position dans son fauteuil.

– Je ne me souviens pas de leur avoir dit ça. Ils étaient là. Je leur ai dit ça ?

Je m'approchai alors de la table de l'accusation et plaçai le 302 de Leonard devant Schroeder. En lui indiquant le passage en question, je lui demandai à mi-voix de bien vouloir préciser que Leonard, comme le montrait le 302 du F.B.I., avait bien donné cette information aux agents. Pensant probablement qu'il ne devait rien faire qui décontenancerait son témoin, Schroeder refusa. Mais j'étais bien certain que les jurés avaient compris le message, d'après ce qui s'était passé sous leurs yeux.

Revenant sur le podium, je demandai :

— Le 15 juin 1975, monsieur Leonard, vous avez été interrogé au sujet de cette affaire par William Eggers, substitut du state attorney, est-ce exact ?

— J'ai parlé plusieurs fois à M. Eggers.

— Acceptez-vous de témoigner maintenant, *sous serment*, que vous avez parlé à M. Eggers de cet incident de la chasse d'eau ? Acceptez-vous de témoigner *sous serment* sur ce point ? répétai-je en faisant face au jury, sans même regarder le témoin.

Leonard prit un temps ; il commençait à comprendre sa bévue.

— Je ne me souviens pas d'en avoir parlé à qui que ce soit, répondit-il enfin.

— Autrement dit, insistai-je, la première fois que vous parlez à quelqu'un de cette histoire de chasse d'eau c'est ici, aujourd'hui, à cette audience, douze ans après les faits. Est-ce exact ?

— Si la question n'avait pas été posée, j'aurais eu du mal à révéler quelque chose de toute cette affaire, répliqua Leonard sans rougir.

— Vous avez déclaré dans votre déposition que Jennifer vous avait affirmé qu'elle ne quitterait jamais Palmyre avec le *Iola*. Est-ce exact ?

— C'est exact.

— J'aimerais bien connaître votre état d'esprit à l'égard de la déclaration qu'elle vous aurait faite. Vous avez toujours estimé, n'est-ce pas, que cette déclaration avait un rapport direct avec ce qui était arrivé aux Graham à Palmyre et avec la réapparition de Buck et Jennifer sur le *Sea Wind* ? Est-ce exact ?

— C'est exact.

— Encore une fois, monsieur Leonard, pouvez-vous dire au juge et au jury pourquoi, dans ces conditions, lorsque vous avez été interrogé par le F.B.I., le 29 octobre 1974, vous n'avez pas parlé aux agents de cette déclaration qui vous aurait été faite ?

— Tout ce que je peux dire, c'est que nous avons répondu aux questions qui nous étaient posées ; ils n'ont probablement pas posé cette question particulière.

— Voyons, monsieur Leonard, comment auraient-ils pu

vous poser cette question ? Comment auraient-ils su, si vous ne le leur aviez pas dit ?

– Nous avons raconté l'histoire et puis ils ont demandé des détails qu'ils voulaient connaître. Quant à savoir si nous avons évoqué ce détail-là, à ce moment, je ne sais pas. Je ne m'en souviens pas.

– Donc, même si dans votre esprit la déclaration de Jennifer avait un rapport direct avec les événements de Palmyre... Bon Dieu, si on ne vous posait pas la question magique, vous n'alliez rien dire du tout ? Est-ce exact ? fis-je en élevant la voix.

– Je... je ne sais pas...

Par une remarquable transformation, Leonard bredouillait maintenant comme le plus cancre de ses élèves.

Tout en sachant que ma question suivante allait provoquer une réaction de l'accusation et du juge, je voulais faire savoir aux jurés ce que je pensais exactement de la mémoire sélective de Bernard Leonard.

– Vous vous souvenez bien commodément de toutes ces choses, n'est-ce pas, monsieur Leonard, ou vous les fabriquez de toutes pièces ?

– S'il vous plaît, monsieur Bugliosi, intervint le juge sur un ton patient. Vous plaiderez plus tard.

Je continuai néanmoins de tirer des flèches verbales sur le fauteuil des témoins. Leonard fut d'accord avec moi pour reconnaître qu'un témoin déposant sous serment ne devait que répondre aux questions.

– Mais aujourd'hui, lors de l'interrogatoire de l'accusation, vous avez donné de votre propre chef de nombreuses informations, sans qu'on vous les demande ?

– J'ai essayé.

Je pris un temps pour permettre au jury de bien mesurer la portée de cet aveu.

– Mais en dehors de l'audience, alors que vous avez le droit de donner spontanément des informations, il faut vous poser la question magique avant que vous parliez, n'est-ce pas exact ?

– Cela me paraît bien ergoteur, intervint le juge sans se fâcher.

Je retirai ma question mais, encore une fois, le jury avait été édifié.

Les deux articles les plus nuisibles de cette déposition ainsi éliminés, je passai à autre chose.

Comme la récapitulation finale doit être basée sur les

témoignages et pièces à conviction, je m'appliquai à soutirer à Leonard des réponses qui me serviraient plus tard de bases démonstratives.

Oui, répondit Leonard à une de mes questions apparemment anodines, à Palmyre en plein jour, si l'on était sur la plage ou dans un bateau amarré aux corps-morts, on pouvait facilement voir et identifier le pilote d'un canot au milieu du lagon ; non, le canot n'est pas une embarcation qu'on utiliserait en pleine mer, parce que les vagues le submergeraient ; oui, les Graham leur avaient servi de la viande à dîner à bord du *Sea Wind*, etc.

Alors que nous survolions rapidement divers sujets, Leonard reconnut qu'il n'avait jamais échangé avec Buck Walker « plus de trois ou quatre mots » mais que sa femme avait eu de nombreux « entretiens amicaux » avec Jennifer.

– Votre femme échangeait des recettes de cuisine avec Jennifer, n'est-ce pas ?

– Oui, en effet.

– Et le jour où vous avez quitté Palmyre, votre femme a pris une photo de Jennifer avec son chien Puffer, est-ce exact ?

– C'est exact.

– Donc, au moment, au moins, où vous avez quitté Palmyre, votre femme et vous n'étiez pas en termes inamicaux avec Jennifer, est-ce exact ?

Leonard prit un temps si long, avant de répondre, que la sténotypiste le nota dans sa transcription.

Et finalement, quand il répondit ce fut presque à contrecœur :

– Je crois que ce doit être exact.

Je voulais que les jurés prennent conscience des sentiments très négatifs des Leonard à l'encontre de Jennifer et sachent qu'ils n'avaient commencé à les éprouver qu'*après* avoir appris la disparition des Graham et leur assassinat probable.

Comme Jennifer allait témoigner que Buck et elle s'entendaient assez bien avec Mac et Muff, la défense devait commencer tout de suite à réfuter les arguments du ministère public qui soutenait le contraire. Je demandai :

– Vous souvenez-vous d'avoir dit au F.B.I., le 29 octobre 1974, que les Graham étaient amicaux aussi avec Buck et Jennifer ; mais pourtant pas extrêmement amicaux à cause de leur différence de milieu et de mode de vie ?

– J'imagine que j'ai bien pu dire quelque chose comme ça.

– Est-ce votre témoignage actuel ?

– C'est mon sentiment.

– Vous devez sûrement savoir qu'à Palmyre, en plusieurs occasions, les Graham sont allés à la pêche et ont offert une partie de leurs poissons à Buck et Jennifer, n'est-ce pas ?

– C'est exact.

Je fis ensuite avouer à Leonard qu'il avait vu Jennifer ramasser des produits comestibles, des crabes, des noix de coco, des cœurs de palmier, et que le lagon regorgeait de mulets.

Je demandai à Jennifer de se lever.

– La dernière fois que vous avez vu Jennifer à Palmyre, monsieur Leonard, vous a-t-elle paru avoir à peu près le même poids qu'aujourd'hui ?

– Oui.

En se présentant ainsi devant le jury, Jennifer, sans être grosse, n'avait certainement pas l'air d'avoir dû sauter beaucoup de repas. Dans quelle mesure était-elle privée d'alimentation, là-bas, à cette époque ?

J'en vins au signalement de Buck que Leonard avait donné au F.B.I.

– Vous l'avez décrit comme un homme d'un mètre quatre-vingt-cinq, musclé, portant des cheveux longs ou mi-longs, avec des lunettes noires, des tatouages et une ou deux dents en moins sur le devant.

– Cela me semble correspondre à ma description.

– Pas le genre de personne que vous aimeriez rencontrer dans une ruelle obscure, et encore moins sur une île déserte comme Palmyre, hein ?

– Je n'avais pas peur de Buck Walker. Je n'éprouvais pas de sentiments de ce genre, affirma Leonard sans hésitation.

C'était une réponse habile. Il sentait que j'essayais de dissocier Jennifer de Buck et il n'entendait pas me laisser faire. Mais j'avais présenté au jury un signalement physique qui faisait de Buck une espèce de brute, un individu grossier taillé à coups de serpe, précisément l'image que je voulais imposer de lui alors que je faisais officieusement son réquisitoire au procès de Jennifer.

Je demandai à Leonard s'il se considérait comme un bon

citoyen respectueux des lois, croyant en certains principes sur lesquels étaient fondés notre pays et sa constitution.

— Oui.

— Parmi ces principes, figure la présomption d'innocence. Vous êtes d'accord ?

— Sans avoir connaissance des faits, oui, certainement, répondit-il vivement.

— En ce qui concerne la connaissance des faits, rétorquai-je, au moment de la disparition des Graham à Palmyre, vers le 30 août 1974, vous étiez à environ mille milles de là. Est-ce exact, monsieur Leonard ?

— C'est exact.

Je n'avais plus de questions à poser.

34

6-7 février 1986

Avant qu'Evelyn Leonard vienne prendre place dans le fauteuil, le lendemain matin, une vive discussion éclata à propos de l'intention qu'avait l'accusation de l'interroger sur sa dernière conversation avec Muff Graham, au cours de laquelle Muff lui aurait dit qu'elle craignait pour sa vie et savait qu'elle ne quitterait pas Palmyre vivante. Ce témoignage dramatique était du ouï-dire irrecevable à moins que, comme le soutenait l'accusation, on n'applique l'exception de l'« état d'esprit ».

Walt Schroeder rappela le récit qu'avait fait Mme Leonard des craintes de son amie et de ses sanglots désespérés.

– Nous soutiendrons à l'intention du jury que, manifestement, une femme dans l'état d'esprit de Muff Graham n'aurait jamais invité à dîner Buck et Jennifer Jenkins le 30 août 1974.

– Nous n'apporterons pas la preuve que cette invitation a été faite, répliquai-je. Simplement, Buck *a dit* à Jennifer qu'ils étaient invités.

Je soutins que, puisque les deux parties étaient d'accord sur le fait qu'il n'y avait pas eu d'invitation, le témoignage explosif de Mme Leonard ne devait pas être admis.

Le juge prit position contre moi et décréta que le jury avait le droit d'être au courant de cette conversation.

Mon dernier espoir était de retenir Mme Leonard d'exprimer spontanément son parti pris au cours de son témoignage. Je fis observer au juge qu'elle était encore davantage prévenue contre Jennifer que son mari, « si la chose est possible ».

King se rappelait fort bien l'attitude d'Evelyn Leonard lors de ses dépositions aux trois précédents procès.

– Elle était émotionnellement impliquée durant tout son passage à l'audience, reconnut-il.

Quand elle arriva et prit place, je ne fus pas long à comprendre que c'était une autre femme qu'au procès Walker. Ses mots étaient les mêmes, mais le ton avait changé, il était beaucoup moins émotif, moins vif. Elle parlait d'une voix sans timbre, suggérant qu'elle avait pris un calmant pour ses nerfs. Len me chuchota que son mari lui avait sûrement raconté le mauvais moment que nous lui avions fait passer au contre-interrogatoire et que cela avait produit son effet.

Ceci ne signifiait pas qu'elle fût impartiale. Quand Schroeder lui demanda si elle était montée à bord du *Iola*, au lieu de répondre simplement « non », elle lança :

– Jamais !

Tout en étant plus précis et organisé qu'Enoki, Schroeder, comme son confrère, manquait de flair. Il se satisfaisait visiblement d'être un bon technocrate du droit, un homme de loi compétent. Bien préparé, comme d'habitude, il soutira à Mme Leonard toutes les informations qu'Enoki et lui estimaient nécessaires pour faire condamner Jennifer, en poussant habilement chaque pièce sur la mosaïque de preuves indirectes. Certaines dépositions se chevauchaient avec d'autres que le jury avait déjà entendues. De toute évidence, l'accusation attendait de ces répétitions un effet cumulatif.

Le jury entendit encore une fois le témoignage très préjudiciable (s'il était cru) prétendant que Jennifer avait juré de ne jamais quitter Palmyre dans un rafiot qui prenait l'eau.

– Elle disait : « En aucune façon je ne partirai à bord du *Iola* », récita à mi-voix Mme Leonard, d'un ton catégorique.

Pour elle, Buck avait toujours été un personnage effrayant.

– Lorsque je lavais le pont ou que je faisais quelque chose à bord, il passait tout près, en ramant. Je lui parlais mais il ne me répondait jamais. Il me regardait simplement faire, sans un mot, et il me mettait mal à l'aise.

– Combien de fois cela s'est-il produit ?

– Des tas de fois, dit-elle avec un petit frémissement. Au moins dix fois.

– Votre projet initial était-il de passer deux semaines à Palmyre ?

– Non. Nous comptions rester tout l'été.

– Pour quelle raison avez-vous décidé de repartir si tôt ?

Mme Leonard prit un temps, l'air pensif, en jouant distraitement avec son rang de fausses perles.

– J'étais mal à l'aise. Je me sentais menacée. J'ai proposé à mon mari de repartir.

Schroeder voulait maintenant entendre le récit de sa dernière conversation avec Muff.

– J'étais... j'étais tout à fait... Ah, que c'est difficile, gémit-elle en faisant un effort pour ravaler sa salive. Je m'inquiétais de la situation. Et je savais que Muff était très anxieuse. Je lui ai demandé si elle ne pourrait pas essayer de partir... de demander à Mac de quitter Palmyre.

– Lui avez-vous dit pourquoi elle devait partir ?

– Oui. Je lui ai dit que ce n'était pas un endroit où il faisait bon se trouver. Il serait plus prudent, pour eux, de partir.

– Vous rappelez-vous quelle a été sa réaction à cela ?

– Elle... elle pleurait. Elle aurait bien aimé s'en aller, disait-elle, mais Mac ne voulait rien entendre.

– A-t-elle dit autre chose ?

– Elle avait peur pour sa vie. Elle disait qu'elle savait qu'elle ne quitterait jamais l'île vivante.

Schroeder laissa cette réponse résonner dans le silence.

Les expression dans le jury étaient variées. Frank Everett, que j'avais surnommé le Rocher du Kansas, arborait son habituel visage de pierre, une femme âgée secouait tristement la tête. Une jeune femme était au bord des larmes. Deux jurés regardaient fixement Jennifer, la sondant, l'analysant.

Les dernières questions de l'accusation concernèrent la fameuse longue visite de Jennifer aux toilettes. Mme Leonard avait peu de chose à ajouter, elle dit simplement qu'elle était entrée et que Jennifer sortait d'un des W.-C., son sac à la main.

Lorsque j'interroge mes propres témoins, je m'efforce autant que possible de poser les questions dans un ordre chronologique, tandis que pour mes contre-interrogatoires je saute inopinément d'un sujet à un autre, pour tenter de décontenancer le témoin adverse et le distraire de ce qui suivra.

Je commençai celui de Mme Leonard en me fiant à une intuition. Si je me trompais, je n'aurais rien perdu.

– Au moment où vous avez quitté Palmyre, madame, vous commenciez à être à court de provisions, n'est-ce pas ?

– Nous en avions assez pour le retour à Hawaii.

– Mais c'était tout ?

– C'était à peu près tout.

(J'avais bien deviné.)

– Donc, si vous étiez restés tout l'été, et comme il vous fallait encore rentrer chez vous, comment auriez-vous fait, avec si peu de vivres ?

– Nous nous serions très bien arrangés. Nous allions à la pêche. Nous mangeons ce qu'il y avait, comme nous l'avions conseillé à Jennifer, des crabes, des noix de coco, tout ça.

– Vous aviez donc initialement l'intention de vivre avec ce que vous trouveriez sur place à Palmyre, c'est bien ça ?

– Nous pensions compléter nos provisions avec ce que nous trouverions, oui. Ce que nous avons fait.

Nous progressions. Toutefois, contrairement à Buck et Jennifer avec leur *Iola*, les Leonard avaient la possibilité de se rendre à Fanning, à Christmas ou à quelque autre île pour se réapprovisionner.

Puisque je soupçonnais qu'elle avait, comme son mari, développé et nourri des sentiments négatifs contre Jennifer, durant les douze années écoulées depuis Palmyre, *après* que le sort des Graham avait été connu, je l'interrogeai sur la lettre que Jennifer leur avait confiée pour qu'ils l'expédient à Sunny Jenkins.

– En réalité, vous n'avez pas mis cette lettre à la poste, n'est-ce pas ?

– Non, je ne l'ai pas envoyée.

Mme Leonard tenta d'expliquer que « pour une raison qu'elle ne comprendrait jamais », elle avait décidé de garder la lettre « dans un tiroir, dans la cabine du bateau ».

L'accusation marquait un point. Je m'étais pris les pieds dans celle-là.

Plus d'une fois, j'avais demandé à Jennifer de me donner toutes les lettres qu'elle avait écrites de Palmyre à sa mère. Elle ne l'avait pas fait et j'avais négligé d'insister encore. Finalement, la seule lettre que Mme Jenkins ne reçut pas, fut celle que Jennifer avait confiée aux Leonard.

La réponse-surprise de Mme Leonard tendait à montrer

que déjà, en 1974, elle avait des sentiments d'inquiétude à l'égard de Jennifer et de Buck et que, par conséquent, son animosité n'était pas un sentiment récent, ni forcé.

Je pus néanmoins lui faire dire qu'ils avaient donné à Jennifer de l'huile et de la farine et qu'ils avaient échangé des livres avec elle. Elle confirma aussi les propos de son mari : elle avait bien eu plusieurs entretiens amicaux avec Jennifer. Tout cela indiquait des relations normales et même aimables – particulièrement avec Jennifer – durant l'été de 1974, et non une hostilité flagrante et envahissante.

J'étais maintenant prêt à aborder la réflexion supposée de Jennifer, jurant qu'elle ne quitterait pas Palmyre avec le *Iola*.

– Si mon interrogatoire vous paraît un peu dur, madame, sachez que je n'éprouve rien d'autre qu'un immense chagrin pour le sort tragique subi par les Graham. Vous devez bien comprendre que si Buck et Jennifer étaient ensemble à Palmyre, lui et elle sont deux personnes absolument distinctes aux yeux de la loi. Vous le comprenez, n'est-ce pas ?

– Oui.

Je demandai à Mme Leonard si elle considérait la réflexion de Jennifer comme « une déclaration potentiellement menaçante ou inquiétante pour les autres propriétaires de bateaux se trouvant dans l'île ».

– Je sentais qu'elle pensait vraiment ce qu'elle disait.

– Je répète : estimiez-vous que c'était potentiellement menaçant pour les autres personnes de l'île ?

– Eh bien, cela me menaçait, moi. C'était une réflexion menaçante. J'en ai parlé avec Mac et Muff.

– Ainsi, au moment même où Jennifer a dit cela vous avez trouvé que c'était un peu menaçant pour vous, effrayant. Et vous avez senti un danger potentiel pour les autres personnes de l'île ?

– Oui, je me suis sentie moi-même menacée.

– Vous avez été interrogée plusieurs fois par des agents du F.B.I. sur cette affaire, n'est-ce pas ?

– Oui.

– Quand vous avez parlé au F.B.I., vous vouliez certainement l'aider, n'est-ce pas ?

– Naturellement, répondit-elle avec quelque indignation.

– Vous vouliez donner à ces agents des renseignements qui les aideraient dans leur enquête sur la disparition des Graham. Est-ce exact ?

– Nous les avons aidés de toutes les façons possibles.

– Bien. Attendu que vous trouviez que la déclaration de Jennifer, sur son refus de repartir de Palmyre à bord du *Iola*, était menaçante, pouvez-vous expliquer au juge et au jury pourquoi vous n'avez, à aucun moment répété au F.B.I. ce que Jennifer vous aurait dit ?

– Nous avons répondu aux questions qu'on nous posait.

Si elle voulait rejouer la déposition de son mari, je pouvais aussi répéter mon contre-interrogatoire.

– Donc, si on ne vous pose pas la question précise : « Jennifer vous a-t-elle dit qu'elle ne quitterait jamais Palmyre à bord du *Iola* », vous ne dites rien. Vous n'auriez jamais fourni spontanément, de votre plein gré, cette information. Est-ce exact ?

Elle se retrancha sur sa position.

– J'aurais répondu à ce qu'on me demandait.

– Mais, madame, comment les agents auraient-ils pu vous interroger sur cette prétendue déclaration de Jennifer ? Comment en auraient-ils eu connaissance si vous ne leur aviez rien dit ?

– Je ne leur ai pas dit... On ne me l'a pas demandé... Si... Je ne comprends pas où vous voulez en venir.

– Eh bien, comment le F.B.I. aurait-il pu connaître cette réflexion menaçante de Jennifer si vous ne lui en aviez pas parlé ?

Mme Leonard, la figure rouge comme une pastèque, s'agita nerveusement.

– J'avais dit... O.K. ! Ce que... ce que j'ai dit... Vous ne comprenez pas ce que j'essaie de vous dire. Si on vous pose une question, vous répondez, tout comme j'essaie de le faire avec vous. Si vous ressentez des choses, il est très difficile de le faire comprendre si on ne vous pose pas la question. D'accord ? Lorsque nous avons quitté Palmyre, et j'étais avec Muff, c'était un moment très difficile... Parce que nous quittions cette île et nous... nous n'aurions pas dû partir, alors...

L'incohérence de son bredouillage était évidente pour tout le monde. Comme j'avais atteint mon but, je l'aidai à se tirer de sa syntaxe embrouillée en posant une autre question :

– Connaissez-vous un avocat du nom de William Eggers, ancien substitut du state attorney ?

– Oui. J'ai fait sa connaissance au premier procès.

Je lui demandai alors pourquoi elle ne lui avait pas mentionné la déclaration de Jennifer quand il l'avait interrogée avant de la citer comme témoin à ce premier procès.

– Il ne me l'a pas demandé, marmonna-t-elle, sur ses gardes.

– Mais enfin, madame, encore une fois, *comment* aurait-il pu vous le demander ? Il n'était pas à Palmyre, vous si.

– Je ne le lui ai pas dit, c'est tout.

Je continuai d'enfoncer le clou en l'interrogeant sur l'incident de la chasse d'eau et je fis ressortir que la première fois qu'elle avait mentionné le fait, c'était l'année précédente, lorsque Walt Schroeder et Hal Marshall du F.B.I. étaient venus la voir, chez elle, à Kauai.

– Donc dix bonnes années après l'incident, c'est bien ça ?

– Oui, répliqua-t-elle froidement.

Quand elle descendit enfin de la petite estrade, elle adressa au passage un sourire amical mais empreint de lassitude aux représentants de l'accusation.

D'autres témoins à charge furent cités, tels que Joseph Stuart, propriétaire d'un magasin de matériel nautique qui témoigna une nouvelle fois que Buck lui avait dit avoir gagné au jeu d'échecs un voilier. Il affirma que Jennifer était à portée de voix de cette conversation.

– Au cours de cet après-midi-là, Mlle Jenkins vous a-t-elle dit quelque chose contredisant la déclaration de M. Allen sur l'acquisition du bateau ?

– Non, monsieur, répondit Stuart. Il n'y a eu aucune contradiction...

Comme je considérais la déposition de Stuart comme plutôt favorable à Jennifer, je ne posai pas de questions au cours du contre-interrogatoire. Buck avait menti, pas Jennifer, et on ne pouvait guère attendre d'elle qu'elle le contredise devant Stuart et les autres invités.

Le témoin suivant fut Joel Peters, que j'avais été si heureux de trouver au procès Walker.

Peters répéta qu'il avait fait la connaissance de Buck et de Jennifer dans la grande île, en 1973, et qu'il les avait revus au début de 1974 à Maui, où ils préparaient leur voilier de dix mètres en vue d'une croisière dans le Pacifique. Quand il avait rencontré le couple à l'Ala Wai en octobre 1974, dit Peters, « ils lui avaient » désigné « leur » bateau, un voilier différent, mouillé dans la rade.

Lorsque Peters leur demanda comment s'était passée leur croisière, ils lui parlèrent un peu de l'île de Palmyre.

– A-t-il été question d'un accident, de disparitions ou de mésaventures dans cette île ? demanda Enoki.

– Non.

Je m'étais longuement entretenu avec Peters, ces derniers mois, et j'avais la ferme intention de le transformer en un témoin bien plus précieux pour la défense que pour l'accusation.

Je commençai par lui faire préciser que seul Buck, et non Jennifer, avait désigné le *Sea Wind* et que Buck avait dit : « Voilà mon bateau. »

– Monsieur Peters, vous étiez encore amarré dans le port de plaisance d'Ala Wai dans la matinée du 29 octobre 1974. C'est bien vrai ?

– C'est vrai.

– La veille au soir – 28 octobre – Buck et Jennifer sont-ils passés près de votre bateau pour prendre un paquet de linge sale et aller le laver à terre avec le leur ?

– Oui.

Peters déclara qu'il dormait à bord de son bateau quand il fut réveillé, le 29 octobre vers 2 heures du matin, par le personnel des garde-côtes qui posait des questions sur Jennifer Jenkins et sur Buck.

– Vous n'ignorez pas que vers 9 ou 10 heures de cette même matinée du 29 octobre, Jennifer a été arrêtée ?

– Exact.

– Avant son arrestation, ce matin-là, vous avez vu Jennifer seule dans le canot, près de votre bateau, et vous lui aviez dit que les autorités étaient passées plus tôt et les cherchaient, Buck et elle. Est-ce exact ?

– C'est exact.

– Vous rappelez-vous si peu de temps après que vous lui aviez dit que les autorités la cherchaient, Jennifer est passée par votre bateau pour vous rapporter votre linge ?

– Je ne me souviens pas très bien du moment précis, répondit Peters, battant ainsi en retraite sur un point très critique.

– Je vous ai parlé plusieurs fois, à Los Angeles. N'est-ce pas ?

– En effet.

– Vous rappelez-vous m'avoir dit, chaque fois que nous nous sommes entretenus, que Jennifer était passée vous rapporter votre linge, seule, sans Buck Walker, et cela *après* que vous l'aviez avertie que les autorités les recherchaient tous les deux ? Vous vous souvenez de m'avoir dit cela ?

– Oui.

– Et c'est exact ?

– Je crois que c'est exact.

– De toute façon, elle a rapporté votre linge. Vous avez récupéré votre linge au cours de cette matinée ?

– Autant que je me souvienne, oui.

– Est-il exact que, peu après avoir récupéré votre linge, vous avez assisté à l'arrestation de Jennifer dans la rade ?

– C'est exact.

Reprenant son interrogatoire, Enoki voulut savoir si le linge rapporté par Jennifer était propre ou sale.

– J'avoue qu'aujourd'hui je ne m'en souviens plus, répondit Peters.

– Vous rappelez-vous m'avoir dit précédemment que vous pensiez qu'il était encore sale ?

– Non, ce n'est pas clair.

L'accusation voulait visiblement condamner Jennifer pour ne pas avoir lavé le linge de Joel à la laverie automatique, comme promis. La question était de savoir si elle avait pris le temps de rapporter le linge alors qu'elle se savait traquée. J'allais avoir beaucoup à dire là-dessus dans ma récapitulation.

Lorsque Peters, sa déposition terminée, passa devant la table de la défense, Jennifer lui sourit et lui chuchota :

– Il était lavé, Joel.

Il hocha la tête et sourit largement.

L'accusation appela ensuite Don Stevens. La mâchoire carrée, en chandail bleu marine, Stevens était la parfaite incarnation de l'homme de mer. D'une voix grave, l'architecte naval déclara que sa profession était de dessiner des bateaux et qu'il l'exerçait dans l'Oregon, à Portland. Il avait parcouru à la voile quelque vingt mille milles d'océan et visité Palmyre en juillet 1974 à bord de son voilier *Shearwater* avec son ami Bill Larson.

Schroeder lui ayant demandé de décrire l'état du *Iola*, il répondit que c'était un « bateau apparemment ancien, légèrement délabré ». Il avait remarqué aussi des fissures dans la fibre de verre « entre les planches de bois », indiquant des voies d'eau.

Il dit ensuite que Larson et lui avaient passé presque tout leur temps à travailler sur le *Shearwater* et à explorer Palmyre. Jennifer lui avait dit que le *Iola* avait fait eau pendant tout le voyage, en venant de Hawaii, ce qui avait nécessité un pompage constant. Il avait également appris qu'ils étaient à court de vivres.

– Nous leur avons donné un sac de farine et plusieurs boîtes de corned-beef.

Schroeder fit dire au témoin que les Graham étaient venus à bord du *Shearwater* et qu'il avait été invité trois fois sur le *Sea Wind*. Pas une fois, il n'avait vu Jennifer Jenkins ou Roy Allen à bord du beau voilier. Stevens raconta encore qu'il était sorti plusieurs fois avec Mac dans le Zodiac.

– Il pilotait très habilement le canot, en marin compétent et expérimenté.

Le témoin rappela le jour où Larson et lui avaient été invités par les Graham à explorer le côté opposé du lagon et où son ami et lui avaient demandé à Jennifer de les accompagner. Quand Muff apprit qu'ils avaient invité la jeune femme, elle se fâcha un peu et leur dit qu'ils avaient eu tort.

Cette déposition de l'architecte naval n'était pas terriblement favorable à la défense mais elle était rafraîchissante après celles des Leonard. A l'évidence, il ne cherchait pas à démolir Jennifer, il répondait posément, d'une manière réfléchie, sans jamais en dire plus qu'on ne lui demandait. Dès le début du contre-interrogatoire, Len souligna cette différence sans trop de subtilité.

– Vous n'estimez pas appartenir à un camp ou à l'autre, dans cette affaire, n'est-ce pas ? Vous êtes simplement ici pour dire la vérité ?

– Bien sûr.

Len voulut savoir si durant les neuf jours passés à Palmyre, il avait fini par bien connaître Jennifer.

– Oui.

– L'avez-vous trouvée amicale ?

– Oui.

Stevens, disant qu'il était bien monté à bord du *Iola*, réitéra sa déposition du procès Walker et déclara que, bien qu'il n'eût jamais acheté le *Iola*, ce bateau était « apte à naviguer ».

Il réfuta ensuite le témoignage de Jack Wheeler sur la traversée de Palmyre à Fanning qui aurait été impossible à cause des vents et des courants dominants. Lorsque le *Shearwater* quitta Palmyre à la voile, expliqua-t-il, ils avaient mis le cap à l'est sur un point juste au nord de Fanning, d'où ils avaient viré au nord sur Hawaii.

– Vous auriez donc pu descendre jusqu'à Fanning à la voile ?

– Certainement.

– Donc, à votre avis, il était possible d'aller de Palmyre à Fanning ?

– Oui.

Si l'accusation n'avait pas cité Stevens, nous aurions eu de bonnes raisons de le faire.

Poursuivant sur la possibilité de la mort accidentelle, Len fit rappeler à Stevens qu'il avait été dans le Zodiac alors que Mac pilotait à une telle vitesse que l'avant se soulevait hors de l'eau et « planait » à un angle de vingt-cinq degrés, par moments, avant de retomber à quinze degrés. Stevens reconnut aussi qu'il y avait beaucoup de requins dans le lagon.

En reprenant son témoin, Schroeder lui demanda s'il était plus difficile de remonter de Palmyre à Hawaii que de naviguer dans l'autre sens.

– Oui, parce qu'on navigue contre le vent et le courant.

– N'aurait-il pas été effrayant de faire à la voile un voyage de mille milles contre le vent, dans un bateau qui faisait eau ?

Stevens ne répondit pas directement mais dit simplement que « s'il faisait beau, il aurait tendance à en prendre davantage en naviguant contre le vent ».

Tom Wolfe, arborant maintenant une barbe bien fournie mais très sobrement vêtu d'un costume de ville bleu marine adapté à sa profession d'ingénieur consultant, le remplaça.

Wolfe avait sillonné les mers à la voile en parcourant « quarante à cinquante milles nautiques » et déclara « qu'il n'aurait pas fait un long voyage sur le *Iola* », ce bateau ne lui paraissant « pas apte à prendre la mer ». C'était un témoin important, critique puisque son homme d'équipage et lui avaient été les derniers à observer les relations entre les Graham et Buck et Jennifer, juste deux semaines avant les meurtres.

– Avez-vous eu l'occasion de parler avec Mlle Jenkins de leurs rapports, à Roy Allen et à elle, avec les Graham ? demanda Schroeder.

– Oui, elle m'a indiqué que... eh bien, disons que les deux couples, en venant à Palmyre, espéraient vivre seuls sur une île déserte. La cohabitation avec d'autres personnes était donc pour eux un sujet d'irritation. Chacun des couples considérait que l'autre brisait son intimité.

Wolfe déclara avoir eu l'impression que les deux couples ne s'adressaient plus la parole.

Nous étions en présence du témoignage le plus marquant du procès de Jennifer comme de celui de Buck, pour ce qui concernait l'hostilité entre les deux couples, car cette révélation semblait provenir de Jennifer elle-même.

– Jennifer vous a-t-elle jamais parlé de l'état de leurs provisions de bouche ?

– Oui.

– Que vous a-t-elle dit ?

– Qu'ils manquaient de presque tout. Plus de sucre. Plus de farine. Plus de viande.

– A-t-elle mentionné de quoi ils vivaient ?

– De noix de coco et de poisson.

– Et qu'avait-elle à dire de ce régime ?

– Qu'elle en avait assez des noix de coco et du poisson.

Wolfe rapporta ensuite les propos de Jennifer selon lesquels ses efforts pour créer un jardin potager n'avaient pas abouti. Emu par leur situation, il leur avait donné de la farine et du sucre. Jennifer l'avait remercié en lui offrant une miche de pain cuite au four par ses soins et apporté au *Toloa*.

Comme Stevens et les Leonard, Wolfe s'était rendu plusieurs fois à bord du *Sea Wind* et avait invité les Graham à son bord. Cependant, pas une fois il n'avait observé de telles visites réciproques entre les Graham et le couple du *Iola*.

– Qu'avez-vous observé concernant les réserves de vivres du *Sea Wind* ?

– Elles me mettaient l'eau à la bouche. Ils avaient des jambons en boîte, des dindes et des poulets surgelés. Toutes sortes de produits de luxe, en boîte et autres. D'énormes sacs de farine et de riz.

L'audience fut alors suspendue et le jury quitta la salle. Quelques minutes plus tôt, pendant une accalmie de l'interrogatoire, j'étais allé voir Schroeder pour lui rappeler qu'avant d'introduire dans la déposition de Tom Wolfe l'affaire de la mort-aux-rats disparue, il devait demander une suspension d'audience.

Il était temps pour le juge de résoudre un problème que j'avais posé à la veille du procès, en demandant par une note écrite si l'accusation devait être autorisée à produire un témoignage qui avait été si préjudiciable au procès Walker.

– Qu'allez-vous demander au témoin, monsieur Schroeder ? lui demanda le juge King, une fois la porte refermée sur le dernier juré.

– Votre Honneur, M. Wolfe a observé un stock assez important de mort-aux-rats dans un baraquement de l'île. La veille de son départ, il a constaté la disparition de cette mort-aux-rats. Très inquiet, il en a averti les Graham.

Schroeder soutint l'importance de ce fait pour décrire l'état d'esprit des Graham. Le jury pourrait en déduire que les Graham, au courant de la disparition de la mort-aux-rats, avaient dû être encore moins enclins à inviter Jennifer et Buck à bord du *Sea Wind*, le 30 août 1974.

D'après Schroeder, c'était évidemment la véritable raison pour laquelle l'accusation tenait à faire entendre ce témoignage sur la mort-aux-rats.

– Laissez-moi entendre M. Bugliosi.

– L'accusation n'a qu'une raison de vouloir faire état de cette histoire de mort-aux-rats. Elle veut insinuer devant le jury, et sans fournir la moindre ombre d'un commencement de preuve, que Muff Graham a été empoisonnée, mais elle n'ose l'avouer franchement.

Schroeder reconnut le droit pour la défense d'obtenir que la cour instruise l'affaire de la mort-aux-rats uniquement en rapport avec l'état d'esprit des Graham.

– Mais M. Enoki est au courant des rapports des légistes sur la présence ou l'absence de poison dans les ossements de Mme Graham.

– Eh bien, demanda le juge, on n'en a pas trouvé, n'est-ce pas ?

Enoki se leva à côté de son confrère.

– Nous n'avons aucune preuve qu'il y ait du poison dans les os, admit-il.

– Très bien. Je suis d'accord pour que le témoignage relatif à la mort-aux-rats soit exclu de cette affaire en fonction des raisons avancées par M. Bugliosi. Vous possédez déjà tous les éléments nécessaires à la description de l'état d'esprit, et ce détail particulier est plus préjudiciable que probant. Je soutiens l'objection à toute allusion à la mort-aux-rats. Rappelons le jury.

C'était une victoire capitale pour la défense.

En me fondant sur mes nombreuses conversations téléphoniques avec Wolfe je le plaçai, lors de mon contre-interrogatoire, dans la même catégorie de témoin à charge «juste et s'en tenant aux faits» que Don Stevens et quelques autres. Je savais qu'il me laisserait soutirer un certain nombre de points favorables à Jennifer.

Je commençai par faire dire à Tom Wolfe qu'à Palmyre il avait vu Mac Graham offrir le produit de sa pêche à Buck et Jennifer. Ensuite, j'établis que Wolfe était monté très souvent dans le Zodiac des Graham, puis je le priai de se lever et de regarder le petit coffre d'aluminium trouvé à côté des restes de Muff. Je lui demandai si ce coffre tiendrait dans le canot.

– Il serait très encombrant, mais je crois qu'on arriverait à l'y mettre.

Je posai alors une série de questions dont les réponses m'aideraient à plaider non seulement que Buck Walker avait tué Muff Graham, mais qu'il avait commis le crime seul et à l'insu de Jennifer.

Le témoin avait-il eu l'impression, demandai-je, que Buck dormait seul sous sa tente, à terre, alors que Jennifer passait ses nuits à bord du *Iola* ? (Naturellement, Jennifer allait témoigner elle-même que Buck vivait à terre, mais une corroboration indépendante était importante.)

Wolfe s'écarta légèrement de la déclaration positive qu'il m'avait faite au cours de nos entrevues :

– C'était mon impression, mais je n'en ai jamais eu la preuve formelle.

Je montrai au témoin le revolver calibre 22 de Buck, trouvé à bord du Sea Wind au cours de la perquisition dans la rade de l'Ala Wai.

– Est-ce le revolver que vous avez vu Buck Walker prendre dans sa tente avant que vous partiez tous deux à la pêche ?

– Oui, en effet.

Pour construire la démonstration que je prévoyais de faire, il me fallait établir que le revolver que possédait Buck à Palmyre avait été emporté à Honolulu sur le *Sea Wind*.

Je demandai aussi à Wolfe de nous parler du jour où il était allé en exploration avec les Graham et où Mac, prévoyant qu'ils rentreraient à la nuit, avait allumé son fanal de mât. Wolfe confirma le fait et nota qu'il était particulièrement important, à Palmyre, de laisser de la lumière au cas où on projetait un retour après le coucher du soleil, car l'île est située très près de l'équateur.

– Dès que le soleil commence à descendre, expliqua-t-il, la nuit tombe aussitôt.

– Il est vrai, n'est-ce pas que, de l'endroit où votre bateau et le *Iola* étaient amarrés, en regardant vers la côte on ne voyait rien qu'une végétation très dense ?

– Oui, si j'ai bonne mémoire, c'est exact, oui.

Je lui fis révéler qu'il n'était pas exagéré de dire que Palmyre abritait des « millions d'oiseaux » très bruyants.

Et je passai à d'autres sujets :

– Où se trouvait l'atelier de Mac, par rapport au *Sea Wind* ?

– Tout près, à une quinzaine de mètres. Mais il fallait s'engager sous les arbres pour le trouver.

– Avez-vous souvent vu Mac dans l'atelier sans que Muff soit présente ?

– Oui, je l'y ai vu à des moments où Mme Graham était à bord de leur bateau.

– Vous avez déposé hier sur votre conversation avec Jennifer, au sujet des rapports entre eux et les Graham. Au cours de cette conversation, Jennifer vous a dit, n'est-ce pas, que Buck et elle comptaient aller à Fanning ?

– C'est exact ?

S'il y avait un témoignage sans équivoque que je voulais soutirer à Wolfe, c'était celui-là. J'avais posé la question en croisant mentalement les doigts car les réponses de Wolfe, toujours impartiales, dénotaient parfois une imprécision déconcertante.

Je lui fis dire ensuite que lorsque le chien de Walker l'avait mordu, Buck n'avait présenté aucune excuse.

– Monsieur Wolfe, voudriez-vous décrire, pour ce jury qui n'a jamais vu cet homme, votre impression de Buck Walker ? Quelle espèce d'individu était-il ?

Schroeder fut aussitôt sur ses pieds.

– Votre Honneur ! Nous pensons que cela est hors de propos !

Que Buck Walker devienne absent de ce procès conviendrait fort bien à l'accusation. Mais pas à la défense.

– Objection rejetée.

– Il ne parlait pas beaucoup, répondit finalement Wolfe. Il était très, très difficile d'avoir une conversation avec lui et j'avais du mal à établir des rapports normaux avec cet homme.

– Ne m'avez-vous pas dit, en parlant de lui, que c'était un type un peu inquiétant ?

– Oui, je me souviens. Et c'est vrai.

– Vous avez dit également que vous aviez fini par avoir peur de Buck Walker. Est-ce exact ?

– Non, je ne craignais pas Buck Walker. Je me méfiais de lui.

– Et Jennifer ? Vous faisait-elle peur, éveillait-elle votre méfiance ?

– Mes rapports avec Jennifer ont toujours été amicaux, cordiaux.

– Ne m'avez-vous pas dit que Jennifer vous plaisait ?

– J'ai dit que je l'aimais bien, comme ça.

J'avais enfin besoin de l'aide de Wolfe pour suggérer au jury pourquoi Buck aurait voulu mettre les cadavres dans les coffres d'aluminium et les jeter au fond du lagon.

– Il n'y a que quelques centimètres d'épaisseur de terre sur les coraux, les rochers de corail, à Palmyre, n'est-ce pas ?

– Oui, en effet.

– On ne pourrait donc pas creuser un trou profond, dans l'île ?

– Pas avec des outils ordinaires, non.

En reprenant le témoin, Schroeder lui demanda s'il serait difficile à un homme de s'installer dans le Zodiac après y avoir chargé deux boîtes de la taille de la pièce à conviction exposée dans la salle d'audience.

– Je crois qu'on aurait beaucoup de mal à monter dans le Zodiac avec deux caisses à bord.

– Lorsque le chien vous a mordu, Jennifer vous a-t-elle fait des excuses ?

– Non, pas du tout.

Jennifer m'avait affirmé le contraire.

Schroeder voulut alors connaître l'opinion de Wolfe sur le voyage à la voile de Palmyre à Fanning, sans le secours d'un moteur.

– Ce serait très dur. Fanning est directement dans le vent par rapport à Palmyre. La mer est souvent grosse avec beaucoup de vent. La traversée serait extrêmement pénible sur un petit bateau.

– Auriez-vous accepté d'aller à Fanning à bord du *Iola* ?

– Oh non. Pas question.

Au second contre-interrogatoire, j'en revins aux caissons d'aluminium.

– Monsieur Wolfe, si on le voulait vraiment, on pourrait

certainement monter dans le Zodiac avec deux de ces caisses à bord, non ?

– Ma foi, on pourrait les y charger et s'asseoir sur l'une d'elles, peut-être.

Lorsque Tom Wolfe quitta la salle d'audience, je me dis qu'il devait être soulagé que le chapitre Palmyre de sa vie soit maintenant terminé. Un bref séjour sur un atoll isolé du Pacifique, douze ans plus tôt, l'avait conduit à témoigner dans quatre procès, à Hawaii et en Californie. Curieusement, sa comparution à celui de Jennifer aurait dû être la plus difficile, à cause d'un incident survenu un mois plus tôt seulement dans sa maison située sur une plage du détroit de Puget près de Seattle, dans la banlieue de Magnolia.

Une nuit, survint une effroyable tempête venue du sud avec des vents hurlants et une pluie torrentielle. Au petit jour, le ciel s'étant éclairci, Wolfe sortit pour une promenade le long de la côte. A moins de quinze mètres de sa maison, échoué sur des rochers, il vit un long tube qui ressemblait à un rouleau de carte de navigation. Wolfe en détacha les algues et le déroula. C'était une carte de l'île de Palmyre.

En me racontant cette singulière histoire, Wolfe se demandait grâce à quelles forces la mer avait pu projeter ainsi, littéralement devant sa porte et à la veille du procès de Jennifer, cette carte de Palmyre.

– La découverte de cette foutue carte avait quelque chose de surnaturel, Vince. Je ne suis pas superstitieux mais je vous avoue que ça m'a franchement secoué. C'était comme si Palmyre, l'île elle-même, tendait la main pour me toucher, d'une distance de trois mille milles !

35

Les deux témoins à charge suivants, le Dr Douglas Uber-laker, l'anthropologiste, et le médecin légiste en chef de San Francisco, le Dr Boyd Stephens, fournirent, avec de légères variantes, les mêmes rapports scientifique et médical qu'au procès Walker. Cette fois, cependant, ces dépositions servirent aussi à la défense.

J'avais besoin de ces rapports parce que je comptais les utiliser pour en faire en quelque sorte le réquisitoire de Buck Walker et disculper Jennifer. J'avais déjà préparé, par exemple, des arguments expliquant pourquoi un outil du type marteau d'enclume avait dû servir à frapper Muff, plutôt qu'un pistolet, pourquoi les traces de feu sur le crâne étaient localisées, etc. Si l'accusation n'avait pas fait état de ces pièces à conviction, la défense aurait eu à le faire, mais le travail avec les experts exigeait beaucoup de temps et d'efforts ; en outre, les honoraires et défraiements de ces témoins, leur transport, leurs repas, leur hébergement, occasionnaient des dépenses exorbitantes, voire prohibitives. La défense bénéficiait d'un très maigre budget. Len et moi faisions donc tout notre possible pour limiter les dépenses sans compromettre la qualité de notre défense. Ainsi, Enoki faisait à son insu les frais d'une importante partie de notre cause.

Il était temps maintenant de montrer aux jurés de Jennifer les restes de Muff Graham, sa prétendue victime.

Enoki demanda à Uberlaker d'identifier le contenu d'un carton posé devant lui. Il regarda mais n'en retira rien.

– Cela vous paraît-il être les mêmes ossements d'une femme adulte de race blanche que vous aviez examinés en 1981 ?

– Oui, certainement.

– Voulez-vous prendre connaissance du contenu de cette boîte et nous dire si le crâne que vous aviez examiné s'y trouve ?

Uberlaker plongea dans le carton une de ses longues mains fines et fouilla parmi les sacs en plastique transparent contenant les ossements. Il souleva le crâne de Muff, en le tenant comme une ménagère soupesant un melon au marché. Pour l'anthropologiste, il n'était rien de plus qu'un spécimen scientifique à analyser. Il sourit même en annonçant nonchalamment :

– Il me semble bien être celui-là.

– Est-il numéroté ?

– Oui, pièce à conviction n° 24, répondit le témoin, en lisant l'étiquette.

Tout le monde, dans la salle d'audience, comprenait que cela avait été la tête de Muff Graham et nous étions tous confrontés à la macabre réalité d'un être humain réduit à diverses pièces numérotées, dans un carton de supermarché. Les deux trous qui avaient abrité les yeux de Muff accrochaient singulièrement l'ombre et la lumière des plafonniers. Chaque fois qu'Uberlaker bougeait la main, les ombres s'allongeaient ou s'élargissaient, faisant penser à des yeux se tournant ici et là pour observer les événements. Il ne restait que quelques-unes des dents du haut, jadis si blanches et brillantes, maintenant jaunies et plus ou moins cassées. La couronne d'or, en haut à gauche, était parfaitement intacte, comme elle l'était quand son éclat avait attiré l'attention de Sharon Jordan. Le jury devait apprendre que les dents du bas étaient incrustées dans le maxillaire inférieur détaché, enfermé dans son sac en plastique au fond du carton.

Dans le box du jury, les figures avaient pâli. Tout juré attend cette première confrontation avec la victime. Presque invariablement, celle-ci est évoquée par une macabre photographie du crime. Il est rare que des restes concrets, comme des ossements, soient présentés à un jury.

Les jurés avaient déjà vu une photo de Muff, souriante, assise à côté de son mari à bord du *Sea Wind*. Ils savaient que le squelette incomplet, dans le carton, ne se résumait pas au simple matériel de recherche d'un anthropologiste. Il était celui d'Eleanor Graham, Muff, épouse aimante, fille dévouée, amie fidèle. Victime d'un assassinat. Leurs responsabilités transcendaient soudain leur devoir civique. Un lien viscéral les unissait à présent à *leur* victime, et pour toute la durée du procès. Ce genre de lien, sans être nécessairement préjudiciable à l'accusé, ne lui est jamais favorable.

Lorsque Uberlaker eut écarté comme raisons du blanchiment du côté gauche du crâne le soleil et la fossilisation, Enoki lui demanda si le simple processus de la décomposition pouvait provoquer cette zone blanche. L'expert répondit qu'en examinant plus de dix mille crânes durant ses vingt-sept ans de carrière, certains vieux de dizaines de millénaires, il n'avait jamais vu « de processus naturel ayant ce type d'effet ».

Le sous-entendu était clair : Muff avait été brûlée par des mains humaines.

Dès que Weinglass entama son contre-interrogatoire il fut évident qu'il s'écartait encore davantage de sa position initiale contestant le meurtre lui-même.

— Pouvez-vous dire à cette cour et au jury, en vous basant sur votre examen de ce crâne, quelle a été au juste la cause de la mort ?

— Non, je ne le peux pas.

— Au cours de votre examen des ossements, vous n'avez trouvé aucune trace d'un acte criminel ?

— Aucune.

Le juge King exprima un douloureux étonnement.

— Comment, vous n'avez trouvé aucune trace d'acte criminel ?

— Rien sur le squelette, répondit posément l'anthropologiste, ne peut être catégoriquement présenté comme preuve d'un acte criminel.

Uberlaker manifestait quelque chose que les avocats d'assises connaissent bien : les experts ne témoignent pas toujours en experts. Il avait déclaré à l'interrogatoire de l'accusation que le crâne de Muff avait été exposé à une « chaleur intense à peu près au moment de la mort », par des moyens non naturels, ce qui indiquait certainement un acte criminel.

Revenant obstinément à son hypothèse de l'absence de crime, Len demanda :

— Vous avez précédemment déclaré sous serment (au procès Walker) que vous aviez trouvé des résidus noirs sur certaines parties du crâne indiquant un second feu, plusieurs années après que la chair eut disparu du crâne. Est-ce exact ?

— Oui.

– Quand les prosecutors vous ont rendu visite en 1984 vous ont-ils appris que des indigènes des îles Gilbert étaient venus dans l'île cinq ans après la disparition des Graham et qu'ils en étaient partis sept mois avant la découverte des ossements ?

– Non.

– Si vous aviez été en possession de cette information, et compte tenu de votre opinion sur un deuxième feu plusieurs années après la mort, vous seriez-vous renseigné sur les rites de ces indigènes des Gilbert ? (L'intention de Len était de « créer un écran de fumée » en rappelant que les indigènes des Gilbert avaient l'habitude de mettre leurs morts dans des boîtes ou des cercueils et de les brûler. Mais il oublia de mentionner ce rite dans sa question à Uberlaker.)

– Peut-être. Ou bien j'aurais conseillé aux enquêteurs de le faire.

– Mais cela n'a pas été fait ?

– Cela n'a pas été fait.

Tout en apportant une touche d'exotisme, la possibilité du « second feu » approfondissait le mystère.

Weinglass s'intéressa ensuite au trou dans le crâne.

– Dans votre rapport écrit, avez-vous fait observer « le trou dans la tempe gauche semble avoir été causé par une érosion et non par un projectile » ?

Cela me paraît exact.

Enoki baissa la tête. Dans sa déclaration d'ouverture, il avait laissé entendre que c'était le résultat d'un coup de feu.

Weinglass interrogea ensuite le témoin à propos des fractures constatées sur les ossements de Muff.

– Pouvez-vous nous dire si ces fractures se sont produites avant, pendant ou des années après la mort ?

– Je crois pouvoir dire, avec assez de certitude, qu'elles ne se sont pas produites longtemps avant la mort parce qu'il n'y a aucune trace de réduction. Mais je ne peux pas déterminer si elles se sont produites au moment de la mort ou longtemps après.

– Elles auraient donc pu être provoquées plusieurs années après la mort ?

– Théoriquement, oui.

En principe, Len se chargeait des contre-interrogatoires mais je travaillais en assez étroite collaboration avec lui pour lui suggérer des questions et obtenir des témoins les réponses dont j'aurais besoin pour ma plaidoirie. Si les jurés étaient attentifs, ils devaient remarquer que, parfois, Len semblait avancer dans deux directions différentes en même temps, comme dans le cas de deux questions que je lui demandai de poser à Uberlaker. Premièrement, un chalumeau à acétylène (le jury savait déjà que Mac en possédait un dans son atelier de Palmyre, donc accessible à Buck) pouvait-il causer ces zones blanches ? Deuxièmement, le blanchiment avait-il pu être provoqué par une brève application d'un chalumeau à acétylène, de cinq minutes à peine ? La réponse fut oui aux deux questions.

A peine Uberlaker était-il descendu de l'estrade des témoins que le corpulent Dr Boyd Stephens traversa le prétoire, en veste de sport qui semblait avoir rétréci au lavage. Elle jurait avec son pantalon de flanelle, trop court aussi, et son nœud papillon était de travers. Stephens avait manifestement en tête des choses plus importantes que son élégance vestimentaire.

Il commença par confirmer sa réputation d'expert en affirmant qu'il avait examiné « beaucoup de milliers » de cadavres, dont des personnes mortes par le feu, la noyade, par balle et autres calamités. Le légiste avoua tout de même, une fois de plus, qu'après l'examen des restes de Muff Graham, il était incapable de déterminer la cause de la mort.

Enoki lui demanda s'il avait découvert sur les ossements des traces de coups de couteau.

— Non.

— Des traces d'empoisonnement ?

— Non.

La mort-aux-rats ayant été exclue des témoignages, cette précision ne nuisait à personne mais je me demandai quel bénéfice Enoki espérait en tirer.

— Avez-vous analysé les restes pour rechercher particulièrement des traces de poison ?

— Non, cependant si dans le cas d'un long empoisonnement, à l'arsenic par exemple, le produit s'introduit dans la substance osseuse, en revanche un bref empoisonnement ne laisse pas de trace.

Enoki semblait vouloir semer le doute dans l'esprit du jury, et laisser soupçonner qu'il y avait peut-être du poison dans le gâteau apporté par Jennifer aux Graham le 28 août. Il aborda ensuite la possibilité de la mort par balle, en insistant davantage qu'au procès Walker. A ses questions, le

Dr Stephens répondit que le trou dans la tempe gauche avait une « marge très irrégulière » et précisa :

– Si ce trou est celui d'une blessure par balle, il s'agit d'une blessure à bout touchant.

Il ajouta que l'absence d'orifice de sortie de la balle n'éliminait pas cette possibilité.

– Nous avons beaucoup d'exemples de blessures par balle à bout touchant où le projectile ne transperce pas le crâne de part en part.

Enoki demanda la permission de s'approcher du témoin avec le revolver de Buck.

Le Dr Stephens prit l'arme avec l'aplomb d'une personne parfaitement au courant des divers moyens d'infliger la mort.

– Je l'ai déjà examiné, dit-il. C'est un Ruger de calibre 22.

– Est-ce que quelque chose, dans ce pistolet ou son calibre, exclurait qu'il soit la cause du trou dans la pièce à conviction 24, le crâne ?

– Non, rien ne s'y oppose. Un .22 possède toute la puissance nécessaire pour infliger une telle blessure.

Après une brève suspension d'audience, Weinglass s'avança avec son habituel sourire amical et son amabilité coutumière. Il demanda d'abord à Stephens s'il connaissait l'hypothèse de son confrère Uberlaker, l'anthropologiste de l'accusation, selon laquelle le trou pourrait avoir été causé par l'érosion.

– Oui, j'ai entendu cela. Et je ne suis pas d'accord.

– Dans le cas d'une blessure par balle, si cette arme a été tenue contre la tête au moment du coup de feu, cela n'aurait-il pas amorti le bruit de la détonation ?

– Si, naturellement.

– Et je crois que vous m'avez dit que si les choses s'étaient passées ainsi, une personne se trouvant à deux cents mètres, surtout en présence du vent agitant les arbres ou de tout autre bruit de fond, n'aurait rien entendu ?

– En effet. Deux cents mètres représentent deux fois la longueur d'un terrain de football, pour donner un ordre de grandeur.

Weinglass feuilleta quelques papiers, puis il demanda, comme à Uberlaker, si le blanchiment du crâne avait pu se produire sur l'os nu alors que les autres parties étaient couvertes, par exemple par du sable.

– Je ne puis exclure cela.

– Et vous avez dit aussi que chaque hypothèse entraîne quantité d'arguments opposés à cette hypothèse.

– Oui. Cela évoque presque la théorie de Newton sur la médecine légale. Chaque hypothèse comprend une égalité et une opposition.

Le juge King intervint alors pour demander au témoin s'il pensait que la brûlure avait pu être causée en deux fois, par deux feux. Un seul, répondit le légiste.

Weinglass souligna ce dernier conflit entre les deux témoins de l'accusation.

– Saviez-vous que selon le Dr Uberlaker les marques de brûlure indiquent qu'elles ont été causées en deux fois ?

– Je l'ignorais.

Si deux experts éminents dans les domaines de la médecine légale et de l'anthropologie n'arrivaient pas à se mettre d'accord, comment, me demandai-je, un jury pourrait-il démêler tous les mystères de l'affaire de Palmyre ?

Les quatre experts du laboratoire du F.B.I. qui avaient déposé au procès Walker vinrent répéter leurs conclusions. Celui de la microscopie témoigna de sa découverte du petit morceau de cotonnade collé dans le fond du coffre d'aluminium et qui avait été exposé à « une chaleur intense ou à une brûlure » ; le chimiste rapporta les analyses complexes et les expériences qu'il avait effectuées pour identifier une « substance cireuse » à l'intérieur de la caisse, indicative d'acides gras provenant d'un corps humain en décomposition dans un environnement anaérobie (sans air), par exemple sous l'eau ; le sérologiste expliqua sa recherche de protéines humaines sur le bout d'étoffe et ses résultats positifs ; le spécialiste en métaux rapporta que l'intérieur du récipient en alliage d'aluminium avait été soumis à un feu intense alimenté par un produit hautement inflammable.

Weinglass, au cours de son contre-interrogatoire, lui demanda :

– Si nous suivons M. Wheeler, en 1974, ce coffre était dans l'île de Palmyre depuis au moins dix-sept ans. Pouvez-vous dire à la cour et au jury quand, durant cette période de dix-sept ans, le coffre a été exposé au feu ?

– Non, pas avec exactitude.

– Le feu a donc pu être mis n'importe quand, entre 1957 et 1974, avant que le coffre ne soit jeté à l'eau ?

– Oui.

– Et vous m'avez dit dans le couloir, avant de venir déposer, n'est-ce pas, qu'à votre avis le feu a pu durer d'un quart d'heure à vingt minutes ?

– Vous m'avez demandé quel ordre de durée était, à mon sens, nécessaire pour qu'un feu produise le genre d'effets observés à l'intérieur de ce coffre (transformation du grain du métal) et je vous ai indiqué que je ne pensais pas que ces caractéristiques existeraient à moins de quinze à vingt minutes, mais elles ont pu également être produites par un brasier qui aurait duré des heures.

Quand Len revint à la table de la défense, je lui demandai quelle raison avait bien pu lui faire demander ces précisions. Il me répondit qu'il voulait démontrer la brièveté de ce feu (plus long serait le feu, moins vraisemblable deviendrait l'affirmation de Jennifer disant n'avoir vu aucune fumée à Palmyre, le 30 août) mais on lui avait donné une durée *minimale* de quinze à vingt minutes, ce qui était un temps dangereusement long pour notre cause.

Le dernier expert de l'accusation, le stomatologue du procès Walker, revint témoigner de sa déduction d'un coup d'instrument contondant, après examen d'une molaire supérieure gauche du crâne de Muff et d'une molaire inférieure droite du maxillaire. Enoki lui ayant demandé des exemples d'instruments contondants, il répondit :

– Une grosse pierre ronde, un marteau d'enclume mais pas un poing. Un poing ne pourrait pas frapper avec une telle force.

Quand son tour vint, Weinglass demanda à l'expert si les fractures avaient eu lieu au moment de la mort.

– Je n'en sais rien.

Comme il fallait s'y attendre, les témoignages d'experts avaient été aussi macabres que techniques : des coups de marteau d'enclume sur la tête, des membres tordus et cassés, un chalumeau à acétylène brûlant la tête de Muff, son cadavre incendié…, des actes difficilement concevables de la part de la jeune femme d'aspect plaisant assise à côté de moi. Mais pour la condamner, le jury n'avait pas besoin de l'imaginer en train de brandir le marteau d'enclume ou de manier le chalumeau. Il lui suffirait de conclure qu'elle avait été complice de la décision d'assassiner les Graham.

Assis à la table de la défense, j'observai attentivement les jurés en essayant de percer leurs sentiments au sujet de l'affaire, mais leurs visages se révélaient aussi impénétrables que ceux de joueurs de poker. Avaient-ils déjà condamné Jennifer en pensée, en suivant l'exemple du jury de Buck, et parlions-nous dans le vide ?

La réponse devait attendre encore plusieurs jours, mais nous nous en approchions rapidement.

36

Impeccablement vêtu d'un costume de ville gris foncé à fines rayures, le substitut du state attorney vint témoigner des recherches de novembre 1974 à Palmyre.

Eggers était visiblement plus à l'aise pour poser des questions dans un tribunal que pour y répondre, ce qui était bien naturel. L'ancien représentant de l'accusation décrivit pendant plusieurs minutes et par le menu – avec peu d'interruptions – le terrain de l'atoll, les recherches de son groupe et leur résultat négatif ; ils n'avaient trouvé aucune trace des Graham et aucune indication d'un crime.

Weinglass commença son contre-interrogatoire en demandant :

– La plage de l'île de Strawn est-elle découpée de manière à former de petites anses ?

– Oui.

– Certaines parties de cette plage se trouvent-elles à deux mètres ou deux mètres cinquante au-dessus de la ligne de marée haute ?

– Dans certains endroits, oui, il y a des parties sèches.

Len fit raconter au témoin son inquiétante rencontre avec un requin dans le lagon de Palmyre, puis il enchaîna :

– Et autrement, avez-vous ressenti de l'hostilité dans l'atmosphère de Palmyre ?

– Certainement.

– Dans quel sens ?

– J'ai bien réfléchi. J'ai visité pas mal de pays lointains dans ma vie, et je n'arrive pourtant pas à déterminer si cette sensation résultait de la nature de l'affaire sur laquelle j'enquêtais ou de l'île elle-même.

Qu'était-ce donc, en effet, qui, dans cette minuscule île

déserte, inquiétait et menaçait tant de gens parfaitement rationnels ?

Eggers finit de témoigner le vendredi 7 février à 15 h 50. Le jury fut renvoyé jusqu'au lundi matin.

Depuis le début du procès, je m'inquiétais de plus en plus de l'indifférence apparente de Jennifer. Exception faite de quelques très rares moments, elle restait assise à la table de la défense, l'air absent, sans manifester aucunement l'angoisse naturelle d'une personne innocente accusée de meurtre. C'était très singulier.

Néanmoins, à la fin de chaque journée, je rappelais à Jennifer, comme à mes enfants quand ils étaient petits, de bien faire ses devoirs. Elle devait lire, relire et étudier la copie de mon interrogatoire, une énorme liasse de cent quatre-vingt-treize feuillets plus ou moins écornés et jaunis. Elle invoquait invariablement la fatigue ou le mal de tête, et je savais qu'elle ne s'y mettrait pas de sa propre initiative. Je recourus à Ted pour faire pression sur elle. Plus sérieux, plus réaliste que sa sœur, il me promit de faire ce qu'il pourrait. Je demandai le même service à leur mère.

Alors que nous étions bien engagés dans la cause de l'accusation, ce week-end marqua un tournant pour Jennifer. Je commençai à recevoir à mon hôtel des coups de téléphone anxieux : « Et ça, Vince ? Qu'est-ce qu'on va faire ? » ou encore : « Oui, je sais que j'ai dit ça la dernière fois, mais à la réflexion ce n'est pas tout à fait exact. » Jamais encore elle n'avait joué un rôle aussi actif dans sa défense. Elle finissait sans doute par comprendre qu'elle était sur le point de témoigner à son propre procès pour meurtre. Le samedi, elle prit une chambre dans le même hôtel et nous travaillâmes ensemble fort tard les deux soirées suivantes. Il nous restait si peu de temps !

— Il y a un juré que je n'aime pas, me confia Len alors que nous nous offrions tous trois une pause café dans le petit établissement ouvert la nuit, en face de l'hôtel.

J'eus immédiatement la vision du Rocher du Kansas dont la présence ne cessait de m'inquiéter. J'avais remarqué qu'il prenait des notes pendant les interrogatoires de l'accusation mais restait les bras croisés quand Len ou moi posions des questions. J'avais la pénible impression qu'ayant jugé Jennifer coupable, il amassait des détails accusateurs afin de convaincre ses cojurés pendant la délibération.

— Le Rocher du Kansas ?

– Non, me dit Len, un des trois types du deuxième rang. Il nous regarde toujours d'un air dégoûté.

« Super ! » pensai-je. « Avant même qu'ils aient entendu la cause de la défense, deux jurés sont déjà contre nous. »

Plus d'une fois, au cours de ce week-end, Len s'inquiéta de son juré « à l'air dégoûté ». Je n'avais remarqué personne de particulièrement hostile, à part le Rocher du Kansas, mais je ne passe généralement pas mon temps à examiner le jury. Dès que nous entrâmes dans la salle d'audience, le lundi matin, je demandai à Len de m'indiquer son juré inquiétant. Il me désigna le numéro quatorze et je m'esclaffai. C'était un des deux suppléants qui ne participeraient pas aux délibérations, à moins que deux autres jurés ne tombent en chemin. A part la survenue d'une brusque épidémie de grippe, Joseph Winston, un administrateur d'hôpital de trente-quatre ans, n'aurait jamais à décider du sort de Jennifer.

– Pourquoi vous faites-vous tant de souci pour un suppléant ? demandai-je, soulagé.

Len, toujours pessimiste, répondit sombrement :

– Espérons que personne ne tombera malade.

Fidèle à son habitude, le Rocher du Kansas tenait son stylo et son calepin en main lorsque Curt Shoemaker s'installa dans le fauteuil des témoins pour déposer au bénéfice de l'accusation.

Il portait un vieux blazer de marin bleu à boutons dorés sur une flamboyante chemise hawaïenne, un pantalon beige fripé et des chaussures de pont blanches éculées. Retraité de la compagnie de téléphone Bell, il ne vivait plus qu'une partie de l'année dans la grande île avec sa jeune femme Moni, qui continuait de travailler pour la compagnie. Le reste du temps, il naviguait vers les ports lointains des Fidji ou de Tahiti sur son voilier de dix-sept mètres, le *Sivada*, dessiné et conçu à son idée.

L'accusation fit enregistrer comme pièce à conviction l'agenda radio de Shoemaker, d'avril à décembre 1974. Ses notes manuscrites indiquaient qu'il avait communiqué par radio avec les Graham, de Hawaii, huit fois en juillet (en s'entendant finalement sur un contact hebdomadaire régulier), et en août les 7, 14, 21 et 28.

Je savais que Schroeder allait lui soutirer le même témoignage qu'au procès Walker : la conversation entre Mac et lui le 28, avec les détails suggestifs du gâteau et de la trêve. Techniquement, ses formes de questions relevaient du ouï-dire.

Je n'avais malgré tout aucune intention de soulever des objections dans ce sens, sachant, comme je l'ai déjà dit, que les interruptions agacent les jurés en leur donnant l'impression que les avocats veulent les empêcher d'entendre des choses importantes.

Shoemaker répéta donc sa déposition du procès Walker et conclut en disant qu'après cette communication du 28 août avec Mac, il avait tenté quatre fois de l'appeler entre le 4 septembre (le rendez-vous hebdomadaire suivant) et le 18.

A ce procès-ci, au moins, le « gâteau » ne serait pas improprement associé à la mort-aux-rats. Le témoignage de Shoemaker nous posait néanmoins de très sérieux problèmes. Pour commencer, bien que le livre de bord très amateur du *Iola* contînt des notations beaucoup moins détaillées – par exemple « Pluie dans la mat' » ou « Retour à Zane Grey dans l'aprè'm' » –, il ne signalait aucune visite au *Sea Wind* le 28 août. L'accusation et les agents du F.B.I. pensaient que Jennifer avait omis cette visite dans son livre de bord pour l'excellente raison que Buck et elle avaient assassiné Mac et Muff à ce moment. Si le jury croyait à la déposition de Shoemaker sur le gâteau et la trêve, l'effet serait pour nous désastreux.

Je me levai pour contre-interroger le témoin et, après l'avoir informé que pour plus de commodité j'appellerais son témoignage sur le gâteau et la trêve « l'incident gâteau-trêve », je lui demandai :

– Votre dernier contact avec M. Graham dans la soirée du 28 août 1974 a commencé à 19 h 10 et s'est terminé à 19 h 50. C'est exact ?

– Oui.

– Et l'incident gâteau-trêve s'est produit tout de suite avant la fin de votre contact radio ?

– C'est exact.

– A part l'incident gâteau-trêve, votre conversation avec M. Graham était-elle normale, routinière ?

– Avant cet incident, oui.

– Rien de particulier ne vous revient à l'esprit ?

– Non.

– Bien. Donc, l'incident gâteau-trêve est ce dont vous

vous souvenez le mieux au sujet de cette communication du 28 août 1974 avec M. Graham ?

– Oui.

– Il vous a frappé plus que tout, c'est bien cela ?

– Oui.

– L'incident gâteau-trêve est-il le genre de chose qui, si vous vivez jusqu'à cent ans, ce que je vous souhaite, monsieur, restera gravé dans votre esprit au point que si on vous demande de raconter ce dernier contact radio ce sera la première chose que vous vous rappellerez ?

Shoemaker affirma sur un ton emphatique que jamais il n'oublierait cet incident.

– Deux mois environ après votre dernier contact avec M. Graham, précisément le 30 octobre 1974, vous souvenez-vous d'avoir été interrogé par l'agent spécial du F.B.I. Tom Kilgore au poste de police de Hilo, à Hawaii ?

– Oui, je m'en souviens.

– Le but précis de cette entrevue était d'apprendre ce que vous saviez des Graham et de leur disparition. Est-ce exact ?

– Oui.

– Vous vouliez certainement aider l'agent du F.B.I. et teniez à lui fournir tous les renseignements que vous jugiez susceptibles de lui servir dans son enquête ?

– Oui.

– Et lors de votre entretien avec cet agent du F.B.I. – j'ai là dans la main un rapport sur cet entretien avec M. Kilgore – vous lui avez parlé de vos contacts radio avec les Graham, n'est-ce pas ?

– Oui.

– Vous lui avez dit avoir perdu le contact avec Mac Graham le 28 août 1974, n'est-ce pas ?

– Oui.

Après avoir fait dire à Shoemaker qu'il avait bien abordé avec Kilgore divers sujets de conversation, tous plutôt terre à terre, je demandai :

– Pourriez-vous me dire, monsieur Shoemaker, pourquoi durant toute cette longue entrevue avec M. Kilgore, vous avez omis de mentionner l'incident gâteau-trêve que vous avez évoqué aujourd'hui ? Aviez-vous une raison pour cela ?

– Non. Si j'ai omis... je ne me souviens pas. J'étais sûr d'en avoir parlé.

– Vous témoignez en ce moment *sous serment.* Alors,

êtes-vous certain d'avoir rapporté à M. Kilgore l'incident gâteau-trêve ? Vous êtes catégorique ?

– Ma foi, pas catégorique, mais je... j'ai l'impression que je lui en ai parlé. Parce que je lui rapportais tout ce que je savais.

Je hochai la tête comme si j'étais bien d'accord.

– Vous vouliez sûrement lui en parler car cet incident est resté gravé dans votre esprit, plus que tout autre, n'est-ce pas ?

– Eh bien... oui.

– Monsieur Shoemaker, le 25 juin 1985, vous avez témoigné au procès pour vol, à Honolulu et le greffier vous a tendu une photocopie de votre déposition.

Shoemaker, ignorant toujours ce qui se passait, jeta un vague coup d'œil à la copie des comptes rendus du procès pour vol de Jennifer. Je lui conseillai de lire certains passages que j'avais soulignés et demandai ensuite :

– A ce procès, avez-vous donné les réponses suivantes à ces questions ?

Et je lus à haute voix les questions de l'accusation et les réponses de Shoemaker.

Question : « Quelle était la nature de votre dernier contact radio avec Mac Graham le 28 août ? »

Réponse : « Identique à tous les autres contacts. Il (Mac) m'a raconté sa semaine dans l'île. Ce qu'il faisait, ce qu'il avait trouvé. Nous avons causé d'un peu tout, de la pluie et des oiseaux, des requins dans le lagon, de tout. Comment bien pêcher, quels poissons étaient toxiques. J'essayais de l'aider tant que je pouvais. Et puis d'autres bateaux avaient accosté l'île et je relayais les messages de ces autres bateaux à leur famille, autrement dit, je servais de boîte aux lettres. »

Comme Shoemaker semblait aborder des sujets qui avaient pu l'être dans de précédentes communications, l'accusation le rappela à l'ordre, et le ramena au dernier contact radio. Je continuai de lire les comptes rendus au jury. Question : « Quelle était la nature de votre dernière conversation avec Mac Graham ? »

Réponse : « Ma foi, il m'avait déjà parlé de ça une autre fois. Je crois qu'un des chiens des autres gens de l'île avait failli attaquer sa femme. Il semblait y avoir un problème. Il s'agissait d'un bateau qui était descendu là-bas qui était... à ce qu'il disait, inapte à la navigation et faisait eau sévèrement, et les gens du bateau avaient la vie dure, apparemment, ils étaient à court de vivres et ils possédaient des chiens, plusieurs chiens, mais je crois qu'un seul causait des ennuis. »

Question : « Cette conversation eut lieu le 28 août ? »

Réponse : « C'était le 28, la dernière fois que j'ai eu de leurs nouvelles. »

Question : « Avez-vous eu un autre contact avec lui après celui-là ? »

Réponse : « Non. C'était la dernière fois que j'avais de ses nouvelles et il m'a dit que cet autre bateau partait le lendemain. »

Je levai les yeux de la photocopie.

– Ai-je correctement lu les questions et les réponses, monsieur ?

– Il me semble... Oui.

– Vous dites et vous répétez, dans cette transcription des comptes rendus, qu'il s'agissait bien de votre dernière conversation avec Mac Graham. Donc il ne peut y avoir de confusion sur la date de la communication. Vous avez déclaré tout à l'heure au cours de cette déposition-ci que l'incident gâteau-trêve s'était gravé dans votre mémoire, plus que tout autre. Que vous ne l'oublieriez jamais tant que vous vivriez. Pouvez-vous dire à ce jury et à ce juge pourquoi, alors qu'on vous demandait de rapporter avec précision tout ce qui s'était dit au cours de votre dernier contact avec Mac Graham, vous n'avez pas jugé l'incident gâteau-trêve assez mémorable pour le mentionner ?

– Le mentionner à qui ?

– A l'avocat qui vous demandait de rapporter le contenu de cette conversation.

– Quel avocat ?

– Celui qui vous posait les questions que je viens de vous lire, monsieur.

Shoemaker pâlit.

– Euh..., bredouilla-t-il, ses lèvres tremblant visiblement. Je disais simplement... Je répondais simplement aux questions qu'on me posait.

Je n'en avais plus d'autres.

Schroeder se précipita à la rescousse de son témoin pour tenter de réparer les dégâts.

– Vous rappelez-vous si vous avez mentionné l'incident gâteau-trêve à l'agent du F.B.I. Hal Marshall ?

– Oui, chez moi, répondit Shoemaker en saisissant cette

bouée de sauvetage. L'année dernière. Je lui en ai parlé à ce moment.

– Et vous avez alors bien mentionné cet incident ?

– Oui.

Mais c'était onze ans après les faits allégués. Sa participation à la célèbre affaire des meurtres de Palmyre avait dû être pour Shoemaker un des grands moments de sa vie. On pouvait le comparer, pensai-je, au pêcheur ayant laissé échapper un gros poisson ; le poisson devient de plus en plus gros à chaque nouveau récit. Néanmoins, s'il s'était mal tiré du contre-interrogatoire, il n'était pas apparu comme un type retors ni menteur ; il avait plutôt l'air du bon gogo qui monte sur la scène quand le prestidigitateur demande des volontaires dans le public. Ceci constituait, par rapport au jury, un « plus » en sa faveur.

Robert Mehaffy, le professeur d'université de Sacramento, témoigna de l'arrivée du *Sea Wind* dans la rade de Nawiliwili, à Kauai, au soir du 12 octobre 1974, et de son amarrage à côté de son bateau.

– Le lendemain, juste après dîner, nous avons entendu frapper contre le bordé. Nous avons ouvert le capot d'écoutille et ce jeune couple était à côté de nous dans un canot avec une bouteille de vin. Ils se sont présentés sous les noms de Roy Allen et de Jennifer Jenkins. Nous les avons invités à bord, où ils sont restés environ trois heures.

C'était surtout Jennifer qui parlait, dit Mehaffy, mais son compagnon avait quand même prononcé quelques mots. Le couple avait évoqué un récent voyage à Palmyre mais sans donner de détails ; la jeune femme raconta qu'ils avaient été suivis par un énorme espadon, alors qu'ils étaient immobilisés par une accalmie pendant leur retour à Hawaii.

– Elle a expliqué que ce poisson ne cessait de tourner autour du bateau. Ils ont entendu un choc, et ne s'en sont pas inquiétés jusqu'à ce qu'ils descendent et voient que le bateau faisait eau. Ils l'ont pompée, a-t-elle dit, et là ils ont découvert l'épée de l'espadon qui ressortait du bordé, dans les petits fonds. Ils ont dit qu'ils avaient fixé une pièce à l'extérieur pour boucher ce trou.

– En vous basant sur votre expérience de navigateur à la voile, demanda Schroeder en ronronnant presque, avez-vous trouvé cette histoire plausible ou crédible ?

– Eh bien, sur le moment, j'ai dit à Roy que je trouvais

358

assez invraisemblable qu'un espadon ait eu la force de trans-
percer le bordé de leur bateau.

– Avez-vous demandé à Jennifer ou à Roy de vous montrer la preuve de ce qu'ils avançaient ?

– Quand nous en avons parlé, j'ai simplement dit que
j'aimerais bien voir ça, un trou percé par un poisson dans
un bateau.

– Jennifer ou Roy ont-ils proposé de vous montrer ce...
trou d'espadon ?

– Non. Ils ont dit qu'ils repartaient le lendemain pour
aller quelque part où ils pourraient mettre le bateau en cale
sèche et procéder à des réparations plus durables, parce
qu'il continuait de faire eau.

Mehaffy raconta ensuite que deux semaines après qu'il
avait fait la connaissance des jeunes gens, son bateau était
amarré dans la marina du Hawaian Yacht-Club à l'Ala Wai
quand le ketch était entré dans la rade. C'était le 28 octobre.

– Ils ont mouillé à une trentaine de mètres. L'homme
qui m'aidait à amarrer un autre bateau a regardé du côté
du chenal en disant : « Voilà le bateau des Graham. » Je lui
ai dit que c'était celui de Roy et Jennifer. Alors il s'est
écrié : « Ô mon Dieu ! » et il est parti en courant.

– Savez-vous qui était cet homme ? demanda Schroeder.

Bernard Leonard, répondit le témoin.

En me fiant à mes différentes entrevues avec Mehaffy
avant le procès, j'avais l'intention d'évoquer certaines choses qui, à mon avis, seraient très favorables à Jennifer. Mais
Schroeder fit ce travail pour moi quand il demanda à Mehaffy s'il avait observé Jennifer et Roy le lendemain matin.

– Oui, quand ils ont quitté le *Sea Wind* dans leur canot
pour aller à terre.

– Vous rappelez-vous lequel des deux était aux avirons ?

– Jennifer, si j'ai bonne mémoire.

– Les avez-vous revus plus tard ?

– Un peu plus tard, Jennifer est retournée au bateau.
Elle y est restée à peine quelques minutes. Elle retournait
vers la terre quand le patrouilleur des gardes-côtes est entré
dans la rade et a mis le cap sur elle.

L'accusation venait involontairement de faire corroborer
le récit de Jennifer sur le retour du linge de Joel.

Le contre-interrogatoire est strictement limité aux sujets
abordés par l'interrogatoire direct mais je demandai au juge

King l'autorisation de prendre Mehaffy comme mon propre témoin et de l'interroger directement, ce qu'il me permit.

Je commençai par présenter Mehaffy comme un expert, qui avait donné des cours de voile et écrit de nombreux articles sur ce sport, puis je demandai :

– Un bateau sans moteur peut-il naviguer contre le vent, par cette manœuvre qu'on appelle louvoyer ?

– On ne peut jamais naviguer directement contre le vent. Mais en tirant des bords d'un côté, puis de l'autre, ce que nous appelons louvoyer, on peut progresser dans la direction d'où vient le vent.

Il n'avait jamais été question de louvoiement au procès de Buck Walker, et pourtant l'accusation avait lourdement insisté sur le fait qu'il était impossible pour un voilier privé de moteur auxiliaire de naviguer de Palmyre à Fanning. Ne connaissant rien aux bateaux ni à la mer, j'ignorais tout de cette technique, mais je me disais que dans l'Antiquité, les vaisseaux à voiles qui sillonnaient en tous sens la Méditerranée n'avaient pas de moteur et pourtant ils sortaient et revenaient au port avec ou contre le vent ; il devait donc y avoir un truc. J'en avais parlé à Jennifer qui m'avait expliqué qu'elle comptait louvoyer jusqu'à l'autre île.

– Ce principe aérodynamique est-il analogue à celui de l'action du vent sur une aile d'avion, qui opère une succion et soulève l'appareil ?

– Oui, monsieur.

– Donc, en louvoyant, même si on a le vent contre soi, on peut avancer ?

– C'est exact.

– Supposons qu'on n'ait pas seulement le vent contre soi mais aussi le courant, que se passe-t-il ? Si la vitesse du vent est plus grande que celle du courant, peut-on tout de même avancer en louvoyant ?

– Oui.

Quand Schroeder me remplaça, il était visiblement inquiet de ce que j'avais fait dire au témoin.

– Monsieur Mehaffy, peut-on dire sans se tromper qu'il n'est pas possible de louvoyer n'importe où ? Qu'il y a des conditions, par exemple, où il est pratiquement impossible de louvoyer si l'on a contre soi un vent et un courant forts ?

– Eh bien, avec des vents vraiment légers, disons moins de cinq nœuds, il vous sera au contraire beaucoup plus difficile de louvoyer et si vous avez également le courant contre vous, vous n'irez pas bien loin ni très vite.

Incroyable ! Plus le vent contre soi était fort, plus on progressait aisément avec un voilier ! Dans l'espoir de faire paraître impossible le voyage à la voile de Palmyre à Fanning l'accusation avait déjà souligné la violence des vents entre les deux îles.

– N'est-il pas vrai, insista Schroeder, qu'en certaines directions et certains points du globe bien connus des navigateurs la navigation à la voile d'un point à un autre est extrêmement difficile, sinon impossible ?

– Si. Par exemple, pour aller de Honolulu à San Francisco on doit d'abord mettre le cap plein nord et parcourir huit cents milles avant de virer à l'est.

– Pour naviguer dans des conditions difficiles, en louvoyant, ne faut-il pas tenir compte de l'état du bateau ?

– Oui, bien sûr.

– Avec un bateau pas en état de prendre la mer, une traversée serait extrêmement difficile, n'est-ce pas ?

– Moins difficile que dangereuse. Car lorsqu'on louvoie, le bateau fatigue davantage. S'il n'est pas en bon état, il risque de se disloquer.

Schroeder s'était habilement arrangé pour faire ressortir le mauvais état du *Iola*, mais au cours de notre interrogatoire nous avions bien démontré que Jennifer pouvait raisonnablement croire qu'ils gagneraient Fanning en louvoyant.

Les deux témoins à charge suivants, James Wollen et sa femme Lorraine, avaient déposé au procès pour vol de Jennifer. Originaires de Tacoma, dans l'Etat de Washington, ils avaient vécu entre 1974 et 1976 à bord de leur voilier de huit mètres, le *Juno*, dans la baie de Pokai à Waianae, sur la côte occidentale d'Oahu.

James Wollen dit qu'ils avaient fait la connaissance de Jennifer et Roy Allen à la mi-octobre 1974 et leur avaient rendu visite à bord du superbe ketch blanc et bleu qu'ils disaient leur appartenir. Il avait remarqué le nom *Iola* peint à l'arrière, sous la peinture. Il était catégorique sur ce point pour la simple raison que sa ville natale, une petite bourgade du Kansas, s'appelait Iola.

Wollen identifia sur une photo du *Sea Wind* le *Iola* qu'il avait vu dans la baie de Pokai.

Mme Wollen répéta son précédent témoignage : qu'elle

était allée chercher les photos prises par Jennifer montrant le *Sea Wind* et le *Iola* naviguant ensemble en haute mer.

Elle avait rendu visite « aux Allen » à bord de leur bateau.

– C'était très, très chic. Je me souviens d'avoir vu des choses comme de la fine porcelaine, du cristal. C'était tout à fait luxueux.

Elle rapporta la version de Jennifer, expliquant que son compagnon et elle avaient racheté le magnifique yacht à l'ancien propriétaire qui au bout de quatorze ans en avait assez de payer l'entretien.

– A-t-elle cité les noms de M. et Mme Graham ? demanda Enoki.

– Non.

– A-t-elle évoqué une disparition ou un accident dans une île appelée Palmyre ?

– Non.

Je tenais à la questionner, pendant notre contre-interrogatoire, à propos d'une photo des précédents propriétaires dans la cabine du *Sea Wind*.

– Je ne m'en souviens pas, non, répondit Mme Wollen.

Je feuilletai ma transcription des comptes rendus et lus à haute voix un passage de son ancien témoignage, où elle se rappelait avoir remarqué une photo encadrée, dans la cabine, et avoir demandé s'il s'agissait des anciens propriétaires. Jennifer avait répondu que oui.

– Vous souvenez-vous d'avoir témoigné dans ce sens à ce précédent procès ?

– Oui, en effet. Mais j'ai oublié, depuis le temps.

Ken White, l'expert en bateaux témoignant pour l'accusation, déclara que l'examen minutieux du moteur du Zodiac, un Evinrude de neuf chevaux et demi, n'avait révélé à l'intérieur aucune trace d'eau salée. Il n'avait pas non plus découvert de trace de corrosion.

– La corrosion par l'eau salée est importante, expliqua-t-il.

Grâce à ce témoignage, l'accusation prouvait sans l'ombre d'un doute que le Zodiac n'avait pas chaviré dans le lagon de Palmyre.

White décrivit ensuite la manœuvre compliquée qu'il faut exécuter pour mettre en marche un moteur après qu'il a été immergé dans de l'eau salée : retirer les bougies, bien les sécher, nettoyer le carburateur en extrayant toute l'eau, nettoyer à fond la dynamo. (Jennifer témoignerait que Buck n'avait rien fait de tout cela et pourtant le moteur était parti en vrombissant après qu'il avait tiré quatre ou cinq fois sur le cordon.)

– Avez-vous noté des marques, sur le capot du moteur, qui auraient pu résulter d'un frottement sur des coraux ? demanda Enoki.

– Non, pas du tout.

L'accusation connaissait la déclaration de Jennifer : le canot était retourné sur la plage du lagon, une plage qui d'après plusieurs témoins était entièrement composée de corail.

Lors du contre-interrogatoire, Weinglass tenta d'atténuer cette dernière déclaration.

– On ne vous a pas demandé d'examiner le capot, lors de votre expertise du moteur. Vous deviez simplement voir s'il renfermait de l'eau salée, n'est-ce pas ?

– Non. On nous a également demandé de constater d'éventuelles zones d'abrasion sur le Zodiac. Et nous avons examiné aussi le capot du moteur.

Dans ces moments-là, mieux vaut passer rapidement. Mais je ne m'inquiétais pas trop. Buck avait fort bien pu retourner le Zodiac sur la plage en prenant soin que le capot ne frotte pas les coraux. Après tout, ce canot lui appartiendrait dans un proche avenir.

J'avais longtemps cru que le témoin suivant, l'agent retraité du F.B.I. Calvin Shishido (qui travaillait maintenant comme détective pour un cabinet d'avocats de Honolulu), était un témoin des plus dangereusement importants contre Jennifer. Après le témoignage de White, si le jury croyait les propos attribués par Shishido à Jennifer, à savoir qu'elle et Buck avaient trouvé le Zodiac retourné *dans* l'eau du lagon, cela risquait de lui ôter toute crédibilité et d'accentuer considérablement sa culpabilité.

Shishido déboutonna la veste de son costume beige, s'installa confortablement dans le fauteuil des témoins et attendit la première question. Il avait à l'évidence une grande habitude des tribunaux.

Enoki lui fit rapporter le contenu du premier interrogatoire de Jennifer à bord du cotre des gardes-côtes.

– ... elle a dit qu'ils avaient trouvé le Zodiac avec son moteur hors-bord retourné dans l'eau, le lendemain matin.

Le réservoir s'était détaché et flottait près de là... Ils continuèrent leurs recherches des Graham jusqu'au 11 septembre environ, a-t-elle dit, je crois, et puis ils ont fait voile vers Honolulu à bord du *Sea Wind.*

– Vous souvenez-vous si elle a mentionné que le Zodiac était *dans* l'eau ? insista Enoki pour bien enfoncer le clou.

– Oui.

Enoki demanda à Shishido ce que Jennifer lui avait dit douze ans plus tôt, à propos du sort du *Iola.*

– Elle m'a dit qu'elle était montée à bord du *Iola* et Roy Allen sur le *Sea Wind* et qu'ils s'étaient servis d'un filin d'une quinzaine de mètres pour remorquer le *Iola* à l'aide du *Sea Wind.* Mais, le *Iola* s'étant échoué sur des rochers, ils ne purent le récupérer. Ils le laissèrent là et partirent avec le *Sea Wind.*

– Vous a-t-elle dit autre chose, pour expliquer l'utilisation du *Sea Wind* ?

– Elle a dit que puisque les Graham les avaient invités à dîner en leur précisant de « faire comme chez eux », elle en avait déduit qu'ils voulaient dire que si jamais quelque chose leur arrivait, Roy et elle pouvaient prendre possession du yacht.

Shishido sourit légèrement.

– C'est bien ce que Mlle Jenkins vous a dit ? demanda Enoki, sans aller jusqu'au sarcasme mais tout juste.

– Oui.

Enoki voulut alors savoir si Jennifer avait justifié le fait de n'avoir pas signalé aux autorités la disparition des Graham, en arrivant à Hawaii.

– Elle ne voulait pas annoncer leur disparition, de peur que les autorités ne lui confisquent le bateau.

Shishido témoigna aussi de son inspection du *Sea Wind* après l'arrestation de Jennifer. Il avait remarqué que sur l'arrière « sous la nouvelle peinture, on distinguait le nom *Iola* ». Il avait aussi trouvé le Ruger .22 de Buck et le livre de bord du *Iola* mais aucun livre de bord du *Sea Wind,* aucun agenda ni journal de la main de Mac ou de Muff.

Shishido parla des recherches de novembre 1974 à Palmyre et de leurs résultats négatifs. Quand il y retourna en février 1981, pour récupérer les ossements découverts par Sharon Jordan, il avait également rapporté la caisse d'aluminium, son couvercle et un bout de fil de fer trouvé à côté des os.

– J'ai glissé le fil de fer autour du caisson et de son couvercle et la longueur correspondait parfaitement.

Enoki présenta à Shishido plusieurs photos sur lesquelles il reconnut Sharon Jordan désignant l'endroit où étaient échoués les ossements, « juste devant une rangée de buissons sur la plage ». A la demande du représentant de l'accusation, il se leva, s'approcha d'une carte, placée sur un chevalet, à côté de l'estrade des témoins, et désigna l'endroit sur cette carte.

Il le décrivit comme une corniche de corail complètement submergée par endroits, s'étendant de la terre jusque dans le lagon.

– Quand elle arrive en eau profonde, elle plonge à pic. La plage est faite de galets, de corail et d'un peu de sable.

Enoki montra au jury un film vidéo d'un survol de cette région, puis il alla se rasseoir.

Le juge se tourna de mon côté :

– Etes-vous prêt pour le contre-interrogatoire, monsieur Bugliosi ?

– Oui, Votre Honneur.

L'importance que j'accordais à ce témoin devait être ostensible pour le jury, à voir la masse de documents et de transcriptions que je traînais avec moi dans le prétoire.

Je ne doutais pas un instant de l'intégrité et de la franchise du témoin que je m'apprêtais à interroger. Je sentais cependant qu'on ne pouvait pas entièrement se fier à lui, tout au moins dans cette affaire. Je commençai par préciser, pour l'édification du jury, que les agents du F.B.I. sont *tous* des « agents spéciaux » (donc ce témoin n'appartenait pas à un groupe d'élite d'agents « spéciaux ») et qu'il était le seul agent à avoir témoigné devant le Grand Jury qui avait inculpé Jennifer.

– Le jour de l'arrestation de Mlle Jenkins, dans la matinée, poursuivis-je, vous avez été avisé, par une communication radio des gardes-côtes surveillant le *Sea Wind*, que Jennifer et Roy Allen étaient observés quittant le *Sea Wind* à bord d'un canot. Est-ce exact ?

– Oui, c'est exact.

– Quelque temps après, vous avez appris qu'un homme que vous pensiez être Roy Allen était allé à terre, s'était déshabillé, avait plongé et disparu. Est-ce vrai ?

– C'est vrai.

– En ce qui concerne votre interrogatoire de Jennifer à bord du cotre des gardes-côtes le 29 octobre 1974 : elle vous a paru très, très avide de raconter ce qui s'était passé à Palmyre, n'est-ce pas ?

– Oui, certainement.

– Elle était même si empressée que, pendant que vous lui lisiez ses droits constitutionnels, elle n'a cessé de vous interrompre pour vite vous raconter ce qui s'était passé ?

– Oui, c'est vrai.

– Et vous avez dû finir par la faire taire pour lui lire ses droits. Est-ce exact ?

– Oui, c'est exact.

– Lui avez-vous dit qu'elle avait le droit de consulter un avocat avant que vous lui parliez ?

– Oui.

– Et elle vous a dit qu'elle ne voulait pas d'avocat ?

– C'est ça.

– En fait, dès le début, elle vous a dit : « Le bateau ne m'appartient pas. Il appartient aux Graham. » Est-ce exact ?

– Oui.

Pour accroître la vraisemblance d'une mémoire défaillante de Shishido sur cet entretien (et contrer la prétendue déclaration de Jennifer disant que Buck et elle avaient retrouvé le canot retourné dans l'eau), je cherchais avant tout à saper sa crédibilité de témoin.

– Avez-vous enregistré votre conversation avec Jennifer ?

– Non.

– Pourquoi ?

– Eh bien, nous avons constaté que lorsque nous enregistrons, nous ne nous concentrons pas suffisamment sur ce que l'on nous dit. Et plus tard, quand nous transcrivons l'enregistrement, nous butons sur des mots difficiles à comprendre, parce qu'ils ont été à moitié avalés ou qu'il y a des bruits de fond.

– Vous estimez donc que maintenant, après douze ans, il vaut mieux que le jury se fie à vos souvenirs plutôt qu'à un enregistrement des propos de Jennifer ? m'exclamai-je sur un ton stupéfait.

Et sa réponse fut stupéfiante :

– Je répondrai oui, dit-il très posément. Dans certains enregistrements, on ne saisit pas des parties de la question. On peut aussi se méprendre sur la réponse, si l'on n'a pas compris la question.

– Mais celui qui désire vérifier l'exactitude de vos souvenirs n'a aucun moyen de le faire, c'est bien cela, monsieur Shishido ?

– Eh bien, je suppose... scientifiquement, non.

– Ses paroles sont à jamais envolées ?

– Elles figurent dans le rapport que j'ai rédigé peu après l'entrevue.

Je lui demandai s'il avait pris des notes, pendant son interrogatoire et il m'assura qu'il en avait pris.

– Les avez-vous apportées aujourd'hui ?

– Non.

– Savez-vous ce qu'elles sont devenues ?

– Elles ont été détruites après la rédaction de mon rapport sur l'entrevue. C'était l'usage, alors.

Je me mis à poser plus rapidement mes questions, en bombardant le témoin, parfois même sans le regarder.

– Ce n'est plus l'usage ?

– Non, ça ne l'est plus.

– Vous avez souvent témoigné en justice, vous avez été interrogé par des avocats de la défense, n'est-ce pas ?

– Oui.

– Et, presque invariablement, l'avocat de la défense demande à voir les notes des entretiens que vous avez eus avec son client, n'est-ce pas ?

– Non.

– Les avocats ne demandent pas à voir vos notes ?

– Eh bien, à l'occasion, si.

– Sachant qu'on vous les demande parfois, à l'occasion, pour quelle raison avez-vous détruit ces notes ?

– C'était simplement... En réalité, si on me demande mes notes, je peux dire qu'elles sont dactylographiées parce que je dicte d'après mes notes.

– J'imagine qu'il y avait un dossier du F.B.I. sur Jennifer ?

– Oui.

– Et plutôt que de classer vos notes originales dans ce dossier, vous les avez simplement déchirées et jetées à la corbeille à papier ?

Je regardai sévèrement Shishido, en faisant profiter le jury de mon expression atterrée. A franchement parler, j'avais un peu pitié de ce témoin. D'un autre côté, sa déposition menaçait la vie et la liberté de ma cliente. Quand il répondit, ce fut dans un souffle :

– A ce moment-là, oui.

Je pris un temps.

– Combien de temps, environ, a duré l'interrogatoire de Jennifer à bord du cotre ?

– Au total près d'une heure, je crois, trois quarts d'heure peut-être, quelque chose comme ça. Au bureau du F.B.I., où nous l'avons conduite ensuite, nous avons dû en avoir pour une heure et demie environ.

– Donc, nous parlons de deux heures et demie en tout ?

– Plus ou moins, oui.

– Comment estimez-vous votre mémoire, monsieur Shishido ? Moyenne, au-dessus de la moyenne, au-dessous ?

– Moyenne, il me semble. Parfois au-dessus.

Il reconnut qu'au cours de ces deux entretiens, ce fut surtout Jennifer qui parla et s'accorda avec moi pour dire que ses mots « jaillissaient en torrent », surtout au commencement.

– Et vous avez condensé tout de ces deux heures et demie de récit dans un bref rapport de deux feuillets et demi ?

– Eh bien… oui, c'est vrai.

– Je suppose que, nécessairement, la plus grande partie des mots de votre rapport sont les vôtres, pas les siens, puisqu'il vous fallait résumer ?

– C'est vrai.

– Avez-vous rédigé votre rapport en vous référant au souvenir de ce qu'elle vous avait dit ou à vos notes ?

– Aux deux.

Je feuilletai vivement mes documents pour trouver le passage approprié.

– Je vois ici qu'en 1975, lors d'une audience sur cette affaire, vous avez témoigné : « J'ai fait une note d'après mes souvenirs du rapport que j'avais rédigé. » On a l'impression que le lendemain vous avez rédigé votre rapport sur des notes dont vous pensiez vous souvenir, pas sur celles que vous aviez prises.

– Non, ce n'est pas ce que je voulais dire, marmonna-t-il.

Je pensais avoir déjà bien sapé la crédibilité de Shishido mais j'en revins aux paroles de Jennifer à propos du Zodiac trouvé retourné dans l'eau du lagon. Au cours de son interrogatoire par la partie adverse, Jennifer lui aurait dit que l'embarcation était à plus d'un kilomètre du *Sea Wind*, mais la distance ne figurait pas dans son rapport.

Je fis alors observer la contradiction avec une audience du 8 novembre 1974 : Shishido avait alors déclaré que, selon Jennifer, le Zodiac avait été découvert à sept ou huit cents mètres du yacht.

– Je crois que mon précédent témoignage était plus exact que celui d'aujourd'hui, reconnut-il.

Un tout petit point, bien sûr, mais une preuve de plus pour mettre en doute la valeur des affirmations de Shishido.

Je m'approchai alors de lui, aussi près que je l'osai sans demander la permission au juge King et, en le regardant dans les yeux, je lui dis à mi-voix sur le ton de la conversation aimable :

– A dire vrai, Calvin, vous n'avez pas la meilleure mémoire du monde, et vous ne vous rappelez pas exactement ce qu'elle a dit, hein ?

L'ancien agent du F.B.I., à l'assurance et à l'aisance tristement érodées, avoua dans un murmure :

– Je n'ai pas de souvenirs parfaits, c'est exact.

Je passai à autre chose. Shishido reconnut que Jennifer s'était rendue aux toilettes du yacht-club après l'interrogatoire à bord du cotre. La question critique était de savoir s'il lui avait demandé de vider son sac avant de la laisser partir, ou plus tard dans le bureau du F.B.I. J'avais besoin d'une bonne réponse pour réfuter l'embarrassant témoignage des Leonard qui avaient laissé entendre qu'elle s'était débarrassée dans les toilettes d'indices compromettants.

– N'est-ce pas une procédure de rigueur au F.B.I., monsieur Shishido, de faire vider à un suspect ses poches ou son sac afin de protéger l'agent de tout risque d'attaque à l'aide d'une arme dissimulée ?

Shishido parut nettement troublé.

– Si, en effet.

– Il y a une autre raison. Le suspect cache parfois dans ses poches ou son sac des preuves compromettantes, n'est-ce pas ?

– C'est vrai, reconnut-il encore une fois.

– Dans le cas qui nous intéresse, vous avez bien demandé à Mlle Jenkins de vider son sac à main en votre présence, à bord du cotre des gardes-côtes ? N'est-ce pas ?

Il devrait être d'accord, pensai-je.

– C'est vrai... euh... eh bien, sur le cotre, je ne me souviens pas. Je crois que c'était plus tard, au bureau du F.B.I., que j'ai demandé à voir le contenu de son sac.

– Ainsi, vous dites à ce jury que, tout en la considérant comme suspecte dans une affaire pouvant être criminelle, vous l'avez laissée quitter le cotre et se rendre seule aux toilettes avec un sac dont vous ignoriez le contenu ? C'est ce que vous nous dites ?

– Oui, mais... Vous ne pouvez dire qu'elle était suspecte...

– Nous parlons de ce que vous pensiez d'elle, pas de ce que je dis. Vous avez déjà dit que vous la considériez comme suspecte.

– Certainement. Mais suspecte d'avoir volé un bateau !

– Nous parlons aussi de meurtre, monsieur Shishido !

– Oui, mais... Eh bien, je ne pensais pas encore au meurtre, à ce moment.

Je secouai gravement la tête en direction des jurés et laissai cette question en suspens pour aborder divers sujets très variés, selon mon habitude.

Je fis confirmer par Shishido qu'il avait entendu fonctionner le Zodiac et que le moteur faisait « beaucoup de bruit » ; qu'au moment où il avait interrogé Jennifer il croyait que l'homme qui l'accompagnait se nommait Roy Allen et que Jennifer ne lui avait pas dit qu'Allen était en réalité Buck Walker ; que lorsque le lieutenant Wallisch des gardes-côtes avait voulu ôter Puffer des mains de Jennifer pour la mettre à la fourrière conformément aux règlements de quarantaine, elle avait refusé (mais Shishido ne se rappelait pas si elle avait pleuré) et que finalement on lui avait permis de confier Puffer à Joel Peters, etc. Je présentai ensuite au témoin la pièce à conviction n° 16 du ministère public, l'inventaire des articles du *Sea Wind* remis à la garde du F.B.I.

– A l'article n° 26 vous lisez « Livres de navigation contenus dans un dossier en plastique de 15 x 45 ». Est-ce qu'il s'agit du livre de bord du *Sea Wind* ?

– Ma foi, je n'en sais rien.

– Vous avez témoigné tout à l'heure qu'il n'y avait pas de livre de bord du *Sea Wind*. Voulez-vous modifier votre déposition, maintenant, pour déclarer que ces livres de navigation, numéro d'inventaire 26, auraient pu être ceux du *Sea Wind* ?

– Eh bien... Non, je ne veux rien changer à mon témoignage, parce que je ne me souviens pas d'avoir vu un livre de bord sur le *Sea Wind*.

– Pourtant, ceux-là n'étaient certainement pas ceux du *Iola*. Vous êtes bien d'accord ?

– Oui, parce que nous possédons le livre de bord du *Iola*.

– Donc, l'article n° 26, ce sont d'autres livres de bord mais vous ne savez pas lesquels ?

– Non, je ne sais pas.

Je changeai de sujet.

– En 1974, Jennifer vous a dit, selon vos souvenirs, qu'ils avaient trouvé le canot retourné à environ douze cents mètres du *Sea Wind*. C'est exact ?

– Oui.

– Et, comme par hasard, les restes de Mme Graham ont été trouvés en 1981 à peu près au même endroit ?

– C'est vrai.

Je n'avais plus de questions. J'estimais que pendant l'interrogatoire de Shishido, la défense avait gagné pas mal de terrain.

La liste des témoins de l'accusation touchait à sa fin. Sharon Jordan fut appelée à comparaître. Sa robe d'été légère et ses sandales blanches suggéraient un après-midi de croquet sur la pelouse d'un manoir anglais. Ses longs cheveux noirs tombaient dans son dos. Elle était encore très jolie femme ; sans un soupçon de maquillage, sans être particulièrement à la mode, elle pouvait encore faire retourner bien des têtes. Elle sourit au juge avant de s'asseoir et il lui rendit son sourire d'un air radieux.

Elle avait fait près de vingt mille kilomètres, de son Afrique du Sud natale, pour venir raconter à un autre jury sa découverte des ossements de Muff Graham, en 1981. Son attention avait été tout d'abord attirée, alors qu'elle marchait le long de la plage, dit-elle à un jury captivé, par quelque chose qui « scintillait au soleil ». Elle s'était approchée. C'était « une dent en or dans une tête de mort ».

Schroeder demanda si une marée haute aurait recouvert l'endroit où se trouvaient les ossements. Oui, répondit Mme Jordan, les marées hautes devaient atteindre les buissons, tout en haut de la plage. (De fait, la simple présence de cette jeune femme sur l'île déserte, sa promenade dans cet endroit précis de la plage où se trouvaient les ossements, avant qu'une prochaine marée haute ne les repousse sous les fourrés ou ne les ramène dans le lagon où ils couleraient pour l'éternité, étaient d'un hasard quasi surnaturel. Le coffre à lui seul n'aurait rien signifié du tout.)

Après avoir décrit comment son mari et elle avaient renfloué le vieux canot de sauvetage de l'Air Force, du fond du lagon, Mme Jordan dit que cette embarcation comprenait quatre compartiments d'une taille correspondant aux caissons de la plage, dont deux étaient vides. Le jury comprit qu'un des caissons manquants était là devant lui et que l'autre servait certainement de cercueil à Mac Graham, au fond de la mer ou du lagon.

La défense n'avait guère de questions à poser à la jeune femme, mais Len lui fit déclarer que personne ne pouvait mourir de faim à Palmyre.

– La situation alimentaire était super, dit-elle avec son amusant accent. Il y avait des noix de coco, beaucoup de variétés de crabes, la pêche était bonne, il y avait des œufs, des cœurs de palmier. Nous avons très bien mangé pendant les cinq mois que nous y avons passés.

John Bryden, la seule personne blanche vivant à présent dans l'île de Christmas, était un homme de plein air à la figure burinée qui parlait avec un accent écossais à couper au couteau. Fatigué de la vie moderne en Ecosse, il s'était installé à Christmas en 1969 pour rechercher l'aventure et la paix de l'esprit dans une société moins compliquée. Il les trouva toutes deux dans son royaume insulaire (qui fait partie des îles Gilbert tout comme Fanning, Washington, et de nombreux atolls et îles du Pacifique central). En 1979, il avait été engagé pour créer une plantation de cocotiers à Palmyre, à trois cents milles au nord-ouest de Christmas. En qualité de régisseur général, Bryden amena avec lui seize jeunes Gilbertiens, comme ouvriers agricoles. Avec ses hommes, dont il parlait couramment le dialecte mélanésien, il avait passé quatorze mois sur l'atoll avant de s'apercevoir que les conditions ne convenaient absolument pas à une entreprise commerciale lucrative.

Bryden témoigna qu'en mai 1979, après avoir jugé que le vieux canot de sauvetage découvert dans un vieil entrepôt encombré à quelques mètres du bord de l'eau était irréparable, ses ouvriers et lui l'avaient traîné sur l'ancienne rampe d'hydravion et laissé couler à un endroit profond du lagon.

D'après une photo présentée par Enoki, Bryden identifia le canot renfloué par les Jordan et déclara qu'il s'agissait bien de l'embarcation sabordée par son équipe. Il ne se rappelait pas si, à ce moment, il manquait des caissons dans les compartiments.

Enoki lui demanda quelle était la largeur de la plage, à l'endroit où Buck et Jennifer avaient trouvé le Zodiac retourné ; il voulait suggérer la probabilité que les eaux du lagon avaient atteint le canot et par conséquent inondé son moteur d'eau salée.

– A vrai dire, la plage est très réduite. A marée basse, c'est sec. A marée haute, elle est couverte d'environ quarante, cinquante centimètres d'eau, au plus. Le sable ne représente qu'une toute petite bande étroite au bord de l'eau à marée haute. Pas plus d'une trentaine de centimètres de large, environ.

– Et ensuite, ce sont des buissons, des fourrés ?

– Carrément la jungle, en certains endroits. A d'autres, les buissons poussent jusque dans l'eau.

Au cours de ses deux voyages à Palmyre, Len était passé par Christmas, où il avait rendu visite à Bryden dans sa petite habitation rustique. La jeune femme indigène de l'Ecossais lui avait servi du lait de coco corsé au gin. Mais il avait peu de questions à poser à Bryden maintenant.

– Dites-moi, n'avez-vous pas trouvé, pendant vos quatorze mois de séjour à Palmyre, que l'île avait quelque chose de menaçant ?

– A certains moments, elle me faisait cet effet-là, répondit Bryden qui n'avait absolument pas l'allure d'un homme peureux ou superstitieux. Oui, des fois elle donnait un peu la chair de poule, comme on dit.

Tentant manifestement de rétablir la crédibilité entamée de Curt Shoemaker, l'accusation avait fait venir de Honolulu l'agent spécial du F.B.I. Tom Kilgore, qui avait participé au début de l'enquête et avait interrogé Shoemaker le 30 octobre 1974.

– M. Shoemaker vous a-t-il parlé de son dernier contact radio avec les Graham ? lui demanda Schroeder.

– Oui.

– Vous a-t-il parlé de l'incident se rapportant à un gâteau venant de l'autre bateau ?

– Oui. Il a mentionné que les occupants de l'autre bateau, dont on m'avait amené à croire qu'ils étaient les Allen, étaient là (à bord du *Sea Wind*) ou qu'ils allaient être avec eux un peu plus tard.

– Et a-t-il mentionné ce qu'ils apportaient ?

– Un gâteau.

– Avez-vous relaté cet incident du gâteau dans votre rapport ?

– Non, je n'ai pas rapporté ça.

Kilgore expliqua qu'il n'avait pas imaginé, sur le moment, en quoi ce gâteau pourrait avoir un rapport quelconque avec la disparition des Graham.

– A ce moment-là l'affaire était-elle considérée comme une enquête criminelle sur un assassinat ?

– Non, pas du tout. Elle était classée délit en haute mer.

Mon tour vint et je commençai mon contre-interrogatoire par cette question :

– Monsieur Kilgore, quelle est la toute première fois où l'on vous a demandé de vous souvenir si Shoemaker avait parlé d'un gâteau ?

– Il y a deux jours.

– Personne, avant cette date, ne vous a demandé si vous vous rappeliez M. Shoemaker parlant d'un gâteau ?

– Personne.

– Votre interrogatoire de M. Shoemaker remonte au 30 octobre 1974. Nous sommes à la mi-février 1986, près de douze ans plus tard. C'est bien ça ?

– Oui.

– Et depuis lors, vous avez enquêté sur des centaines d'affaires, n'est-ce pas ?

– Oui.

– Lorsque M. Shoemaker vous aurait parlé de cet incident du gâteau, dans votre idée il s'agissait simplement de deux personnes apportant un gâteau à deux autres personnes, oui ?

– Oui.

– Pour vous, au cours du récit, cet épisode vous est apparu totalement insignifiant. Exact ?

– Oui.

– La question est évidente. Comment pouvez-vous, douze ans après, vous rappeler une information vaguement entendue et que, de votre propre aveu, vous jugiez insignifiante ?

– Je me rappelle ce cas particulier du gâteau parce que... il est très difficile pour quelqu'un de faire cuire un gâteau au four sur un bateau.

Je souris à l'agent Kilgore.

– Vous voulez dire que vous n'aviez jamais entendu parler de gens qui confectionnaient des gâteaux à bord d'un bateau ?

– Jamais personne ne m'a servi de gâteaux sur un bateau.

Kilgore était passé d'une déclaration indéfendable sur la difficulté de faire des gâteaux à bord à une observation tout à fait hors de propos sur le fait qu'on ne lui avait jamais servi de gâteaux sur un bateau.

– Pour ce qui est de ce dernier contact radio avec Mac Graham, M. Shoemaker vous a-t-il parlé d'une *trêve* mentionnée par M. Graham ?

– Non.

Les derniers témoins de l'accusation étaient des amis intimes des Graham.

Henry Steward, un septuagénaire très conformiste, ancien state attorney pour le district sud de la Californie à San Diego, yachtman lui-même, s'était lié d'amitié avec Mac dès leur première rencontre dans un port de plaisance.

– Mac était le navigateur le plus compétent que j'aie jamais connu, affirma Steward, et il révéla qu'il avait été plus de cent fois à bord du *Sea Wind*.

– Et au cours de cette centaine d'occasions, lui demanda Schroeder, les Graham vous ont-ils jamais invité à monter à leur bord en leur absence ?

– Non.

– A votre avis, Mac et Muff auraient-ils pu inviter des gens qu'ils ne connaissaient pas bien et qui ne leur plaisaient guère à venir à bord du *Sea Wind* à un moment où ils ne seraient pas eux-mêmes présents ?

– Non, non, affirma catégoriquement le témoin.

Karl Kneisel, arborant un flamboyant coup de soleil sur son long nez, qualifia Mac de « meilleur marin que j'aie jamais connu » et confirma que les Graham étaient très méticuleux dans le choix des personnes qu'ils invitaient à bord de leur voilier bien-aimé.

– Ils avaient une conception un peu dépassée de l'étiquette en yachting.

– Mac possédait-il un chalumeau à acétylène à bord ? demanda Schroeder.

– Oui, certainement. Cela faisait partie de son matériel de croisière, un outil indispensable pour travailler le métal.

Après le défilé de vingt-sept témoins à charge, l'accusation concluait sa cause sur une image finale horrifiante, celle également présentée au jury du procès Walker : le cadavre de Muff Graham rôtissant sous le rugissement du chalumeau à acétylène de son mari adoré. Ce tableau avait de quoi révulser l'estomac de n'importe qui.

37

La matinée était froide et pluvieuse, à San Francisco, et une grosse tempête d'hiver tardive arrivait du Pacifique, comme toujours lorsqu'il fait mauvais dans cette région.

Le rideau allait bientôt se lever, dans l'énorme masse de pierre du palais de justice fédéral, dans Golden Gate Avenue, sur le dernier acte d'un long drame mystérieux qui avait commencé bien loin de là, au milieu de l'océan le plus turbulent du monde.

La file des témoins de la défense était beaucoup plus courte que celle des témoins à charge. Notre vedette ne comparaîtrait qu'en dernier lieu. Nous n'avions pas annoncé publiquement que Jennifer allait témoigner pour sa propre défense mais tout le monde savait qu'elle *devait* expliquer elle-même pourquoi, alors qu'elle était innocente, tout la désignait comme coupable.

Notre premier témoin, Bill Larson, se trouvait avec Don Stevens à bord du voilier *Shearwater* à Palmyre, en juillet 1974. Ce grand blond occupait maintenant un poste d'ingénieur à la Syndyne Corporation, à Vancouver.

Stevens avait été témoin pour l'accusation aux deux procès pour vol, ainsi qu'au procès de Buck. En réexaminant les comptes rendus du procès Walker pour vol, de 1975, j'avais noté que Stevens mentionnait la présence de son compagnon de voyage (dont il ne donnait pas le nom) à un dîner à la fortune du pot sous la tente de Buck. Mac et Muff y assistaient aussi mais Stevens était resté à bord, souffrant d'une infection à l'oreille. Nous avions absolument besoin d'au moins un témoin indépendant pour neutraliser l'impression générale d'hostilité entre les Graham et Buck et Jennifer ; autrement, les jurés ne croiraient pas Jennifer quand elle déclarerait n'avoir rien trouvé d'insolite à la prétendue invitation à dîner des Graham. J'avais pourtant demandé plus d'une fois à Jennifer s'il n'y avait pas quelqu'un, n'importe qui, capable d'apporter un tel témoignage, mais elle avait été incapable de me citer un nom. Me raccrochant à la moindre brindille, je tentai ma chance et téléphonai à Stevens à son domicile de Portland, dans l'Oregon, pour connaître le nom de son compagnon de croisière. Quand je demandai à Jennifer pourquoi diable elle ne m'avait pas parlé de ce Larson, elle rit de bon cœur, selon son habitude, et répondit qu'elle n'y avait simplement pas pensé.

Le témoignage de Larson, comme celui de presque tous les témoins, n'était pas clair. Dans le rapport n° 302 du F.B.I. concernant une interview téléphonique avec lui, il parlait de Jennifer comme du « chef des deux ». Assez dominatrice pour être le cerveau d'un crime ? Je m'efforçai de résoudre ce problème au cours de mes premières conversations avec Larson. Pressé de s'expliquer, il me dit qu'il n'avait pas ressenti nettement le rôle dominateur de Jennifer, simplement que cette impression était inspirée par le fait qu'elle était le « porte-parole » du couple et qu'ayant une fois crié contre Buck, il n'avait pas répliqué ; Larson avait été également impressionné en apprenant qu'elle avait piloté le *Iola*, sans expérience de la navigation à la voile, en plein océan. Tout bien pesé, je me dis que Larson valait la peine d'être appelé à témoigner pour la défense.

En l'interrogeant, Len commença par faire ressortir que, même avant ce dîner, Larson avait accompagné les Graham et Jennifer dans une exploration de l'île en bateau. Je vis sept ou huit jurés prendre des notes, mais pas le Rocher du Kansas.

En abordant cette soirée, Weinglass demanda :

– A votre avis, les relations paraissaient-elles amicales entre Buck et Mac ?

– Oui, certainement.

– Vous avez regardé Buck et Mac jouer aux échecs ?

– Oui.

– Et lorsque vous avez vu Muff et Jennifer toutes deux en conversation, celle-ci vous a-t-elle paru amicale ?

– Oui, certainement.

– En vous basant sur vos observations de Jennifer avec les Graham, comment qualifieriez-vous leurs rapports ?

– Des rapports amicaux.

– Avez-vous détecté entre eux de l'animosité, de l'hostilité ?

– Pas du tout.

Les questions suivantes furent adroitement conçues pour montrer que même si Buck et Jennifer n'avaient pas du tout plu à Mac et Muff, rien, dans leur comportement, ne permettait à Jennifer de le deviner.

– Avez-vous entendu des commentaires ou constaté dans le comportement de Muff, en présence de Jennifer, quelque chose vous amenant à penser qu'il y avait de l'animosité entre elles ?

– Non, pas du tout.

J'appelai ensuite l'agent spécial du F.B.I. Tom Kilgore, et lui demandai tout d'abord, très pince-sans-rire, s'il lui était déjà arrivé d'être témoin pour la défense.

– Oui, monsieur.

– Mais pas souvent, je pense ?

– Non, pas souvent.

Nous sourîmes tous les deux.

Le jury, naturellement, avait déjà entendu le récit de son entrevue du 30 octobre 1974 avec Shoemaker. Je tenais à lui faire rapporter une autre entrevue, la veille, avec les Leonard.

– Saviez-vous que les Leonard avaient téléphoné au F.B.I. pour demander à être entendus ? lui demandai-je.

– Oui.

Tous deux l'avaient nié, au cours de mon contre-interrogatoire ; ils refusaient catégoriquement de reconnaître qu'ils avaient sollicité une entrevue.

– En réalité, ils avaient téléphoné plusieurs fois au F.B.I., c'est exact ?

– Oui, c'est ce que j'ai compris.

– Et votre propos en allant interroger les Leonard était de leur soutirer des renseignements susceptibles de vous aider dans votre enquête sur la disparition des Graham ?

– Oui.

– Au cours de votre entretien avec eux, l'un ou l'autre vous a-t-il dit que, durant leur séjour à Palmyre, Jennifer Jenkins leur avait affirmé qu'elle ne quitterait jamais l'île avec le *Iola* ?

– Pas que je me souvienne.

– Si l'un ou l'autre vous l'avait dit, ce renseignement aurait-il figuré dans votre rapport ?

– Oui.

Lors du contre-interrogatoire, Schroeder demanda à Kilgore si les choses avaient été « plutôt mouvementées » le jour où, à l'Ala Wai, il avait interrogé l'enseignant et sa femme.

– Oui.

– Combien de temps avez-vous passé avec les Leonard ?

– Ma foi, une demi-heure. Une bonne demi-heure.

Screz-vous d'accord avec moi si je vous dis que trente minutes, ce n'est pas beaucoup pour un interrogatoire en profondeur ? demanda Schroeder.

– Oh, bien entendu !

Reprenant mon témoin, je fis observer que les notes de Kilgore sur l'entrevue couvraient cinq feuillets dactylographiés et comportaient des banalités comme, par exemple, ce que les Leonard avaient dit sur les Graham qui possédaient un canot avec moteur hors-bord et Buck qui abattait des cocotiers.

– Vous avez donc fait figurer bon nombre de petits détails dans votre rapport, n'est-ce pas ?

– Oui.

– Je vous remercie. Ce sera tout.

Larry Seibert, les cheveux décolorés par le soleil, longs comme ceux d'un hippie sur le retour, avait l'air tout à fait décontracté, en jean délavé et blouson de style militaire. La recherche de Seibert m'avait coûté pas mal de temps et d'effort ; sa profession semblait être celle de « traîne-savates des plages ».

Seibert vivait à bord d'un bateau sur le lagon de Keehi à Oahu et utilisait la boîte postale d'une petite usine de confection de Honolulu comme adresse commerciale mais il n'y travaillait pas régulièrement, ni ailleurs non plus. J'avais commencé à le chercher au début de 1982, en vain jusqu'en février 1983. Je l'avais alors surpris par téléphone chez des amis à lui à Honolulu. Non seulement Seibert me confirma les propos de Jennifer : il avait vu l'épée brisée d'un espadon plantée dans le bordé du *Sea Wind*, mais surtout elle lui avait confié en particulier que Buck avait menti sur l'acquisition du bateau.

Répondant aux questions de Len, Seibert dit qu'il avait vu la réparation à l'extérieur du bordé.

– Mais j'ai vu aussi une partie du poisson qui ressortait de la coque, à l'intérieur.

– Pourriez-vous nous dire à quoi ressemblait cette partie du poisson ?

– Ça avait tout l'air de l'épée cassée d'un espadon.

– De quelle longueur, à peu près ?

– Dix-huit à vingt centimètres. Ce qu'il en restait.

Maintenant, le second sujet pertinent :

– Pendant que vous étiez à bord du *Sea Wind*, ce jour-là, avez-vous eu l'occasion de demander à Buck comment il s'était procuré le bateau ?

– Bien sûr. Il m'a dit l'avoir gagné en jouant aux échecs avec le précédent propriétaire.

– Jennifer était-elle là, quand il vous a raconté cela ?

– Eh bien, elle n'était pas assise à la table avec nous mais elle traînait par là.

– Avez-vous par la suite demandé à Jennifer si l'histoire de Buck était vraie ?

– Oui, et elle m'a répondu que ce n'était pas vrai. Il n'avait jamais misé d'argent ou autre avec le type.

Schroeder fit reconnaître à Seibert que Jennifer ne lui avait avoué le mensonge de Buck sur l'acquisition du *Sea Wind* qu'à la prison de Halawa, après avoir été arrêtée.

Il avait aussi une autre question dans sa manche pour mettre en doute la crédibilité de Seibert :

– Vous êtes allé au bureau des passeports avec Buck Walker, n'est-ce pas, et vous avez signé une déclaration confirmant qu'il s'appelait bien Roy A. Allen ?

– Oui, je l'ai fait.

– Ce sera tout, Votre Honneur, dit Schroeder.

Le vendredi 14 février, la tempête menaçante s'abattit de toute sa force pour la Saint-Valentin et déversa sur la région de la baie plus de dix centimètres d'eau.

– Mère nature nous cause des ennuis, annonça le juge King quand nous nous réunîmes dans la salle d'audience à 9 h 30. Le juré Nelson va bien mais il ne peut pas venir. L'autoroute 101, ainsi qu'une autre route au-dessous, est inondée à Petaluma. Il a été évacué de chez lui et recueilli par des amis. Mme Rico ne peut pas venir non plus. Elle est arrivée jusqu'à Petaluma, mais là elle a dû rebrousser chemin et rentrer chez elle. Nous sommes sans nouvelles de deux autres jurés.

Avant d'ajourner pour le long week-end de President's Day, le juge prononça une ordonnance d'un nouveau genre :

– Les journaux prédisent encore plusieurs jours de pluie, en conséquence j'ordonne qu'il cesse de pleuvoir d'ici mardi matin. Nous verrons bien si ça marche.

Sur ce, avec un sourire espiègle, il quitta son banc.

Mardi matin, l'ordre du juge avait fait son effet. La tempête s'était éloignée et la journée promettait d'être calme et ensoleillée.

Avant que les jurés occupent leur box, j'avertis King de mon intention de faire état du témoignage de Buck Walker à son procès pour vol de 1975, au sujet de ses activités dans la journée capitale du 30 août 1974. Puisque Walker ne pouvait comparaître à ce procès, je pensais que son témoignage était recevable au titre de l'exception à la règle du ouï-dire appelée « précédent témoignage ».

– La seule question, à mon avis, est de savoir si la mention de cette déposition est justifiée, fis-je observer à la cour.

Elle l'était bien, expliquai-je, puisque cette déposition allait dans le sens du témoignage de Jennifer, c'est-à-dire que Buck Walker lui avait parlé de l'invitation à dîner. Elle ne disait pas que les Graham les avaient invités à dîner mais que Buck le lui avait dit. Cette précédente déposition de Walker s'opposait à la position de l'accusation, affirmant que cette fameuse invitation « était une histoire inventée de toutes pièces par tous deux, Mlle Jenkins et M. Walker ».

Enoki, bien résolu à ne pas faire figurer dans ces débats le témoignage de Buck, protesta en disant qu'au cours du procès pour vol l'accusation n'avait pas contre-interrogé Walker sur ses activités du 30 août 1974 et que, par conséquent, l'exception de « précédent témoignage » ne pouvait s'appliquer.

Le juge réfléchit un moment, en se frottant le menton, puis décréta :

– Oui, tout le monde parlait du vol du bateau à cet autre procès, mais tous pensaient aux meurtres. Je crois que M. Bugliosi a raison.

Le jury entendrait donc Buck Walker déposer par défaut.

Après une brève suspension d'audience, le jury fut appelé ainsi que notre premier témoin de moralité, Debbie Noland.

Comme presque toutes les paroles et les actions de Jennifer depuis la disparition des Graham la faisaient paraître coupable, je n'avais eu de cesse de rechercher des témoignages, quels qu'ils soient, permettant de prouver son innocence. Dès le début, j'avais donc décidé de faire appel à des témoins de moralité, pour démontrer que le caractère généreux et physiquement passif de Jennifer la rendait incapable d'un crime de violence comme un assassinat.

Au téléphone, par écrit et finalement en personne, je rappelai à chacun des témoins de limiter sa déposition à la non-violence de Jennifer, sans s'égarer dans des considérations générales évoquant « une bonne personne », « gentille », ou « franche ». Il convenait d'insister sur la non-violence.

Avec Debbie Noland je ne commençai pas par les questions classiques de moralité mais je soutirai d'elle un témoignage corroborant quelques points très importants dont Jennifer allait témoigner plus tard. Mme Noland fit allusion à certains « problèmes » qu'elle avait constatés dans les relations entre Jennifer et Buck et je lui demandai des exemples.

– Eh bien, d'abord, dit-elle, il y avait cette passion de Buck pour les armes. Les armes à feu, surtout. Jennifer ne supportait pas d'avoir des armes à feu dans la maison. Elle n'en voulait sous aucun prétexte.

– Se disputaient-ils à ce sujet ?

– Oui, souvent, et toujours pour la même raison, les fusils et pistolets.

– A-t-elle pu obtenir qu'il garde les armes hors de la maison ?

– Oui. Il les a cachées ailleurs.

– En vous basant sur votre connaissance de Jennifer et sur les relations que vous entreteniez avec elle, pourriez-vous nous dire si elle est une personne violente ou non-violente ?

– Absolument non-violente ! Elle aime les animaux, les gens, elle est maternelle avec tout le monde, et extrêmement généreuse.

Lors du contre-interrogatoire, Enoki posa des questions

de pure forme, en paraissant s'adresser davantage aux douze jurés qu'au témoin :

– Votre opinion est donc qu'en dépit de ses relations avec M. Walker, et sachant quel genre d'individu il était, Jennifer était quand même adepte de la non-violence ?

– Absolument, répéta Debbie Noland sur un ton plaisamment catégorique.

– Je crois comprendre, poursuivit Enoki, que son caractère démontre une capacité de tolérance envers la violence chez les autres personnes ?

Le juge accepta mon objection, en déclarant la question d'Enoki « un peu trop philosophique ».

Notre témoin suivant, Rick Schulze, était un avocat du continent qui, un an après s'être installé à Honolulu, en 1963, était devenu associé dans le cabinet de Bill Quinn, un ex-gouverneur très populaire, et l'avait quitté en 1970 pour ouvrir sa propre étude à Kamuela – deux mille cinq cents habitants –, dans la grande île.

Schulze se présenta vêtu à la manière désinvolte des habitants de Hawaii, en veste d'été, chemise blanche en interlock, cravate orangée, pantalon marine et chaussures montantes éculées.

Il déclara avoir rencontré Jennifer en 1970, alors qu'elle séjournait chez des amis communs.

– Après avoir fait sa connaissance, j'ai revu Jennifer toutes les semaines, en 1970. En décembre de cette année-là, je me suis remarié et elle est venue habiter chez nous pendant une semaine, avant le mariage, pour nous aider, ma femme et moi, dans les préparatifs. Ensuite, elle venait nous voir environ une fois par mois et nous montions, ma femme et moi, à leur chalet de Mountain View.

– Quand vous étiez avec Jennifer, aviez-vous, avec elle, des conversations philosophiques ? lui demandai-je.

– Oui, nous parlions de sujets graves, nous abordions des questions profondes, ce que nous pensions de la vie. Nous étions très proches, Jennifer et moi.

– Comment décririez-vous Jennifer au jury ?

Schulze se tourna alors vers le box et regarda dans les yeux plusieurs des jurés qui allaient décider du sort de Jennifer.

– C'est une personne très généreuse. Une personne comme on en rencontre peu. Elle voulait tout le temps aider les autres. Elle ne s'attardait pas sur ses propres problèmes. C'est une personne très solide, très raisonnable.

– Vous est-il jamais arrivé de vous disputer avec elle ? demandai-je, pour une raison qui allait devenir évidente.

– Eh bien, je ne sais pas si c'était... si c'était une dispute. Mais, une fois, nous nous sommes affrontés, Jennifer et moi.

– A quel sujet ? Voulez-vous l'expliquer au jury ?

– Jennifer habitait de l'autre côté de l'île, à une centaine de kilomètres de chez nous. Je venais de construire une nouvelle maison, ça devait être en 73, et elle était venue nous voir avec son chien, la petite Puffer. Jennifer adorait son chien. Puffer l'accompagnait partout. Nous avons eu une longue discussion, parce que Jennifer souhaitait que Puffer passe la nuit dans la maison et dorme avec elle. Ça paraît idiot, maintenant, mais je n'ai jamais permis à mon chien d'entrer dans la maison et j'ai pensé qu'il serait vraiment fâché si je recevais un autre chien. Alors je n'ai pas accepté de laisser entrer Puffer. Jennifer a répliqué qu'il n'était absolument pas question pour Puffer de rester toute la nuit dehors.

– Qu'est-il advenu, finalement ?

– Eh bien, Jennifer a pleuré et puis elle est sortie et elle a passé la nuit dans sa voiture avec son chien.

– Toute la nuit ?

– Toute la nuit.

J'avais l'impression que la façon dont Jennifer avait réagi était très révélatrice.

Je demandai ensuite à Schulze s'il savait quelque chose des divers hommes dans la vie de Jennifer et il me répondit qu'il en avait connu deux.

– Ces deux hommes avaient-ils des points communs ?

– Oui, certainement.

– De quelle façon ?

– Contrairement à Jennifer, ses copains étaient plutôt grossiers, brutaux, malpropres. Vulgaires, nettement vulgaires.

– Et vous trouviez cela incompatible avec la nature de Jennifer ?

– Superficiellement, on avait cette impression. Mais, au fond, Jennifer aime aider et secourir. Elle croyait pouvoir sauver ces garçons.

– Elle leur servait en quelque sorte de guide spirituel ?

– Oui, c'est ça, elle était une conseillère spirituelle.

– Et Buck Walker ? demandai-je, poursuivant mon réquisitoire.

– Buck Walker était une espèce de grande brute, à mon humble avis. Il était aussi paranoïaque. Il s'imaginait que le monde entier cherchait à l'avoir. Il parlait toujours de se défendre contre les autres qui tentaient de l'abuser. Et il était fasciné par les armes. Il en parlait tout le temps, et en portait constamment sur lui.

– Monsieur Schulze, en vous basant sur vos rapports avec Jennifer, la qualifieriez-vous de personne violente ou non-violente ?

– Il m'est impossible d'imaginer Jennifer commettant en quelque circonstance que ce soit un acte violent.

Je pris un temps. C'était le fond même de notre défense de moralité : Il m'est impossible d'imaginer Jennifer commettant un acte violent...

– Je vous remercie, monsieur. Je n'ai plus de questions.

Notre témoin suivant, Leilah Burns, avait l'air d'être restée dans la même capsule temporelle des années 60 que Debbie Noland. Son mari et elle en étaient encore aux sandales, aux médaillons symboles de paix et aux ponchos. C'était un couple sympathique, à la voix douce, pacifique et sensible. Tous deux étaient absolument convaincus que leur chère amie et âme sœur Jennifer n'avait absolument rien à voir avec la disparition des Graham. J'avais d'abord pensé les citer tous les deux mais Len craignait que le jury ne nous soupçonne, s'il y avait trop de témoins de moralité, d'insister trop lourdement sur cette forme de défense. Il n'avait pas tort, et nous citâmes seulement Leilah Burns.

Elle déclara à Weinglass que son mari et elle vivaient à Hawaii depuis quatorze ans, à bord d'un voilier mouillé dans le lagon de Keehi à Oahu. Elle connaissait Jennifer depuis les premiers jours de 1974, quand le *Iola* était arrivé à Keehi. Jennifer et Buck y étaient restés cinq jours. Les deux jeunes femmes s'étaient immédiatement liées d'amitié et se voyaient tous les jours. Elles s'étaient revues lorsque Leilah était allée rendre visite à Jennifer en prison, après son arrestation. Ensuite, libérée sous caution, Jennifer était allée vivre pendant huit mois avec les Burns et leurs deux enfants (quatre et sept ans) à bord de leur bateau. C'était bien assez long pour que Leilah se fasse une opinion du caractère de Jennifer.

– A mon avis, dit-elle à la cour et au jury, Jennifer est une personne très douce, très affectueuse, prévenante et généreuse. Elle est incapable de violence.

En 1974, lors de la première arrestation de Jennifer, le

F.B.I. avait interrogé Leilah, qui s'était portée garante de l'excellente moralité de Jennifer. En réponse à la question tendancieuse de Len lui demandant comment, après ne l'avoir connue que cinq jours, elle pouvait éprouver un sentiment aussi fort envers Jennifer, Leilah répliqua :

– J'ai tout de suite été très proche d'elle. Je sentais réellement qu'elle était une bonne personne.

Je réprimai une grimace. Ce qualificatif de « bonne personne », très imprécis, risquait d'amener le ministère public à rappeler les précédents méfaits de l'accusée.

Enoki s'avança pour le contre-interrogatoire.

– Si j'ai bien compris, madame, vous estimez que Jennifer est une personne intelligente ?

– Oui.

– Avez-vous, en fait, dit au F.B.I. que, dans ce couple, Buck vous semblait être l'exécutant et Jennifer la tête pensante ?

– Non, je ne l'ai pas dit.

– Avez-vous prononcé des mots dans ce sens ?

– Je ne puis même pas imaginer que mes propos aient pu être interprétés ainsi. Je ne connaissais pas Buck.

– Vous n'avez jamais fait la connaissance de Buck ?

– Si, un jour. Il est venu passer une heure ou deux à bord, mais pendant tout ce temps je n'ai parlé qu'avec Jennifer.

– Vous ne contestez pas que Jennifer était la plus intelligente des deux, ou vous paraissait être la plus intelligente, n'est-ce pas ?

– Non, je ne le conteste pas, mais, franchement, je ne peux rien affirmer parce que je ne connaissais pas Buck.

– Avez-vous eu connaissance d'un incident, personnellement, ou que des tiers vous auraient raconté, qui ne concorderait pas avec le fait que Jennifer est « une bonne personne » ?

Je savais exactement où Enoki voulait en venir. C'est un vieux truc de l'accusation. Si le témoin répondait non, ce qui était prévisible, la question suivante d'Enoki serait : « Si on vous disait que Jennifer a été condamnée trois fois pour vol, estimeriez-vous toujours qu'elle est une bonne personne ? » Et tout le passé discutable de Jennifer serait étalé devant le jury.

Tentant ma chance, je fis objection.

– C'est trop imprécis, Votre Honneur, trop large. Et cela dépasse aussi les règles du contre-interrogatoire.

Cette fois, cependant, je n'en étais pas très sûr.

Encore une fois, la cour retint mon objection.

– Elle n'a pas été citée pour déclarer que Jennifer est une bonne personne, dit le juge King en admonestant Enoki.

Le représentant de l'accusation se défendit :

– Je ne peux pas changer ses propos. Je n'ai pas posé la question, Votre Honneur. Elle est ressortie de la réponse du témoin à une question de M. Weinglass.

– Laissez-moi vous aider à vous tirer de là ! gronda le juge dans une explosion d'impatience qui dut surprendre le jury, puis il se tourna vers Leilah Burns, pour lui demander sur un ton radouci : Qu'entendez-vous par « bonne personne » ?

– Je l'aime.

– Vous l'aimez ? Parfait.

– Je pense qu'elle est une bonne personne, insista-t-elle en faisant des efforts visibles pour ne pas se laisser impressionner par la cour et l'accusation.

– Vous avez d'autres questions ? demanda le juge à Enoki.

L'implication était très nette : il ferait bien de ne pas en avoir.

– Non, Votre Honneur, marmonna humblement Enoki.

Je poussai un soupir de soulagement. La défense l'avait échappé belle. Nous avions entendu siffler la balle mais elle n'avait pas fait mouche.

Quand Leilah Burns se retrouva en sécurité dans le couloir, elle se jeta littéralement dans les bras de son mari.

– J'espère que je m'en suis bien sortie, murmura-t-elle en pleurant tout bas.

Nous appelions enfin notre dernier témoin, l'énigmatique jeune femme assise à la table de la défense. Avant sa comparution, toutefois, j'avais à régler, au moyen d'une stipulation, les répercussions d'une interview explosive accordée en prison par Jennifer à Bruce Benson, un journaliste du *Honolulu Advertiser*, deux jours après son arrestation. Je n'en avais pris connaissance que trois semaines avant le procès, quand Enoki m'avait envoyé une copie de l'article.

Dans son scoop de la une, daté du 31 octobre 1974, Benson citait des déclarations terriblement nuisibles et même scandaleuses de Jennifer. Après avoir raconté à Benson que

« les derniers mots de Mac étaient : ''Faites comme chez vous jusqu'à notre retour'' ; je suis sûre qu'il ne s'attendait pas à mourir, mais c'est ce qu'il a dit, et c'est ce que nous avons fait. Nous nous sommes installés sur le bateau comme chez nous », elle avait expliqué aussi pourquoi Buck et elle n'avaient pas signalé la disparition des Graham à leur arrivée à Hawaii : « Ils auraient confisqué... ils nous auraient pris le bateau. Nous ne pouvions pas prouver qu'il était à nous. Mac ne nous avait pas vraiment donné le bateau. Il nous avait simplement dit de faire comme chez nous. Je comprends que je cherchais une justification pour garder quelque chose que j'aimais. »

Cette déclaration de Jennifer tentant de se justifier de « garder quelque chose qu'elle aimait » réfutait sa version actuelle, à savoir qu'elle avait toujours eu l'intention de rendre le voilier à Kit. Shishido, dans son témoignage, rapportait déjà qu'elle lui avait dit ne pas avoir signalé la disparition, de peur que les autorités ne lui reprennent le bateau, mais son emploi du verbe « garder », en parlant à Benson, était encore plus fort et ne laissait subsister aucun doute.

De plus, avant de lire ce petit bijou, j'avais soigneusement travaillé mon contre-interrogatoire de Shishido pour savoir si Jennifer lui avait vraiment dit qu'elle avait cherché une « justification » en estimant que les derniers mots de Mac, « Faites comme chez vous », signifiaient que Buck et elle pouvaient prendre possession du *Sea Wind* au cas où ils ne reviendraient pas de leur partie de pêche.

Jennifer répétait aussi à Benson la version confiée à Shishido concernant l'accident du *Iola* sur le récif et ainsi de suite. L'article se terminait sur une citation d'une désinvolture inquiétante : « Le *Sea Wind* voulait refaire le tour du monde et je voulais le faire avec lui. »

Naturellement, ce qui était bien dans son caractère, Jennifer ne m'avait jamais parlé de cette interview, mais elle me confirma calmement, quand je lui posai la question, que Benson l'avait citée avec exactitude.

J'explosai :

– Mais enfin, bon Dieu ! Jennifer, comment avez-vous pu raconter à ce Benson quelque chose d'aussi invraisemblable que « le *Sea Wind* voulait refaire le tour du monde » et que vous vouliez le faire avec lui ? hurlai-je.

– Je ne sais pas, je n'en sais rien ! C'était complètement cinglé.

Pour une fois, elle n'essayait pas de se justifier.

– Merci beaucoup, Jen ! Nous avions vraiment besoin de trucs cinglés de ce genre, pour sauver notre cause !

L'accusation avait attendu la dernière minute pour signaler son intention de citer Benson comme témoin et lui faire répéter les principaux passages de son interview exclusive. En feuilletant mon dossier de coupures de presse, si incomplet qu'il ne comprenait pas l'interview du 31 octobre, je retrouvai un autre papier du même journaliste, paru la veille. Benson évoquait le dernier contact radio de Shoemaker avec les Graham et citait longuement Bernard Leonard. Je soulignai un paragraphe au crayon rouge : *Leonard révèle qu'au cours de la dernière transmission radio entre Shoemaker et les Graham, ils ont dit avoir invité Allen et Jenkins à dîner, probablement pour une soirée d'adieu, puisque les jeunes gens devaient quitter Palmyre le lendemain matin, à bord du* Iola. C'était faux, assurément, et quelque chose avait dû se perdre ou être brouillé dans la transmission entre Shoemaker, Leonard et Benson. Je ne croyais pas un instant à la réalité d'une telle invitation (et même si elle avait existé, elle ne pouvait en aucun cas prouver l'innocence de Buck, le meurtrier des Graham). Mais je savais qu'Enoki essaierait, à n'importe quel prix, d'empêcher le jury d'entendre cette histoire d'invitation, car l'accusation affirmait depuis le début que cette invitation n'avait jamais été faite. Il lui faudrait démolir cet article tout en défendant l'authenticité de l'interview effectuée dans la prison par le même journaliste. Je fus rapidement au téléphone pour négocier avec mon adversaire. Nous finîmes par convenir que ni l'un ni l'autre ne citerions Benson et préparâmes ensemble une stipulation que je lus alors au jury :

– « Il est stipulé que si Bruce Benson, ancien rédacteur du *Honolulu Advertiser*, était appelé à témoigner, il déposerait sur les points suivants : il a interviewé Jennifer Jenkins le 31 octobre 1974 et, entre autres choses, Jenkins lui a dit que le lendemain du jour où les Graham ne sont pas revenus à leur bateau, le *Sea Wind*, Roy Allen et elle trouvèrent le canot des Graham retourné sur la plage à environ huit cents mètres du *Sea Wind*, à l'ouest de son mouillage, et retourné comme s'il avait chaviré. Egalement que, puisque le vent soufflait du sud-est, Roy Allen et elle pensèrent que le canot avait chaviré dans les parages de Paradise Island. De plus, elle et Roy Allen sortaient du lagon de Palmyre avec le *Iola* et le *Sea Wind* quand leur bateau s'est écrasé sur un récif. Ils avaient alors transporté toutes leurs affaires à bord du *Sea Wind*. »

Enoki avait accepté un compromis qui favorisait nettement la défense. Pour compenser le silence sur l'invitation à dîner (qui ne nous était d'ailleurs d'aucune utilité puisque je comptais dire au jury que je n'y croyais pas et que Jennifer témoignerait simplement de l'invitation transmise par Buck) et sur l'accident du *Iola* (un mensonge que nous avions déjà dû expliquer puisqu'elle l'avait répété à Shishido), je supprimai non seulement les très préjudiciables et scandaleuses déclarations de Jennifer à Benson mais encore j'avais fait glisser dans la stipulation le facteur capital de son interview à Benson : qu'elle avait trouvé le canot retourné sur la plage.

– Appelez votre témoin suivant, monsieur Bugliosi, dit le juge King.

– La défense cite Mlle Jennifer Jenkins à comparaître.

38

En prononçant le nom de Jennifer, je me tournai vers elle et l'encourageai d'un petit hochement de tête et d'un sourire : ça se passera très bien.

Elle se leva et marcha d'un pas décidé vers l'estrade des témoins. Le claquement de ses talons sur le parquet ciré rompait seul le silence de la salle bondée. Tous les regards étaient rivés sur elle mais elle ne broncha pas. Quand elle fit face au greffier d'audience, elle leva sans hésiter la main droite et prononça avec confiance le serment de dire la vérité, toute la vérité et rien que la vérité.

Pour son grand jour, Jennifer portait un de ses ensembles neufs, un tailleur bleu pâle avec un corsage de soie blanche, et elle était peu maquillée. Sur le conseil de Len, elle n'avait pas du tout de rouge à lèvres. « Votre lèvre supérieure est mince, lui avait-il dit, et le rouge l'accentue. Les lèvres minces donnent un air froid. »

Lorsque le greffier la pria de décliner son identité, pour les minutes, elle répondit d'une voix claire et bien assurée :

– Je m'appelle Jennifer Jenkins...

Une fois assise, cependant, elle parut soudain plus petite et vulnérable. Le microphone, devant elle, s'élevait presque jusqu'à son front. Vulnérable, elle l'était, bien sûr.

Après quelques questions préliminaires sur son état civil – quarante ans, célibataire, etc. –, je lui posai ce que je savais être depuis longtemps ma toute première question :

– Jennifer, vous resterez probablement à cette place pendant deux ou trois jours, mais je tiens à vous poser immédiatement les questions suivantes : avez-vous tué Mac ou Muff Graham, ou participé de quelque façon que ce soit, à leur assassinat ?

– Non, répliqua-t-elle en tournant les yeux vers le jury.

Je jure (et sa voix était d'une remarquable fermeté), sur ce que j'ai de plus cher au monde, que de toute ma vie je n'ai jamais fait le moindre mal à un être humain.

Ses yeux se remplirent de larmes.

– Savez-vous qui a pu les tuer ?

– Non. Pas du tout.

Nous pouvions maintenant passer au reste de mon interrogatoire.

– Lors de votre inculpation pour l'assassinat de Muff Graham, en février 1981, vous êtes-vous constituée prisonnière ?

– Oui.

– Avez-vous été libérée sous caution peu après ?

– Oui, le jour même.

Je fis ressortir qu'elle était restée en liberté sous caution et que, depuis ce jour, elle avait eu un emploi rémunéré.

Jennifer précisa qu'elle était actuellement directrice d'agence d'une compagnie de télécommunications de Los Angeles. Elle raconta qu'elle avait fait la connaissance de Buck Walker dans une résidence de Hilo, en avril 1972.

– Nous étions là tous les deux pour rendre visite à des amis. Nous nous sommes remarqués mutuellement.

A ce souvenir doux-amer, elle esquissa un sourire nostalgique.

Je lui demandai de décrire brièvement ses rapports avec Buck, avant le voyage à Palmyre. Elle soupira profondément.

– J'avais vingt-six ans, et lui trente-quatre environ quand nous nous sommes connus. C'était un homme très fort, dominateur. Il aimait imposer sa volonté, être aux commandes. Et je crois être le genre de personne qui n'aime pas faire inutilement des vagues.

– Voulez-vous dire par là, à ce jury et à ce juge, que vous faisiez tout ce qu'il vous demandait ?

– Oh non, absolument pas !

– Sans entrer dans tous les sujets de désaccord que peuvent avoir deux personnes vivant ensemble, aviez-vous un différend en ce qui concerne les armes à feu ?

– Oui.

– Quel était-il ?

– Buck adorait les armes à feu, pour lesquelles j'ai toujours éprouvé une extrême aversion. Deux fois, il en a apporté à la maison, nous nous sommes disputés plusieurs fois à ce sujet et il a fini par les remporter.

– Avez-vous entendu dire, parmi les dépositions faites devant ce tribunal, que Buck avait un pistolet à Palmyre ?

– Oui.

– Pourquoi l'aviez-vous accepté ?

– Buck a beaucoup insisté, il disait que toute personne partant en croisière en haute mer devait avoir les moyens de se défendre, alors j'ai accepté cette raison.

J'en revins aux exemples de résistance de Jennifer à Buck.

– M'avez-vous raconté une fois un incident où il était question de spaghettis ?

Elle raconta qu'un jour, à Mountain View, Buck avait jeté un plat de spaghettis contre le mur, qu'il y avait des pâtes et de la sauce tomate partout.

– J'ai tout laissé en l'état. Le lendemain, il m'a demandé quand je comptais nettoyer. Je lui ai répliqué que ce n'était pas moi qui avais fait ces saletés. « C'est toi. Tu n'as qu'à nettoyer toi-même. »

– L'a-t-il fait ?

– Bien sûr.

Je lui demandai à quel moment elle avait eu connaissance des antécédents de Buck. Enoki n'opposa pas d'objection. Elle répondit qu'il lui avait appris, peu de temps après leur installation ensemble, qu'il avait été condamné pour vol à main armée mais en expliquant qu'il n'avait que dix-neuf ans à l'époque et que le pistolet n'était même pas chargé.

Le secret était divulgué. Pour la première fois, le jury apprenait qu'à part sa condamnation pour le meurtre de Muff Graham, Buck Walker était un repris de justice.

– Avez-vous appris, alors que vous viviez avec lui à Mountain View, qu'il avait été inculpé pour une *seconde* attaque à main armée ici en Californie et condamné pour cambriolage aussi dans le passé ?

– Pas à ce moment-là. Je l'ai découvert ensuite.

– Saviez-vous, à ce moment-là, qu'en 1966 et 1967 il avait été interné dans un hôpital psychiatrique pour aliénés criminels, en Californie ?

– Il m'en a parlé, oui. Il a dit qu'il simulait des troubles mentaux pour ne pas retourner à San Quentin.

– Tout en n'ayant connaissance au début que d'une condamnation pour vol, n'étiez-vous pas troublée de vivre avec quelqu'un ayant ce genre d'antécédents ?

– Si, mais quand je l'ai appris nous vivions déjà ensemble... et nous étions déjà amoureux. Nous nous aimions.

J'espérais que le jury comprendrait que, pour Jennifer, le verbe aimer signifiait bien davantage que pour la plupart des gens à l'esprit plus terre à terre.

– Voulez-vous révéler au juge et au jury ce qui vous attirait chez Buck Walker ?

– Eh bien, Buck était intelligent, il s'exprimait bien, il avait du charme. Je connaissais son passé regrettable mais je voyais en lui un grand potentiel et... Et je... je pensais pouvoir l'aider...

Elle poussa un soupir et respira profondément pour maîtriser son émotion.

Dans l'austère décor de la salle du tribunal, il était difficile à Jennifer d'évoquer son attirance sexuelle pour Buck, mais elle avouait en privé avoir, dans ses bras, connu le plus grand plaisir charnel de sa vie. Je comptais faire allusion à l'attrait physique le plus souvent possible.

– Y avait-il autre chose en lui qui vous attirait ? demandai-je, en espérant que les femmes du jury, au moins, seraient touchées par la passion qu'éprouvait Jennifer pour un homme jugé effrayant ou répugnant par d'autres.

– Buck était séduisant. Il était grand et fort. Il me donnait l'impression d'être... en sécurité, protégée.

Je lui fis ensuite résumer les conditions de l'arrestation de Buck dans la grande île, pour revente de drogue. Elle raconta que tout avait commencé quand « un copain du continent ayant apporté des comprimés à Hawaii » avait demandé à Buck s'il ne connaîtrait pas un acheteur.

– Buck l'a mis en contact avec quelqu'un et ce type, qui était en réalité un flic, est revenu par la suite revoir Buck deux fois, en lui proposant un tas d'argent s'il pouvait lui fournir encore de ces comprimés. Et quand Buck l'a fait, il a été arrêté.

– Quel était votre état d'esprit, au sujet de ce qui arrivait à Buck ?

– C'était un coup monté ! répliqua-t-elle avec assurance. Il n'avait jamais vendu de drogue avant que ce flic en civil vienne le tenter. J'ai trouvé ça injuste.

Elle s'était souvenue de la terreur que San Quentin inspirait à Buck, de sa peur d'y retourner.

– Cet endroit le terrifiait. Il racontait des histoires épouvantables sur San Quentin.

– Qu'avez-vous pensé de la décision de Buck de se soustraire à la justice, une fois libéré sous caution, à cause de sa peur de San Quentin ?

– Eh bien, j'ai d'abord pensé que ce ne serait pas bien de s'enfuir mais... j'aimais trop Buck pour supporter de le voir retourner à San Quentin.

Jennifer rapporta les vains efforts de sa famille pour la dissuader d'accompagner Buck dans sa fuite.

– C'était très dur pour moi de partir contre leur volonté, mais j'estimais que Buck avait besoin de moi.

Pendant ce témoignage, Sunny et Ted, encore accablés après tant d'années par leur échec auprès de Jennifer, restèrent impassibles au premier rang du public.

Poursuivant mon interrogatoire, je fis expliquer par Jennifer comment Buck s'était procuré un passeport au nom de Roy Allen, avant leur départ pour Palmyre, tandis qu'elle gardait ses papiers à son nom.

En réponse à une autre question, elle avoua s'être rapidement rendu compte que leurs provisions de farine, de sucre, d'huile et autres denrées de base s'épuisaient bien plus vite que prévu. Un bon tiers de leurs réserves avaient été consommées pendant le voyage d'aller.

Cette question des vivres était conforme au tour que j'entendais donner à mon interrogatoire. Je voulais aborder moi-même tous les points négatifs, toutes les contradictions (à deux exceptions près), tous les mensonges, tout ce qu'elle avait dit ou fait de compromettant, de façon à ne laisser à l'accusation, pour son contre-interrogatoire, qu'une assiette de vieux restes. Autrement dit, je voulais procéder moi-même au contre-interrogatoire. Si Enoki reprenait les points déjà abordés par moi, leur impact serait amorti dans l'esprit des jurés.

– Comme vous le savez, Jennifer, selon certaines dépositions faites ici, Buck et vous étiez en assez piètre situation, relativement aux réserves de vivres, durant votre séjour à Palmyre. Jugiez-vous cette situation désespérée ?

– Non. Ça n'était pas terrible, d'accord, mais certainement pas désespéré.

– Comptiez-vous, à Palmyre, vivre uniquement des provisions que vous aviez apportées ?

– Non. Nous avions l'intention de nous nourrir de ce que l'île avait à fournir, des produits alimentaires qu'on trouvait à Palmyre.

Elle expliqua qu'ils avaient rapidement appris à reconnaître les poissons comestibles du lagon. Elle exposa les nombreux usages qu'elle faisait des noix de coco abondantes.

– Nous faisions des milk-shakes, des crèmes glacées, des biscuits, de la crème fraîche, du beurre. Les noix de coco sont extrêmement nourrissantes.

Après avoir établi que Jennifer devrait souvent recourir à son « journal » pour se rafraîchir la mémoire sur les événements de Palmyre, je lui remis une photocopie du livre de bord du *Iola*. Elle expliqua que, pendant le séjour à Palmyre, ce livre était davantage devenu pour elle un agenda ou un journal intime.

– Quels autres aliments trouviez-vous à Palmyre ?

– Des crabes, en très grande quantité.

– Voulez-vous lire au jury vos notes datées du 17 juillet ?

– « Je n'ai jamais vu autant de crabes de ma vie, récita-t-elle, et ils sont délicieux. »

– Avez-vous tenté de faire un jardin potager ?

– Oui. J'avais emporté toutes sortes de graines de légumes et de fruits, et nous avons essayé de faire pousser un potager.

– Avez-vous récolté des légumes dans votre jardin ?

(Une question infiniment meilleure que celle qu'aurait posée l'accusation : « N'est-il pas vrai que vos efforts de cultures agro-alimentaires à Palmyre se sont soldés par un échec complet ? »)

– Non, répondit Jennifer, parce que les crabes ermites grimpaient partout et mangeaient tout.

– J'imagine, Jennifer, que durant votre séjour à Palmyre vous auriez préféré avoir un régime un peu plus varié, des fruits et légumes divers, de la viande ? N'est-ce pas ?

La litote la fit sourire.

– Oui.

Vers la fin août 1974, leurs réserves de vivres s'étaient réduites à sept jours, dit-elle. Je relevai la contradiction entre cette estimation et une précédente note du journal en date du 15 août où elle avait écrit qu'il restait « environ dix repas », et je lui demandai comment il pouvait encore rester sept jours de provisions à la fin du mois.

– Eh bien, vers la fin, nous comptions de plus en plus sur la nourriture offerte par l'île. Je nous rationnais parce que je ne voulais en aucun cas tomber au-dessous de sept jours de provisions.

– Cette période d'une semaine avait-elle une signification particulière ?

– Oui. Nous projetions d'aller nous réapprovisionner à Fanning. Je n'étais pas sûre du temps que prendrait le voyage mais je savais qu'une semaine serait le maximum. Alors je ne voulais pas descendre au-dessous de sept jours de vivres.

Je lui demandai ensuite de décrire brièvement leurs rapports avec les divers visiteurs de l'île, cet été-là. Elle nous raconta comment Jack Wheeler et son fils les avaient aidés à franchir le chenal avec le *Iola* et que, les jours suivants, Jack les avait conseillés sur les moyens de vivre et de se nourrir à Palmyre.

Jennifer déclara que Bernard et Evelyn Leonard lui paraissaient alors « assez cordiaux », et qu'elle avait essayé de faire du troc avec eux, pour des vivres.

– Evelyn avait dit qu'elle ne demandait pas mieux que de faire certains échanges, mais quand je suis allée à leur bateau, elle m'a déclaré qu'elle ne se sentait pas bien, elle avait une rage de dents. Et je ne suis pas montée à bord.

– Mais vous n'avez pas ressenti qu'elle ne voulait pas de vous sur son bateau ? Simplement, elle n'allait pas très bien ce jour-là ?

– Oui. Elle avait toujours été très amicale avec moi.

Jennifer rappela que les Leonard avaient apporté au *Iola* des livres et du gâteau de riz, le jour de leur départ, elle évoqua leur présence à son anniversaire, révéla qu'Evelyn avait voulu la prendre en photo avec Puffer, en partant. Elle rapporta que Bernard leur avait crié au revoir, du pont de son bateau, en agitant la main :

– Il a crié : « Au revoir, Jennifer ! Je vous souhaite un bon anniversaire et une merveilleuse année ! »

Elle raconta ensuite qu'elle avait fait du pain et des gâteaux pour Don Stevens et Bill Larson, avec la farine et le sucre qu'ils avaient fournis, et qu'elle échangeait avec eux des livres et des magazines.

Jennifer assura aussi qu'elle s'entendait très bien avec Tom Wolfe et Norman Sanders, « même s'ils ne sont pas restés longtemps dans l'île ».

Je lui demandai de raconter l'incident de la morsure de Wolfe par un des chiens de Buck.

– Tom est descendu à la Glacière et il a dû surprendre Popolo, lui faire peur, alors Popolo lui a donné un coup de dents.

– De quelle race était Popolo ?

– C'était un pit-bull.

En réponse à une question, Jennifer avoua que, même avant Palmyre, Buck et elle avaient eu des ennuis avec Po-polo, qui coursait les voitures dans la rue et aboyait d'un air féroce.

Je voulais faire ressortir que l'attaque n'était pas le signe, comme l'insinuait l'accusation, que les chiens de Buck mouraient de faim. Ce chien, comme beaucoup d'autres de sa race, était tout simplement méchant.

– Vous avez entendu M. Wolfe dire dans sa déposition que vous ne lui aviez pas présenté d'excuses quand il a été mordu.

– Oui. Et je n'arrive pas à croire que je ne me sois pas excusée. Buck hurlait, criait après Popolo, lui tapait dessus, et je voulais qu'il emmène son chien. Tom est parti en courant. Je suis sûre de lui avoir présenté des excuses mais il n'a peut-être pas entendu, dans tout ce vacarme.

J'avais gardé les Graham pour la fin.

– Quant à Muff et Mac, pendant votre séjour à Palmyre, combien de fois les avez-vous vus ou leur avez-vous parlé ?

– A peu près tous les jours, on voyait l'un ou l'autre, ou les deux, et on leur parlait.

– Et vous avez fini par bien les connaître ?

– Oui.

– Comment auriez-vous décrit Mac Graham ?

– C'était un homme merveilleux ! s'exclama-t-elle chaleureusement. Plein de vivacité, très expansif. Il passait fréquemment au bateau pour nous apporter du poisson. Je crois qu'il pêchait plus souvent parce qu'il savait que nous en avions besoin.

– Et Muff ?

– Elle a toujours été très gentille avec moi. Muff était beaucoup plus réservée que son mari, plus renfermée. Et elle n'était pas heureuse ; elle n'était pas heureuse d'être à Palmyre.

– Eprouviez-vous une animosité quelconque envers Mac ou Muff ?

– Oh non, absolument pas.

– A votre connaissance, ressentaient-ils de l'animosité ou de l'hostilité à votre égard ?

– Non.

– Donc, s'ils nourrissaient de mauvais sentiments à votre encontre, vous l'ignoriez ?

– En effet. Ils se sont toujours montrés très amicaux, tous les deux.

Je lui demandai si elle ou Buck s'étaient querellés d'une manière quelconque avec Mac ou Muff. A part les problèmes avec les deux grands chiens (qu'elle évoqua elle-même), elle me dit que non, aucunement.

– Quelle était au juste la nature des rapports existant entre les Graham et vous deux à Palmyre, durant l'été de 1974 ?

– Amicaux. Pas particulièrement intimes, sans doute, mais indiscutablement amicaux.

– Jennifer, vous avez entendu la déposition de Tom Wolfe à ce procès, selon laquelle ni vous ni les Graham ne souhaitiez la présence des autres à Palmyre, selon vos propres propos. Vous souvenez-vous de lui avoir dit ça ?

– Je lui ai dit que Mac et Muff, comme Buck et moi, avaient choisi Palmyre parce que c'était un atoll de corail désert. Nous étions tous allés là-bas pour y être seuls. Mais finalement, devant la situation, Mac et Muff ont été bons pour nous. Mac nous aidait de toutes les façons. Il apportait du poisson, il a essayé de réparer notre hors-bord. Une fois, notre génératrice est tombée en panne, et il l'a réparée. Alors, c'était bien de les avoir là.

– Vous avez échangé des vivres avec les Graham ?

– Non.

– Puisque vous faisiez du troc avec les gens d'autres bateaux, pourquoi pas avec les Graham ?

– Mac et Muff effectuaient un séjour prolongé, alors je savais qu'ils avaient besoin de toutes leurs réserves. J'ai simplement offert... vous savez, je voulais simplement faire du troc avec les personnes qui faisaient route vers d'autres îles, des endroits où ils pourraient facilement se réapprovisionner.

Le temps passait. Jennifer témoignait depuis plus de deux heures et donnait des signes de fatigue. Je me tournai vers le juge et lui suggérai de suspendre l'audience jusqu'au lendemain.

– D'accord, répondit-il. L'audience est suspendue jusqu'à 9 h 30 et il ne pleuvra pas fort demain.

Toute la journée, un crachin froid avait donné au bijou qu'est San Francisco l'aspect funèbre d'une capitale de derrière le rideau de fer, dans les années 50.

Nous arrivâmes tous au palais en imperméables ruisselants et parapluies roulés formant de petites mares. Pendant la nuit, le ciel avait déversé de nouveaux torrents qui ne donnaient aucun signe d'accalmie. Mère nature, comme disait King, se rendait coupable d'outrage à magistrat.

Pour sa seconde journée, Jennifer portait un corsage à col montant et un tailleur beige à grands boutons marron comme ses yeux. Elle avait peu dormi, m'apprit Sunny d'une voix maternelle soucieuse.

Comme d'habitude, la salle était bondée.

Dans le prétoire, je saluai Jennifer et commençai mon interrogatoire en la faisant revenir sur la chronologie des événements de Palmyre.

Je lui demandai si les notes de son journal de bord rendaient compte de la totalité des contacts qu'ils avaient eus avec les Graham. Elle me dit que non ; le journal ne rapportait que « quelques-unes des occasions où nous nous sommes vus » et ne mentionnait pas non plus toutes les fois où Buck et elle étaient montés à bord du *Sea Wind*, « peut-être trois ou quatre fois en tout ». Elle dit qu'il lui était difficile de s'en rappeler le nombre car cela faisait « très longtemps ».

Je lui demandai si, en une quelconque occasion, elle ou Buck avaient visité le *Sea Wind* seuls.

– Oui. Surtout Buck. Il jouait souvent aux échecs avec Mac.

Et elle s'y rendait seule, aussi, pour apporter du beurre de coco de sa fabrication.

Je lui fis lire à haute voix une page où il était question d'une soirée passée par Buck et elle à bord du *Sea Wind*, le 9 juillet.

– « En allant nous baigner, porté du beurre de coco à Mac et Muff. Pas de bain mais très agréable soirée avec eux, à boire du vin délicieux. Et du rhum aussi, ce qui était un peu trop pour moi sur un estomac vide. Ronde comme une bille, fumé quelques cigarettes. Mac avait donné à R du Bill Durham, dans la journée et puis ce soir un paquet d'autres cigarettes. Il s'est fait un ami pour la vie, maintenant. »

– Jennifer, vous avez entendu des témoins de l'accusation affirmer qu'ils n'avaient jamais vu Buck ni vous à bord du *Sea Wind*.

– Oui.

– De là où votre bateau et les autres étaient amarrés, aux corps-morts, pouvait-on voir le *Sea Wind* ?

– Non.

– Pourquoi ?

– Il était... Mac avait accosté par l'arrière dans une petite anse en forme de fer à cheval, presque complètement entourée de terre. Et, de plus, une petite langue de terre s'avançait dans le lagon. Alors il était impossible de voir le bateau.

– Cette langue de terre de Cooper, qui s'avance dans le lagon, est-elle couverte d'une végétation dense, de grands arbres ?

– Oui.

Elle estimait la distance entre le *Iola* et le *Sea Wind* à deux cents mètres environ.

Entre le 6 juillet et le 26 août, le livre de bord du *Iola* faisait état, à vingt-trois reprises, de contacts entre Buck, Jennifer et les Graham. Je lui fis lire au jury chacune de ces pages.

– Par conséquent, les contacts entre vous quatre ont été en nombre considérable ?

– Oui.

Le jury de Walker n'avait pas eu connaissance de cela.

La note du 22 août signalait que les Taylor n'arriveraient pas avant fin octobre. A ce propos, Jennifer dit que Buck et elle avaient décidé, en apprenant la nouvelle par leurs amis, via les contacts radio entre Mac et Shoemaker, de faire un voyage à Fanning pour se réapprovisionner en vivres.

Je lui demandai comment ils pensaient payer ces provisions. Elle me répondit qu'ils avaient vendu leur génératrice à Mac pour cinquante dollars. Et puis, dit-elle, ils comptaient trouver un travail temporaire à Fanning et gagner de quoi acheter les denrées indispensables : farine, sucre, riz, haricots.

– Tout ce qui nous manquait réellement, c'étaient les denrées de base. On peut acheter beaucoup de trucs comme ça avec cinquante ou cent dollars.

Elle ajouta qu'ils avaient aussi l'intention de vendre ou d'échanger certaines de leurs affaires, à Fanning.

– Vous vouliez ensuite revenir à Palmyre ?

– Oui.

Je passai à un autre sujet, extrêmement critique et pour lequel j'avais beaucoup travaillé.

– Dites-moi, Jennifer, saviez-vous que vous navigueriez contre le vent de Palmyre à Fanning ?

– Oui.

– Et cela ne vous inquiétait pas ?

La nonchalance avec laquelle elle répondit fut presque aussi éloquente que ses paroles :

– Quand on doit naviguer contre le vent, il suffit de louvoyer, dit-elle comme si le premier imbécile venu le savait. La navigation est plus difficile mais nous avions déjà louvoyé.

– Où aviez-vous eu l'occasion de louvoyer ?

– Entre les îles hawaiiennes. Et puis à notre arrivée à Palmyre pour approcher du chenal.

– En vous reportant à la date du 21 juin dans votre livre de bord, Jennifer, y a-t-il une référence au louvoyage ?

– Oui : « Le vent était léger la nuit dernière et plus vif aujourd'hui, un vent de sud-est, et nous avons eu du mal à repérer notre île. *Louvoyé* d'est en sud-est. »

– Saviez-vous, d'une façon ou d'une autre, si le courant vous serait favorable sur la route de Fanning ?

– Je n'en savais rien.

– Si vous aviez pensé que le courant ainsi que le vent seraient contre vous de Palmyre à Fanning, cela aurait-il modifié votre intention d'aller là-bas ?

– Non, pas du tout. Quand j'en ai parlé à Mac, il m'a dit qu'il ne pensait pas que nous rencontrerions des problèmes en descendant à Fanning. Il pensait que nous pourrions faire le voyage en deux ou trois jours, pas plus.

Elle parlait de Mac avec aisance, comme d'un vieil ami.

– Jennifer, vous avez entendu M. et Mme Leonard témoigner que, selon vos propos, jamais vous ne quitteriez Palmyre avec le *Iola*. Leur avez-vous dit cela ?

– Non. Absolument pas. Je... Je ne sais pas pourquoi ils sont allés raconter ça. J'ai toujours pensé que je quitterais Palmyre à bord du *Iola*. C'était notre bateau.

– Pendant votre séjour à Palmyre avez-vous, à quelque moment que ce soit, demandé à d'autres navigateurs – les Wheeler, par exemple, les Leonard, Tom Wolfe ou les autres – à repartir avec eux ? A faire, en quelque sorte, du bateau-stop pour quitter Palmyre ?

– Non, jamais.

– L'idée vous en est-elle venue ?

– Non.

– Que ce soit lors du voyage vers Palmyre ou quand le

Iola s'est échoué sur les bancs de coraux à l'entrée du chenal, le bateau a-t-il subi de graves avaries ?

— Pas du tout.

— Sur la route de Palmyre, le *Iola* a-t-il fait eau ? Avait-il des voies d'eau ?

— Oui, bien sûr. Tous les bateaux en bois ont des fuites. Et il en avait, oui.

Chacun sait, expliqua Jennifer, que lorsqu'une coque faite de planches est recouverte de fibre de verre, les planches continuent de bouger, ce qui provoque des fissures dans la fibre de verre.

— Vous avez entendu M. Wheeler témoigner que même au mouillage, à Palmyre, la pompe marchait tous les jours. Est-ce vrai ?

— Oui, au début, c'était probablement vrai. Nous venions de faire un long voyage. Et Buck voulait que le fond soit totalement sec, pour voir si nous avions subi une avarie en heurtant les coraux. Alors pendant les premiers jours, nous pompions sans doute en permanence.

Ensuite, ils ne pompèrent que deux ou trois fois par semaine, dit-elle, « pas parce qu'il y avait beaucoup d'eau mais si on la laisse croupir, ça pue dans tout le bateau ».

Je remarquai, du coin de l'œil, qu'Enoki prenait moins de notes que d'habitude. Etait-ce bon ou mauvais signe ? Avait-il deviné que je lui coupais l'herbe sous les pieds, en ne lui laissant pour son contre-interrogatoire que des détails sans importance ? Ou s'était-il si bien préparé à massacrer Jennifer qu'il n'avait pas besoin de notes ?

Jennifer, à mon étonnement, se tenait remarquablement bien. Pas une fois encore, elle ne m'avait surpris avec une réponse inattendue, ce qui dénotait le mal que je m'étais donné pour la préparer.

— Lorsque vous étiez à Palmyre, Jennifer, Buck a-t-il quitté le *Iola* pour s'installer sous une tente à terre ?

— Oui.

— Pourquoi ?

— Vous savez, le *Iola* n'était pas assez haut de plafond pour Buck. Il mesurait près d'un mètre quatre-vingt-dix, et la cabine un mètre soixante-quinze, ce qui était très bien pour moi, mais lui était obligé de se voûter constamment. Il avait envie de camper à terre, où il pourrait aller et venir sans se baisser.

— Buck voulait que vous quittiez le *Iola* pour vivre avec lui sous la tente ?

– Oui, en effet.

– Est-ce que vous avez accepté ?

– Non, j'ai préféré rester sur le *Iola*. Je me réjouissais d'avance d'avoir un peu d'espace vital, dans cette cabine réduite.

– Etiez-vous encore amoureuse de Buck, à ce moment de vos relations ?

– Oh oui ! Terriblement.

Nous abordâmes ensuite la très épineuse question de l'incident gâteau-trêve.

– Jennifer, vous avez entendu M. Shoemaker témoigner que dans la soirée du 28 Mac lui aurait dit, au cours de leur communication radio, que Buck et vous aviez apporté un gâteau au *Sea Wind* et qu'il y voyait le gage d'une trêve entre eux et vous. Vous avez entendu cette déposition ?

– Oui.

– A la date du 28, votre journal ne fait pas mention d'un gâteau que vous auriez apporté à Mac et Muff. Cela signifie-t-il que vous n'êtes pas d'accord sur ce point avec le témoignage de M. Shoemaker ?

– Je ne me rappelle pas exactement ce qui s'est passé le 28 août, il y a onze ou douze ans. Cela fait longtemps. Mais je peux dire que Mac, deux ou trois jours plus tôt, nous avait apporté la carte marine de Fanning. Lui offrir, en cadeau d'adieu, un gâteau est bien le genre de chose que j'aurais faite.

Je lui demandai à quelle moment elle notait d'habitude les événements dans son journal.

– En fin d'après-midi, généralement, avant la nuit. Parce que après la nuit, il était très difficile d'écrire, à cause du mauvais éclairage du *Iola*.

Si le jury croyait à cette visite et puisque c'était dans la soirée, cette précision permettrait d'expliquer pourquoi elle ne figurait pas dans le journal. Mais je voulais encore renforcer ce témoignage.

– Vos notes quotidiennes comprenaient-elles tous vos faits et gestes au jour le jour ?

– Non, ce n'était pas une récapitulation totale. Je voulais surtout différencier les jours, séparer une journée de la suivante.

– Donc, selon votre propre témoignage, cette visite a pu avoir lieu ?

– Oui, c'est possible.

– Mais vous ne le savez pas ?

– C'est ça. Je ne m'en souviens pas.

– Et la déposition de M. Shoemaker rapportant que selon Mac, l'offrande du gâteau était le gage d'une trêve entre vous ? Qu'en pensez-vous ?

– Eh bien... Il ne pouvait pas y avoir de trêve puisqu'il n'y avait pas de conflit. Nous n'avions aucune querelle. Mac nous aidait constamment. Il n'y avait pas de problème.

– Donc, cette partie de la déposition...

– Cette partie est absolument inexacte.

– Passons maintenant à la date cruciale du 30 août 1974. Buck vivait-il toujours à terre sous sa tente ?

– Oui.

– Et vous viviez toujours seule à bord du *Iola* ?

– Oui, avec Puffer.

Quelques jurés sourirent.

– Bien. Vous avez relu vos notes du 30 août, avant de témoigner aujourd'hui ?

– Oui.

– Relatent-elles tout ce qui s'est passé le 30 août ?

– Non. Comme la plupart des autres jours, c'est... ce n'est qu'un survol des événements de la journée.

– Voudriez-vous, s'il vous plaît, lire au jury cette partie de vos notes du 30 août, celles écrites le 30 août même.

Elle s'éclaircit la gorge et se mit à lire :

– « Grosse journée de travail. R debout au petit jour, va ramasser des mégots dans l'atelier de Mac. R lui a soutiré une ou deux parties d'échecs, une provision de café et de tabac pour partir, plus une invitation à dîner. Pas mal pour le petit matin avant 9 heures. Ensuite café. Ménage faubert, rangement, cuisson du pain, nettoyage général sur le bateau et à terre. Comptais faire le pain dans four à terre pour économiser carburant mais temps et énergie ne le permettent pas. Sûrement, à notre retour, je n'aurai pas le choix, seul espoir c'est que carburant dure jusque-là. »

J'avais demandé à quel moment précis elle avait noté cela dans son journal et elle m'avait dit que ce devait être dans l'après-midi. « Pendant que mon pain était au four, probablement. Avant d'aller au bateau de Mac et Muff pour dîner. Comme je vous l'ai dit, j'écrivais généralement quand il faisait encore jour. Et je savais que je rentrerais tard de chez Mac et Muff. »

Il était capital que je fasse témoigner Jennifer sur tout ce qui s'était passé – au-delà du récit du journal de bord – pendant cette journée, en particulier ce que faisait Buck, combien de fois elle l'avait vu, à quelle heure, à quel endroit. Mais comment pourrait-elle revenir tant d'années en arrière et se rappeler de tels détails ?

Raisonnablement, Jennifer avoua ne pas se souvenir de tout ce qui s'était passé ce jour-là.

— Mais cette journée est mieux gravée dans mon esprit que beaucoup d'autres, je crois, parce que nous nous préparions à partir pour Fanning le lendemain. C'était la raison de toute cette activité, de tous ces préparatifs.

— Pourtant, comme il y a douze ans de cela, vos souvenirs ne sont pas parfaitement nets, c'est bien ça ?

— C'est exact.

— Est-ce à 9 heures du matin, approximativement à 9 heures, que vous avez vu Buck pour la première fois ce jour-là ?

— Oui.

— Vous venez de lire vos notes du 30 août jusqu'à un certain point. Pouvez-vous préciser, si c'est possible, ce que Buck vous a dit quand il est venu au *Iola* à 9 heures environ ?

— Eh bien, il m'a dit que Mac et Muff allaient à la pêche avec l'intention d'attraper le plus de poisson possible. Tout ce que nous ne mangerions pas le soir au dîner, ils voulaient que nous l'emportions pour notre voyage.

— S'agissait-il d'un dîner d'adieu, pour Buck et vous ?

— Oui.

Je lui demandai si elle avait trouvé cette invitation à dîner insolite. Elle secoua la tête.

— Non. Pas du tout. Mac et Muff avaient organisé des dîners d'adieu pour les autres.

— Mac et Muff allaient-ils souvent à la pêche pour leur dîner ?

— Oui, bien sûr. Le poisson frais est bien meilleur que tous les trucs surgelés ou en boîte.

— Revenons à la chronologie des événements. Après le passage de Buck au *Iola* à 9 heures, lorsqu'il vous a parlé de l'invitation à dîner, que s'est-il passé, si vous vous en souvenez ?

— Eh bien... Je suis allée au campement de Buck et... il a fait du café, nous avons bu le café. Ensuite je... nous avons fait deux ou trois voyages pour rapporter des affaires de son campement au *Iola*. Et puis je suis restée à bord pour tout ranger.

— Ces voyages que vous avez faits avec Buck entre la

tente et le bateau... vous ont pris combien de temps, à peu près ?

– Ma foi... la tente était tout près du *Iola*. Alors je dirais... probablement... une heure ? Peut-être une heure et demie en tout, toutes ces navettes.

– Cela nous amène donc, approximativement, à 10 h 30 ou 11 heures.

– Quelque chose comme ça, oui.

– A ce moment-là, quels étaient vos projets pour le reste de la journée ?

– Eh bien, je comptais rester à bord et faire en sorte que tout soit bien en ordre et correctement rangé. Et puis frotter, laver le pont, faire le ménage. Je voulais aussi cuire beaucoup de choses au four, pour le voyage. Buck devait mettre de l'ordre dans son camp, s'occuper des tas de meubles qui ne nous appartenaient pas, que nous avions accumulés, trouvés dans les divers bâtiments vétustes de l'île. Des lits, des tables, des fauteuils, des trucs comme ça. Il devait tout stocker dans la Glacière et rapporter la tente, qui était à nous, à bord du *Iola*.

– A votre connaissance, Buck a-t-il réellement transporté ce jour-là les meubles dans la Glacière ?

– Je ne sais pas.

– Entre le 30 août et le 11 septembre, date à laquelle vous avez quitté Palmyre, êtes-vous jamais allée au lieu de campement de Buck ou dans la Glacière ?

– Non. Je ne me souviens pas d'y être allée durant cette période.

– Buck a-t-il rapporté sa tente à bord, ce jour-là ?

– Non.

– Vous ne lui avez pas demandé pourquoi ?

– Si, il m'a dit qu'elle était complètement détériorée, qu'elle tombait en lambeaux et qu'il était inutile de la remballer.

– Etiez-vous d'accord avec le jugement de Buck sur la tente ?

– Ma foi, il la connaissait mieux que moi. Il vivait dessous. Elle me paraissait encore imperméable mais elle pouvait être moisie, je suppose.

Jennifer déclara qu'après avoir vu Buck entre 10 h 30 et 11 heures, elle le revit deux ou trois heures plus tard.

– Dans l'après-midi, au début, il me semble. Il est passé au *Iola* pour me dire quelque chose.

— Je suppose que vous ne vous rappelez pas toutes les fois où vous avez vu Buck ce jour-là ?

— Eh non.

— Lorsque Buck passait au *Iola*, montait-il à bord ?

— Non. Pas toujours. Des fois, il me parlait de la plage.

— Vous vous rappelez quand vous l'avez revu ?

— Ce devait être plusieurs heures plus tard, vers 16 heures.

— Et que s'est-il passé à ce moment-là ?

— Il est venu et il m'a dit qu'étant en chemin pour aller prendre un bain, il avait rencontré Mac. Mac lui avait dit qu'il avait eu plein de choses à faire avec Muff et qu'ils n'avaient pas encore trouvé le temps d'aller à la pêche. Mais il disait qu'ils iraient quand même et que s'ils n'étaient pas revenus quand nous arriverions pour dîner, nous n'aurions qu'à monter à bord et faire comme chez nous, qu'ils ne tarderaient pas.

— Devaient-ils préparer quelque chose pour vous ?

— Ils ont dit qu'ils laisseraient de quoi grignoter, quelque chose comme ça.

Jennifer raconta ensuite qu'environ une demi-heure après le passage de Buck elle avait entendu le canot de Mac dans le lagon.

— S'il vous plaît, Jennifer, voulez-vous vous approcher de la carte et, avec cette baguette, montrer au jury dans quelle direction allait le Zodiac, d'après le bruit ?

— Eh bien... le *Iola* était là... et le *Sea Wind*, ici. Le bruit avait l'air de s'éloigner du *Sea Wind* et du *Iola*.

Elle traça avec la baguette une ligne imaginaire partant du voisinage du *Sea Wind* et allant vers l'ouest en s'éloignant des deux bateaux.

— Vous avez donc entendu le Zodiac s'éloigner. L'avez-vous entendu revenir ce jour-là ?

— Non.

— Pouviez-vous voir dehors, de la cabine du *Iola* ?

— Oui, par les hublots et aussi par l'écoutille ouverte.

— Vous n'aviez donc pas besoin de rejoindre le pont pour voir ce qui se passait dans le lagon ?

— Non.

— Toutefois, si le Zodiac était piloté dans la direction que vous indiquez, pouviez-vous le voir de la cabine du *Iola* ?

— Non.

— Pourquoi ?

— A cause de cette même langue de terre couverte de végétation dense qui nous séparait du *Sea Wind*.

— Si quelqu'un pilotait un canot, disons dans le milieu du lagon, en plein jour, vous était-il possible du *Iola* de voir et d'identifier le pilote ?

— Oui.

Quand je lui demandai si elle aurait pu confondre Buck et Mac, de loin, elle me répondit non, qu'ils « ne se ressemblaient absolument pas ».

— Du *Iola*, pouviez-vous voir tout bateau arrivant ou partant par le chenal ?

— Oui.

La salle était parfaitement silencieuse, signe que tout le monde suivait attentivement la déposition de Jennifer.

— Quand avez-vous revu Buck, après avoir entendu le canot ?

— Il est passé... une heure plus tard, peut-être, une heure et demie, environ. Il a dit qu'il allait prendre son bain et m'a proposé de venir avec lui.

— Vous y êtes allée ?

— Non, j'avais des trucs au four, encore.

— Vous avez déclaré tout à l'heure que Buck, vers 16 heures, vous avait dit qu'il allait se baigner quand il avait rencontré Mac. Vous ne vous êtes pas étonnée, une heure et demie plus tard, qu'il n'ait toujours pas pris son bain ?

— Non, je n'ai pas fait attention.

— Vous n'y avez jamais réfléchi ?

— Non.

— Vous êtes-vous mis d'accord pour vous retrouver plus tard ?

— Oui. Je lui ai dit que lorsque j'aurais terminé ce que je faisais j'irais me baigner. Il m'a dit qu'il m'attendrait chez Mac et Muff.

— Après ça, quand avez-vous revu Buck, si vous vous en souvenez ?

— Je l'ai croisé en allant me laver. Il en revenait.

— Vous lui avez parlé ?

— Je lui ai dit que je le verrais chez Mac.

A 10 h 30, le juge me demanda si le moment était bien choisi pour suspendre l'audience un quart d'heure, j'acquiesçai. J'en profitai pour me précipiter au quinzième étage du palais, à la bibliothèque, pour vérifier un point de droit.

Dans le couloir, je vis Jennifer que l'on réconfortait

comme une pouliche pur-sang après une course. Son frère et sa mère l'encadraient et la faisaient marcher lentement. Je lui donnai en passant une petite tape affectueuse dans le dos en lui disant qu'elle s'en tirait très bien.

Quand le juge King reprit sa place, peu après 10 h 45, je n'étais malheureusement pas à la mienne. Je m'étais attardé une minute de trop à la bibliothèque.

— Il sera là dans un instant, bluffa généreusement Len.

— Je l'espère bien.

Le juge renifla avec irritation. Il n'avait pas fait revenir le jury et ne le rappellerait pas en mon absence.

Les avocats sont contraints de se plier à tous les caprices et impulsions des juges mais les secondes ont le mauvais goût de s'étirer en siècles intolérables lorsqu'un juge attend un avocat. C'est l'univers renversé.

— Je vais vous dire, tonna le juge, rouge de colère. Vous m'appellerez quand M. Bugliosi sera prêt. Je n'attends pas les avocats. Ce sont eux qui m'attendent !

Sur quoi le juge King quitta son banc à grands pas.

A l'instant même où je faisais irruption dans la salle d'audience par la porte à double battant, celle du cabinet du juge claquait sur lui.

39

Après une attente de plusieurs minutes – pour mieux me signifier mon retard, probablement – le juge reparut, s'installa et fit signe à l'huissier de faire entrer le jury.

Je lui présentai mes plus plates excuses. Il en prit acte d'un hochement de tête sec.

– Vous pouvez reprendre, dit-il.

– Dites-moi, Jennifer, le 30 août 1974, avez-vous vu Muff ou Mac Graham à un moment quelconque de la journée ?

– Non, je ne les ai pas vus.

– Avez-vous entendu des cris, des coups de feu ?

– Non.

– Ou d'autres bruits insolites qui auraient attiré votre attention ?

– Non.

– Durant votre séjour à Palmyre, avez-vous été au courant de coups de feu tirés dans l'île, à part les quelques fois où Buck chassait des poissons dans le lagon ?

– Eh bien, une fois, les gens du *Shearwater* ou du *Toloa*, je ne sais plus, m'ont dit qu'avec Mac et Muff ils s'étaient exercés au tir à la cible.

– Et vous aviez entendu les coups de feu cette fois-là ?

– Non, pas du tout.

– Etait-il difficile d'entendre les choses, dans cette île ?

– Très difficile.

– Voulez-vous expliquer au jury quels étaient les divers bruits qui empêchaient d'entendre clairement ce qui se passait dans l'île ?

– Les oiseaux faisaient un raffut terrible avec leurs croassements, et puis aussi le bruit du ressac sur la côte de l'océan, le clapotis de l'eau du lagon contre le bordé. Le vent sifflait et agitait bruyamment les palmes. Et la densité du feuillage amortissait les sons.

– Avez-vous aperçu du feu ou de la fumée dans l'île, dans la journée du 30 août 1974 ?

– Non, mais du *Iola* on ne voyait rien de ce qui se passait à terre.

– Vous ne pouviez donc pas voir le *Sea Wind*, ni la tente de Buck, ni la Glacière, ni quoi que ce soit ?

– C'est exact.

– Du *Iola*, vous donniez sur un mur de feuillage vert. C'est bien ça ?

– Oui.

Jennifer raconta ensuite que lorsqu'elle arriva à 18 h 30 au mouillage du *Sea Wind*, Buck était déjà là et l'attendait.

– Est-ce qu'il commençait à faire nuit, à cette heure-là ?

– Le soleil était sur le point de se coucher.

– Le fanal de tête de mât était allumé, sur le *Sea Wind* ?

– Non.

– Les Graham étaient-ils à bord ?

– Non. Je les ai appelés et je n'ai pas reçu de réponse. Et leur Zodiac n'était pas amarré comme d'habitude sur le côté du bateau, ce qui indiquait qu'il n'y avait personne à bord.

– Tout vous a paru calme ?

– Oui.

– Que s'est-il passé ensuite ?

– Eh bien, Buck et moi nous sommes assis sous la véranda pendant dix minutes, un quart d'heure, en bavardant. Et puis Buck a dit que nous devrions monter à bord parce qu'ils avaient dit que s'ils n'étaient pas de retour à 18 h 30, nous devions nous installer et faire comme chez nous. Ce que nous avons fait.

– Qu'avez-vous observé, une fois sur le *Sea Wind* ?

– Il y avait des choses sur la table du coin-cuisine. Des alcools et des amuse-gueule à grignoter.

– Vous a-t-il semblé ou avez-vous cru que ces choses avaient été préparées à votre intention par Muff ?

– Oui.

Volontairement, je n'abordai pas la question de la liqueur d'abricot. Je craignais que cet élément favorable à mon réquisitoire contre Buck ne soit perçu par les jurés comme une histoire inventée de toutes pièces pour permettre à Jennifer d'accuser son ancien amant. C'était une de ces armes à double tranchant particulières à ce singulier pro-

cès. Si la liqueur d'abricot ressortait au contre-interrogatoire, évidemment, le soupçon de ruse serait considérablement amorti, et c'était ce que j'espérais.

– Qu'avez-vous fait à ce moment-là, Buck et vous ?

– Eh bien, nous nous sommes servi à boire et je crois
que Buck a pris une boîte de biscuits. Nous sommes montés
sur le pont, nous nous sommes assis et avons attendu Mac
et Muff.

– Il commençait alors à faire nuit ?

– Oui.

Jennifer dit que vers 19 heures il faisait complètement
nuit.

– Vous êtes donc sur le pont, avec Buck, vers 19 heures,
et les Graham ne sont toujours pas revenus. Quel était alors
votre état d'esprit ?

– Je commençais à m'inquiéter sérieusement. Ils savaient que nous venions dîner, et moi je savais qu'il était
dangereux d'être dans le lagon à la nuit tombée.

– Pourquoi ?

– Parce qu'on n'y voyait rien. Il était impossible de juger
si l'on se dirigeait vers le milieu du lagon ou vers la terre. Et
puis des pieux de métal fichés dans l'eau affleuraient. Je...
je m'inquiétais... pour Mac et Muff.

Depuis la reprise de l'audience, Jennifer répondait aux
questions d'une manière plutôt indifférente. Elle avait jusqu'à présent bien réagi et parlé clairement en maîtrisant
son émotion. Mais maintenant je la voyais commencer à
craquer.

– Buck paraissait-il inquiet ?

– Je... je ne sais pas.

Je lui accordai quelques instants pour se ressaisir. Elle
but une gorgée d'eau, respira profondément plusieurs fois,
se tamponna le nez avec un mouchoir en papier qu'elle serrait en boule dans sa main.

– Voulez-vous rapporter au jury et au juge ce qui s'est
passé ensuite... la séquence des événements ?

– J'ai cherché l'interrupteur, pour allumer le fanal de
tête de mât, dit-elle d'une voix hésitante. J'ai allumé pour
que, si jamais Mac et Muff revenaient dans le noir, ils puissent se guider vers leur bateau. Et puis... je suis restée sur
le pont, pour guetter, pour écouter si je les entendais.

– Et ensuite ?

– Buck a déclaré qu'il avait faim et qu'il allait descendre
chercher quelque chose à manger. Je lui ai dit qu'il ne de-

vait pas le faire parce que si... quand ils reviendraient ils s'apercevraient qu'il avait touché à leurs provisions et que ce ne serait pas bien. Ce serait embarrassant.

– Que s'est-il passé ensuite ?

Jennifer raconta qu'elle était restée presque toute la nuit sur le pont, à écouter et à guetter le lagon, en cherchant un indice, une lumière, un signal que Mac et Muff auraient utilisé s'ils étaient en détresse. Elle avait fini par s'endormir et s'était réveillée à l'aube. Elle avait immédiatement réveillé Buck, il avait pris l'autre canot des Graham (en bois) et ils étaient partis à la recherche de Mac et Muff.

– De votre point de départ dans la crique, vous aviez le choix, je suppose, entre trois directions. Tout droit à travers le lagon, à droite ou à gauche. C'est exact ?

– Oui.

– Qui tenait les avirons du canot ?

– Buck.

– De quel côté est-il allé ?

– Sur la droite, le long de la côte.

– Et que s'est-il passé ?

– J'ai aperçu le Zodiac, en remontant la côte au-delà de l'endroit où était le *Sea Wind*.

– A quelle distance du bateau, environ ?

– Cinq cents... huit cents mètres ? Quelque chose comme ça. Je n'en suis pas sûre.

– Etait-il sur la plage ?

– Oui, il était sur la plage.

– L'embarcation n'était pas dans l'eau ?

– Non. Elle était sur la plage.

– Une partie du canot plongeait-elle dans l'eau ?

– Non. Il était entièrement sur la plage, à cinquante ou soixante centimètres de la ligne de marée haute.

Je la fis revenir à la grande carte de Palmyre, pour indiquer le lieu approximiatif du Zodiac échoué.

– Qu'avez-vous fait tous les deux, à ce moment-là ?

– Eh bien, le canot était retourné, sur la plage, et j'ai pensé que peut-être ils l'avaient retourné sur eux-mêmes pour se protéger pendant la nuit. Alors j'ai frappé sur le fond, je les ai appelés. Et puis j'ai regardé dessous et ils n'étaient pas là.

– L'idée ne vous est pas venue que Mac et Muff auraient pu tout simplement revenir à pied au *Sea Wind* au lieu de passer la nuit sous leur canot ?

– Vous savez, il était difficile de revenir à pied, dans le noir, et avec toute cette végétation.

– Et après ?

– Je me souviens que je les ai appelés, j'ai crié leurs noms. Et puis Buck et moi, nous sommes montés sur cette petite hauteur, là, et j'ai continué de les appeler et de les chercher.

Elle s'était presque trop bien contrôlée, en répondant à ces dernières questions mais ses réponses suivantes restituèrent l'élément humain.

– Quel était votre état d'esprit à ce moment particulier ?

– Je commençais à être complètement affolée !

– Comment Buck avait-il l'air de prendre les choses ?

– J'étais tellement bouleversée, je n'ai pas remarqué.

– Qu'est-il arrivé ensuite ?

– Nous sommes redescendus sur la plage et là, un peu plus loin, j'ai vu le réservoir du Zodiac. Buck est allé le ramasser. A nous deux, nous avons remis le canot à l'endroit et nous l'avons poussé dans l'eau.

– Le réservoir était donc aussi sur la plage ?

– Oui.

Il fallait absolument insister sur ce point.

– Il n'était pas dans l'eau ?

– Non.

– Jennifer, en me référant à votre précédente déposition, m'est-il permis de supposer que, de l'endroit où le *Iola* était amarré, il vous était impossible de voir aussi l'endroit où Buck et vous avez trouvé le canot, à cause de cette partie de l'île Cooper qui avançait dans le lagon et obstruait votre champ de vision ?

– C'est exact.

– Avez-vous dit à l'agent Calvin Shishido du F.B.I. que vous aviez trouvé le réservoir dans le lagon ?

– Je ne me rappelle pas exactement ce que j'ai dit à M. Shishido mais j'ai trouvé le canot sur la plage. Si j'ai parlé du lagon, c'était peut-être pour distinguer la plage du lagon où nous avons trouvé le canot de la plage donnant sur l'océan.

– Avez-vous dit à l'agent Shishido que vous aviez vu le réservoir flottant dans le lagon près du canot ?

– Non. Il a mal compris. Je lui ai dit que le réservoir avait dû flotter jusqu'à la plage.

– Après avoir récupéré le réservoir, Buck l'a-t-il remis en place sur le canot ?

– Oui.

– Et alors ?

Elle réfléchit un moment.

– Alors Buck a essayé de mettre en marche le Zodiac, il a tiré je ne sais combien de fois sur la corde et finalement le moteur s'est mis à tourner. Alors nous avons rapporté le canot en bois au *Sea Wind* et nous avons poursuivi notre recherche de Mac et Muff dans le Zodiac.

– Où les avez-vous recherchés ?

– Partout, dans tout le lagon. Nous avons commencé par faire tout le tour, en longeant la côte, le plus près possible pour tenter de détecter leur trace.

– Palmyre comprend trois lagons, dis-je en désignant la carte. l'occidental, le central et l'oriental. C'est exact ?

– Oui.

– Avez-vous effectué des recherches dans les trois lagons ?

– Le premier jour, nous avons parcouru le central et l'occidental. L'accès à l'oriental est difficile. Et nous n'y sommes pas allés parce qu'il aurait été impossible pour le canot (à cause de la chaussée) de flotter de là-bas jusqu'à l'endroit où nous l'avions trouvé.

– Et vos recherches n'ont rien donné ?

– Rien.

– Pendant combien de temps avez-vous cherché, ce premier jour ?

– Tout la journée. A un moment donné, après avoir fait deux fois le tour du lagon, Buck a dit qu'ils n'étaient pas là. Il voulait renoncer. Et j'ai dit *non*, que nous ne pouvions pas renoncer.

Jennifer se tut brusquement et respira à fond avant de poursuivre :

– Mais Buck avait faim et nous sommes retournés au *Sea Wind* pour manger un morceau.

– Et ensuite ?

– Nous avons repris nos recherches jusqu'à Paradise et Home parce que, selon les ondulations à la surface de l'eau, on avait l'impression que le canot avait pu venir de là-bas. Nous avons fouillé ces deux îles à pied.

– Et vous n'avez trouvé aucune trace de Mac et de Muff à Paradise ni à Home ?

– Aucune.

– Qu'avez-vous fait, Buck et vous, ce soir-là, le 31 août 1974 ?

– Nous sommes restés à bord du *Sea Wind*. Je ne me rappelle pas exactement ce que nous avons fait. J'étais physiquement et moralement épuisée. Je suis sûre d'avoir dormi.

– Qu'avez-vous fait le lendemain, le 1er septembre donc ?

– Nous avons cherché.

– Où avez-vous cherché ?

– Aux mêmes endroits. C'était tout ce qu'il y avait à fouiller.

– Et où avez-vous passé la deuxième nuit, tous les deux ?

– Sur le *Sea Wind*.

Le lendemain, ils étendirent leurs recherches au lagon oriental, dit-elle, en expliquant que c'était une dernière tentative « en désespoir de cause ».

– Ainsi, en allant au lagon oriental, vous vous raccrochiez pour ainsi dire au moindre espoir ?

– Oui.

– Et le jour suivant ? Vous avez encore cherché ?

– Buck a dit que c'était ridicule, qu'ils avaient disparu. Mais je suis quand même partie toute seule, j'ai encore cherché. Il avait raison.

– Vous avez donc cessé vos recherches à ce moment-là ?

– Oui.

Elle baissa les yeux. En dépit de la tenue vestimentaire préconisée par Len, nous n'avions devant nous qu'une jeune femme désorientée, simple, prise aux pièges d'un cauchemar en paradis.

– Et vous n'avez pas trouvé la moindre trace d'eux deux ? Pas de marques de pas dans le sable, de restes d'un feu, rien du tout ?

– Rien.

– A la fin de vos recherches avez-vous sincèrement cru que Mac et Muff étaient morts ?

– Oui.

La voix de Jennifer n'était plus qu'un murmure.

Je lui demandai si, à ce moment, elle avait imaginé ce qui leur était arrivé et elle répondit qu'elle avait pensé à un accident de bateau ; ils s'étaient noyés ou avaient été mangés par les requins.

– Vous avez appris depuis, naturellement, que les ossements de Muff Graham ont été trouvés à côté du caisson d'aluminium, l'hypothèse la plus plausible étant qu'elle ait été assassinée. Mais je voudrais vous demander quel était votre état d'esprit au moment de la disparition de Mac et de

Muff. Vous n'avez pas trouvé invraisemblable que le Zodiac ait chaviré dans le lagon ?

– Non, je l'ai trouvé retourné, il était évident qu'il avait chaviré.

– Mais selon plusieurs témoins venus déposer à ce procès, le Zodiac est une embarcation parfaitement stable.

– Je ne le savais pas à ce moment-là, mais je ne crois pas que ça aurait changé ma façon de penser.

– Pourquoi donc ?

– J'avais vu souvent Mac traverser le lagon avec le Zodiac dont l'avant se soulevait. Et je connaissais la présence d'obstacles dans le lagon : j'étais avec Don Stevens et Bill Larson quand l'hélice du canot avait heurté un banc de coraux ou quelque chose, dans un bruit épouvantable, et qu'il avait fallu réparer.

– Et vous n'avez pas non plus trouvé invraisemblable la possibilité d'une attaque de requins ?

– Non. Les requins étaient partout dans ce lagon, en grand nombre et agressifs.

– Avez-vous nagé dans le lagon ?

– Jamais ! Je n'aurais même pas voulu y tremper les pieds.

– Avez-vous vu quelqu'un d'autre nager dans le lagon ?
Non, jamais.

– Jennifer, pour en revenir à l'arrêt de vos recherches, quand vous avez conclu qu'ils étaient probablement morts, aviez-vous cru tout ce que Buck vous avait dit jusque-là ?

– Oui. Buck n'avait jamais dit ou fait quelque chose qui me conduisît à penser autre chose que ce que je pensais : Mac et Muff étaient allés à la pêche et n'étaient pas revenus.

– Vous considérez-vous comme une personne soupçonneuse ?

– Non, ma mère m'a toujours dit que j'étais trop confiante.

Sunny sourit faiblement mais les yeux de Ted restèrent rivés sur le jury. A côté de lui, son fils adolescent se rongeait nerveusement les ongles.

Je savais que les jurés, au cours des délibérations, examineraient et analyseraient avec le plus grand soin le livre de bord de Jennifer aux dates des 30 et 31 août et 1er, 2, 3 et 4 septembre. Après avoir rappelé que Jennifer avait déjà lu au jury une partie de son journal, datée du 30 août, écrite avant de se rendre sur le *Sea Wind*, je lui demandai d'en lire la suite à haute voix.

– « Et puis la tragédie. Et du jour au lendemain, toute une masse de choix qui nous accablent. »

– Quand avez-vous écrit cela ?

– Plusieurs jours après. En regardant le journal de bord, j'ai l'impression que ça a dû être écrit le 4 septembre.

– Voulez-vous lire au jury ce qu'il y a aux dates des 31 août, 1er, 2 et 3 septembre ?

– Le 31 août : « Pas dormi de la nuit. Recherches toute la journée. Trouvé canot retourné. Pas d'autres signes. » 1er septembre : « R dit qu'il n'a aucun espoir de trouver quelque chose mais cherchons encore. » 2 septembre : « Recherches. » 3 septembre : « Et maintenant ? Que faire ? »

– Quand avez-vous noté les événements de tous ces jours-là ?

– Probablement le même jour, le 4 septembre.

– Pourquoi le 4 ?

– Je n'avais pas mon livre de bord. Et puis j'étais bien plus préoccupée par les recherches de Mac et Muff que par la tenue de mon journal.

– Vous dites que vous ne l'aviez pas avec vous. Il était sur le *Iola* ?

– Oui.

– Et Buck et vous restiez à bord du *Sea Wind* ?

– Oui.

– Pourquoi y restiez-vous au lieu de retourner à bord du *Iola* ?

– Si Mac et Muff réussissaient à regagner le *Sea Wind*, je voulais être là.

– Pour la date du 1er septembre, Jennifer, vous avez écrit : « R – signifiant Buck – dit qu'il n'a plus d'espoir de trouver quelque chose. » Le verbe dire est au présent. Pourtant, d'après vous, vous auriez écrit cela trois jours plus tard, le 4 septembre. Y a-t-il une raison à cela ?

– Je ne sais pas. Je suppose que Buck a dit ça le 1er septembre, et j'écrivais comme si on était le 1er, alors je l'ai mis au présent.

– Alors toutes ces pages-là ont été écrites au point de vue de ces jours particuliers ?

– Probablement. C'est probablement la raison.

– Pourquoi vos notes des 31 août, 1er, 2 et 3 septembre sont-elles si brèves, Jennifer ?

On pouvait en effet s'interroger sur le fait d'écrire dix à quinze lignes pour des jours où il ne se passait rien et à peine quelques mots en pleine catastrophe.

– La mort de Mac et de Muff me touchait trop profondément, dit-elle. Je ne pouvais rien écrire sur eux.

– Au 4 septembre, vous avez écrit : « Décision de partir suivie par tout un tas de préparatifs pendant que nous nous engraissons de plus en plus avec des choses que nous ne mangions plus depuis si longtemps, du fromage, des crêpes, de la dinde, du chili. Et les chiens se gavent de hachis de corned-beef. » Pouvez-vous expliquer cela au jury ?

– Je ne sais vraiment pas à quoi je pensais à ce moment-là. Ces mots paraissent terriblement insensibles. Nous nous étions nourris de noix de coco et de poisson. Je suppose qu'après avoir accepté la disparition de Mac et Muff je ne trouvais plus tellement épouvantable de manger leurs provisions.

Je demandai ce que Buck et elle avaient décidé de faire, quand il devint évident que Mac et Muff étaient morts.

– Eh bien, Buck m'a dit comme ça : « Qu'est-ce que tu penses que nous devrions faire ? » et j'ai répondu qu'il fallait avertir la police, mais il a dit que c'était impossible, il était en cavale et il ne voulait avoir aucun contact avec la police.

– Quelle a été votre réaction ?

– J'ai discuté avec lui. Je sentais très profondément que nous devions signaler ce qui était arrivé à Mac et à Muff. Il s'est mis en colère, il a crié que je ne comprenais rien et que si nous contactions la police il serait interrogé et arrêté.

– Quelles autres discussions avez-vous eues sur ce que vous alliez faire ?

– Buck m'a dit qu'il voulait partir avec le *Sea Wind*.

– Quelle a été votre réaction à cela ?

– Je lui ai dit que nous ne pouvions pas prendre le *Sea Wind*, que ce n'était pas notre bateau.

– Buck a-t-il tenté de justifier l'utilisation du *Sea Wind* ?

– Il a dit que, selon lui, Mac ne souhaiterait pas que nous abandonnions son bateau dans l'île, livré à lui-même et probablement pillé.

Il y eut quelques ricanements mais, comme tout bon prétexte, celui de Buck contenait du vrai, ce que je m'appliquai à faire ressortir.

– Avez-vous parlé de l'existence d'un problème de vandalisme, à Palmyre ?

– Oui, il était évident. Des camions criblés de balles, des pneus lacérés, des bâtiments pillés.

– Cela – le vandalisme et le pillage possible du *Sea Wind* – vous a-t-il persuadée de ne pas laisser le bateau à Palmyre ?

– Je pensais comme Buck que Mac ne voudrait pas que son *Sea Wind* soit abandonné aux pillards.

– Avez-vous, à ce moment, suggéré une autre solution à Buck ?

– Je lui ai dit que nous devions ramener le *Sea Wind* et le *Iola* à Fanning. Là-bas, nous pourrions nous réapprovisionner pour revenir ensuite à Palmyre avec le *Iola*.

– En laissant le *Sea Wind* à Fanning ?

– Oui.

– Qu'a pensé Buck de votre suggestion ?

– Il s'est mis dans tous ses états, il a dit que je pouvais faire ce que je voulais mais qu'il partait à bord du *Sea Wind* et que j'avais le choix : l'accompagner, rester à Palmyre où partir toute seule avec le *Iola*.

– Vous estimiez-vous capable de naviguer seule sur le *Iola* ?

– Non.

– Vous ne vouliez pas essayer, n'est-ce pas ?

– C'est exact.

– Buck vous a alors présenté ces trois options, c'est bien ça ?

– Oui, mais je ne pensais pas avoir vraiment le choix.

– Vous avez jugé que vous feriez mieux de partir avec Buck ?

– Oui.

– Etait-ce le simple fait de ne pas avoir le choix qui vous poussait à l'accompagner ?

– Non. J'aimais Buck. Je voulais être avec lui.

– Buck vous a-t-il dévoilé ses intentions en quittant Palmyre ?

– Il a dit qu'il continuerait de fuir à bord du *Sea Wind*.

– A-t-il expliqué comment il comptait voyager avec un bateau qui n'était pas enregistré à son nom ?

– Il voulait ramener le *Sea Wind* à Hawaii et le faire immatriculer là-bas.

– Que disait-il, s'il en disait quelque chose, du danger de retourner à l'endroit même où il était recherché par la police ?

– Il disait que Hawaii était le seul pays qu'il connaissait

où il pourrait aller faire immatriculer le *Sea Wind* sur sa seule parole.

– Buck a-t-il expliqué ce qui se passerait si vous naviguiez tous les deux hors des eaux territoriales des Etats-Unis sans avoir enregistré le *Sea Wind* ?

– Il a dit que puisque les papiers du *Sea Wind* étaient au nom de Graham et nos passeports établis respectivement aux noms de Roy Allen et de Jennifer Jenkins, on nous poserait des questions et il serait arrêté.

Je bus un peu d'eau et en profitai pour jeter un coup d'œil à mon juré le moins aimé.

Le Rocher du Kansas était assis, plus impassible que jamais, les bras croisés, avec une légère expression de dégoût sur la figure, comme s'il assistait à une parodie de justice. Apparemment, nous ne l'avions absolument pas touché.

Je baissai les yeux sur mon grand bloc-notes et eus l'impression de contempler le visage d'un vieil ami fidèle. Les questions et les réponses que j'estimais nécessaires pour obtenir un verdict non coupable étaient griffonnées au crayon. Mais elles ne me serviraient que si les jurés gardaient un esprit ouvert. Au diable le Rocher !

– S'est-il passé quelque chose ensuite, alors que vous étiez encore à Palmyre, qui ait pu apaiser quelque peu votre appréhension de la situation ?

– Oui. Je lisais divers papiers écrits par Mac et j'ai trouvé un testament.

– Signé ou non signé ?

– Signé par Mac.

– Vous rappelez-vous la date de ce testament ?

– 1960 ou 1961, je crois.

– Et que stipulait ce testament, selon vos souvenirs ?

– Un passage disait que si jamais il lui arrivait quelque chose, Mac voulait qu'une personne, qui serait désignée dans un autre document, achève la circumnavigation du *Sea Wind* et le ramène aux Etats-Unis dans un délai de deux ans.

Je demandai au greffier de remettre à Jennifer la photocopie de ce testament. Elle le parcourut d'abord rapidement puis, à ma demande, lut à haute voix le passage en question :

– « Envisageant un long voyage à bord de mon voilier le *Sea Wind* et dans le cas où je ne serais pas marié à l'heure de ma mort, je veux qu'une personne que je désignerai dans un document séparé prenne en charge le voilier *Sea*

Wind et lui fasse faire le tour du monde prévu, en relâchant à n'importe quels ports de sa convenance, par la route de son choix, à la condition que la personne désignée revienne amarrer le *Sea Wind* dans un port à l'intérieur des limites des Etats-Unis, à l'exclusion de l'Alaska et des îles Hawaii, et ce dans une période de deux ans après ma mort. »

– Avez-vous pensé, Jennifer, que le voyage qui avait conduit Mac et Muff à Palmyre faisait partie de cette croisière autour du monde dont il est question dans le passage que vous venez de lire ?

– Non. Je savais que c'était un voyage différent. Une croisière précédente.

– Au moment où vous avez découvert ce testament, cherchiez-vous quelque chose qui vous rassure relativement par rapport à ce que vous faisiez, Buck et vous ?

Enoki se leva d'un bond pour une objection, sous prétexte que ma question influençait le témoin.

– Ma foi, il y a un peu de ça, reconnut le juge, mais je vais la laisser répondre.

– Oui, dit Jennifer.

– En ce qui concerne l'autre document auquel Mac fait allusion, vous saviez que la personne désignée ne pouvait être Buck ni vous ?

– Oui, naturellement.

– Alors comment cette clause du testament établi par Mac en 1961 vous apportait-elle un soulagement ou un réconfort ?

– Elle me donnait un aperçu de l'esprit de Mac. Elle me permettait de penser que le projet de Buck ne serait pas si terrible pour Mac du moment que nous ramènerions le *Sea Wind* dans cette période de deux ans. Ce testament indiquait qu'à un certain moment Mac avait envisagé la possibilité qu'un autre que lui navigue avec le *Sea Wind*.

– Mais vous saviez que Buck et vous n'étiez pas ceux que Mac aurait désignés pour cela ?

– Mais nous étions les seuls ! Personne d'autre dans l'île ne pouvait s'occuper du bateau, à part nous.

– Une fois de retour aux Etats-Unis, je suppose que le bateau devait être remis à...

– A Kit. Mary Muncey. La sœur de Mac, son héritière. Oui.

– Pensez-vous que Buck avait l'intention de ramener le bateau à Mary Muncey ?

– Eh bien, initialement, quand Buck a dit qu'il voulait

prendre le bateau, je n'avais pas encore trouvé le testament. Quand je l'ai trouvé, je l'ai montré à Buck et il l'a lu. Je lui ai dit que le seul moyen de me mettre à l'aise serait de me faire la promesse de ramener dans les deux ans le bateau à Mary Muncey.

– Vous lui avez donc soutiré cette promesse ?

– Oui.

– Dites-moi, Jennifer, pensiez-vous que les termes de ce testament vous donnaient légalement le droit de prendre possession du *Sea Wind* ?

– Non, répondit-elle en baissant la voix. Je savais que cela ne nous donnait légalement aucun droit.

– Vous saviez aussi, n'est-ce pas, que ce que vous faisiez était mal ?

– Oui, je savais que la chose à faire était d'avertir la police de ce qui était arrivé à Mac et à Muff et, si nous prenions le bateau, de le ramener directement aux Etats-Unis et de contacter Mary Muncey.

– En quittant Palmyre à bord du *Sea Wind*, un bateau qui n'appartenait ni à Buck ni à vous, aviez-vous l'impression de le voler ?

– Non. J'avais bien l'intention de ne pas garder le *Sea Wind*, je ne voulais pas le voler.

– Vous ne voulez pas parler pour Buck mais, personnellement, vous n'aviez aucune intention de voler ce bateau ?

– Aucune.

Nous passâmes alors à l'autre voilier de Palmyre, le *Iola*, sur le sort duquel Jennifer avait menti pendant longtemps.

– Buck m'a dit qu'il était impossible de remorquer le *Iola*, alors j'ai pensé que nous pourrions simplement le laisser là, amarré aux corps-morts. Mais selon lui nous ne pouvions pas faire ça parce qu'il continuerait de faire eau et il finirait par aller par le fond, devenant alors un danger pour la navigation dans le lagon.

– Alors qu'avez-vous fait du *Iola* ?

– Buck l'a remorqué hors du lagon avec le *Sea Wind*. Puffer et moi étions à bord. Et puis Buck est revenu, il nous a emmenées toutes les deux à bord du *Sea Wind* et il est retourné au *Iola* pour pratiquer des sabords à fond de cale et mettre le cap sur le large.

– Quel était le cap donné au *Iola*, à ce moment ?

– Sud-sud-est.

– Et vous supposez que le *Iola* a coulé par le fond dans l'océan ?

424

– Oui.

– L'avez-vous vu couler ?

– Non.

– Lors d'une précédente procédure en 1975, pour le vol du *Sea Wind*, vous avez déclaré au cours de votre déposition qu'en remorquant le *Iola* hors du chenal il s'était échoué et que vous n'aviez pas pu le dégager. Alors Buck et vous l'aviez laissé dans le chenal. Vous vous souvenez d'avoir témoigné dans ce sens ?

– Oui.

– Ce témoignage, par conséquent, n'était pas la vérité. C'est exact ?

– C'est exact.

– Pourquoi avoir inventé cette histoire ?

– Buck m'avait conseillé, au cas où on nous poserait des questions, de ne pas dire que nous avions sabordé le *Iola* parce que ça ferait très mauvais effet. Nous aurions l'air d'avoir voulu voler le *Sea Wind*.

– A ce précédent procès, Jennifer, en 1975, vous aviez prêté serment et juré de dire la vérité, n'est-ce pas ?

– Oui.

– Et en ne disant pas la vérité dans votre déposition, vous avez rompu votre serment. N'est-ce pas ?

– Oui.

– Pourquoi ?

– On m'a dit que si je ne témoignais pas conformément, les choses iraient mal pour moi.

– Conformément, dites-vous. Vous voulez dire conformément à ce que vous aviez répondu à l'agent Shishido du F.B.I. ?

– Oui.

– Revenons un peu en arrière. Vous avez témoigné que Buck, à bord du *Sea Wind*, vous avait remorquées, Puffer et vous, sur le *Iola*, hors du chenal. Une fois en haute mer, des photos ont-elles été prises par vous ou Buck ?

– Oui, j'ai pris des photos de Buck sur le *Iola*.

Il s'agissait, naturellement, des photos à propos desquelles Jennifer avait menti à son procès pour vol.

– Vous avez déclaré tout à l'heure avoir cessé vos recherches le 3 septembre 1974. Pourtant, vous n'avez quitté Palmyre que le 11. Qu'avez-vous fait pendant ces quelques jours ?

– Nous avons chargé toutes les affaires du *Iola* sur le *Sea Wind*, nous avons rassemblé tout ce qui était à terre, dans l'atelier de Mac. Nous avons tout bien rangé sur le *Sea Wind*, et l'avons préparé à partir.

Je demandai à Jennifer s'il était survenu quelque événement particulier durant leur retour à Hawaii. Elle se lança dans sa plus longue réponse depuis le début de sa déposition. Légèrement appuyé contre le podium, j'écoutai le récit détaillé de l'incident de l'espadon. Je le connaissais par cœur, j'aurais pu le réciter en dormant.

— Jennifer, où se trouvait le nom du *Sea Wind*, sur le voilier ?

— A l'arrière. Et je crois qu'il était aussi ailleurs, quelque part sur le côté.

— Est-ce que Buck ou vous avez effacé le nom du *Sea Wind* alors que vous étiez à Palmyre ?

— Oui, Buck l'a fait.

Lorsqu'ils étaient à la baie de Pokai, dit-elle, Buck avait invité Larry Seibert à bord.

— Quand Seibert est venu vous rendre visite, il vous a demandé à tous deux comment vous étiez entrés en possession de ce bateau, c'est bien exact ?

— Oui.

— Buck a-t-il répondu à cette question en votre présence ?

— Oui.

— Et il a répondu qu'il l'avait gagné en jouant aux échecs avec un multimillionnaire ?

— Oui.

— Qu'avez-vous dit ou fait à ce moment ?

— J'ai eu envie de rentrer sous terre.

— Et puis, à quelque temps de là, Seibert vous a demandé si l'explication de Buck était vraie ?

— Oui.

— Qu'avez-vous répondu à Seibert ?

— Que ce n'était pas la vérité.

— Quand vous voudrez, monsieur Bugliosi, interrompit le juge.

Je jetai un coup d'œil à la pendule, au-dessus du box du jury, et fus surpris de constater qu'il était près de midi. Pour moi la matinée s'était envolée et j'aurais pu facilement continuer. Mais Jennifer avait manifestement besoin d'une pause.

— Maintenant serait un bon moment, Votre Honneur.

— Eh bien alors, suspension d'audience pour déjeuner.

Ce même après-midi, 13 h 45

— Jennifer, avez-vous eu une conversation avec quelqu'un, à Pokai, au sujet des réparations de l'avarie causée par l'espadon à la coque du *Sea Wind* ?

— Oui. Avec Lorraine Wollen, un des témoins à ce procès.

— Que vous a-t-elle dit ?

— Elle m'a recommandé Tuna Packers, à Honolulu, comme la meilleure maison, la moins chère, où faire réparer les dégâts.

— Vous avez entendu Mme Wollen témoigner que lorsque vous l'avez invitée à bord du *Sea Wind* pour prendre le café, à Pokai, vous lui avez raconté que les précédents propriétaires du bateau en avaient eu assez de payer son entretien et vous l'avaient vendu, à vous et Buck ?

— Oui.

— C'est bien ce que vous lui avez dit ?

— Oui.

— Vous rappelez-vous dans quelles circonstances vous lui avez raconté cela ?

Jennifer répondit avec empressement :

— Oui ! Elle voulait monter à bord et visiter le bateau parce que c'était vraiment un voilier unique. Alors je l'ai invitée. Et lors de sa visite, ayant aperçu une photo de Mac et Muff sur la cloison, elle m'a demandé qui étaient ces gens. Je lui ai dit que c'étaient les précédents propriétaires. Elle a voulu savoir pourquoi ils s'étaient débarrassés du bateau, alors je lui ai dit ça... qu'ils en avaient assez de payer l'entretien.

— Aviez-vous une raison de ne pas lui dire la vérité ?

— Je ne pouvais pas ! Si je lui avais raconté toute l'histoire... elle m'aurait demandé si j'en avais averti la police. Or, Buck était présent. Et je... je ne pouvais vraiment pas lui dire la vérité.

— Mme Wollen est-elle la seule personne à qui vous ayez raconté cela ?

— Oui.

— Aviez-vous une raison particulière de garder la photo de Mac et Muff dans le *Sea Wind* ?

— Oui. Je ne voulais rien changer à leur bateau. Je voulais le garder exactement en l'état.

Elle raconta comment, après avoir réparé le trou dans la

427

coque, ils avaient gratté les bernicles de la quille, sablé et recouvert le bordé d'une première couche de peinture protectrice, et réparé aussi le reste de l'extérieur, au-dessus de la ligne de flottaison.

Je devais me débattre avec ce changement de couleur très compromettant du *Sea Wind*. Je demandai à Jennifer s'il était *normal* de repeindre un bateau, si cela faisait normalement partie de l'entretien. Elle me répondit que chaque fois qu'on mettait un bateau en cale sèche, comme ils l'avaient fait, on en profitait pour refaire la peinture parce que cette opération n'était pas fréquente.

– Mais gratter les bernicles et appliquer de la peinture protectrice sur le bordé, en revanche, relève de l'entretien nécessaire, ajouta-t-elle.

– Etiez-vous d'accord pour repeindre le bateau ?

– Ma foi, tant qu'il était en cale sèche, je ne voyais pas de mal à ça. Mais Buck voulait aussi changer la couleur et je n'étais pas du tout d'accord.

– Pourquoi étiez-vous opposée au changement de couleur ?

– Je ne voulais rien changer, je voulais le garder comme il était du temps de Mac et Muff.

Initialement, le *Sea Wind* était blanc à bandes bleues. Ils conservèrent les parties blanches mais remplacèrent le bleu par une couleur lavande.

– Quand vous avez repeint le *Sea Wind*, votre intention était-elle de déguiser le bateau, de dissimuler son identité ?

– Non. Je pensais que, de n'importe quelle couleur, on le reconnaîtrait toujours. C'était un voilier unique. Mac avait refait la cabine à ses mesures, à son goût, en gardant le gréement ancien, c'était vraiment un bateau unique.

– Pensiez-vous que toute personne qui connaissait ce bateau, qui l'avait vu précédemment, le reconnaîtrait tout de suite ?

– Oui.

– Quelle que soit sa nouvelle couleur ?

– C'est exact.

– Jennifer, vous avez témoigné tout à l'heure qu'à Palmyre vous saviez que la chose à faire, pour vous, était d'avertir la police de ce qui était arrivé mais que Buck ne le permettait pas à cause de sa situation de fugitif. Mais une fois de retour à Hawaii, aviez-vous une raison de ne pas avertir les autorités, *de votre propre chef*, des événements de Palmyre ?

Elle répondit qu'elle ne pouvait pas contacter les autorités mais qu'elle comptait entrer en rapport avec Mary Muncey, juste avant que Buck et elle ne quittent Hawaii, pour l'informer de la disparition de Mac et de Muff.

– Saviez-vous où la joindre ?

– Oui. Certains papiers à bord mentionnaient son adresse.

– Lors de la précédente procédure pour vol en 1975, vous avez dit que votre intention était de rapporter le *Sea Wind* à Mary Muncey dès que vous quitteriez Hawaii.

– Oui.

– Ce n'était pas toute la vérité, n'est-ce pas ?

– Non, pas la vérité totale. Je comptais *finalement* lui ramener le bateau. Mais nous n'allions pas le conduire directement d'Oahu à chez elle.

Quand je lui demandai pourquoi Buck et elle étaient entrés dans la rade de l'Ala Wai à Honolulu, au risque que le bateau soit reconnu, elle me répondit qu'ils avaient besoin de carburant pour le diesel et que Tuna Packers en manquait.

Elle dit ensuite que vers 8 heures, au matin du 29 octobre 1974, elle était descendue dans le canot de bois du *Sea Wind* pour aller à terre à l'aviron et utiliser les toilettes publiques, expliquant qu'on « est censé ne pas utiliser les toilettes d'un bateau quand il est au mouillage dans une rade ».

– Vous pouvez continuer, dis-je en la voyant hésiter.

– Eh bien, j'ai ramé jusqu'aux toilettes publiques, ce qui m'a fait passer à proximité du bateau de Joel Peters. La veille, j'avais offert de porter son linge avec le nôtre à la laverie automatique et il me l'avait confié. Il était d'ailleurs sur le pont. Il m'a dit que les autorités étaient passées la veille au soir et nous cherchaient tous les deux.

– Qu'avez-vous fait à ce moment ?

– Je suis retournée réveiller Buck et lui répéter les propos de Joel.

– Vous ne saviez pas si la police recherchait Buck Walker pour l'affaire de drogue, vous pour l'avoir aidé dans son évasion, ou Roy Allen et vous pour être à bord d'un bateau qui ne vous appartenait pas ?

– C'est exact.

– Quel était votre principal sujet d'inquiétude, si vous vous en souvenez ?

— Le fait que Buck était un fugitif et l'affaire de drogue, c'était surtout ça.

— Quand vous avez répété à Buck ce que Joel vous avait dit, que s'est-il passé ?

— Buck a dit que nous devions quitter le bateau tout de suite. Alors nous sommes descendus dans le canot et nous sommes dirigés vers la côte mais les chiens de Buck, qui étaient sur le pont, aboyaient tous les deux. J'ai dit à Buck que je voulais retourner pour les mettre en bas dans la cabine. Là-dessus, je me suis rappelé le linge de Joel. J'ai dit à Buck que je voulais aussi rapporter son linge à Joel.

— Qu'a répondu Buck ?

— Que j'étais folle. Il voulait que je le dépose d'abord au quai.

Après avoir déposé Buck, dit-elle, elle retourna au bateau, fit descendre les deux chiens dans la cabine, prit le paquet de linge de Joel Peters et le lui rapporta. Alors qu'elle ramait vers les toilettes, où Buck et elle devaient se retrouver, elle vit le grand cotre des gardes-côtes entrer dans la passe et foncer sur elle « à toute vitesse ».

— Qu'avez-vous pensé à ce moment, en les voyant se ruer sur votre petite embarcation ?

— J'ai eu peur, j'ai ramé encore plus fort.

— Pour leur échapper parce que vous sentiez que vous aviez mal agi ?

— Oui.

— Que pensiez-vous avoir fait de mal ?

— Eh bien... J'étais avec Buck et il était en cavale. Et, pour autant que je sache, être avec Buck faisait de moi une criminelle aussi.

Elle ajouta alors ces mots d'une importance capitale :

— Vous devez comprendre que je m'étais imprégnée de l'état de Buck. Buck était un fugitif en cavale et je fuyais avec lui.

— Sa réalité était donc devenue votre réalité ?

— C'est ça.

Comme les efforts de Jennifer pour protéger Buck étaient essentiels au fond de ma plaidoirie, j'insistai sur ce point :

— Jennifer, M. Shishido a témoigné que, selon vos propos, vous aviez rejoint Roy Allen à bord du *Iola* fin avril 1974, quand ce bateau était mouillé dans le lagon de Keehi, dans l'île d'Oahu. Vous aviez témoigné plus tôt, cependant, que Buck et vous étiez allés à l'île de Maui en octobre 1973 et que Buck avait acheté le *Iola* là-bas ce même mois. Et que le bateau, à bord duquel vous viviez tous les deux, était amarré dans la rade de Maalaea, à Maui. Vous vous rappelez cela ?

– Oui.

– Pourquoi avez-vous changé la date et le lieu en répondant à M. Shishido ?

– J'avais peur qu'autrement on ne découvre que Roy Allen était en réalité Buck Walker.

– Vous pensiez que les autorités étaient capables de vérifier que vous étiez avec Buck Walker à la date et au lieu exacts ?

– Oui.

– Avez-vous dit à M. Shishido que Buck et vous aviez estimé que la déclaration de Mac – la prétendue déclaration de Mac à Buck, vous invitant à « faire comme chez vous » – signifiait que les Graham souhaitaient que Buck et vous preniez possession de leur bateau si jamais il leur arrivait quelque chose ? Avez-vous dit cela à M. Shishido ?

– Je suis sûre de lui avoir dit quelque chose dans ce sens.

– Etait-ce de votre part une déclaration véridique ?

– Non.

– Alors pourquoi le lui avez-vous dit ?

– Il recommençait à m'interroger sur la raison pour laquelle nous n'avions pas remis le bateau aux autorités. Et je ne pouvais pas lui donner la vraie raison, alors... Je ne sais pas pourquoi j'ai choisi ces mots, sauf que c'était... à ma connaissance, les derniers mots que Mac avait dits à Buck. Et ça m'a échappé, comme ça.

– Les derniers mots que Mac aurait prononcés, à ce que Buck vous a dit ?

– Oui.

Quant à l'incident de la chasse d'eau dans les toilettes du yacht-club, Jennifer se défendit d'avoir rien jeté de ce qu'elle avait dans son sac.

– Je suis restée longtemps dans les toilettes, plus longtemps que d'habitude. J'avais l'estomac, le ventre vraiment dérangé, dit-elle au jury.

– Combien de temps après être initialement partie pour aller aux toilettes vous a-t-on autorisée à y aller ?

– Ça m'a semblé une éternité. Au moins deux heures, peut-être.

En réalité, je voulais que Jennifer s'explique spontanément devant les jurés sur un autre incident de chasse d'eau.

– Quand vous êtes allée aux bureaux du F.B.I. à Honolulu, avez-vous jeté dans les toilettes quelque chose que
vous aviez dans votre sac et que vous ne vouliez pas montrer aux autorités ?

– Oui.

– Qu'est-ce que c'était ?

– En vidant le contenu de mon sac – je crois qu'ils cata-
loguaient tout – j'ai trouvé un bout de papier avec le nom
de Buck Walker. Alors je l'ai roulé en boule au creux de ma
main et quand je suis allée aux toilettes, je l'ai jeté.

J'explorai ensuite plus profondément les relations de
Jennifer avec Buck, la liaison de loin la plus longue de toute
sa vie. Oui, ils avaient envisagé de se marier, ils étaient
même allés jusqu'à se faire faire des prises de sang, révéla-
t-elle au jury. Elle se considérait vraiment comme la femme
de Buck.

– Par conséquent, dans votre esprit, votre liaison avec
Buck équivalait à un mariage ?

– Oui.

– Eprouvez-vous encore un attachement sentimental
pour Buck ?

– Non.

J'observai une légère pause.

– Jennifer, devant ce jury ici présent, devant ce juge,
comme devant Dieu tout-puissant, avez-vous joué un rôle
dans la mort de Mac et de Muff Graham ?

– Non, aucun.

Elle contempla un moment le plafond, en s'efforçant de
se ressaisir.

– Je n'ai jamais douté de la mort accidentelle en bateau
de Mac et Muff Graham.

Je me retournai vers Enoki.

– Mon témoin est à vous.

40

Dans le fauteuil des témoins, Jennifer attendait, sans sourire mais tout à fait à l'aise. Tout le temps que je lui avais consacré portait ses fruits et nous étions, elle et moi, sûrs qu'elle était bien préparée pour supporter les assauts du contre-interrogatoire.

Elliot Enoki s'avança dans le prétoire, sans aucun enthousiasme. Après avoir posé ses papiers, il s'assura que sa veste était bien boutonnée puis il s'attarda, tête baissée, inerte comme une poupée de chiffon.

Professionnellement, j'avais presque pitié de mon confrère. Il avait la mine d'un homme qui s'apprête à prononcer un discours identique à celui du principal orateur.

— Mademoiselle Jenkins, dit-il enfin en se redressant, une main dans la poche de sa veste, à la J. F. K., si j'ai bien compris vous niez avoir volé le *Sea Wind* après la disparition des Graham ?

— Je n'ai jamais eu l'intention de voler le bateau, répondit-elle posément, et je n'avais aucune intention de le garder.

— Bon. Au précédent procès, évoqué par M. Bugliosi, vous avez obstinément nié devant le jury le vol du *Sea Wind*. Est-ce exact ?

— Oui.

Enoki se débattait déjà avec un sujet que j'avais couvert dans mon interrogatoire sans y attacher d'importance.

— Hier vous avez avoué, n'est-ce pas, que ce bateau, légalement, ne vous revenait pas ?

— Oui.

— Vous saviez que vous agissiez mal. Vous l'avez avoué hier, n'est-ce pas ?

– Oui.

– Vous avez indiqué dans votre témoignage que vous ne cherchiez pas du tout à déguiser le *Sea Wind* en le repeignant. Est-ce exact ?

– Oui. Je ne pensais pas que le changement de couleur pourrait le déguiser.

– Avez-vous dit cela à M. Walker ?

– Je le lui ai dit.

– Et quelle a été sa réaction ?

– Il a simplement dit qu'il avait envie de changer la couleur. Il a dit que nous allions le peindre en jaune, ou en une autre couleur de mon choix. Le jaune est une des couleurs que j'aime le moins, alors j'ai choisi le lavande.

– Les commentaires de M. Walker ne vous ont-ils pas fait craindre qu'il ne veuille repeindre le bateau pour le déguiser parce qu'il comptait ne jamais le rendre ?

– Il m'avait fait une promesse quand je lui avais montré le testament de Mac. Buck m'avait promis de ramener le bateau aux Etats-Unis dans le délai spécifié par le testament.

Au sujet de l'incident de l'espadon, toutes les manœuvres auxquelles s'était livré Enoki pour le contester s'étaient envolées en fumée. Il interrogea quand même Jennifer, en profondeur, mais ses questions n'étaient en aucune façon tendancieuses. Il semblait plutôt guidé, en les posant, par la simple curiosité. Par exemple :

– Voyons, ai-je bien compris : vous avez découvert ce que vous appelez l'épée de l'espadon plantée dans votre coque plus tard dans la soirée. Est-ce exact ?

Il demanda aussi si la figure de proue dorée était en place sous le beaupré du voilier lorsque Buck et elle en avaient pris possession à Palmyre.

– Oui, répondit Jennifer. A un certain moment, la figure de proue a disparu mais... je ne sais pas quand ça s'est passé.

– Je déduis de cette réponse que vous ne l'avez pas retirée vous-même ?

– C'est exact. Et je ne me souviens pas de l'avoir vue après que nous avons quitté Palmyre.

– Vous rappelez-vous si le nom *Sea Wind* figurait sur le bordé quand vous en avez pris possession à Palmyre ?

– Je ne me souviens pas mais il y était probablement.

– Vous rappelez-vous s'il y était quand vous êtes arrivés à Hawaii ?

– Je ne me rappelle pas. Probablement pas. Je crois que Buck avait effacé le nom. M. Wollen dit que le nom *Iola* était inscrit sur le bateau, alors... A un moment donné, Buck a dû effacer le nom *Sea Wind* partout où il figurait et le remplacer par *Iola*. Mais je ne me rappelle pas où et quand ça a pu se passer, au juste.

Enoki progressait bien dans un domaine important : Jennifer commençait à reconnaître qu'elle ne se rappelait pas tout, que certaines choses lui échappaient. Sa mémoire, pourrait plaider plus tard le ministère public, avait été commodément plus fidèle pendant l'interrogatoire direct qu'au cours du contre-interrogatoire. J'espérais que le jury noterait combien les choses dont elle ne se souvenait pas étaient banales et de moindre importance par rapport à celles évoquées au cours de mon interrogatoire.

Enoki aborda aussitôt ensuite la question de savoir s'il y avait ou non un journal de bord écrit par les Graham, à bord du *Sea Wind*. Jennifer dit qu'elle « ne se souvenait pas particulièrement » d'avoir trouvé quelque chose ressemblant à un journal de bord.

– Et les vêtements de Mme Graham ? Avez-vous fouillé dans sa garde-robe ?

– J'ai vu qu'elle avait des affaires là. Mais je n'ai pas fouillé, répliqua-t-elle sur un ton assez vexé.

– Vous n'avez porté aucun de ses vêtements ?

– Je ne me rappelle pas avoir porté un vêtement à elle. Je n'en suis pas sûre.

– Vous rappelez-vous ce que vous portiez au moment de votre arrestation ?

– Non.

Enoki demanda au greffier de présenter au témoin deux photos prises par la police le jour de son arrestation.

– Cela rafraîchit-il votre mémoire au sujet de la tenue que vous portiez lors de votre arrestation ?

– Oui, mais je ne sais pas si c'était... la blouse de Muff. J'en ai... j'en avais une semblable.

L'accusation demanda ensuite à Jennifer si, avant de quitter Palmyre, elle avait envisagé la possibilité que les Graham aient pu, par extraordinaire, se perdre ou se blesser et se trouver encore dans l'île, bien vivants ?

– Jamais je n'aurais quitté Palmyre si j'avais pensé qu'il y avait la moindre chance que Mac et Muff y soient encore.

– Par conséquent, au moment de quitter Palmyre vous étiez absolument certaine que les Graham étaient morts ?

– Oui.

Sur ce, l'audience fut suspendue jusqu'au lendemain. Jennifer n'avait goûté qu'à trois quarts d'heure du contre-interrogatoire, qui reprendrait le lendemain matin à la première heure.

Jeudi 20 février 1986, 9 h 37

Un des principaux sujets du contre-interrogatoire par l'accusation concernait le projet de voyage de Buck et Jennifer à Fanning pour le réapprovisionnement.

Jennifer niait que Jack Wheeler ait employé le mot « impossible » pour qualifier une traversée de Palmyre à Fanning.

– Il a dit que ce serait difficile.

– Vous saviez que vous auriez à naviguer contre le vent ?

– Oui.

– M. Wheeler vous a-t-il également dit qu'il y aurait un courant d'environ deux nœuds contre vous, de Palmyre à Fanning ?

Jennifer réfléchit un moment.

– Je ne me souviens pas qu'il ait dit ça mais c'est bien possible... Je savais que la navigation allait être difficile.

Enoki insista encore longuement sur ce courant entre Palmyre et Fanning ; il voulait savoir s'il était nécessaire de connaître sa vitesse exacte, pour naviguer.

– Ma façon de naviguer était la suivante : je faisais le point. Je voyais où j'étais, je savais où j'allais, alors je faisais le point au compas et je traçais une route magnétique dans cette direction.

– Vous voulez dire que pour votre méthode de navigation, vous n'aviez pas besoin de connaître la rapidité du courant ?

– C'est exact.

– Ne vient-il pas un moment où le courant devient si rapide qu'il rend absolument impossible la progression en louvoyant ?

– Ça ne m'est jamais arrivé.

– La vitesse du courant entrait-elle en jeu pour déterminer le temps nécessaire pour aller de Palmyre à Fanning ?

– Oui.

– Et la durée de votre voyage de Palmyre à Fanning influait directement sur l'état de vos provisions, n'est-ce pas ?

– Oui, bien sûr, mais... Fanning devait être à deux jours de voyage alors, en tenant compte de la possibilité qu'il nous en faille cinq, six, même sept... je stockais une semaine de vivres, pour faire face à n'importe quelle situation de calme plat ou d'allongement de la durée de navigation.

Enoki demanda à Jennifer comment Buck et elle comptaient rentrer dans le lagon de Palmyre à leur retour de Fanning et Jennifer répondit qu'en ayant discuté ils envisageaient deux possibilités :

– Nous pouvions simplement attendre un vent favorable qui nous pousserait dans le chenal ou alors, si nous étions en difficulté, j'étais sûre que Mac viendrait nous aider.

– Vous pensiez que les Graham seraient encore là à votre retour ?

– Oui, bien sûr. Ils étaient là pour un long séjour.

Enoki vira de bord et mit le cap sur un autre sujet que j'avais couvert lors de mon interrogatoire. Buck et Jennifer n'auraient-ils pas pu laisser le *Sea Wind* à Palmyre, faire voile vers une autre île et de là alerter les autorités *anonymement* ? J'avais posé précisément la même question à Jennifer, durant nos travaux préparatoires, mais j'avais préféré écarter le mot « anonymement » de mon interrogatoire.

– C'est ce que je voulais faire, répondit Jennifer à Enoki.

– Et vous dites que Buck vous a persuadée de n'en rien faire ?

– C'est ça. Buck était absolument inflexible.

– Si vous aviez laissé le *Sea Wind* à Palmyre et si vous étiez partie seule vers un autre port avec le *Iola*, pensiez-vous que Buck vous aurait empêchée physiquement de donner un coup de téléphone ou de communiquer par tout autre moyen avec les autorités ?

Jennifer prit un temps avant d'avouer :

– Je ne sais pas comment répondre à cette question.

– Vous saviez, avant de quitter Palmyre, que Mac Graham avait un rendez-vous régulier sur les ondes avec Curt Shoemaker, n'est-ce pas ?

– Oui.

– Et vous saviez, manifestement, que les Graham ne répondraient plus à ces appels radio ?

– Oui.

– Ni M. Walker ni vous n'avez utilisé l'émetteur radio du *Sea Wind*. C'est bien exact ?

– C'est exact.

– Avez-vous essayé de faire marcher la radio ?

437

– Non.

Ce fut ensuite l'inévitable attaque que j'avais tenté de déborder par le flanc : le précédent faux témoignage de Jennifer.

– Vous admettez bien... D'après votre témoignage vous avez dit à un précédent jury, à votre... à un procès pour vol où vous étiez l'accusée, que le *Iola* s'était échoué dans le chenal. Est-ce exact ?

– Oui.

– Et vous l'avez dit alors que vous étiez dans le fauteuil des témoins comme vous l'êtes aujourd'hui, exact ?

– Oui.

– Ce qui signifie que vous aviez prêté serment avant de témoigner ?

– Oui.

– Alors, en racontant au jury que lorsque vous remorquiez le *Iola* hors du chenal il avait heurté les coraux, vous ne disiez pas la vérité. C'est exact ? Vous saviez que vous mentiez et produisiez un faux témoignage ?

– Oui.

– Bon. Si je comprends bien votre témoignage, vous avez en cela suivi M. Walker, qui vous avait conseillé à Palmyre de ne pas dire la vérité ? C'est cela ?

– Oui, je devais dire que le *Iola* s'était échoué et que pour cette raison nous avions dû retourner et prendre le *Sea Wind*.

– Pourtant, quand vous êtes arrivés à Hawaii, M. Walker a expliqué à tout le monde qu'il avait gagné le *Sea Wind* aux échecs. C'est vrai ?

– Oui.

– N'était-ce pas totalement contradictoire avec la version des événements qu'il avait préparée ?

– Non, parce que là-bas il pensait seulement aux autorités, à ce que nous devions répondre à la police si on nous interrogeait.

Enoki fit ensuite dire à Jennifer qu'à son procès pour vol elle avait nié avoir pris des photos du *Iola* et du *Sea Wind* naviguant ensemble en haute mer, au large de Palmyre.

– C'était un mensonge aussi ?

– Oui, en effet.

– Vous souvenez-vous du témoignage de Bernard Leonard, rappelant que vous aviez raconté aussi qu'en tentant de sortir le *Iola* à la voile du lagon il s'était accroché sur le récif et que, pour cette raison, vous étiez retournés chercher le *Sea Wind* ?

– Oui, je crois m'en souvenir, oui.

– Je suppose que vous niez avoir dit cela à M. Leonard ?

– Non. Avec tout ce qui se passait ce jour-là, j'ai très bien pu dire ça à M. Leonard. Mais ensuite, en parlant à M. Shishido, j'ai serré de plus près la vérité.

– Est-il vrai que vous avez changé votre histoire, entre Leonard et Shishido, parce que M. Leonard vous avait dit que vous ne seriez jamais partis avec le *Iola* si le *Sea Wind* était amarré là ?

– Non. Ce n'est pas pour cette raison.

Suspension d'audience de midi.

A la reprise de l'audience, Enoki poursuivit son contre-interrogatoire.

– Quand vous avez découvert le Zodiac, mademoiselle Jenkins, vous souvenez-vous si la marée était basse ou haute ?

Ce n'était pas la première fois qu'il formulait une question de manière à indiquer – grammaticalement du moins – qu'il acceptait la version des événements de Jennifer. Naturellement, Enoki ne la croyait pas et faisait de son mieux pour détruire toute sa crédibilité de témoin. La négligence seule lui faisait omettre le conditionnel et les tournures de phrases comme « vous prétendez » ou vous « alléguez », ou toute autre formule marquant son scepticisme.

– Je n'en garde pas de souvenir particulier, mais je sais que ce n'était pas la grande marée, sans pouvoir préciser à quel stade elle était entre la marée basse et la marée haute.

– D'accord. Il est donc permis de supposer qu'à marée haute le Zodiac, à l'endroit où vous l'avez trouvé, aurait été partiellement dans l'eau ?

– Je... je ne sais pas.

– Bon. Il était à cinquante ou soixante centimètres de l'eau quand vous l'avez trouvé, n'est-ce pas ?

– Oui. A peu près.

– Et le réservoir était approximativement à la même distance de l'eau ?

– Oui.

– Vous vous souvenez du témoignage de l'agent Shishido : vous lui auriez dit avoir trouvé le Zodiac retourné *dans* le lagon, le réservoir flottant à côté ?

– Oui.

– Lui avez-vous dit cela ?

– Je lui ai dit que je pensais que le canot s'était retourné dans le lagon et que le réservoir et le Zodiac avaient flotté jusqu'à la plage.

Enoki interrogea Jennifer sur son témoignage au sujet des divers obstacles dans le lagon. Est-il exact, demanda-t-il, que le lagon est si peu profond à l'endroit où étaient plantés les pieux d'acier que les Graham auraient pu gagner la côte à pied si le Zodiac avait chaviré ? Jennifer reconnut que les eaux étaient peu profondes mais elle rappela ensuite l'incident survenu un jour où Buck et elle étaient dans leur propre canot sans moteur dans le lagon, à un endroit très peu profond.

– Buck est sorti du canot et les requins se sont immédiatement précipités sur lui. Aussi, je pensais que si Mac et Muff avaient eu un accident de bateau en eau peu profonde et avaient été éjectés, ... vous savez, j'avais cette image dans la tête.

– Vous ne pensiez donc pas à la noyade ?

– Simplement, je... je ne savais qu'une chose : j'avais trouvé le canot retourné et je n'avais retrouvé Mac et Muff nulle part. Il m'apparaissait évident qu'une chose épouvantable leur était arrivée.

Enoki demanda à Jennifer si – le 30 août 1974 – elle en avait assez de la vie à Palmyre. Jennifer marqua une longue pause.

– Je ne sais pas comment répondre à cette question, dit-elle enfin. Si je pouvais choisir d'aller quelque part, ce ne serait certainement pas à Palmyre. Voilà ce que je pensais à ce moment. Palmyre n'était pas mon lieu de séjour favori.

– Vouliez-vous quitter Palmyre pour des raisons autres que la nécessité du réapprovisionnement à Fanning ?

– Non. J'aurais préféré attendre l'arrivée de Richard Taylor et de son frère.

Le sujet suivant fut le fameux incident gâteau-trêve dont le jury avait déjà tant entendu parler.

– Le 28 août 1974, date de l'incident gâteau-trêve, selon l'expression de M. Bugliosi, si j'ai bien compris votre témoignage, vous ne vous souvenez pas d'avoir porté un gâteau au *Sea Wind* ?

– C'est exact.

– Voyons, vous commenciez à être à court de vivres à ce moment-là, n'est-ce pas ?

– Oui.

– Offrir un présent alimentaire, n'aurait-ce pas été, de votre part, un fait assez important pour que vous le notiez ?

Le scénario proposé par Enoki était évident : les deux meurtres avaient été commis le 28 août. Jennifer et Buck s'étaient rendus sur le *Sea Wind* avec un gâteau et elle ne mentionnait pas la visite dans son journal car les Graham avaient été assassinés ce soir-là.

– J'apportais régulièrement des mets confectionnés pour eux à Mac et Muff. Sans le journal pour me rafraîchir la mémoire maintenant, je ne m'en souviendrais plus.

– Vous avez pourtant noté, pour la journée du 28, que vous avez cassé des noix de coco, changé des piles, et quelques autres activités anodines. C'est exact ?

– Oui.

– Mais rien ne signale la visite au *Sea Wind* ou le fait d'apporter un gâteau à qui que ce soit, ce jour-là.

– Oui, c'est exact.

– Or, si l'on s'en tient à votre témoignage, M. Shoemaker racontant que Mac Graham lui avait parlé d'une trêve ce soir-là devait se tromper, me semble-t-il ?

– Oui.

– Parce qu'une trêve était inutile, d'après vous, vu la situation ?

– Oui.

– Quelle raison aviez-vous alors de dire à M. Wolfe que vous ne vous entendiez pas avec les Graham ?

– Je ne crois pas avoir jamais indiqué à M. Wolfe que nous ne nous entendions pas.

Enoki fit alors repasser à Jennifer les événements du 30 août.

– Vous dites que M. Walker a d'abord mentionné l'invitation à dîner vers 9 heures du matin. C'est exact ?

– Oui.

– Entre 11 heures et la fin de l'après-midi, vous étiez à bord du *Iola* et vous aviez votre canot, c'est exact ?

– Oui, je crois que c'est exact.

– Parce que autrement vous n'auriez eu aucun moyen d'aller à terre. Vrai ?

– Oui.

Quand Jennifer se reprit, hésita et dit qu'il était « possible » que Buck ait gardé le canot puisqu'elle « n'en avait pas besoin dans la journée », Enoki se dépêcha de la ramener fermement sur sa première position.

– Quelques jours plus tôt, vous vous étiez disputée avec M. Walker parce qu'il prenait le canot et vous laissait prisonnière à bord du *Iola*. Exact ?

– C'est dans mon journal, ça ?

– Si vous voulez vérifier... à la date du 19 août, je crois.

– Oui, je le vois.

– Vous avez écrit : « R est passé se servir du four et faire des gâteaux et des biscuits, ce qui une fois de plus m'a exaspérée... et puis soleil. Mais je suis restée prisonnière alors qu'il emmenait le canot à terre. Légère confrontation et puis chacun dans notre coin pour la nuit. » Exact ?

– Oui.

– Alors... Vous souvenez-vous d'avoir témoigné à votre procès pour vol que vous aviez le canot dans la journée du 30 août ?

– Je ne m'en souviens pas particulièrement mais je gardais généralement le canot à bord. Alors j'ai facilement pu témoigner dans ce sens, oui.

– Donc, vous avez toujours eu le canot ce jour-là, autant que vous vous souveniez ?

– Autant que je puisse me souvenir, oui.

C'était naturellement un point critique, que j'avais examiné en détail avec Jennifer, longtemps avant le procès. Quand elle m'avait dit pour la première fois que Buck avait le canot le 30 août je l'avais confrontée, comme le faisait maintenant Enoki, avec son témoignage au procès pour vol, disant que c'était *elle* qui avait l'embarcation. Elle m'avait dit qu'à ce moment-là elle avait confondu, que dans son souvenir (au moment où elle me parlait) c'était Buck qui l'avait. Sa version actuelle, identique à celle de son précédent témoignage, pouvait être comprise comme signifiant simplement que Buck ne s'inquiétait pas de son éventuelle venue à terre inopinée. Enoki pouvait maintenant soutenir que l'insouciance de Buck indiquait précisément sa participation aux meurtres.

Il l'interrogea ensuite sur le bruit du moteur du Zodiac entendu dans l'après-midi.

– Je crois que vous avez indiqué sur la carte que le moteur semblait s'éloigner de vous, le long de la côte de Cooper et de Strawn. Est-ce exact ?

– Oui, le bruit s'éloignait nettement.

– Mais il aurait aussi bien pu s'éloigner du *Sea Wind* et aller vers le milieu du lagon, n'est-ce pas ?

– Oui.

– Après avoir surpris ce bruit, l'avez-vous entendu s'arrêter net ou bien simplement se perdre dans le lointain ?

– Je ne... je sais qu'à un moment donné je ne l'ai plus entendu, ou j'ai cessé d'y faire attention. L'un ou l'autre.

– Je suppose que toutes les fois où vous avez vu M. Walker dans la journée, vous n'avez pas remarqué de taches de sang sur lui ?

– Non.

– Vous ne lui avez pas vu d'égratignures, de blessures quelconques ?

– Non.

– Que portait-il ce jour-là ? Vous vous en souvenez ?

– Un short.

– C'était sa tenue habituelle ?

– Oui.

– Etait-il mouillé, à un moment ou un autre de la journée ?

– Il transpirait beaucoup, alors il était toujours plus ou moins...

– Non, je veux dire mouillé, trempé comme s'il avait manifestement été dans l'eau. Son short, ses cheveux étaient-ils mouillés ?

– Je ne... Je ne me souviens pas de l'avoir remarqué.

– Vous souvenez-vous d'une odeur particulière, autour de lui, par exemple une odeur d'essence, de kérosène, de fumée ?

– Non.

– Vous n'avez trouvé aucune trace de sang, rien qui suggère une lutte quand vous êtes montée ce soir-là à bord du *Sea Wind* ?

– Rien de tout ça.

– Rien d'insolite ?

– Rien d'insolite, répéta-t-elle.

– La porte de la cabine était-elle déjà ouverte ou encore fermée ?

– Elle était ouverte, si j'ai bonne mémoire.

– Vous souvenez-vous d'avoir remarqué s'il y avait des traces d'effraction ?

– Non, je ne me rappelle rien de ce genre.

– Après un moment devant le *Sea Wind*, vous êtes montés à bord, n'est-ce pas ?

– Oui.

– Et vous avez vu ce qui avait été, pensiez-vous, laissé à votre intention ?

– Oui.

– De quoi s'agissait-il, vous souvenez-vous ?

– Il y avait une bouteille de liqueur d'abricot et une bouteille de vodka et des biscuits... et deux ou trois trucs.

J'avais pris la bonne décision, pour la liqueur d'abricot. Je pourrais maintenant approfondir ce point en reprenant mon témoin.

Enoki interrogea ensuite Jennifer sur la « personnalité explosive » de Walker et son passé criminel. A la quatrième ou la cinquième question, Jennifer avait les larmes aux yeux et paraissait abattue.

– Vous saviez qu'il avait été condamné pour vol à main armée ?

– Oui, souffla-t-elle.

Enoki était maintenant prêt pour sa grande surprise.

Si quelqu'un m'avait dit que j'ignorais un élément important du passé de Jennifer et pouvant être utilisé contre elle, j'aurais haussé les épaules. A tort.

– Vous avez entendu les témoignages affirmant que vous étiez une personne non-violente ? demanda-t-il sur un ton précurseur de danger.

– Oui.

– Diriez-vous également que vous refuseriez de vous associer avec des personnes violentes ?

– Je ne m'associerais avec aucune personne qui se livrerait à des actes violents.

– Considérez-vous que tirer sur des gens au pistolet soit un acte violent ?

– Oui. Certainement, c'est un acte violent.

A l'évidence, Enoki avait quelque chose dans sa manche et j'écoutais avec inquiétude, craignant le pire.

– En 1975 ou 1976, vous habitiez dans la région de Puako, dans la grande île. Est-ce exact ?

– Oui.

– Pendant votre séjour à Puako, aviez-vous un ami du nom de Joe Buffalo ?

– Oui.

Joe Buffalo ? Je réfléchis un moment. Oui, c'était le « copain » de Jennifer qui lui avait appris que le F.B.I. était venu l'interroger sur elle. Selon Jennifer, Buffalo lui avait écrit et précisait dans sa lettre n'avoir rien eu à dire sur elle aux autorités. Pour cette raison, et aussi parce qu'il ne figurait pas sur la liste des témoins à charge communiquée par le ministère public, j'avais pensé ne pas devoir m'inquiéter de lui. Je croyais, à juste titre, que Buffalo, n'ayant pas d'information susceptible d'incriminer Jennifer, ne témoignerait pas contre elle. Le problème venait de ce que les autorités, elles, avaient des choses à dire sur Buffalo.

– Et vous avez appris, alors que vous fréquentiez M. Buffalo, reprit Enoki, qu'il avait abattu et tué un homme en Californie ?

– Oui.

Si je ne me figeai pas comme un chevreuil dans des phares de voiture, je dus faire un effort pour rester impassible, afin que les jurés ne surprennent aucun signe de surprise ou d'alarme.

– Vous saviez aussi qu'il était recherché par la police, pour ce meurtre ?

– Non, je ne le savais pas, sur le moment. Quand... quand les autorités sont venues et l'ont arrêté, j'ai découvert que... qu'il était encore recherché.

– Vous saviez cependant qu'il cherchait à passer inaperçu dans la région ?

– Certainement. Je... Il avait été officiellement libéré de prison. Et la discrétion était une chose qu'avec le recul... oui, je savais, mais pas qu'il était recherché ni rien de tout ça.

– Vous pensez qu'il cherchait à passer inaperçu, pour cacher son passé de détenu, c'est ça ?

– Non. Il voulait simplement ne pas se faire remarquer, comme ça, c'est tout. Je ne sais pas.

– Vous venez de témoigner que vous saviez que M. Buffalo avait été libéré de prison avant de venir à Puako. Oui ?

– Oui.

– Vous saviez que cette libération était une bavure ? Qu'il avait été libéré par erreur ?

– Pas à ce moment-là, pas avant son arrestation.

Je savais que l'accusation allait maintenant soutenir, en s'appuyant sur la liaison avec Buffalo, que l'aventure de Jennifer avec le criminel homicide Buck Walker n'était ni un hasard ni une coïncidence mais l'expression d'un mode de vie. On pouvait raisonnablement déduire qu'elle s'associait volontiers avec ce genre d'oiseaux parce qu'ils étaient de même plumage. Partager la vie de deux assassins, en deux ans seulement, ne relevait plus du hasard *mais de l'habitude.*

Enoki rassemblait ses notes, comme un présentateur du journal télévisé à la fin de son émission, à cette différence que lui terminait, au lieu de commencer, avec le gros titre de la journée.

– Merci, dit-il. Plus de questions, Votre Honneur.

Il demanda une suspension d'audience d'un quart d'heure, ce qui lui fut accordé. A cause de Joe Buffalo, j'en avais encore plus besoin que lui.

Après avoir cuisiné Jennifer pendant la pause, je repris mon interrogatoire là où Enoki avait interrompu le sien.

– Ce type, Joe Buffalo, quand avez-vous vécu avec lui ?

– En 1975, à la fin de l'année.

– A Hawaii ?

– Oui.

– Vous a-t-il dit qu'il avait tué en état de légitime défense ?

– Oui.

– Et vous l'avez-cru ?

– Oui.

– A-t-il jamais commis un acte violent alors que vous étiez avec lui ?

– Non, jamais.

– Quelle était votre attitude à l'égard du passé de Joe Buffalo ?

– Je savais qu'il avait eu un passé difficile et je pensais pouvoir l'aider. Il était généralement... Il paraissait surtout vouloir tourner la page et vivre conformément aux règles de la société.

– Au moment où vous aviez ces rapports avec M. Buffalo, vous ne soupçonniez pas encore que les Graham avaient été assassinés ?

– Non, pas du tout.

– La liaison avec Buffalo, par conséquent, se situe longtemps avant que vous ne commenciez à soupçonner l'éventuel assassinat des Graham ?

– Oui.

J'espérais avoir réduit aux yeux des jurés le schéma à de la coïncidence, en dissipant quelque peu l'idée qu'elle avait pu, *en connaissance de cause,* vivre avec deux assassins. Elle croyait n'avoir eu de relations qu'avec un seul homme coupable de meurtre (et en état de légitime défense, croyait-elle). Et cet homme était Joe Buffalo, pas Buck Walker.

Comme Enoki avait tenté de discréditer le témoignage de Jennifer sur sa découverte avec Buck du Zodiac et de son réservoir sur la plage (en ayant recours à une déclaration inconséquente faite à l'agent Shishido), j'estimais maintenant avoir le droit, selon les règlements du témoignage, d'introduire toutes les déclarations liées à son actuelle déposition, mais uniquement, celles faites avant la déclaration inconséquente supposée. Son témoignage au procès pour vol avait eu lieu après sa déclaration à Shishido mais je demandai néanmoins à Jennifer (sans provoquer l'objection qu'Enoki aurait dû soulever) :

– A votre procès pour vol, avez-vous témoigné que vous aviez trouvé le Zodiac retourné sur la plage à environ huit cents mètres du *Sea Wind* ?

– Oui.

– Avez-vous témoigné que vous aviez trouvé le réservoir du Zodiac sur la plage ?

– Oui.

– Savez-vous, Jennifer, que toutes les vingt-quatre heures environ se produisent deux marées hautes et deux marées basses ?

– Oui.

L'importance capitale de ma question suivante ne deviendrait apparente qu'au cours de ma plaidoirie.

– Savez-vous aussi que sur les deux marées hautes l'une est une grande marée et l'autre une basse marée haute ? Lors de la grande marée, l'eau remonte jusqu'en haut de la plage, lors de la basse marée haute, elle laisse le haut de la plage à sec. Le savez-vous ?

– Oui.

Je pouvais maintenant aborder l'affaire de la liqueur d'abricot.

– Vous avez témoigné que lorsque Buck et vous êtes arrivés au *Sea Wind* dans la soirée du 30 août 1974, de la liqueur d'abricot et de la vodka, entre autres choses, avaient été préparées pour vous ; est-ce exact ?

– Oui.

– La vodka est-elle un des alcools favoris de Buck ?

– Oui.

– Et la liqueur d'abricot une de vos boissons préférées ?

– Oui.

– Vous aviez déjà, à plusieurs reprises, bu un verre avec Mac et Muff à bord du *Sea Wind*, avant le 30 août ?

– Oui.

– Vous avaient-ils jamais offert de la liqueur d'abricot ?

– Non.

– Leur aviez-vous fait savoir, autant que vous puissiez vous en souvenir, que la liqueur ou l'eau-de-vie d'abricot était une de vos boissons favorites ?

– Non. Je ne me souviens pas d'en avoir parlé avec eux.

– Quand vous avez trouvé de la liqueur d'abricot préparée dans la cabine, et aussi de la vodka, l'idée ne vous est pas venue que c'était peut-être Buck et non les Graham qui les avait préparées pour vous ?

– Non.

– Cette idée vous est-elle venue depuis ?

Enoki se leva d'un bond.

– Objection, Votre Honneur. Nous nous écartons du sujet !

La cour :

– Objection refusée.

– Oui, répondit tristement Jennifer.

– Quand l'idée vous est-elle venue ?

Enoki fit de nouveau objection et, encore une fois, le juge lui donna tort.

– Quand vous m'avez interrogée sur ce point, répondit Jennifer.

– Vous ne m'avez pas dit spontanément, quand je vous interrogeais, que l'eau-de-vie d'abricot était une de vos boissons favorites ?

– Non.

– C'est moi qui vous ai demandé si elle l'était. Oui ?

– Oui.

– Plus de questions, annonçai-je.

L'épreuve de Jennifer était enfin terminée. Elle avait été sur la sellette pendant un peu moins de trois jours.

Le juge King attendit la fin de tous les témoignages pour accéder enfin à ma requête d'introduction de la déposition de Buck Walker (à son procès pour vol) sur la journée du 30 août 1974. Cette ordonnance allait me permettre dans ma plaidoirie de tirer une conclusion révélatrice. Après avoir lu au jury cette partie de la déposition de Buck, l'accusation cita un personnage familier en récusation. Quand l'agent Shishido du F.B.I. s'installa dans le fauteuil des témoins, Walt Schroeder lui demanda de décrire le comportement de l'accusée pendant qu'il l'interrogeait le 29 octobre 1974.

— Je dirais qu'elle était très assurée et quelque peu terre à terre en racontant les événements survenus dans l'île de Palmyre.

— Pendant cette entrevue, a-t-elle, à un moment ou un autre, pleuré en parlant de la disparition des Graham ?

— Non.

— A-t-elle pleuré à d'autres moments de son récit ?

— Non.

— A-t-elle, à un moment ou un autre, manifesté du chagrin, de la tristesse ou toute autre émotion en parlant des Graham ?

— Non.

— Ce sera tout, annonça Schroeder.

Je m'avançai pour mon contre-interrogatoire.

— Monsieur Shishido, pensez-vous que les observations que vous venez de faire soient vraiment pertinentes ?

— Si je les crois pertinentes ? Oui.

— Dans ce cas, avez-vous noté les observations que vous affirmez avoir faites en interrogeant Jennifer Jenkins dans votre rapport, votre 302 ?

Cal Shishido pinça fortement les lèvres.

— Non.

Lorsque Shishido descendit de l'estrade, Enoki demanda un instant ; Schroeder et lui curent un bref aparté.

— L'accusation est prête à présenter ses conclusions.

— La défense est prête à conclure.

41

Les jurés s'en allèrent pour le week-end et les avocats se retirèrent dans le silence de leur cabinet pour préparer la bataille finale. A ce propos, un conflit avait éclaté dès les premiers jours entre le juge King et moi.

Les juges américains ont l'habitude de limiter souvent à deux ou trois heures le temps des réquisitoires et des plaidoiries, sans donner aucune raison valable à cette restriction. Il n'en existe aucune. Si on insiste, ils prétendent généralement que ce qui doit être dit peut aussi bien l'être dans le laps de temps autorisé que pendant les heures d'un long discours assommant pour le jury et défavorable, au bout du compte, à la cause plaidée. La plupart des avocats acceptent cette condition et reconnaissent que leurs propos ne devraient pas excéder le temps prescrit. Mais comme les plaidoiries sont pour moi d'une importance décisive, je consacre énormément de temps et d'énergie à leur préparation et j'ai besoin d'un temps de parole beaucoup plus long que celui qu'on m'accorde.

Juste avant l'ouverture du procès de Jennifer, le juge King avait été d'accord pour m'autoriser tout le temps nécessaire à ma plaidoirie, alors qu'il avait pourtant indiqué, précédemment, que deux heures pour chaque partie lui paraissaient amplement suffisantes. Or, quelques jours avant la remise des conclusions, il me déclara dans son cabinet que ma limite serait de cinq heures. Je lui rappelai sa promesse mais il secoua la tête et répéta sèchement : « Cinq heures. » Je lui expliquai qu'il m'en faudrait au moins six, peut-être sept : c'est là que le procès allait se gagner ou se perdre et je ne voulais pas léser ma cliente. Je fis observer que la rareté des faits avérés dans cette affaire rendait fondamentales les démonstrations et déductions subtiles.

– Il sera extrêmement difficile de persuader le jury de laisser Jennifer sortir libre du palais. Trop d'indices pèsent contre elle. Nous aurons besoin d'un nombre considérable d'arguments et de déductions, et pour bien les exposer tous, il me faudra du temps. Nous savons déjà ce que lui a coûté une démonstration succincte. Elle a été condamnée pour vol.

Mais le juge King refusa d'en démordre.

– Monsieur le juge, insistai-je, si j'estime, en ma qualité d'avocat de Jennifer, avoir besoin d'un temps supplémentaire pour présenter d'importants arguments, et si vous me le refusez, vous niez à Jennifer son droit à un jugement équitable.

– Vous n'aurez qu'à reprendre vos arguments en appel.

– Je ne cherche pas à faire révoquer une décision par une juridiction supérieure. La seule chose qui m'intéresse est le verdict de non-culpabilité.

– Et la seule chose qui m'intéresse c'est de faire progresser ce procès sans traîner. Cinq heures représentent un temps plus que suffisant, déclara-t-il d'un ton péremptoire.

Lundi 23 février 1986 au matin

La journée commençait par la récapitulation de l'accusation ; je devais intervenir dans l'après-midi. Si, le soir venu, je n'en étais pas encore au milieu de mon exposé, je comptais faire intervenir Jennifer personnellement auprès du juge. Les comptes rendus enregistreraient qu'elle voulait que je présente pour sa défense tous les arguments dont je pensais avoir besoin. La plupart des juges ne repousseraient pas une telle requête d'un accusé mais avec King, on ne savait jamais. Je n'étais pas sûr qu'il se laisserait fléchir par la prière de Jennifer. Pendant le week-end, j'avais laborieusement coupé une heure environ de mon plaidoyer.

Quand les jurés furent installés dans leur box, peu après 9 h 30, Elliot Enoki, la main gauche dans la poche de sa veste et un crayon dans la droite, était déjà dans le prétoire, prêt à prendre la parole.

S'exprimant d'une voix assez basse, avec peu d'emphase, Enoki expliqua que l'assassinat impliquait la préméditation.

– C'est à vous de déterminer si, dans les circonstances

de cette affaire, le meurtre a été commis avec préméditation.

Il demeurait ferme sur sa position – évidente déjà depuis le *voir dire* – selon laquelle Buck Walker avait assassiné Muff Graham avec l'aide de Jennifer, peut-être même l'instigatrice du crime.

– La loi, dans une affaire de meurtre, attribue la responsabilité non seulement à la personne qui commet le crime mais à d'autres. On ne se tire pas d'affaire en laissant simplement une autre personne commettre un meurtre auquel on a contribué. En réalité, un complice n'a pas besoin d'avoir été présent sur le lieu du crime, ni même de connaître tous les détails de l'acte proprement dit. Dans l'affaire présente, vous devez reconnaître Jennifer Jenkins coupable si elle a aidé et incité M. Walker, de quelque façon que ce soit, à tuer Mme Graham. Et cela s'entend si elle a été l'instigatrice ou tout simplement la conseillère.

« Le juge vous expliquera, dans ses instructions, que la loi ne reconnaît pas à la preuve indirecte moins de poids ou de valeur qu'à la preuve directe. Or, le concept de preuve indirecte est important pour l'accusation puisque nous n'avons évidemment pas de témoin oculaire de l'assassinat. Cependant, nous estimons que dans l'affaire présente, les preuves indirectes amènent à conclure que Jennifer Jenkins est criminellement responsable du meurtre d'Eleanor Graham dans l'île de Palmyre.

A cause des « circonstances tout à fait uniques de l'affaire », Enoki demanda qui d'autre que Buck Walker et Jennifer Jenkins aurait pu commettre le crime.

– Il n'y avait personne d'autre !

Il me cita en rappelant que j'avais dit de Walker qu'il « était le genre de type qu'on n'aimerait pas rencontrer dans une ruelle obscure », mais en faisant bien observer aux jurés que Jennifer n'avait jamais vu son amant sous ces couleurs-là.

– Elle vivait avec lui depuis plus d'un an, avant le voyage à Palmyre. Elle savait qu'il avait été libéré sur parole, qu'il avait été arrêté pour revente de drogue, qu'il possédait des armes à feu. Elle avait accepté de l'aider à fuir la justice, même si pour cela elle transgressait elle-même la loi. Il est donc question d'une femme qui non seulement n'hésitait pas à avoir des relations intimes avec un repris de justice, un fugitif tentant d'échapper à une nouvelle peine de prison, mais qui l'aidait activement dans son évasion. Elle a consacré son temps, son argent et son énergie à la préparation du bateau qu'ils utilisèrent pour la fuite, le *Iola*. Elle a accepté de partir avec lui à la voile pour une croisière de mille milles sans même savoir naviguer. Il s'agit donc d'une aventurière, d'une femme qui acceptait manifestement de prendre beaucoup de risques aux côtés de Buck Walker. Et elle semble avoir été attirée justement par ces aspects qui engendreraient chez d'autres la peur !

Enoki rappela au jury une « curieuse note dans le livre de bord » de Jennifer, datée du 5 août, quelques semaines à peine avant la disparition des Graham, disant que M. Walker et elle avaient passé la nuit à « rêver » de leur prochain bateau.

Il aborda ensuite l'important témoignage sur l'incident gâteau-trêve en rappelant aux jurés ce que Curt Shoemaker avait dit de sa dernière communication radio avec le *Sea Wind*, le 28 août 1974 :

– Non seulement c'était une visite inattendue pour les Graham, mais de nuit, par-dessus le marché. Mac avait fait allusion à une « trêve ». Or, c'est en contradiction flagrante avec tout ce que dit Mlle Jenkins quand elle prétend qu'il n'existait que des relations normales entre les deux couples. Le mot « trêve » implique tout autre chose que le tableau rose brossé par Jennifer Jenkins.

« Vous vous souvenez de Tom Wolfe rapportant les propos de Mlle Jenkins selon lesquels les deux couples ne s'entendaient pas très bien, ou encore son impression qu'il y avait entre eux des tensions. Les Leonard ont témoigné qu'ils avaient quitté l'île à cause de l'ambiance qui y régnait. Et rappelez-vous, enfin, Muff Graham disant qu'elle craignait de ne pas quitter Palmyre vivante, lors d'un entretien avec Evelyn Leonard. Muff pleurait, ce jour-là. Ce n'est pas l'image des relations cordiales évoquées par Mlle Jenkins.

Enoki fit alors observer qu'après cette visite inattendue au *Sea Wind*, plus personne n'avait vu les Graham ni entendu parler d'eux.

En somme, il énonçait devant les jurés sa conviction que Mac et Muff Graham avaient été tués dans la soirée du 28 août 1974. Si c'était vrai, ma cliente était, par déduction, une meurtrière.

Il déclara carrément qu'il ne croyait pas un mot de ce que Jennifer avait écrit à la date du 30 août :

– ... le jour où Mlle Jenkins *dit* que les Graham ont disparu. Rien n'établit cette date comme étant celle de la disparition des Graham, à part sa déposition et son journal. Je soutiens donc que tous deux sont mensongers. Rien ne l'empêchait d'écrire ces mots dans le journal après le 28 août, après avoir tué les Graham. Quel meilleur moyen d'empêcher la découverte de la vérité que de falsifier un livre de bord ? Les notes successives relatant des événements dont elle dit qu'ils se sont produits ou qui ont réellement existé laissent apparaître une remarquable absence d'informations. Rien à propos du *Sea Wind*, rien sur la prise de possession du *Sea Wind*. Rappelez-vous, elle dit s'être opposée avec véhémence à M. Walker et s'être disputée avec lui. Pourtant, son journal est muet sur ce sujet.

« Rien non plus n'indique ce qui est arrivé au *Iola*. Il n'y est pas question d'avertir la police. Rappelez-vous les consignes de M. Walker d'après elle. Rappelez-vous, elle appelait le livre de bord une espèce de journal des événements, et pourtant il ne renferme pas un mot de ces divers incidents. Plus absurde encore : elle prétend avoir cessé de tenir un journal car ce livre de bord était celui du *Iola* et que le *Iola* avait sombré le 11 septembre. La dernière note est du 10 et, pourtant, elle n'évoque pas le sort du *Iola*.

Enoki conclut sur ce sujet.

– Ce journal a été rédigé dans la seule intention de couvrir un crime.

Il résuma ensuite les témoignages médicaux et scientifiques, sans manquer de signaler qu'ils démentaient tous la mort par noyade, soutenue par Jennifer, ou l'attaque des requins, mais concluaient à l'assassinat. Une grande partie de cette récapitulation reprenait son réquisitoire au procès de Buck Walker.

– Afin de concilier les dépositions scientifiques et les autres témoignages de l'affaire avec le journal de bord et la déposition de Mlle Jenkins, examinons tout ce que M. Walker doit faire tout seul, sans aucune assistance, sans être vu, sans le moindre bruit que l'accusée puisse entendre, à part celui du Zodiac s'éloignant du *Sea Wind*.

« Premièrement, poursuivit l'accusateur, sincère mais curieusement atone et sans chercher à dramatiser par la voix ou les gestes, il doit trouver les deux Graham, et ensuite les tuer tous les deux. Après quoi il lui faut tenter de brûler la tête d'Eleanor Graham avec un chalumeau à acétylène qu'il a dû aller se procurer dans l'atelier de Mac. Il doit aller chercher au moins un et plus vraisemblablement deux des caissons de l'ancien canot de sauvetage qui, en 1974, était encore dans l'entrepôt.

« Il doit alors transporter au moins un de ces caissons jusqu'à l'endroit où il a tué Mme Graham, et répéter le processus pour Mac Graham. Il va maintenant à la recherche de fil de fer afin d'attacher les couvercles sur les caissons pour qu'ils ne s'ouvrent pas quand il les jettera dans le lagon. Il lui faut ensuite lester chaque coffre pour s'assurer qu'il ira par le fond. Et après avoir fait tout cela, il lui reste encore à brûler le cadavre de Muff Graham à l'intérieur du caisson, ce qui exige, un expert nous l'a dit, de quinze à vingt minutes.

« Il doit ensuite charger les deux coffres dans le Zodiac, tout seul. N'oublions pas que ces coffres contiennent, l'un une femme de soixante-trois kilos, l'autre un homme de quatre-vingts. Et ces caissons renferment ce qu'en l'occurrence on appelle des poids morts. Les charger dans une embarcation pneumatique comme le Zodiac n'équivaut pas à les hisser sur un camion ou un quelconque véhicule garé là. Nous parlons d'un bateau.

Sans même prendre un temps pour ménager ses effets, Enoki déclara que Walker devait encore piloter le canot jusqu'au milieu du lagon, balancer les caissons contenant les cadavres par-dessus bord, retourner à la côte sans que Jennifer entende le moteur du Zodiac, échouer le canot en le retournant, détacher le réservoir et faire huit cents mètres à pied vers le site de la baignoire, où Jennifer dit l'avoir vu dans l'après-midi.

– En plus de tout cela, si l'un ou l'autre des crimes a été commis à bord du *Sea Wind*, il fallait naturellement tout nettoyer, supprimer toute trace, parce que, à en croire Mlle Jenkins, le bateau ne présentait rien d'insolite quand elle est montée à bord.

Sur ce, il la regarda en face, sans le moindre signe d'émotion.

– Personne ne l'a décrite comme une personne naïve. Elle a vingt-huit ans à l'époque, pas seize ou dix-sept ni même vingt. On la dit intelligente et ceci nous est apparu pendant sa déposition. Comment une personne intelligente pouvait-elle ne pas soupçonner un acte criminel de la part d'un homme ayant le passé de Buck Walker ? Et c'est cependant ce qu'elle voudrait nous faire croire. Qu'elle n'a rien soupçonné !

« Je vous affirme, moi, que toute son histoire sur la disparition des Graham et sur les événements de Palmyre n'est qu'un tissu de mensonges, du début jusqu'à la fin, comme tout ce qu'elle a raconté depuis qu'elle a quitté cette île.

Le ton d'Enoki et toute son attitude semblaient crier : « Nous savons tous que cette femme est coupable de deux meurtres et elle n'a cessé de débiter mensonge sur mensonge dans l'espoir de masquer ce qui crève les yeux ! »

Pendant le long réquisitoire, Jennifer regarda tantôt le représentant de l'accusation, tantôt la table devant elle. Pas une fois elle ne se tourna du côté du jury, pas une fois elle ne contempla la figure de ces hommes et de ces femmes qui allaient décider de son sort.

– Il est temps, aujourd'hui, après onze ans et demi, conclut Enoki avec conviction, que vous considériez Jennifer Jenkins comme coupable d'assassinat. Je vous remercie.

Enoki avait beaucoup mieux parlé qu'au procès de Buck. Si son argumentation présentait des faiblesses, hormis le ton morne de sa voix, elles étaient imputables à l'absence de fait nouveau ou de déductions convaincantes à partir des témoignages. Il avait efficacement rappelé au jury les points forts de sa cause mais je n'avais pas l'impression qu'il l'avait renforcée ni qu'il avait amené les jurés à se dire : « Voilà un point excellent, je n'y aurais pas pensé. »

Mon plus grand espoir résidait à présent dans le fait que le jury ne trouve pas inutile de « nouvelles idées » sur la culpabilité de Jennifer et que, comme le jury Walker, il n'en ait pas déjà plus qu'assez.

42

La parole était maintenant à la défense.

– Monsieur le juge, monsieur Enoki, monsieur Schroeder, monsieur Weinglass, mesdames et messieurs les jurés...

« De nombreux sujets ont été abordés dans la présente affaire – entre autres la mer et les bateaux – et j'avoue manquer d'expérience sur ces sujets. En revanche, j'en sais très long sur le droit pénal.

« En me fondant sur tous les témoignages présentés ici, dis-je en désignant le fauteuil où tant de témoins avaient déposé, je me suis fait quelques opinions bien ancrées sur cette affaire, que je vais partager avec vous. Mais, auparavant, je voudrais faire quelques brefs commentaires sur le système des cours d'assises, en Amérique. Je le considère comme le legs le plus précieux que nous ayons hérité des Britanniques. Réfléchissez bien. En Amérique, seul un jury peut envoyer un être humain, son prochain, derrière des barreaux. Le président des Etats-Unis lui-même ne peut condamner quelqu'un à la prison. Les représentants de la loi – la police, le F.B.I., etc. –, ceux-là peuvent vous mettre au violon, mais ils ne peuvent vous y garder si vous n'avez pas été jugé et condamné par un juge et des jurés. Seul un jury composé de ses pairs peut envoyer une personne en prison pour une durée déterminée.

« Ainsi, dans un sens très étendu, le jury américain occupe l'espace entre l'accusé et la perte de sa liberté. Cette situation est terriblement impressionnante, mais aussi suprêmement rassurante. Je pense que vous avez pleinement conscience de la très haute et très délicate position que vous occupez.

« Puisque nous évoquons la justice et notre système judiciaire, celui de notre pays, opposé à celui des nations totalitaires, considère de par la loi l'accusé comme présumé innocent à moins que la preuve de sa culpabilité ne soit apportée "au-delà de tout doute raisonnable". Ce ne sont pas là des paroles fantaisistes, ou théoriques. C'est une règle de droit qui ne suppose aucune exception, un diamant juridique taillé et poli par la dure expérience des siècles et venu du fond des âges jusqu'ici, dans cette cour. Et si jamais un juge, un jury, dans n'importe quel procès à travers ce pays, négligeait cette stricte règle de droit, il romprait très gravement son serment.

Après avoir expliqué au jury qu'en raison de la présomption d'innocence, l'accusation avait la charge d'apporter la preuve de la culpabilité, l'accusé n'ayant pas à prouver son innocence, j'avertis les jurés que le juge leur donnerait, avant les délibérations, des instructions rappelant que la charge de la preuve appartient uniquement à l'accusation d'un bout à l'autre du procès et que cette charge ne revient jamais à l'accusé.

– Voici les mots clés : La charge de la preuve ne revient jamais à l'accusé ! Mais ce procès a vu se dérouler quelque chose de très singulier, et de très menaçant. L'accusation, sans le déclarer souverainement – elle ne le peut pas car elle sait que c'est contraire à la loi –, n'a-t-elle pas, d'une manière très subtile et habile, cherché à éliminer la présomption d'innocence en faisant peser la charge de la preuve sur les épaules de Jennifer Jenkins ? Maintenant que toute la poussière est retombée, l'argumentation de l'accusation ne s'est-elle pas résumée, en somme, au scénario suivant : « Nous n'avons pas à prouver, mademoiselle Jenkins, que vous avez assassiné Mme Graham. Nous vous trouvons dans l'île de Palmyre au moment du meurtre et à bord du *Sea Wind* après le meurtre. Maintenant, à vous de prouver que vous ne l'avez pas commis ! »

« Je dis que l'accusation a été forcée de tenter de rejeter la charge de la preuve sur Mlle Jenkins parce que sa cause est tellement dépourvue de substance que c'est son seul moyen de vous convaincre de condamner cette femme. Et permettez-moi de vous rappeler encore qu'ici, en Amérique, déclarai-je en élevant la voix, la présomption d'innocence est un droit sacré, qu'il est encore bien vivace et que vous n'allez pas laisser l'accusation le bafouer impunément.

« L'accusation, à ce procès, n'a pas assumé la charge de la preuve. Elle n'a pas prouvé la culpabilité au-delà de tout doute raisonnable. Où voyons-nous les preuves, messieurs et mesdames les jurés, directes ou indirectes, que Jennifer Jenkins ait participé de quelque manière que ce soit, au meurtre de Mme Graham ? Où, mesdames et messieurs les jurés ? Où cela ?

Je prévins le jury qu'avant d'entrer dans le vif de mon argumentation, je souhaitais aborder un certain nombre de questions préliminaires qui n'entraient pas commodément dans le cadre de ma plaidoirie.

Je pressai les jurés de prendre des notes, en citant le vieux proverbe chinois que je ne manque jamais de citer aux jurys : « L'encre la plus pâle vaut mieux que la meilleure des mémoires. »

La première question préliminaire était la nature d'une inculpation par un Grand Jury. Je savais que les jurés, étant des profanes, risquaient fort de croire que puisqu'un Grand Jury avait inculpé Jennifer, ce précédent groupe de personnes, après étude de nombreux témoignages, avait eu raison. Ne s'agissait-il pas d'un Grand Jury, des espèces de « super-enquêteurs », ayant accès à toutes sortes de renseignements inconnus d'un jury ordinaire ?

– En réalité, c'est tout le contraire, expliquai-je en développant ce que j'avais laissé entendre aux jurés pendant le *voir dire*. Vous avez accès à beaucoup plus de renseignements et d'informations qu'un Grand Jury qui est aussi, rappelons-le, un jury populaire. Dans la présente affaire, non seulement ni Mlle Jenkins ni aucun autre témoin de la défense n'a déposé devant le Grand Jury, mais seul un témoin à charge du procès actuel a été entendu : l'agent Calvin Shishido. Je ne cherche pas à rabaisser la décision du Grand Jury, mais simplement à la placer pour vous dans sa perspective réelle.

« Je veux ensuite évoquer un point qui pourrait être d'une importance capitale, et sujet à controverse si je voulais m'engager avec vous dans des sophismes intellectuels, ce que je ne ferai naturellement pas. Il s'agit de la question de savoir si Muff Graham a été assassinée ou si elle est morte accidentellement.

« M. Enoki a affirmé avec conviction que Muff Graham avait été assassinée. A quoi je réponds : "Mais bien sûr !" Et, reprenant Sherlock Holmes : "Elémentaire, mon cher Watson !"

Je dis cependant que les facteurs singuliers de cette affaire étaient tels qu'un avocat de la défense pouvait à juste titre avancer l'argument, si faible soit-il, que l'accusation n'avait pas prouvé au-delà de tout doute raisonnable qu'un crime avait réellement été commis dans l'île de Palmyre.

– Dans pratiquement toutes les affaires criminelles, on reconnaît l'existence d'un meurtre parce que l'autopsie détermine la cause de la mort. Ici, nous n'avons pas d'autopsie, même pas de cadavre, et l'accusation elle-même s'avoue incapable d'avancer les causes de la mort de Muff Graham.

« Je suis sûr de pouvoir présenter plusieurs scénarios de mort accidentelle. Mais je n'en vois aucun de réellement valable, logique et conforme au bon sens.

« Il est évident, pour moi, que Muff Graham a été assassinée. Qu'elle n'a pas été victime d'une mort accidentelle. Je n'arguerai pas le contraire.

« Cela m'amène au point suivant. J'ai l'intention, au cours de ma démonstration, de faire allusion aux crimes, au pluriel, plutôt que de parler du crime. L'accusation ne cherche à faire condamner Mlle Jenkins que pour le seul meurtre de Muff Graham, sans doute parce que le cadavre de M. Graham n'a pas été retrouvé, mais la loi n'exige pas la découverte d'un cadavre comme préalable à une instruction criminelle.

« Quoi qu'il en soit, il serait invraisemblable à mes yeux que Buck Walker, que j'accuse d'être l'unique assassin dans cette affaire, ait tué Mme Graham et épargné M. Graham. Prétendre que Malcolm Graham n'a pas subi le même sort épouvantable que sa femme serait vraiment trop exiger de la crédulité.

« Autre point préliminaire, si évident qu'il est presque inutile d'en parler. Nous traitons ici de facteurs élémentaires. Comme vous le voyez, Jennifer est plutôt menue, par la taille comme par le poids. Et nous savons grâce aux témoignages médicaux que Muff Graham a subi plusieurs fractures du crâne causées par les coups d'un instrument semblable à un marteau d'enclume.

« Même en écartant le plus gros problème de Jennifer s'attaquant à Muff Graham, plus grande et plus forte, il demeure l'invraisemblance physique de Jennifer assommant sa victime avec un marteau d'enclume pour traîner ensuite, tant bien que mal, ce poids mort jusqu'au caisson, l'y fourrer, le transporter à bord du canot et le jeter au fond du lagon, pendant que Buck Walker, le repris de justice endurci, tricote sous sa tente... la totale impossibilité physique de tout cela saute aux yeux. La nature même de ces crimes exigeait la force d'un tueur musclé. Buck Walker.

« La seule question en suspens est de savoir si Jennifer l'a incité ou aidé à commettre ces crimes. Et même si Jennifer avait connaissance de ce que faisait Buck Walker, même si elle était présente au moment des meurtres – et naturellement notre position est qu'il n'en fut rien –, de par la loi, cela ne suffirait pas, en soi, à la rendre coupable.

« Mon dernier point, avant d'entrer dans le vif du sujet, concerne les témoins. Idéalement, tout témoin cité dans un procès doit être absolument impartial. Mais, en réalité, il leur arrive fréquemment d'être pour ou contre l'une ou l'autre des parties ; c'est normal, il faut s'y attendre. Cependant, quelle que soit leur opinion, ils sont là uniquement pour témoigner des faits. Ils ne sont évidemment pas censés orienter leur déposition dans un sens ou un autre, ni prendre des libertés avec la vérité. Et je crains bien que deux des témoins à charge de ce procès n'aient manifesté leur parti pris. Je veux parler des Leonard.

« Lorsque les Leonard ont appris l'assassinat de leurs amis Graham, ils ont tout de suite pensé, nous pouvons aisément le supposer, que Buck Walker avait commis ces crimes. Et comme Jennifer vivait avec lui dans l'île, ils se sont convaincus de sa participation au crime. Je crois que pour cette raison ils ont délibérément ou involontairement orienté certaines parties de leur témoignage contre Jennifer. Dans certains cas, je crois qu'ils ont même inventé des incidents pour étayer leurs préjugés.

« Mais avant d'en venir à ce qui me semble être les affabulations des Leonard, je veux parler d'un autre témoin qui a pu se rendre ou non coupable du même parti pris. Il s'agit de Curt Shoemaker. Je dois avouer que je n'ai détecté chez M. Shoemaker aucun des mensonges et des faux-semblants qui semblaient émailler toutes les interventions des Leonard. Je crains toutefois qu'il n'ait pas dit toute la vérité au sujet de l'incident gâteau-trêve.

« Une chose est très claire, et je pense que vous serez d'accord avec moi : si l'incident s'était effectivement produit, il serait gravé de façon indélébile dans la mémoire de M. Shoemaker, et c'est ce qu'il nous a dit. Il lui reviendrait donc à l'esprit chaque fois qu'il évoquerait son dernier contact radio avec les Graham. Il l'a reconnu lui-même, à la barre des témoins. Par conséquent, du fait qu'il n'en a jamais parlé à personne pendant de nombreuses années, nous pouvons presque automatiquement déduire que l'incident ne s'est jamais produit. Nous savons en effet – puisque nous en avons les minutes – que lors du procès de Jennifer pour vol, Curt Shoemaker n'a pas soufflé mot, *pas une syllabe*, de cet incident gâteau-trêve.

Je pris la transcription du procès pour vol de Jennifer et lus au jury, mot pour mot, la déposition de Shoemaker à ce sujet, en rappelant, encore une fois, qu'à plusieurs reprises on avait demandé à Shoemaker de dire tout ce qui s'était passé lors de son *dernier* contact avec les Graham et que pas une seule fois il n'avait mentionné l'incident gâteau-trêve.

– M. Enoki, avec beaucoup de circonlocutions – en maître de l'ellipse qu'il est –, a fortement suggéré que les meurtres avaient été commis dans la soirée du 28 août, tout de suite après que Shoemaker avait parlé à Mac. Mais pour le suivre, il faudrait d'abord accepter que l'incident gâteau-trêve ait réellement eu lieu. Et, comme nous l'avons vu, rien n'est moins sûr. Même si nous l'acceptons comme simple hypothèse, en quoi prouverait-il que les crimes aient été commis à ce moment-là ?

« Oui, mais, ajoute M. Enoki, personne n'a plus eu de nouvelles des Graham après ce soir-là. L'argument serait valide si Shoemaker, après avoir terminé sa communication avec Mac à 19 h 50, le 28 août 1974, l'avait rappelé une demi-heure plus tard et n'avait obtenu que du silence. Mais il n'a pas rappelé avant le 4 septembre, sept jours plus tard. Sept jours ! Donc, le 28 août est le jour où Curt Shoemaker a parlé aux Graham pour la dernière fois, mais cela ne prouve pas du tout que les meurtres datent de ce jour-là.

Je rappelai aux jurés que le fait d'apporter un gâteau aux Graham, pour remercier Mac de leur prêter la carte marine de Fanning, correspondait bien au caractère de Jennifer. Je rappelai aussi comment elle expliquait n'en avoir rien dit dans son journal : l'éclairage était mauvais à bord du *Iola* et à leur retour à bord, il faisait nuit noire sur Palmyre. Je reconnus néanmoins :

– Il est évident qu'elle aurait pu noter la visite le lendemain. C'est indiscutable. Mais elle a négligé de le faire parce qu'elle était bien trop accaparée par les préparatifs du départ pour Fanning.

Je citai le seul détail qui paraissait faux à Jennifer, le fait que Mac aurait fait allusion à une « trêve », puisque, dit-elle, il n'y avait eu aucune querelle entre eux.

– Alors Jennifer ne comprend pas, elle ne sait pas. Ce que je voudrais souligner, et graver dans votre esprit, c'est que même si l'incident gâteau-trêve avait eu lieu, il montrerait simplement qu'au soir du 28 août les Graham, Buck et Jennifer étaient en présence les uns des autres. Comme nous savons déjà que les deux couples entretenaient des relations de bon voisinage et se voyaient fréquemment, comment cette présence pourrait-elle constituer une preuve de meurtre ?

Quant à la question de savoir si les crimes avaient été commis à bord du *Sea Wind*, je demandai pourquoi l'accusation avait présenté des témoignages sur l'incident de l'espadon et interrogé longuement Jennifer à ce sujet.

– Jusqu'à présent, M. Enoki ne nous l'a pas dit. Peut-être l'entendrons-nous s'expliquer dans son réquisitoire final. La seule idée qui me vient, c'est qu'il cherche à insinuer que le trou dans la coque n'a pas été fait par un espadon mais par une balle.

Je fis observer aux jurés que nous n'avions pas seulement la déposition de Jennifer, bien détaillée, sur l'affaire de l'espadon, mais encore le témoignage de Frank Mehaffy, selon lequel Buck et Jennifer lui en avaient parlé à leur arrivée à Hawaii ; et celui, encore plus important, de Larry Seibert, qui avait vu l'épée plantée dans le trou du bordé.

Il était temps maintenant de faire savoir au jury ce que je pensais des témoins vedettes de l'accusation, les Leonard. J'étais bien décidé à ne pas mâcher mes mots.

– Je comprends qu'ils aient été très, très bouleversés par la mort de leurs amis Graham. Tout être humain normalement constitué au plan moral ne peut qu'éprouver un immense chagrin à la pensée du sort de Muff Graham. Mais les Leonard, dans leur zèle débridé, sont allés trop loin.

« Je pense que cela a dû être évident pour vous, mesdames et messieurs les jurés. Prenons l'incident de la chasse d'eau. Les deux Leonard mouraient d'envie de vous faire croire que Jennifer vidait frénétiquement le contenu de son sac et faisait disparaître des papiers ou objets incriminants.

« Ils ont pourtant fini par avouer, tous les deux, que tout en ayant parlé à de nombreux agents et officiers de police au fil des ans, ils n'avaient évoqué l'incident de la chasse d'eau devant personne, jusqu'à l'année passée, au cours d'une entrevue avec le substitut du state attorney Walt

Schroeder et l'agent du F.B.I. Hal Marshall. Il devait émaner de Walt et Hal une force irrésistible pour que les Leonard rompent un silence de dix ans.

« Une petite note supplémentaire à cette histoire de chasse d'eau. D'après les Leonard, des agents du F.B.I. étaient présents devant les toilettes et entendaient tout. Pourtant, seuls les Leonard, dans leurs dépositions, ont évoqué la nature suspecte de l'incident.

« Quant à la prétendue déclaration de Jennifer aux Leonard, qu'elle ne quitterait jamais Palmyre à bord du *Iola*, nous constatons le même processus que pour la chasse d'eau. Interrogés pendant des années par de nombreux policiers ou agents du F.B.I., ils ne l'ont jamais rapportée à âme qui vive. Pendant dix ans, ils ont gardé cette déclaration sous clé dans leur mémoire. Dix ans, c'est long, très long. Mais, encore une fois, les Leonard, ne pouvant résister au charme de Walt et de Hal, leur ont fait cette confidence.

« Lors de cette déclaration-là, ils savaient ne pas pouvoir utiliser le même prétexte pour expliquer leur silence, dire que le F.B.I. le savait déjà, puisque le F.B.I. n'était pas à Palmyre. Alors voici ce qu'ils ont imaginé : ils n'ont jamais rien dit à personne parce que personne ne le leur a jamais demandé. Vous vous rappelez cela ? On ne leur a rien demandé à ce sujet, alors ils n'ont rien dit !

« Les Leonard voudraient vous faire croire qu'ils sont de ces personnes qui, ayant aperçu Nessie, le monstre du Loch Ness, s'ébattre dans le lagon de Palmyre, n'en auraient parlé à personne à moins que quelqu'un ne leur ait posé la question !

Je notai aussi que Jennifer, dans son témoignage, reconnaissait avoir raconté toutes sortes de choses à toutes sortes de gens mais assurait qu'en aucun cas elle n'avait dit aux Leonard qu'elle ne quitterait jamais Palmyre à bord du *Iola*. Et je fis encore observer qu'un nombre considérable de témoignages attestaient que, longtemps après le départ des Leonard, Jennifer et Buck se préparaient à aller de Palmyre à Fanning à bord du *Iola*.

— Maintenant que nous avons liquidé toutes ces petites questions préliminaires, nous allons aborder enfin le fond de l'affaire, annonçai-je.

J'espérais avoir suffisamment amadoué les jurés avec

mes commentaires et qu'ils seraient plus réceptifs aux arguments d'une importance capitale qui allaient suivre.

– Ce que nous avons ici, mesdames et messieurs les jurés, c'est un véritable roman policier, un mystère, une histoire qu'Agatha Christie n'aurait pu imaginer que dans ses jours les plus inspirés, le genre de crime que les détectives adeptes du fauteuil à bascule aiment à tenter de résoudre devant un bon feu de bois, jusque fort avant dans la nuit.

« Le seul problème c'est que, contrairement aux mystères d'Agatha Christie, cette aventure de cauchemar, qui s'est si tragiquement terminée pour Mac et Muff Graham, n'est pas une fiction, mais une réalité.

« Au cours de ma plaidoirie, je vais m'efforcer de faire la lumière, grâce à des déductions inspirées par le bon sens, dans les sombres et sinistres recoins de ce mystère. En juxtaposant chaque pièce à conviction indirecte – Buck Walker, en criminel averti, n'a pour ainsi dire pas laissé de trace –, je suis sûr de pouvoir dessiner sous vos yeux deux mosaïques éloquentes, l'une de culpabilité pour Buck Walker, l'autre d'innocence pour Jennifer Jenkins.

Je commençai par disserter sur les mobiles du crime.

– M. Enoki, s'évertuant à renforcer sa cause, vous a présenté deux mobiles, celui des naufragés abandonnés et celui de la redoutable pénurie de vivres, dans l'espoir que l'un des deux au moins vous paraîtrait valable.

Abordant en premier lieu le mobile de l'abandon sur l'île déserte, qui comprenait la question de la navigabilité du *Iola*, je m'intéressai au témoin de l'accusation Jack Wheeler.

Je fis observer que si Wheeler avait l'air d'un assez brave type et qu'il était manifestement sincère, les jurés ne devaient pas prendre pour argent comptant sa déclaration sur le voyage à Fanning qui aurait été presque « impossible ».

Je rappelai au jury que Wheeler reconnaissait n'avoir jamais tenté d'aller à la voile à Fanning.

– Don Stevens l'a fait, souvenez-vous, et il a témoigné qu'il était réellement possible d'aller à la voile de Palmyre à Fanning.

« J'ajouterai que Mac Graham lui-même pensait apparemment que Buck et Jennifer pourraient faire ce court voyage. Le journal de Jennifer, à la date du 26 août, relate que Mac est venu leur apporter une carte marine de Fanning.

Quant à la navigabilité du *Iola*, j'arguai :

– A mon avis, il y a là deux questions. La première : le *Iola* était-il capable de tenir la mer, de naviguer, ou non ? Pour moi ce n'est pas une question centrale. Et, deuxièmement, qu'il ait été en état de naviguer ou pas, Buck et Jennifer croyaient-ils à sa navigabilité, ce qui est pour moi toute la question.

Pour ce qui était de la première question, je devais reconnaître qu'en dépit des divergences d'opinion, la majorité des témoins jugeaient le *Iola* incapable de prendre la mer. Je soulignai cependant au passage que certains témoins qui dénigraient la navigabilité du *Iola*, comme les Leonard et Wolfe, n'étaient jamais montés à bord, alors que Don Stevens, qui croyait à la navigabilité du voilier, y était monté.

– Je pense donc que cela donne un peu plus de poids à son témoignage. De plus M. Stevens, architecte naval, était bien mieux placé pour en juger que M. Leonard et M. Wolfe.

« Mais la navigabilité du *Iola* n'est pas l'aspect principal de cette affaire. La question est presque accessoire. Ce qui compte surtout, c'est de savoir si Buck et Jennifer croyaient leur bateau en état de prendre la mer. Leur état d'esprit est alors en cause. Le *Iola* pouvait être le plus mauvais rafiot que les mers du monde aient jamais porté, s'ils le croyaient insubmersible, ils ne se seraient pas sentis désespérément abandonnés sur une île déserte, n'est-ce pas ?

« Or, Buck et Jennifer pensaient-ils que leur bateau ne pouvait prendre la mer ? Manifestement pas.

Je signalai qu'outre le témoignage de Jennifer, les notes du journal de bord aux dates des 15, 23, 24, 25, 26, 27, 28, 29 et 30 août, toutes écrites après que Wheeler eut dit à Jennifer que le *Iola* ne pourrait jamais les conduire à Fanning, ne permettaient pas de douter que Buck et Jennifer se préparaient à faire voile vers Fanning et qu'ils ne se sentaient pas du tout isolés ni abandonnés.

– Si Buck et Jennifer s'étaient sentis si abandonnés, ils auraient fait du bateau-stop et demandé à l'un ou l'autre de ces nombreux navigateurs qui passaient par Palmyre de les emmener. Or, pas un des témoins de l'accusation n'a fait état d'une telle demande de Buck ou de Jennifer. Jamais ils n'ont cherché à se faire rapatrier, donc ils ne se sentaient pas tellement perdus ou abandonnés !

Je fis bien observer que même à la fin août, alors que tous les bateaux, à part le *Sea Wind*, étaient repartis, il n'apparaissait toujours aucun problème.

– En un peu plus de deux mois, sept bateaux avaient pénétré dans le lagon de Palmyre. Avec une telle circulation, Buck et Jennifer avaient de bonnes raisons de penser que d'autres passeraient par l'île, dans un proche avenir, et qu'ils auraient toujours, le cas échéant, l'occasion de se faire emmener. Et, au pire, ils savaient que leur ami Richard Taylor allait arriver avec son frère Carlos en octobre, donc deux mois seulement après. Le mobile de la peur de l'abandon, mesdames et messieurs les jurés, manque singulièrement de points d'ancrage.

Quant au mobile de la désespérante pénurie de vivres, il ne tenait pas debout non plus. Il était même encore plus faible.

– Une seule déposition, d'un seul témoin de ce procès, indique-t-elle que Buck et Jennifer avaient l'air de souffrir de la faim ? Ou qu'ils perdaient du poids ? Ou simplement qu'ils paraissaient affaiblis, en mauvaise santé ? Je n'ai entendu aucun témoignage dans ce sens.

Je dis ensuite au jury que, s'il était indiscutable que les provisions de Buck et Jennifer étaient presque épuisées, ils n'étaient assurément pas au bord de la famine car ils auraient pu vivre *indéfiniment* de ce que l'île avait à offrir. Je rappelai les diverses sortes de produits comestibles de Palmyre, et les dépositions de plusieurs témoins, dont celle de Sharon Jordan pour l'accusation : « Non, on ne pouvait pas mourir de faim à Palmyre. »

Je reconnus que Buck et Jennifer pouvaient certainement en avoir assez de leur régime peu varié et rêver d'une alimentation différente. C'était pourquoi ils cherchaient à faire du troc, à se procurer des denrées de base comme de la farine et du sucre, pour faire des biscuits, des gâteaux, des pâtés en croûte et du pain.

– Mais aspirer à une autre alimentation pour des raisons de goût ne signifie pas que l'on meure de faim ! Je reconnais qu'on peut tuer pour survivre, pour se procurer de quoi manger quand on est au bord de l'inanition. Mais tue-t-on pour varier ses menus ? Avez-vous jamais entendu parler de cela ? Pas moi ! Alors où est le mobile ? Nous savons que tout meurtre a son mobile. Quel était-il, dans cette affaire ?

« A l'évidence, Buck Walker, et lui seul, avait un mobile. Le plus courant, le plus commun, le plus banal des mobiles : Buck Walker, repris de justice, deux fois condamné pour vol à main armée, convoitait le *Sea Wind*, comme toutes ces autres choses qui lui avaient valu ses condamnations. Et comme il était un criminel endurci, il ne craignait pas de tuer pour obtenir ce qu'il voulait. Le plus simple des mobiles : désirer une chose qui appartient à autrui et ne pas avoir le minimum de retenue morale ni l'humanité fondamentale que possède chacun d'entre nous, et qui, fonctionnant comme des freins, nous empêchent de commettre des meurtres.

« Les témoignages entendus dépeignent-ils Jennifer comme une femme capable de commettre sans sourciller un crime brutal ? demandai-je.

J'expliquai que le crime d'homicide reflétait, par définition, une indifférence absolue du criminel pour la vie de son prochain.

– Si vous êtes un être humain pacifique, compatissant, vous ne commettez pas de crime ! criai-je. Vous ne tuez pas ! Et vous n'aidez personne d'autre à tuer !

« Les témoignages entendus à ce procès, persuasifs et pas une fois contredits par l'accusation, nous ont présenté Jennifer comme une jeune femme très humaine, douce, aimable, éprouvant une totale aversion pour la violence. Même pour les instruments de la violence. Souvenez-vous qu'à Mountain View, à Hawaii, elle a obligé Buck Walker à emporter ses armes à feu hors de la maison ! Ce procès démontre que Jennifer Jenkins est la moins plausible des candidates au crime que l'on pourrait imaginer !

« Et Buck Walker ? demandai-je en poursuivant mes efforts pour dissocier les deux personnes. Les témoins de ce procès ont brossé de lui un portrait physique et psychologique très évocateur. Et d'après ce portrait, Buck Walker, malheureusement pour les Graham, était taillé sur mesure pour le drame de Palmyre, pour commettre ces crimes, à lui tout seul !

Je résumai la déposition du témoin de la défense Rick Schulze, l'avocat de Hawaii qui avait jugé Buck « rude et grossier... brutal, paranoïaque, sur le qui-vive et fasciné par les armes ».

Je rappelai aussi ce que Debbie Noland avait dit de la personnalité « explosive » de Buck et de son caractère violent.

– Mme Leonard nous a dit que Walker passait lentement à côté de son bateau, en canot, et la regardait avec des yeux très durs. Elle lui parlait et il ne répondait pas. Et elle avait très peur de lui. Tom Wolfe aussi a dit que Buck était un individu effrayant.

« Réfléchissez ! Combien de personnes rencontrées dans votre vie vous ont-elles paru effrayantes au point de produire en vous de la peur ?

« Buck présentait tous les signes de l'individu engagé dans la perpétration de crimes de violence. Et rappelons que Buck Walker, longtemps avant de mettre le pied sur l'atoll de corail de Palmyre, avait déjà été condamné pour deux vols à main armée.

Je m'en pris ensuite à ce que j'appelais le « cœur même » de la cause de l'accusation.

– La simple arithmétique, c'est tout ce qu'ont trouvé nos adversaires, en réalité. Quatre personnes dans l'île, deux sont mortes, les deux autres s'emparent de leur bateau et se comportent de façon suspecte. Ces deux-là doivent être coupables parce que quatre moins deux égalent deux. De l'arithmétique élémentaire. Un des deux, Buck Walker, a déjà été jugé coupable et condamné. Reste Jennifer.

« A l'aide des éléments de cette affaire, je vous parlerai non seulement des preuves qui accusent incontestablement Buck Walker et innocentent Jennifer, mais aussi de la vie. Pas la vie telle que vous aimeriez probablement qu'elle fût mais de la vie telle qu'elle est.

Je savais, depuis le début, que la nature humaine occuperait une place importante dans la cause que j'entendais plaider.

– Certains d'entre vous se disent peut-être, en ce moment : « Voyons, monsieur Bugliosi, vous nous dites que Jennifer Jenkins est une personne chaleureuse, compatissante, au cœur généreux, mais aussi que Buck Walker est un ignoble individu, un voleur et un assassin. N'est-ce pas contradictoire ? Parce que si vos descriptions sont exactes, que faisait-elle avec lui ? Ne dit-on pas que qui se ressemble s'assemble ? »

C'était un des arguments d'Enoki : « Que faisait-elle avec lui si elle n'était pas... comme lui ? »

– Ce genre de questions impliquent naturellement un ordre des choses prévisible, idéal. Une place pour chaque chose et chaque chose à sa place. Mais, mesdames et messieurs les jurés, vous savez aussi bien que moi qu'il n'en est pas ainsi dans la réalité ; la vie est une suite infinie d'inconséquences, une mixture déconcertante de contradictions où la seule chose qui soit plus singulière que la fiction est la réalité.

« Allez savoir pour quelle raison Jennifer aimait Buck Walker ! Rick Schulze dit qu'elle percevait en lui une étincelle de bien. Elle a dit elle-même dans son témoignage que, tout en connaissant le passé de Buck Walker, elle lui trouvait un bon fond et elle pensait pouvoir l'aider.

« Et n'oubliez pas que lorsque Jennifer a découvert que Buck avait été condamné pour vol à main armée, elle était déjà amoureuse de lui, elle vivait avec lui, elle avait probablement perdu la faculté de voir en Buck Walker ce qu'il était réellement.

« Pour illustrer mon propos, je prendrai un exemple extrême, historique, que vous connaissez certainement. Sans doute est-il tiré par les cheveux mais il ne s'écarte pas du vif du sujet puisque M. Enoki insiste sur le fait que, Buck Walker étant un être violent et dangereux, Jennifer doit lui ressembler, sinon elle ne serait pas restée avec lui.

« Permettez-moi de vous transporter un instant à l'époque de la Seconde Guerre mondiale. Alors que les fours crématoires fonctionnaient dans des endroits comme Treblinka, Auschwitz ou Mauthausen, alors que l'odeur nauséabonde des corps calcinés envahissait les campagnes, Adolf Hitler, dans son repaire de Berchtesgaden, au cœur des Alpes bavaroises, coulait des moments paisibles avec la femme de sa vie, Eva Braun.

« Hitler est un des individus les plus sataniques qui aient jamais foulé cette terre, ses crimes monstrueux dépassent l'entendement mais, apparemment, Eva Braun aimait Adolf Hitler au point de vouloir mourir avec lui dans son bunker de Berlin assiégé, en avril 1945. Eva Braun devait percevoir quelque chose d'humain dans ce monstre inhumain qu'était Hitler. Alors, si Eva Braun aimait Adolf Hitler qu'elle épousa au dernier jour de leur vie, Hitler dont les crimes atteignaient des proportions apocalyptiques, cela faisait-il d'elle le même genre de personne que lui ? Aucun historien de cette période ne l'a jamais insinué, aucun n'a fait état de sa complicité dans les abominations du Troisième Reich. D'après tous les récits, elle n'était qu'une jeune Bavaroise aux goûts simples, bien élevée mais qui n'avait pas grand-chose dans la tête.

« S'il vous est possible de concevoir qu'Eva Braun, la femme d'Adolf Hitler, n'était pas comme lui, pourquoi auriez-vous une quelconque difficulté à concevoir que Jennifer

Jenkins, la femme de Buck Walker, n'est pas du tout comme lui ? Que, contrairement à lui, elle est incapable de commettre un meurtre ?

Je priai le jury d'examiner la situation, du point de vue de Jennifer, pendant cet été de 1974. Pour commencer, pourquoi Buck et elle étaient-ils partis pour Palmyre ? Afin que Buck échappe non seulement à son châtiment à la suite de sa condamnation pour revente de drogue mais, plus grave, pour éviter d'être renvoyé à San Quentin pour s'être soustrait à la justice en violant sa liberté sur parole.

– Il racontait à Jennifer que San Quentin le terrifiait, il jurait ne jamais y retourner. C'était surtout à cela que pensait Jennifer durant cet été de 1974. Elle aimait Buck, alors quand Buck lui a parlé de sa terreur de retourner à San Quentin, quel effet pensez-vous que cela lui a fait ? Cet effet, elle vous l'a avoué. Pratiquement tous les actes de Jennifer dans cette affaire dépendent de deux réalités : premièrement, elle aimait Buck Walker, deuxièmement elle voulait le protéger. Si vous gardez ces deux réalités présentes à votre esprit, sa conduite vous paraîtra beaucoup plus compréhensible, j'en suis sûr.

J'ajoutai que c'était « extrêmement courant » que des personnes honorables, d'excellente moralité, respectueuses des lois, aillent jusqu'à commettre de graves délits pour protéger un être aimé qui avait mal tourné.

– Dans le cas qui nous occupe, Jennifer Jenkins se considérait comme la femme de Buck Walker. Elle ne s'est jamais mariée. Buck a été pour elle ce qui se rapproche le plus d'un véritable mari. Quelle femme ne veut protéger son mari ? Combien de fois des parents ne cachent-ils pas un fils recherché par les autorités, en se faisant les complices après coup du crime commis par le garçon ?

« Comme on dit, on ne peut pas légiférer avec la moralité. Toutes les lois du monde ne peuvent briser le lien de sang et d'amour qui unit les êtres humains. Ces relations sont, pour ainsi dire, le protoplasme de toute existence humaine, sans lequel il n'y aurait pas de lois, il n'existerait pas de société civilisée.

« De crainte que M. Enoki ne suggère, dans sa réfutation, que puisque Jennifer aimait Buck et comme il était la moitié dominatrice du couple, il pouvait facilement l'entraîner avec lui dans son projet d'assassinat des Graham, permettez-moi de souligner que Jennifer mettait des bornes aux exigences de Buck. Je reconnais qu'elle a avoué ne jamais vouloir faire de vagues, avec lui, alors qu'elle le laissait habituellement agir comme il l'entendait. Mais jusqu'à un certain point seulement. Il y avait des limites.

Je rappelai l'opposition catégorique de Jennifer à la présence d'armes à feu dans la maison, à Mountain View : Buck les avait remportées. Je rappelai aussi aux jurés l'affaire du plat de spaghettis. Sans doute était-ce assez anodin, mais néanmoins révélateur. Buck avait lancé les spaghettis contre le mur et, ayant ordonné à Jennifer de nettoyer, elle lui avait répliqué : « C'est toi qui l'as fait, nettoie ça toi-même. » Et il l'avait nettoyé.

– A Palmyre, Buck voulait que Jennifer vienne vivre sous la tente avec lui. Elle a refusé. Après leur retour à Hawaii, il souhaitait faire figurer son nom sur les papiers d'immatriculation du *Sea Wind*. Elle a refusé et il n'a pas insisté. Le nom de Buck figure seul sur ces papiers.

« Si Buck n'avait pas pu persuader Jennifer de le laisser garder des armes dans la maison, s'il n'avait pas pu la convaincre de venir vivre avec lui sous la tente, s'il n'avait pas pu lui faire accepter que les papiers du bateau soient aussi à son nom, s'il n'avait même pas pu l'obliger à nettoyer un mur maculé de spaghettis, comment diable aurait-il pu la persuader de commettre avec lui deux des crimes les plus atroces, les plus abominables, les plus odieux, qu'on puisse imaginer ?

Je pris un temps, pour bien laisser digérer ce raisonnement et bus une gorgée de mon habituelle boisson de miel et de citron qui éclaircit ma voix et la soutient pendant les longues plaidoiries.

– En revanche, Jennifer acceptait d'aider Buck à ne pas retourner à San Quentin. Elle acceptait de le protéger, ce qui est l'instinct le plus naturel envers ceux que l'on aime.

Je fis remarquer qu'elle continuait de protéger Buck quand Shishido l'avait interrogée.

– Elle a révélé spontanément tout ce qui s'était passé dans l'île de Palmyre, mais elle n'a pas dit que Roy Allen était en réalité Buck Walker, le fugitif. Shishido se souvient même que les seules questions auxquelles elle a refusé de répondre concernaient Roy Allen.

« Jusqu'au bout, elle protégeait et couvrait Buck Walker. Dans son esprit, elle ne protégeait pas un assassin mais un homme qui se soustrayait à la justice et fuyait une peine pour revente de drogue.

Je contournai la table de la défense et me plaçai derrière Jennifer, une main sur son épaule.

– Je dis que Jennifer Jenkins est ici, en ce moment, devant cette cour, parce qu'elle aimait et voulait protéger Buck Walker et pour aucune autre raison.

« L'accusation s'est emparée des actes et des déclarations de Jennifer Jenkins résultant de son désir de protéger Buck Walker et a tenté de les transformer en preuves de culpabilité pour le meurtre de Muff Graham. Je suis certain que vous, mesdames et messieurs les jurés, n'autoriserez pas cela !

« Permettez-moi de vous poser une question, dis-je en retournant devant le box du jury. Si votre fille, votre sœur, ou toute autre jeune femme que vous connaissez bien s'était trouvée à la place de Jennifer – je veux dire premièrement seule avec un fugitif sur une île déserte du Pacifique et plus tard à son retour à Hawaii et, deuxièmement, amoureuse de cet homme – si elle avait agi exactement comme Jennifer dans cette affaire –, auriez-vous été terriblement choqués ? Au point de vous dire : ''Ma foi, ça me fait mal de le croire mais elle doit avoir participé à ces meurtres'' ?

« En vous posant cette question, n'enjolivez pas vos considérations en observant que votre fille, votre sœur ou votre amie ne serait jamais tombée amoureuse d'une canaille comme Walker. Souvenez-vous que nous parlons de la vie réelle, pas de la vie telle que nous la voudrions. Les êtres humains, pour des raisons diverses, tombent amoureux d'autres êtres au passé ou d'un milieu diamétralement opposés aux leurs. Nous le savons.

Je tenais à exposer tous ces points avant d'en venir à la journée cruciale du 30 août 1974, pour que le jury soit plus enclin à croire la version de Jennifer sur les événements de ce jour-là.

– Essayons maintenant de reconstituer, dans la mesure de nos moyens, le déroulement de cette journée tragique du 30 août 1974. La première question qui se pose, à mon avis et d'après les témoignages, concerne l'éventualité d'une invitation à dîner.

Je déclarai que, de toute évidence, l'invitation n'avait pas été formulée. Pour commencer, je dis que les prétendus propos de Mac rapportés par Buck selon lesquels, s'ils n'étaient pas de retour, Muff et lui, à 18 h 30, Buck et Jennifer n'avaient qu'à monter à bord du *Sea Wind* et « faire comme chez eux » rendaient l'histoire de l'invitation impossible à croire. Les Graham, bien entendu, n'auraient jamais laissé même leurs amis les plus intimes venir à bord du *Sea Wind* en leur absence.

– Mais comment Jennifer pouvait-elle le savoir ? L'accusation n'a avancé aucune raison prouvant que Jennifer le savait.

La position d'Enoki était que, les relations entre les Graham et le couple du *Iola* étant très mauvaises, l'invitation à dîner était invraisemblable et Jennifer ne pouvait pas ne pas le savoir.

– Mais ces relations étaient-elles si mauvaises ? demandai-je à présent. Nous allons devoir examiner ce point très attentivement car il est crucial. Les dépositions des témoins n'ont pas établi formellement la mauvaise qualité de ces relations.

J'affirmai au jury que même les témoignages les plus forts présentés par l'accusation demeuraient ambigus et contradictoires. Citant celui de Tom Wolfe à qui Jennifer aurait dit que les deux couples, venus à Palmyre pour y être seuls, étaient un peu irrités par la présence l'un de l'autre, chacun estimant qu'il envahissait sa vie privée, je fis remarquer que Wolfe avait pu se méprendre.

– Jennifer a reconnu avoir dit à Wolfe que les Graham, tout comme Buck et elle, étaient venus à Palmyre pour y être seuls et que les Graham ressentaient peut-être toujours cette impression d'envahissement. Mais pas Buck et elle, car finalement les Graham s'étaient révélés très serviables et utiles.

Relevant une contradiction apparente dans le témoignage de Wolfe qui disait avoir senti une mauvaise entente entre les deux couples qui ne se parlaient pas, je demandai :

– Comment conciliez-vous cela avec les réponses de ce même Wolfe à mon contre-interrogatoire ?

« ''Question : Vous saviez qu'à l'occasion Mac Graham apportait à Buck et Jennifer du poisson, n'est-ce pas exact ? Réponse : C'est exact.''

« S'ils ne se parlaient pas, que faisait donc Mac en leur apportant le produit de sa pêche ? Il passait près du *Iola* dans son Zodiac et balançait les poissons sur le pont ? Et de plus, si A ne s'entend pas avec B, A prend-il la peine d'offrir spontanément du poisson à B ?

« Jennifer, relisant son journal, vous a cité de nombreux

cas de fréquentation amicale, la présence des Graham à son anniversaire le 16 juillet, les échanges de vivres, les messages que Buck et elle avaient remis à Mac pour qu'il les transmette à Hawaii par radio et ainsi de suite.

« Vous avez entendu citer ces exemples et je ne les reprendrai pas maintenant. Vous aurez d'ailleurs pour consultation le journal dans la salle des délibérations.

« Qu'il me suffise de dire que les relations étaient tout à fait normales et même affables entre les deux couples, durant l'été de 1974 dans l'île de Palmyre ; et nous n'avons pas besoin de nous fier uniquement au témoignage et au journal de Jennifer pour le prouver. D'autres dépositions le corroborent.

Après avoir cité celle de Tom Wolfe qui reconnaissait que Mac et Muff apportaient du poisson à Buck et Jennifer, je lus des extraits de celle de Bill Larson sur les rapports très amicaux qu'il avait observés entre eux à ce dîner à la fortune du pot, le 25 juillet.

– Vous noterez que l'accusation n'a pas cité Larson comme témoin. Elle s'est méfiée de lui comme le diable de l'eau bénite.

Je signalai que Bernard Leonard lui-même, témoin à charge par excellence, avait dit au F.B.I. que les Graham étaient aimablement disposés envers Buck et Jennifer mais, en raison de leur mode de vie si différent, « pas extrêmement ».

– En fait, même si nous acceptons la position de l'accusation sur l'authenticité de l'incident gâteau-trêve, et je pense qu'il est à des années-lumière de la moindre preuve, que dit Shoemaker ? Il a témoigné avoir entendu deux voix féminines à l'arrière-plan, *et des rires*.

« Etant donné que l'accusation, dis-je au jury, n'a pas apporté la preuve de sentiments hostiles des Graham à l'égard de Buck et Jennifer et qu'à vrai dire leur attitude était plutôt amicale, ''lorsque Buck a dit à Jennifer que Mac les avait invités à dîner à bord du *Sea Wind*, en guise d'adieu, elle n'avait certainement aucune raison de ne pas le croire''.

J'ajoutai que Jennifer n'ignorait pas que les Graham avaient organisé des dîners d'adieu pour les autres navigateurs et que, de plus, Buck et elle étaient déjà allés à bord du *Sea Wind*.

– Il y est fait allusion dans le journal de Jennifer aux dates des 9 et 28 juillet, 6 et 11 août, où elle rapporte qu'elle ou Buck, ou les deux ensemble, sont montés à bord du voilier.

Je me reportai ensuite à la déposition de Buck Walker à son procès pour vol (au procès pour meurtre il n'avait pas été appelé à témoigner) et lus sa version des événements du 30 août 1974 :

– « J'ai vu Mac le matin de bonne heure... » Vous noterez qu'il dit je, pas nous. « ... il devait être 8 ou 9 heures et nous avons bavardé un moment. Nous avons fumé une cigarette ou quelque chose comme ça. Je suis monté à son bord et nous avons disputé une partie d'échecs, une ou deux parties, et il a dit qu'il nous aiderait à sortir du lagon avec son canot. Et puis il nous a invités à dîner ce soir-là, pour nous souhaiter un bon voyage. Après ça, je suis retourné à notre bateau et Jennifer et moi avons continué de le préparer pour le départ du lendemain. »

L'avocat de Walker lui avait alors demandé s'il avait revu Mac ce jour-là.

– « Je l'ai revu vers une ou deux heures de l'après-midi. Il m'a dit qu'il allait à la pêche dans l'après-midi et que s'il n'était pas revenu à l'heure prévue, 18 h 30, nous n'avions qu'à monter à bord et nous servir à boire... et c'est la dernière fois que je l'ai vu. »

« Vous remarquerez que dans le témoignage de Buck il n'est pas un instant question de la présence de Jennifer lors de ses rencontres avec Mac Graham à cette date fatidique du 30 août. Et Jennifer a également témoigné qu'à cette date elle n'avait eu aucun contact avec les Graham. Alors je vous demande ceci : Si Jennifer avait participé avec Buck au meurtre des Graham et s'ils avaient inventé ensemble cette histoire d'invitation à dîner, n'aurait-il pas été naturel qu'ils disent tous deux avoir vu les Graham le 30 ?

Je poursuivis ma tentative de reconstitution des événements (après le passage de Buck au *Iola* à 9 heures du matin) en me référant à la déposition de Jennifer, leur navette entre la tente de Buck et le *Iola* pour y transporter toutes ses affaires en vue du voyage à Fanning, jusque vers 10 h 30 ou 11 heures, le projet de Jennifer de rester à bord du *Iola* pour cuire du pain, faire le ménage et tout ranger pendant que Buck transportait le mobilier qu'il avait sous sa tente dans la Glacière, repliait la tente et la rapportait au *Iola* ; mais il n'avait fait ni l'un ni l'autre (déposition de Jennifer et témoignage de Wheeler disant que lors des recherches de 1974 le groupe avait trouvé les meubles sous la tente dressée).

– Il est permis de déduire que si Buck n'a pas rapporté la tente au *Iola* ce jour-là, ni transporté les meubles dans la Glacière, c'est qu'il était bien trop occupé à terre et dans le lagon. Une macabre histoire de terreur et de sang se déroulait ce jour-là à Palmyre, comparable à ce qu'on pourrait voir dans un médiocre film d'horreur de série B. Buck Walker en était la vedette, dans le rôle du monstre.

Je soulignai qu'il était bon de se souvenir que Buck vivait seul sous sa tente depuis le 15 juillet.

– L'importance de ce fait est évidente, bien sûr. Puisque Buck était tout seul, à terre, il avait beaucoup plus de liberté et de latitude pour agir le 30 août qu'il n'en aurait eu si Jennifer avait vécu avec lui.

Pour la question suivante, j'étais dans une position plus faible. L'argument d'Enoki était que – si Jennifer n'était pas complice des meurtres, jamais Buck ne lui aurait laissé le canot de crainte qu'elle me débarque à terre à l'improviste. Cherchant une réfutation convaincante, je me référai une fois de plus au témoignage de Jennifer disant que leur projet, à tous deux, était qu'après 10 h 30 ou 11 heures, elle resterait à bord du *Iola* pour tout ranger, tout nettoyer et mettre en état pour le voyage à Fanning et faire cuire du pain.

– Buck connaissait bien les habitudes de Jennifer, naturellement. Il n'avait aucune raison de penser qu'elle prendrait le canot pour aller à terre.

J'ajoutai qu'il ne faut que quelques secondes, une minute, pour tuer son prochain, Buck savait donc que Jennifer ne risquait guère de le surprendre en flagrant délit.

J'en revins à la chronologie de cette journée, à partir du moment où Buck était passé au *Iola* au début de l'après-midi et puis de nouveau à 16 heures environ, jusqu'à celui où Jennifer avait entendu le Zodiac vers 16 h 30 (« Nous pouvons raisonnablement déduire que le pilote de ce canot était Buck Walker avec sa cargaison funèbre, les cadavres de Mac et Muff Graham. ») pour en venir finalement à l'arrivée de Buck et Jennifer au *Sea Wind* vers 18 h 30.

– Deux choses à ce moment-là démentent l'histoire racontée par Buck. Premièrement, j'ai demandé à Jennifer si le fanal en tête de mât était allumé sur le *Sea Wind* quand ils étaient arrivés pour dîner et elle m'a dit que non. Tom Wolfe a témoigné tout comme Jennifer que la nuit tombait à Palmyre entre 18 et 19 heures. Nous savons que sur l'île la nuit était très noire et puisque, à en croire Buck, Mac se doutait que Muff et lui risquaient de rentrer après 18 h 30, il aurait allumé le fanal du voilier pour avoir un point de repère, un phare à leur retour dans la nuit.

Le second point se rapportait à l'eau-de-vie d'abricot. Je démontrai aux jurés que, de toute évidence, Buck Walker avait préparé sur la table l'alcool favori de Jennifer. Croire le contraire serait accepter une coïncidence extrême, que les Graham, ignorant que cette liqueur peu courante avait la préférence de Jennifer, en auraient simplement posé, par le plus grand des hasards, une bouteille sur la table.

– Mesdames et messieurs les jurés, l'histoire que raconte Buck Walker à propos de cette invitation à dîner déborde de tant d'invraisemblances qu'il apparaît clairement qu'elle n'a jamais existé.

« Lorsque je m'efforce de détailler pour vous, au moyen de déductions dictées par le bon sens, les événements qui ont eu lieu dans l'île de Palmyre le 30 août 1974, une réalité compatible avec tous les témoignages de cette affaire s'impose : Buck Walker a assassiné les Graham tout seul, et Jennifer Jenkins n'a absolument pas participé à ces meurtres !

« Je suis certain qu'une seule personne encore vivante aujourd'hui connaît tous les faits entourant le sort des Graham. Son nom est Buck Walker et il est resté muet comme une statue. Je suppose que si j'étais lui, mes lèvres aussi resteraient cousues en permanence.

« J'évoquais tantôt la terreur et l'horreur des événements survenus à Palmyre le 30 août 1974. Avant de poursuivre ma chronologie je poserai la question suivante : Si Jennifer nous dit la vérité, comment se fait-il qu'elle n'ait rien entendu ? Par exemple une détonation, si un coup de feu a été tiré ?

« Eh bien, pour commencer, bien qu'il apparaisse que Buck s'est débarrassé des cadavres en les jetant dans le lagon après 16 h 30, nous ne savons pas à quel moment de la journée les crimes ont été commis. Nous ne savons pas non plus où ils l'ont été.

« Je crois cependant qu'il est raisonnable de supposer que Walker a tué Mac Graham alors qu'il était séparé de Muff. Il est nettement plus risqué de tuer deux personnes quand elles sont ensemble qu'une seule à la fois. Or, nous savons qu'il était facile à Buck d'affronter Mac et Muff sé-

478

parément puisque de nombreux témoignages nous ont appris que Mac était souvent seul, dans son atelier ou en exploration dans l'île. Autrement dit, Buck n'avait pas besoin de Jennifer pour détourner l'attention de Muff pendant qu'il assassinait Mac.

« Pour en venir au bruit, nous ne savons pas comment Buck a tué les Graham mais je suis à peu près sûr, d'après les preuves indirectes, qu'il ne s'est pas servi d'une arme à feu. Et c'est très important...

« Le Dr Uberlaker a témoigné que le trou dans la région temporale gauche du crâne de Muff Graham lui semble résulter de l'érosion, pas d'un coup ni d'un projectile.

Si le Dr Stephens, le médecin légiste, n'écartait pas la possibilité que le trou ait été causé par une balle, je fis observer qu'il n'avait pas non plus abouti à une conclusion formelle et définitive.

– Un fait indiquant que ce trou n'a pas été causé par une balle, c'est que le Dr Stephens a été incapable de découvrir la moindre trace de plomb sur les bords. Nous n'avons donc aucune preuve concrète de l'utilisation d'un pistolet.

Nous possédions en revanche, dis-je aux jurés, la preuve médicale positive de multiples fractures résultant d'un certain nombre de coups assenés sur la tête, celui qui avait détaché le maxillaire inférieur du reste du crâne, les fractures des molaires supérieure et inférieure, de la couronne de la dent n° 13 et des racines de la dent n° 30.

– Le Dr Harris nous a expliqué que ces coups avaient été portés avec une force considérable, par un instrument contondant, une arme beaucoup plus forte qu'un poing. Il est allé jusqu'à parler de marteau d'enclume. Muff avait également subi des fractures du radius et du cubitus du bras gauche ainsi que des tibias gauche et droit, toutes causées par une force extrême. L'image qui s'impose inévitablement est celle de Buck Walker frappant Muff Graham avec acharnement, au moyen d'un instrument de type marteau d'enclume.

Il m'était impossible, avouai-je, d'imaginer Walker, après avoir tué Muff d'un coup de pistolet, frapper et rouer de coups violents le corps étendu à ses pieds.

Durant toute ma démonstration, le jury avait pris des notes, ce qui était bon signe. Sauf mon ennemi présumé, le Rocher du Kansas. Il restait assis tout droit, les bras croisés, la mine sévère, et me lançait des regards qui signifiaient clairement : « Plaidez, plaidez, monsieur Bugliosi, vous avez toute mon attention partielle. »

Je m'appuyai des deux mains sur le rebord du box du jury et baissai la voix pour parler sur le ton de la confidence :

– Tous ces arguments que je viens de développer pour vous, mesdames et messieurs, toutes les déductions que j'en tire, d'où me viennent-ils ? N'est-ce de ma part que le produit de ruminations fumeuses ?

« Non, il n'y a là rien de fantaisiste. Tout ressort des témoignages présentés devant cette cour, par des témoins déposant sous serment.

« En supposant même que Walker se soit servi d'une arme à feu, Jennifer a fort bien pu ne pas entendre la détonation. Palmyre résonnait d'une cacophonie de bruits divers capables de couvrir ou tout au moins d'étouffer un coup de feu. Comme nous le savons d'après plusieurs témoins, au moins un million d'oiseaux y séjournaient, criant et croassant toute la journée. Et puis il y avait le bruit incessant du ressac.

Je rappelai encore que ce même jour à midi un navire passant à quatre cents milles à l'est de Palmyre avait signalé des vents de seize nœuds – environ trente kilomètres à l'heure –, ce qui ne signifiait pas que sur Palmyre les vents atteignaient seize nœuds mais que, selon toute probabilité, le vent devait agiter les palmes et faire du bruit.

– Et n'oublions pas non plus la végétation extrêmement dense de l'île qui étouffait les sons.

« Et des cris ? demandai-je. Que penser des cris ? Là encore, nous ne savons pas s'il y a eu des cris. Buck Walker s'est certainement appliqué à prendre Mac par surprise, en le frappant par exemple par-derrière, dans son atelier. Mac, habitué à la présence de Buck, a pu lui tourner le dos, sans méfiance. Ainsi n'y aurait-il pas eu de cris, le premier coup sur la tête ayant fait perdre connaissance à Mac.

Je fis part au jury d'un petit point supplémentaire : le rapport sur le vent de seize nœuds précisait qu'il soufflait du sud-sud-est. Comme les endroits où Buck avait pu logiquement commettre ses crimes, l'atelier et le voisinage du *Sea Wind*, se situaient au nord-ouest du *Iola* où se trouvait Jennifer, le vent aurait emporté les bruits encore plus loin d'elle.

– Une nouvelle question vient à l'esprit. Si Jennifer ne

pouvait entendre des coups de feu ou des cris, comment aurait-elle entendu le bruit du Zodiac ?

Je devais prévoir toutes les questions que risquaient de se poser les jurés et tenter d'y répondre d'avance.

– Eh bien, tout d'abord, nous savons par plusieurs témoins, y compris l'agent Shishido, que le Zodiac était équipé d'un moteur puissant et extrêmement bruyant. Deuxièmement, les sons venant du lagon pouvaient porter loin sans être étouffés par la végétation de la jungle. D'ailleurs, chacun sait que le bruit porte bien plus loin et conserve plus longtemps ses décibels sur l'eau que sur la terre, même dégagée.

Je jetai un coup d'œil à la pendule – il était 16 h 30 – et suggérai au juge de suspendre l'audience jusqu'au lendemain.

Après avoir donné congé aux jurés jusqu'au matin, King me considéra et me déclara aimablement :

– Vous avez été très bien, monsieur Bugliosi.

43

J'entamai mon dernier jour de plaidoirie en annonçant au jury que j'allais examiner chaque témoignage qui, selon l'accusation, indiquait la culpabilité de Jennifer.

Elle mentait en racontant avoir trouvé le Zodiac retourné sur la plage, prétendait Enoki. Cette preuve indirecte était l'une des plus critiques de tout le procès et ma position était bien moins forte que je ne le souhaitais.

– Comme vous le savez, dis-je pour commencer, il y a chaque jour deux marées hautes et deux marées basses. Toutefois, sur ces deux marées hautes l'une est une grande marée, dite de vive-eau, et une autre plus basse dite de morte-eau. De même, des deux marées basses, l'une est plus basse que l'autre. Il n'y a qu'une seule grande marée de vive-eau par vingt-quatre heures.

« Quelle preuve nous donne M. Enoki qu'entre 16 h 30 le 30 août, quand Jennifer entend le Zodiac, et l'aube du 31, quand elle le trouve retourné, il s'est produit une grande marée haute ? Si les marées devaient être d'une importance capitale dans cette affaire, comme il voudrait le faire croire, pourquoi ne s'est-elle pas procuré l'annuaire des marées ou je ne sais quel document déterminant sur cette région du Pacifique pour vous le montrer ? L'accusation n'a-t-elle pas la charge de la preuve ?

« John Bryden a témoigné que la marée haute ne laissait pas de plage à l'endroit indiqué par Jennifer pour sa découverte du canot. Mais personne n'a pris la peine de faire une distinction entre grande marée de vive-eau et marée haute de morte-eau, où l'eau ne monte pas aussi loin.

Concluant mon argument sur un point critique, je déclarai :

– La plage dans la région indiquée étant très irrégulière, et sans savoir à quel endroit précis de cette plage Jennifer a trouvé le canot, sans même savoir s'il y a eu une marée de vive-eau ou de morte-eau durant le laps de temps en question, nous nous égarons dans des brumes de conjectures et de spéculations. Rien de plus, rien de moins.

Tout en consultant mes notes, je repris mon exposé.

Les conditions dans lesquelles Jennifer avait quitté Palmyre en compagnie de Buck à bord du *Sea Wind*, le fait qu'ils n'avaient pas averti la police, les mensonges de Jennifer, etc., tout était présenté par l'accusation comme des preuves de sa culpabilité. Il me fallait réfuter une par une toutes ces allégations.

Après avoir rappelé aux jurés le témoignage de Jennifer disant qu'elle avait voulu signaler la disparition des Graham (ce que Buck lui avait interdit) et qu'elle n'avait *pas* voulu prendre le *Sea Wind* et n'avait cédé que devant le choix : venir avec lui, rester seule à Palmyre, ou naviguer seule avec le *Iola*, j'affirmai :

– Nous ne parlons pas ici, mesdames et messieurs les jurés, de morale rigide et théorique ni, comme je le disais précédemment, d'arithmétique élémentaire. Les nécessités de la situation obligeaient Jennifer à accompagner Buck pour retourner à Hawaii à bord du *Sea Wind*. La plupart des gens, à la place de Jennifer, n'auraient-ils pas fait la même chose ? Vous pourriez bien vous poser la question, lors de vos délibérations.

« Je ne veux certainement pas comparer Jennifer Jenkins à Mère Teresa, mais Mère Teresa elle-même à la place de Jennifer aurait-elle choisi de partir seule à bord du *Iola* ou de rester toute seule à Palmyre ?

Jennifer avait témoigné qu'elle savait qu'elle agissait mal en emmenant le *Sea Wind* mais, disait-elle, « le testament de Mac Graham me soulageait ».

– Si l'un de nous estime que la morale de Jennifer comporte de sérieuses lacunes, et sa logique des raisonnements spécieux et des incohérences qu'Aristote n'aurait jamais approuvés, n'oublions pas qu'aucun de nous n'était à la place de cette jeune femme sur l'atoll désert de Palmyre en cet été de 1974. Et je dis qu'étant donné les circonstances, nous ne devrions peut-être pas être si rigoristes. Je pense que seule une personne habile à passer entre les gouttes de pluie aurait pu vivre l'incroyable odyssée de Jennifer et supporter ses épreuves, en restant parfaitement pure et sans reproche.

Quant au mensonge de Jennifer à Lorraine Wollen sur l'acquisition du *Sea Wind*, il était très clair que cela n'indiquait absolument pas une conscience de culpabilité de sa part. Comme elle en avait témoigné, elle ne pouvait manifestement pas dire la vérité à Mme Wollen tout en continuant à protéger l'identité de Buck Walker.

Et la fuite de Jennifer dans la rade de l'Ala Wai ? N'était-ce pas une preuve de culpabilité ?

– Certainement, cette fuite démontre une conscience de culpabilité. Mais culpabilité de *quoi* ? Voilà ce que vous devez vous demander. Si quelqu'un, par exemple, venant de commettre un cambriolage, s'enfuit devant la police, son attitude est en rapport direct avec le vol.

« Mais Jennifer avait des raisons de s'enfuir sans aucun rapport avec le meurtre des Graham. Premièrement, elle avait aidé un fugitif à se soustraire à la justice. A sa connaissance, cela faisait d'elle aussi une criminelle, comme elle en a témoigné. Deuxièmement, à cause de la situation de Buck, ils n'avaient pas averti la police de la disparition des Graham et elle savait que c'était très mal. Et troisièmement, Buck et elle étaient à bord d'un bateau qui ne leur appartenait pas.

« Tout ce que je viens de dire à propos de la fuite de Jennifer peut se fondre dans une seule réalité. Je vous cite sa déposition sous serment : "Vous devez comprendre que je m'étais imprégnée de l'état d'esprit de Buck. Buck était un fugitif en cavale et je fuyais avec lui." Ainsi, sa réalité était devenue votre réalité ? lui ai-je demandé. Et elle a répondu : "Exact." Quelqu'un peut-il prétendre que cette explication de la fuite de Jennifer dans la rade n'est pas éminemment raisonnable ?

Venait ensuite le mensonge de Jennifer à Shishido, quand elle avait raconté que le *Iola* s'était échoué sur le banc de corail dans le chenal alors qu'il était remorqué par le *Sea Wind*.

– Ce n'était pas vrai, naturellement, dis-je, mais je veux que vous considériez l'observation que je dois faire à propos de cette contre-vérité.

Je rappelai au jury ce que Buck avait dit à Jennifer : s'ils avouaient avoir sabordé le *Iola*, on croirait naturellement qu'ils avaient volé le *Sea Wind* ; ce raisonnement était bien choisi pour convaincre Jennifer puisqu'elle n'estimait pas du tout voler le bateau.

– Je ne dis pas cela pour excuser le mensonge mais uniquement pour placer les choses dans leur exacte perspective. Sans vouloir jouer sur les mots avec vous, mesdames et messieurs les jurés, le mensonge proféré pour couvrir un méfait ou un crime commis est bien loin de celui dont le but est d'éviter d'être accusé d'un délit que l'on n'a pas accompli.

« J'entends d'avance la réfutation de M. Enoki : ''M. Bugliosi a une explication pour tout ce qu'a fait Jennifer Jenkins mais il n'est pas réaliste.'' Voilà, fort probablement, ce qu'il dira !

(J'étais bien certain que les jurés devaient penser la même chose.)

Je me tournai vers la table d'accusation.

– Ma réponse à cette allégation est que la raison pour laquelle je trouve une explication à toutes les actions de Jennifer se fonde sur la preuve de son innocence. Elle est innocente, et tous ses mots et gestes s'expliquent donc. Si elle était coupable, les explications valides manqueraient.

Je pris le temps de boire une gorgée de mon mélange miel-citron. J'espérais qu'après avoir longuement expliqué tous les aspects négatifs de l'affaire tendant à prouver la culpabilité de Jennifer, j'avais bien préparé le jury à accueillir beaucoup plus favorablement la partie suivante de mon exposé.

– Mesdames et messieurs les jurés, je voudrais maintenant passer à un stade supérieur de ma démonstration et aborder avec vous les nombreux aspects de l'affaire qui militent irrévocablement en faveur de l'innocence de Jennifer. Nous ne devons jamais oublier qu'en vertu de la loi de présomption d'innocence, il ne nous revient pas du tout d'apporter des preuves de cette innocence.

« En premier lieu, bien sûr, la déposition de Jennifer. Elle n'était absolument pas obligée de témoigner. Beaucoup d'accusés s'y refusent, de crainte que leur version des événements ne soit ensuite passée au crible par le ministère public.

« Il me semble que l'attitude de Jennifer quand elle est montée sur l'estrade montrait clairement qu'elle n'éprouvait pas la moindre hésitation à témoigner. Elle a même dit au représentant de l'accusation : "Posez-moi toutes les questions que vous voudrez ; et vous pouvez tourner vos questions de la manière la plus subtile, comme vous savez le faire, pour que je paraisse coupable. Cela m'est égal parce que je n'ai rien à cacher. Alors interrogez-moi tant que vous voudrez."

« Le témoignage de Jennifer a la solidité d'une cotte de mailles. Pourquoi ? Parce qu'elle a dit la vérité. Et je crois à la puissance de la vérité qui brille de son propre éclat. Voilà pourquoi elle s'impose !

« L'irréfutable et inébranlable témoignage de Jennifer, affirmant n'avoir aucunement participé au meurtre des Graham est la plus puissante preuve de son innocence. Mais ce procès recèle encore davantage de preuves de cette innocence !

Tout d'abord, les témoins attestant de son caractère non-violent.

– Quelle est la pertinence du témoignage de moralité ? Je crois que nous pouvons examiner notre propre vie pour trouver la réponse à cela. Ne conduisons-nous pas nos affaires, nos relations avec les autres gens en vertu du principe qu'ils continueront d'agir comme ils l'ont fait par le passé ? Et s'ils ont fait preuve, dans le passé, d'une bonne moralité, qu'ils en feront aussi preuve dans l'avenir ? Qu'ils ne vont pas subitement tourner casaque et agir contrairement à leur tempérament ?

« De même, je pense qu'à de très, très rares exceptions près, celui qui commet un crime prémédité, brutal, odieux ou y participe doit avoir dans son passé fait ou dit des choses laissant penser qu'il avait cette violence dans le sang. Quelque chose, à la surface, trahit les ténèbres et le mal tapis dans les tréfonds de son esprit, de son âme. A vrai dire, comme avec Buck Walker, on n'a pas besoin d'aller chercher bien loin. Le passé de ces individus est criblé d'incidents agressifs et violents.

« Lorsque nous observons Jennifer Jenkins, non seulement nous ne voyons pas la moindre molécule de preuve de violence, même potentielle, mais tout au contraire, nous lisons de nombreux indices de répulsion à l'égard de toute violence. Tous les témoignages la décrivent comme pacifique et non-violente, comme une personne aimante, bonne, très généreuse qui respecte la vie de son prochain et y attache du prix.

En lisant des extraits des minutes, que j'avais marqués et

soulignés, je passai en revue les dépositions des témoins de moralité, Debbie Noland, Rick Schulze, Leilah Burns et Lawrence Seltzer.

– La plupart des gens sont non-violents, sans doute, mais si vous aviez à les décrire vous ne prendriez pas la peine de mentionner cette caractéristique, parce que dans une société civilisée on est censé être non-violent. Si on vous demande de décrire une amie vous ne diriez pas : « Mary ? Une chic fille, une de mes meilleures amies. Très non-violente. » L'idée ne vous viendrait pas de le dire. La non-violence va de soi.

« La plupart des gens, s'il leur arrive d'être mêlés à un scandale quelconque, découvrent que leurs amis se sont évaporés ; qu'ils sont devenus pour eux des lépreux. Ce n'est pas le cas pour Jennifer et ses amis. Pourquoi ? Parce que ces personnes la connaissent bien, et pour cette raison savent qu'elle n'a absolument pas pu être mêlée à cet acte monstrueux.

« L'assassinat de la pauvre Muff Graham n'est pas un meurtre ordinaire. Ce qui a dû arriver à Mme Graham quand elle a été si impitoyablement mise à mort est si horrible qu'il est difficile à une intelligence moyenne de l'envisager.

« Et comme si cette ultime horreur ne suffisait pas, le caisson étant manifestement trop petit pour contenir le cadavre – oui, je sais, l'image est effroyable mais nous parlons maintenant de meurtre et l'enjeu est d'importance –, une tronçonneuse ou quelque chose de ce genre a pu être utilisé contre Mme Graham. Et puis le feu, la tentative d'incinération !

« Ces événements témoignent de manière terrifiante de la faculté de mal absolu particulière à certains êtres qu'on hésite à qualifier d'humains. Celui qui a commis ce crime incroyablement monstrueux – Buck Walker, et lui seul – doit être pourri jusqu'à la moelle.

« Vous avez tous entendu dire que l'arbre se reconnaît à ses fruits. Le chardon et la ronce ne donnent pas de délicieuses cerises. Et je soutiens qu'une vie compatissante et pacifique comme celle de Jennifer ne produit pas subitement une récolte d'horreurs innommables. Je soutiens que la preuve que nous donnons du caractère non-violent de Jennifer est la plus éclatante preuve de son innocence !

Je me préparais à retourner la situation contre les représentants de l'accusation et, usant d'un argument qu'ils (et

487

Len Weinglass) croyaient impossible à défendre dans le cadre de ce procès, je comptais dire que, sous le glacis d'indices de culpabilité résultant de tous les mots et actes de Jennifer, se détachait, au contraire, dans sa conduite et ses nombreuses déclarations, sa réelle innocence.

– Dans cette affaire, même si Jennifer a agi de façon regrettable, poussée par les circonstances, en de nombreuses occasions, elle s'est comportée comme seule une personne innocente peut le faire.

« Certains des points que je vais mentionner sont de ceux qui frappent, pour ainsi dire, par leur nature évidente ; ils sont subtils, sans doute, mais fournissent néanmoins quelques bons aperçus d'une âme innocente.

« Il y a tout d'abord le journal de bord de Jennifer. Si elle avait participé au meurtre et si elle avait rédigé son journal en le destinant à d'autres lecteurs, elle aurait écrit de manière à éliminer tout soupçon et à se présenter sous un jour favorable. Dans cet état d'esprit, si vous avez consacré des paragraphes entiers de votre journal à des événements quotidiens banals, la cuisson d'une tarte, par exemple, la lecture d'un livre, comme le faisait Jennifer, vous n'en écrirez sûrement pas moins, à propos de la perte d'une vie humaine !

« Jennifer n'a eu qu'un seul mot : "Tragédie", à propos de la mort apparente des Graham. Elle ne cherche absolument pas à tromper, à dissimuler, à couvrir. Pourquoi ? Parce qu'elle n'a rien à dissimuler.

« Autre point, sur cette question. Si Jennifer était mêlée à ces meurtres et si son journal était rédigé pour d'autres yeux, n'aurait-elle pas dramatisé sa détresse à la mort des Graham ? Mais ce journal ne démontre aucune tentative de dramatisation.

Il me fallait maintenant expliquer et essayer de tourner à l'avantage de Jennifer l'incroyable réflexion notée à la date du 4 septembre. : « Nous nous engraissons de plus en plus avec le jambon, le fromage, les crêpes, la dinde, le chili et toutes les choses qui nous manquent depuis si longtemps. » Len pensait que cette note écrite quelques jours à peine après la mort de Mac et de Muff était « redoutable. Elle contredit tout ce que Jennifer a déclaré et la fait paraître épouvantable ».

Mais tout en reconnaissant l'apparente insensibilité de cette réflexion du 4 septembre, je demandai au jury de réfléchir un instant :

– Que devait-elle faire ? Ne pas toucher aux vivres des Graham ? Les laisser pourrir, moisir et continuer de vivre uniquement du poisson de l'océan ?

« Je soutiens que nous devons appliquer les règles du bon sens et de la logique à notre analyse du journal de bord ; la nature même de ces notes est une preuve indirecte d'innocence. Si Jennifer Jenkins était coupable, elle ne les aurait pas rédigées de cette façon.

Je déclarai trouver encore d'autres manifestations de la conscience d'innocence en rapport avec l'incident Lorraine Wollen.

– Si l'on avait participé à l'assassinat des propriétaires d'un bateau, inviterait-on à bord une vague relation – une personne qui ne pouvait en aucune façon vous protéger des autorités – comme Jennifer l'a fait avec Mme Wollen ? Surtout quand les photos des victimes du meurtre étaient encore accrochées à la cloison et qu'il était à prévoir que les visiteurs demanderaient, comme l'a fait Mme Wollen, qui étaient ces personnes ? Je ne le pense pas.

« De plus, le fait que Jennifer ait voulu garder en évidence la photo des Graham, qu'elle ait voulu maintenir l'intérieur du voilier exactement comme ils l'avaient laissé est encore une preuve de ses sentiments à leur égard. Ce n'est évidemment pas l'état d'esprit d'un assassin envers ses victimes. Tout cela est le reflet manifeste d'une conscience d'innocence.

J'en vins à la matinée du 29 octobre, quand Jennifer avait appris par Joel Peters que la police la cherchait, ainsi que Buck ; alors qu'elle gagnait la terre à l'aviron elle avait entendu les chiens aboyer sur le pont du *Sea Wind*. Elle avait voulu retourner pour les descendre dans la cabine et rapporter son linge à Joel mais Buck avait protesté : « Tu es complètement folle ! Dépose-moi d'abord sur le dock ! »

« Jennifer dépose donc Buck, retourne au *Sea Wind*, enferme les chiens et rapporte son paquet de linge à Peters. Comme vous le savez, Joel Peters a témoigné qu'elle lui avait effectivement rapporté son linge et que, peu après, il avait remarqué qu'elle était poursuivie dans la rade par les autorités.

« Comment une telle suite de circonstances pourrait-elle mieux démontrer une conscience d'innocence ? Si Jennifer avait été de connivence avec Buck Walker dans l'assassinat des Graham, son retour au *Sea Wind* pour enfermer les chiens aurait été tout à fait invraisemblable. Totalement absurde !

« Et, par-dessus le marché, penser à rapporter le linge à un copain ! Comme dit le bon peuple : "Faut pas pousser !" Qu'une personne qui se sent coupable d'avoir aidé un fugitif agisse ainsi, je veux bien. Mais certainement pas quelqu'un qui a deux meurtres sur la conscience !

J'accusai alors l'accusation de s'être évertuée, depuis le début du procès, à dépeindre Buck et Jennifer comme les Bonnie et Clyde du Pacifique, le couple de hors-la-loi légendaire des années 30.

– Buck Walker est bien, sans doute, un Clyde Barrow, mais Jennifer Jenkins n'a rien d'une Bonnie. La manœuvre n'a pas marché, à ce procès. Autant essayer de planter un clou dans une tarte à la crème. Il ne tiendra pas !

Je rappelai, lentement, les charges pesant sur Jennifer et leur signification réelle.

– Ces assassinats sont présentés comme des meurtres prémédités. Cela veut dire, au minimum, que Jennifer les a projetés et préparés de sang-froid, qu'elle a formé le projet d'éliminer Mac et Muff Graham, qu'elle a aidé à prendre des décisions sur l'heure, le lieu, les armes du crime.

« La préméditation signifierait qu'elle ait connu, à l'avance, l'horrible, l'effroyable mort de Mac et de Muff, qu'elle ait dit : "Je m'en fiche, tuons-les." C'est cela, la préméditation !

« Cette jeune femme qui avait la prévenance de rapporter son linge à un ami alors même qu'elle était poursuivie par la police ne se serait pas souciée de la vie de Mac et Muff Graham, des personnes qu'elle estimait et avec qui elle entretenait des relations amicales ?

« Est-il possible de marquer Jennifer Jenkins au sceau indélébile de la culpabilité ? J'affirme qu'une telle idée pervertit tous les principes de la logique et du bon sens !

« Et même si Buck Walker avait commis ces crimes avec la complicité de Jennifer Jenkins, s'ils avaient participé ensemble au massacre, ce même bon sens ne vous soufflerait-il pas qu'ensuite la meilleure solution pour se débarrasser des cadavres était d'aller les immerger au loin dans l'océan ? Il leur était si facile de transporter ces corps sur le *Sea Wind* jusqu'à des centaines de milles au large, et de les balancer par-dessus bord. Ainsi, ils auraient été certains, à cent pour cent, que les cadavres ne seraient jamais retrouvés.

« Mais cela n'a pas été fait parce que l'auteur de ces crimes était seul, parce que seul Buck Walker les a commis.

Mes propos suivants faisaient intégralement partie de l'enchaînement logique des idées et devaient donc être exposés, mais leur évidence m'obligea à m'excuser auprès du jury d'avoir à les prononcer. J'expliquai que Buck Walker ne pouvait transporter les cadavres à bord du *Sea Wind* pour les immerger au large parce que Jennifer aurait su, alors, qu'il les avait tués.

– Buck Walker n'avait pas le choix, il était obligé de se débarrasser des corps à Palmyre, hors de la présence de Jennifer et à son insu.

Je fis comprendre au jury que j'en arrivais à ma péroraison. Je m'approchai du fauteuil des témoins, du perchoir où tant de témoins de la défense et de l'accusation s'étaient succédé, avaient prêté serment et apporté, chacun, une petite pièce supplémentaire au puzzle. Certaines s'emboîtaient à la perfection, d'autres beaucoup moins bien, évidemment.

– N'est-il pas merveilleux, notre système judiciaire américain où personne – pas seulement Jennifer Jenkins, mais vous et moi et tous les autres citoyens américains –, personne ne peut être privé de sa vie ou de sa liberté sans une preuve nette, irréfutable, fournie par des témoins qui déposent sous serment et se soumettent à un contre-interrogatoire ? Espérons et prions Dieu que cela ne change jamais. Parce que c'est, entre autres choses, ce qui fait la grandeur de notre pays et le distingue des nations totalitaires.

« Puisque nous n'avons ici, au mieux, qu'un ramassis de circonstances suspectes, suggérer que Jennifer Jenkins est coupable au-delà de tout doute raisonnable serait risible.

« Au-delà de tout doute raisonnable, mesdames et messieurs les jurés ! C'est la doctrine la plus importante de la jurisprudence pénale américaine.

Je revins vers les bancs du jury.

– Pour nous résumer, quand vous serez à côté, dans la salle des délibérations, dites-vous bien que trois raisons, distinctes et indépendantes, justifient un verdict de non-culpabilité, chacune d'entre elles justifiant, *en soi*, un tel verdict.

« Premièrement, le poids décisif de l'évidence milite en faveur de l'innocence de Jennifer. Elle n'a rien à voir avec le meurtre des Graham.

« Deuxièmement, les instructions du juge imposent que, s'il y a deux conclusions raisonnables à tirer des témoignages, une de culpabilité, l'autre d'innocence, vous adoptiez la conclusion d'innocence.

« Et troisièmement, nous revenons, comme toujours, à la doctrine du doute raisonnable. Il est indiscutable que l'accusation n'a pas assumé sa charge de preuve. En aucune façon elle n'a prouvé la culpabilité au-delà du doute raisonnable. On pourrait presque dire que c'est un blasphème, un sacrilège envers la doctrine du doute raisonnable, et tout ce que cette doctrine signifie pour notre système judiciaire, de suggérer un seul instant qu'elle l'a prouvé.

Je pris un temps, tirai un mouchoir de ma poche et m'épongeai le front. J'en arrivais aux derniers mots de mon exposé.

– Je pense qu'il convient d'observer, dis-je en baissant légèrement le ton, en respectueuse prévision de votre verdict de non-culpabilité, que même en bénéficiant d'un tel verdict Jennifer Jenkins a été profondément et irrévocablement blessée pour le reste de sa vie. Le fait est qu'elle a été accusée du pire des crimes, de meurtre, et ceci jettera une ombre douloureuse sur toute son existence, ce qui est une grave injustice.

Si jamais des jurés pensaient encore que Jennifer était coupable mais avaient un doute raisonnable, j'espérais que cette observation faciliterait leur jugement de non-culpabilité.

– On a décrit la justice comme le ligament qui maintient et unit les êtres et les éléments des sociétés civilisées.

« Il n'existe qu'un verdict, mesdames et messieurs les jurés, un seul verdict qui puisse être non seulement compatible avec la justice, mais aussi avec les témoignages présentés ici et ce verdict, naturellement, est non coupable. Non coupable ! Dans ce procès, les réalités et le droit réclament et exigent un verdict de non-culpabilité. La défense est confiante, nous savons que vous ne nous décevrez pas, que vous ferez honneur au système de justice que vous avez juré de défendre.

« Mon confrère, M. Weinglass, ma cliente Jennifer Jenkins et moi-même souhaitons vous remercier chacun de vous, du fond du cœur, de votre patience et de l'attention que vous nous avez accordée d'un bout à l'autre de ce procès.

« Encore merci, mesdames et messieurs les jurés.

Quand je contournai la table de la défense pour reprendre ma place, Len me sourit.

– Quelle maîtrise, Vince ! Quelle maîtrise !

Quand le juge eut annoncé la suspension d'audience, Ted Jenkins s'approcha.

– Vous avez été plus que superbe, Vince ! s'exclama-t-il chaleureusement. Il n'y a pas de mots pour décrire votre admirable démonstration !

Sa mère le suivit. Les yeux pleins de larmes, Sunny me serra dans ses bras.

– Merci, Vince. Je sens que nous avons une chance, maintenant.

Je m'aperçus seulement une ou deux heures plus tard qu'une seule personne du côté de la défense ne m'avait rien dit.

Jennifer.

44

Après avoir ordonné à l'huissier de fermer à clé la porte de la salle d'audience pour qu'il n'y ait pas d'interruptions, le juge King fit une chose que je n'avais encore jamais vu faire par un magistrat. Au lieu de rester à son banc, il descendit et vint se planter devant le box du jury, comme un des avocats du procès. Il était temps de donner leurs instructions aux jurés et de les mettre au courant des règles qu'ils devaient respecter au cours de leurs délibérations.

Les jurés avaient entendu par ma voix une grande partie de ce discours mais à présent, émanant d'un magistrat, il était soutenu par toute la force du système judiciaire.

Le juge ne s'interrompit qu'une seule fois, pour boire quelques gorgées d'eau, et dans l'ensemble son allocution dura une vingtaine de minutes. Quand le jury sortit par la porte du fond et alla s'enfermer dans la salle de délibération, il était exactement 10 h 55.

J'examinai au passage quelques figures de jurés : Linda DeCasper, la ménagère de quarante-quatre ans qui aimait faire du tourisme avec sa famille en caravane ; les deux jurés d'origine écossaise, James McGowan et Irene Angeles, tous deux souriants. On m'avait rapporté que Mme Angeles tournait vers Jennifer des regards compatissants, pendant le procès, et elle pouvait donc être considérée comme favorable à la défense. Le juré le plus âgé, Ernest Nelson, l'éleveur de poulets de Petaluma, avait paru par moments irrité par l'accusation. Le seul que je craignais encore était l'ingénieur retraité Frank Everett, le Rocher du Kansas. J'espérais que mon argument sur le doute raisonnable ferait pencher en notre faveur mais en le regardant avancer d'un pas raide je ne l'imaginais pas capable de voter autrement que « coupable » au premier tour de scrutin.

Len et moi ne pouvions plus rien pour Jennifer. Notre rôle était terminé. Son sort reposait à présent entre les mains des jurés.

Le jury commença à délibérer dans la matinée et, après la pause du déjeuner, reprit ses travaux jusqu'à 17 heures en cette journée de mercredi.

Le lendemain, à part quelques brèves visites au palais, Len et moi attendîmes dans notre hôtel ; il était convenu que le greffier nous appellerait si l'on avait besoin de nous. Jennifer et sa mère restèrent chez Ted Jenkins, qui habitait à quarante minutes de là. Le greffier devait aussi les prévenir au cas où le verdict serait donné.

Pendant la deuxième journée de délibération, les représentants de l'accusation firent beaucoup d'allées et venues et vers le milieu de l'après-midi Enoki, Schroeder et Hal Marshall allèrent bavarder ensemble sur les bancs du public dans la salle d'audience déserte, et se moquèrent du témoignage de Jennifer.

Devant un journaliste qui désirait les voir, Hal Marshall, toujours boute-en-train, imagina la distribution du film qui ne manquerait pas d'être tiré de cette affaire.

— Redford jouera mon rôle, dit-il très pince-sans-rire, le moniteur du *Karate Kid*, ce sera vous, Elliot et je vois bien Dustin Hoffman en Walt Schroeder. Bugliosi jouera son propre rôle.

La greffière Kathy Harrell récompensait de temps à autre la patience des avocats avec des petits potins. Nous apprîmes ainsi qu'Ernest Nelson avait été élu président du jury. Nous savions aussi à quel moment ils s'interrompaient pour déjeuner et quand ils revenaient.

A 15 h 05 Harrell nous annonça qu'ils prenaient un peu de repos et à 15 h 25 qu'ils ajournaient leurs délibérations jusqu'au lendemain.

— Vous savez, chuchota-t-elle aux représentants de l'accusation, je les ai entendus discuter ferme et se disputer tout à l'heure.

Le lendemain matin, le juge demanda au greffier d'audience de tous nous rassembler et de nous faire venir au palais à 11 heures. Nous fûmes réunis dans la salle d'audience. Apparemment, le jury avait « une question ».

Nous étions tous là, Len et moi avec Jennifer, Ted, Sunny et divers cousins Jenkins ainsi que quelques journalistes et l'équipe de l'accusation.

Le jury était absent. Je me demandai quelle pouvait bien être cette question. Nous nous le demandions tous. Finalement, c'était bien plus qu'une simple question.

— J'ai reçu une note des jurés, annonça le juge King en

brandissant un bout de papier qu'il nous lut : « Après sept tours de scrutin nous sommes à six contre six. Que faisons-nous maintenant ? »

J'étais sidéré et choqué d'apprendre que six jurés votaient « coupable ». Le Rocher du Kansas, oui, je comprenais, mais quels étaient les cinq autres qui croyaient Jennifer capable de meurtre avec préméditation ? De toute évidence, ils résistaient ferme. Ils ne voulaient pas que Jennifer sorte libre de cette salle !

Le juge nous demanda si nous pensions qu'il devait lire au jury l'instruction Allen. Elle stipule que les jurés doivent s'efforcer d'arriver à un verdict en repensant leur position. Len y était opposé, mais, franchement, je ne voyais pas quel tort cela pourrait nous faire. L'instruction Allen rappelle aussi aux jurés, en termes catégoriques, la notion de doute raisonnable.

– Je crois que ça peut nous aider, soufflai-je à Len.

– Nous en avons six de notre côté, répliqua-t-il, mais ce sont les plus faibles.

– Comment diable le savez-vous ?

– Les gens qui sont pour la condamnation sont toujours plus forts que les partisans de l'acquittement.

– Mais il se peut que dans ce cas, nos six soient les plus forts.

Le juge King finit par faire part aux jurés de l'instruction Allen.

Notre différend, à Len et moi, n'était pas une simple affaire de point de vue, Len trouvant le verre à moitié vide alors que je le voyais à moitié plein. Dans le contexte d'un procès d'assises, nous envisagions de façon divergente le droit.

Len se réjouissait de cette division à égalité, alors qu'elle me navrait. Il avait derrière lui une carrière d'avocat de la défense et, dans son vocabulaire, un jury « dans l'impasse » assurait une quasi-victoire. Mais en tant qu'ancien substitut de D.A., ayant surtout une formation d'accusateur, j'avais défendu ces positions que Len avait toujours cherché à contrecarrer.

Je ne considérais pas du tout un jury dans l'impasse comme le signe d'une victoire. Pour le moment, ma confiance m'abandonnait tragiquement. J'étais assailli par une pensée terrifiante : Six jurés croient, au-delà de tout doute raisonnable, que Jennifer a aidé Buck Walker à assassiner Muff Graham.

J'allai déjeuner avec Ted et Sunny Jenkins alors que Jennifer et Len partaient au restaurant de leur côté. Quand nous sortîmes de l'ascenseur, au rez-de-chaussée du palais, nous remarquâmes deux femmes du jury, Francia Rico, la standardiste, et Frances McClung, l'employée de bureau à la retraite, qui allaient elles aussi déjeuner.

Deux autres dames jurés, Irene Angeles et Kathleen Archer, sortaient également de l'immeuble. Archer était la femme d'un ancien D.A.. Généralement, un avocat de la défense récuse tout témoin lié de près ou de loin à un membre quelconque de l'accusation. Mais l'attitude et les réponses réfléchies de Mme Archer pendant le *voir dire* m'avaient plu et j'avais écrit « Bonne » sous son nom.

Comme le jury était divisé – et tenant compte du commentaire de la greffière sur la vive discussion dans la salle de délibération –, il était logique que les jurés de même opinion déjeunent ensemble. Jennifer avait remarqué les regards aimables et compatissants d'Irene Archer à son égard, alors que McClung avait « un air réprobateur ». Ted, qui avait fait la même observation, me dit qu'Archer et Angeles devaient être nos deux jurés alors que Rico et McClung représentaient le « clan de la culpabilité ».

Alors que nous mangions du bout des dents, je dis que je n'arrivais pas à croire que nous avions autant de jurés contre nous.

– Y a-t-il quelque chose que j'aie oublié de mettre en avant ? demandai-je à Ted et à Sunny.

Ils m'assurèrent tous deux que je n'avais absolument rien laissé passer, que j'avais couvert tous les aspects imaginables, et plus encore.

Je secouai la tête.

– J'ai consacré plus de deux cents heures à cet exposé, marmonnai-je. Je ne peux croire qu'il n'ait aucunement convaincu six personnes de l'innocence de Jennifer, ou ne leur ait pas inspiré au moins un doute raisonnable. Avons-nous eu tort de faire témoigner Jennifer ?

Avant que l'un ou l'autre ne me réponde, j'enchaînai avec fermeté :

– Non, elle devait témoigner. Et je ne défendrais pas cette affaire si elle ne devait pas témoigner aussi à son prochain procès.

– Absolument, elle doit témoigner, reconnut Ted.

— Cela ne fait aucun doute, renchérit Sunny. Si nous devons repasser par cette terrible épreuve, elle racontera son histoire.

A 3 heures de l'après-midi, une seconde note arriva du jury, griffonnée par Ernest Nelson sur une page arrachée à un carnet.

Les jurés avaient voté encore une fois et le juge lut le résultat à haute voix :

— Le jury est maintenant à dix contre deux. Les deux résistent fermement.

Len me chuchota qu'il était sûr que nous avions la courte paille.

— Ces deux-là sont les nôtres, Archer et Angeles, qui résistent en faveur de l'acquittement.

Je lui dis que c'était peut-être le contraire mais il ne voulut rien entendre.

— L'accusation a l'air trop béat, grommela-t-il. Le marshal leur a peut-être soufflé quelque chose.

Len, sans me consulter, se leva, la main tendue, pour implorer le juge de mettre fin tout de suite aux délibérations et de se déclarer incapable de se prononcer sur le fond.

— Cela devient une guerre d'usure, Votre Honneur, dit-il.

Je ne pouvais pas discuter avec lui parce qu'il n'y avait absolument aucun moyen de savoir ce que faisait le jury. Enoki demanda au juge de laisser les jurés poursuivre leur délibération, ce qui était le signe que l'accusation voyait les choses tourner en sa faveur. King finit par décider de convoquer les jurés et de leur demander s'ils jugeaient nécessaire de délibérer davantage. S'ils estimaient que cela n'en valait pas la peine, il se déclarerait incapable de rendre un jugement.

Lorsque les jurés revinrent prendre place dans le box, Len me fit remarquer que Kathleen Archer et Irene Angeles, nos jurés présumés, avaient les yeux rouges et semblaient avoir pleuré. Ainsi, Len avait raison ! me dis-je. Selon toutes les apparences le jury allait condamner Jennifer pour meurtre prémédité !

Patiemment, le juge expliqua aux jurés qu'ils devaient retourner dans la salle de délibération et décider, entre eux, si cela valait la peine de continuer.

Nous gardions tous un œil rivé sur la pendule. Trente

minutes... quarante... Les jurés avaient évidemment décidé de poursuivre leur délibération et d'essayer de persuader les deux résistants de revenir sur leur vote. Len avait la mine grave et la figure pâle. Si nos deux femmes larmoyantes n'arrivaient pas à tenir bon, prédit-il, ce jury reviendrait avec un verdict de culpabilité.

Jennifer était visiblement désespérée. Comme une petite fille perdue, elle alla s'asseoir à côté de son grand frère dans les rangs du public et posa sa tête sur son épaule.

A 16 heures, le juge revint à son banc. Le mieux que nous puissions espérer était un renvoi à une autre cour. A notre consternation, il annonça posément :

— Le jury vient de m'informer qu'il a un verdict.

La tristesse, comme un voile noir, s'abattit sur tous ceux de la défense. Len resta sur sa chaise, trop atterré pour chercher à masquer sa déception.

Je me levai, allai vers les bancs du public et me penchai vers Sunny pour lui chuchoter, avec une boule dans la gorge :

— Je suis désolé... désolé. J'ai déçu toutes vos espérances. Je ne sais pas ce que j'ai fait de mal mais il a bien dû y avoir quelque chose.

Sunny, qui paraissait avoir vieilli de dix ans depuis le déjeuner, ne sut que répondre.

Je ramenai Jennifer à la table de la défense, lui mis un bras autour des épaules et nous restâmes debout tandis que les jurés épuisés revenaient dans la salle. Nous allions écouter ensemble le verdict, Jennifer et moi, debout et avec courage.

L'espoir d'un renvoi s'était évaporé. Nous avions un verdict et nous savions tous ce qu'il allait être.

La greffière s'avança vers le box et prit le formulaire de la main du président du jury. Elle l'apporta au juge qui le parcourut d'abord en silence, avant de le lui rendre. Le visage de joueur de poker du juge ne révélait absolument rien. La salle était silencieuse, on avait l'impression que tout le monde retenait sa respiration.

Je n'entendais que des bribes de phrases... dissociées... incohérentes.

— Nous, le jury, ayant... la cour... Eleanor Graham... meurtre... l'accusée...

Mon bras toujours autour de ses épaules, je serrais Jennifer contre moi, comme pour la protéger de ce qui allait venir.

– Je suis navré, Jen, murmurai-je. Navré. J'étais sûr que nous pourrions convaincre le jury que...

– ... non coupable.

La salle d'audience explosa. La tension se relâcha brusquement, le public était debout, tout le monde s'exclamait, se tapait dans le dos, riait, s'embrassait, se serrait la main. Nous nous embrassâmes, Jennifer et moi, et puis nous nous retournâmes pour étreindre les autres.

Len était radieux, la figure illuminée d'un sourire. Il effectuait un étonnant retour du pays des morts. Ses joues avaient retrouvé leurs couleurs. Nous nous serrâmes chaleureusement la main.

– Ma foi, Vince, triompha-t-il, nous sommes invaincus ! Nous devrions peut-être refaire ça une autre fois.

Sunny, incapable de retenir ses larmes, me serra sur son cœur.

Dans tout ce brouhaha et ce chaos, Elliot Enoki et Walt Schroeder rassemblèrent rapidement leurs papiers et s'en allèrent, Hal Marshall sur leurs talons.

Dans le couloir, quelqu'un demanda à l'agent du F.B.I. pourquoi il partait si vite.

– Je ne veux pas rester là et voir tous les honneurs revenir à Bugliosi, répliqua-t-il.

Les jurés retournèrent dans la salle de délibération pour y chercher leurs sacs à main, leurs manteaux et autres affaires. Ils y furent accueillis en privé par le juge King qui serra la main à chacun et les remercia chaleureusement.

Quelques minutes plus tard, nous nous mêlâmes à leur groupe, dans la salle des pas perdus, avides de savoir ce qui s'était passé au juste, au cours de leur délibération.

Pour certaines choses, nous ne nous étions pas trompés. Les deux femmes du jury que nous avions vues partir pour déjeuner ensemble étaient bien en faveur de l'acquittement. Kathleen Archer et Irene Angeles n'avaient cessé de voter « non coupable ».

– Je voudrais vous poser une question, madame Angeles, lui dis-je. Quand le jury était à dix contre deux nous avons remarqué des larmes dans vos yeux. Pourquoi ?

– C'était pour moi le plus grand choc émotionnel de ma vie, monsieur Bugliosi, m'avoua-t-elle, la voix encore mal assurée. J'étais bouleversée parce que nous n'arrivions pas à convaincre les deux derniers jurés de voter « non coupable ».

Je souris en me disant que ces affaires-là peuvent être bien trompeuses.

Ernest Nelson, le président du jury, et Francia Rico, avaient été les derniers tenants de la culpabilité. Les signes d'impatience que nous avions surpris chez Nelson, son apparente irritation contre l'accusation venaient au contraire de son sentiment d'en avoir déjà bien assez entendu. Son opinion était faite, dès le début il était convaincu de la culpabilité de Jennifer et il avait voté coupable à chaque tour de scrutin, excepté le dernier.

Sur un cas, cependant, je m'étais bien trompé, ce qui confirmait mon incapacité à juger les jurés. Un des premiers et des plus violents défenseurs de l'acquittement n'était autre que le Rocher du Kansas, qui avait aidé nos deux partisans à convaincre tous les autres jurés de l'innocence de Jennifer. Son attitude pendant tout le procès me dérouta alors complètement.

Irene Angeles avait un conseil à donner à Jennifer :

— Mon chou, lui dit-elle à voix basse mais avec une grande conviction, tâchez de mieux choisir vos hommes, à l'avenir.

Le lendemain, un journaliste chroniqueur judiciaire qui avait couvert le procès trouva Elliot Enoki, l'air accablé, dans un bureau du seizième étage du palais, faisant ses bagages pour rentrer chez lui.

Ils échangèrent quelques propos anodins et puis le journaliste demanda :

— Que se passera-t-il si le cadavre de Mac Graham est retrouvé un jour ? Engagerez-vous des poursuites contre Buck Walker et Jennifer pour ce meurtre-là ?

Enoki interrompit ce qu'il faisait et se redressa.

Sa réponse fut donnée d'une voix ferme et résolue.

— C'est une possibilité, dit-il.

Mac Graham, nous pouvons le supposer avec une certaine dose de certitude, gît dans le caisson manquant. Mais ses restes sont-ils encore au fond du lagon de Palmyre d'où ils pourraient, d'un moment à l'autre, être rejetés sur la plage comme ceux de Muff ? Ou son cercueil de fortune a-t-il été emporté par le chenal jusque dans les sombres profondeurs de l'océan que Mac aimait tant ?

Un jour, peut-être, la mer nous le dira.

Épilogue

Buck Walker fit appel de sa condamnation. Le 20 février 1987, un tribunal de trois juges de la neuvième cour d'appel, notant que « depuis plus de dix ans cette cour et les cours de district ont eu à participer aux tentatives d'élucidation des mystères entourant la disparition d'Eleanor et de Malcolm Graham en 1974 », confirma à l'unanimité la condamnation de Walker.

Le détenu 17950-148 purge sa peine à la Federal Correctional Institution de Lompoc, en Californie. Buck Duanne Walker sera âgé de soixante-huit ans quand il aura droit à une demande de libération sur parole, en 2006. Dans sa cellule, il tape à la machine de longues lettres larmoyantes pour protester de son innocence, à sa mère, à sa fille, à son frère et à divers amis.

Jennifer, toujours célibataire, vit à Simi Valley et dirige une agence dans une société de télécommunications. Elle a gagné près de cent mille dollars en 1990, elle a sa propre secrétaire, une voiture de sport équipée d'un téléphone et partage sa grande maison avec un couple de vieux amis de Hawaii et leurs deux enfants. Comme sa mère, qui habite à vingt minutes de chez elle, Jennifer soigne avec art son jardin de roses. Elle aime les barbecues dans le jardin par les chaudes soirées d'été et les promenades dans un parc voisin avec Puffer, une vénérable demoiselle de dix-neuf ans. Elle a gardé l'habitude de signer ses cartes de Noël *Jennifer et Puffer*. Quand on lui demande si elle doute encore que Buck ait assassiné Mac et Muff, elle répond :

– Je crois que j'en douterai toujours un peu.

Le 24 mars, un peu plus d'un mois après l'acquittement de Jennifer, je reçus une carte de remerciement de Sunny Jenkins : « Vince, vous avez réussi un exploit fabuleux ! Nous vous sommes éternellement reconnaissants. »

Mais pas un mot de Jennifer.

Trois semaines plus tard, le 14 avril, je reçus une lettre de Ted Jenkins : « Pendant les sept dernières années, votre confiance dans l'innocence de Jennifer et en son acquittement lui a donné de la force et du courage, et l'a aidée à tenir bon. Sans son témoignage, pour lequel vous l'avez préparée si inlassablement et sans mesurer votre peine, le verdict aurait été certainement différent. Si le témoignage de Jennifer a été le tournant capital du procès, c'est à vous que revient l'honneur de son splendide impact, après quoi votre superbe plaidoirie a donné le coup de massue final. » Et il ajoutait : « Je me refuse à penser à ce qu'aurait été l'issue, sans votre exposé. »

Et toujours pas de nouvelles de Jennifer.

Vers la fin du mois d'août, six mois après le procès, je rentrais chez moi après l'enregistrement pour la télévision du procès de Lee Harvey Oswald. En arrivant, je trouvai sur une pile de courrier une carte de Jennifer portant un cachet de la poste en date du 17 août.

Elle m'écrivait que « les mots semblent parfois pitoyablement inaptes à exprimer les sentiments profonds de la vie » et qu'elle avait « longuement réfléchi pendant plusieurs mois, cherchant en vain le moyen de me transmettre sa gratitude » pour ce que j'avais fait pour elle... « Merci, c'est ce que l'on dit quand une personne vous tient une porte ouverte. Est-ce le seul mot que l'on puisse dire à quelqu'un qui vous a sauvé la vie ? Je dois avoir mes limites. Peut-être existe-t-il des mots plus profonds, mais je ne les connais pas. Alors... merci. Merci d'avoir cru en mon innocence, d'avoir pris votre lance et votre bouclier pour galoper à ma défense, de m'avoir rendu la vie. Je regrette de ne pas connaître de plus grand mot que merci. »

Crimes & Enquêtes

La première collection de littérature criminelle

L'affaire Charles Manson

LA TUERIE D'HOLLYWOOD

▪

Sous prétexte de préparer l'avènement de l'Homme nouveau, Charles Manson, le petit homme aux yeux fous qui se disait Jésus-Christ, entraîne un groupe de jeunes hippies, ses "élus", à perpétrer des crimes abominables.

▪

Le plus célèbre reste l'assassinat dans sa villa d'Hollywood, de l'actrice Sharon Tate, alors enceinte, et de quatre de ses amis, tués à coups de couteau.

▪

Ni drogués ni fous, ces tueurs au sourire d'enfant ont commis au moins trente-cinq meurtres dont la sauvagerie aveugle obéissait aux ordres de leur "gourou" : Charles Manson.

VINCENT BUGLIOSI

Vincent Bugliosi, célèbre district attorney *(à la fois juge d'instruction et avocat général), en charge de l'affaire, reconstitue avec minutie l'incroyable puzzle de ces meurtres fanatiques. Son enquête est basée sur les interrogatoires des témoins, les rapports de police et les minutes de ce procès. Cet ouvrage a reçu le prix Edgar pour le "meilleur document criminel" de l'année.*

J'ai lu 7031   Catégorie 8

Crimes & Enquêtes

Sept affaires célèbres

LES SANGUINAIRES

∎

Ne pas se demander qui a tué mais comment et surtout pourquoi on a tué. Voilà la question que pose Jacques Vergès au travers de sept histoires vraies et terrifiantes.

∎

Jack l'Eventreur, le Vampire de Düsseldorf, le Boucher de Hanovre, le Nettoyeur au Bain d'Acide, l'Etrangleur de Boston, le Monstre de Seattle et le Cannibale de Milwaukee...

∎

Autant de "Messieurs-Tout-le-Monde" qui pour des raisons différentes, ont tous basculé dans l'horreur. Un détail infime, un fétu de paille, les ont fait passer à l'acte.

∎

Chaque cas est analysé, disséqué, pour essayer de mieux comprendre ces assassins qui, un jour, franchissent la fragile barrière qui mène au crime.

JACQUES VERGÈS

Jacques Vergès, célèbre avocat inscrit au barreau de Paris, a acquis sa notoriété en défendant des causes qualifiées d'"indéfendables".

J'ai lu 7032   Catégorie 3

L'affaire Jeffrey Dahmer

LE MONSTRE DE MILWAUKEE

■

Sous ses apparences de jeune homme tranquille, Jeffrey Dahmer se révèle être un assassin abominable.
En douze ans, il tue et mutile dix-sept victimes, sans être jamais inquiété… jusqu'en juillet 91.

■

Son effroyable parcours débute à dix-huit ans par le meurtre d'un jeune auto-stoppeur. Lors de son service militaire en Allemagne, cinq crimes non élucidés sont commis dans la région. De retour dans le Wisconsin, il est arrêté pour exhibitionnisme. Dans les années 85-88, il change de tactique. Après avoir choisi ses victimes dans les bars homosexuels, il les drogue et les étrangle avant de les démembrer. Emprisonné pour attentat à la pudeur, il est relâché sans être soupçonné des crimes qu'il a déjà commis.

■

Lorsqu'en juillet 91 un jeune homme qui a réussi à s'échapper, les menottes aux poignets, prévient la police, celle-ci découvre l'horrible carnage tranquillement perpétré dans un appartement de la ville : des restes de onze cadavres sont retrouvés au réfrigérateur.
En août 91, Dahmer comparaît devant un tribunal.
Il est finalement condamné à 957 ans de prison !

■

Le récit authentique de cette histoire hallucinante, permet d'analyser le phénomène des tueurs psychotiques.

DON DAVIS

Don Davis retrace un à un les éléments de cette tuerie inimaginable. A l'aide de flash-backs saisissants, le passé tumultueux de Dahmer apparaît dans toute son horreur.

J'ai lu 7033   Catégorie 3

L'affaire Richard Minns

LA MAÎTRESSE DU DIABLE

▪

Après avoir été victime d'un viol qui l'a fait sombrer dans la drogue, Barbara Piotrowski décide de s'en sortir. Elle reprend ses études et le sport. C'est à Aspen, célèbre station de sports d'hiver, qu'elle rencontre Richard Minns, un milliardaire texan avec lequel elle vit une liaison passionnée. Elle apprend alors qu'il est déjà marié et père de famille.

▪

Décidant de rompre à la suite d'une fausse couche, elle découvre alors la vraie nature de Minns. Violent, il la frappe et lui fracture le nez. Il l'accuse en outre d'avoir volé les meubles et les bijoux qu'il lui a offerts quand il l'a installée au Texas. En dernier recours, il n'hésite pas à engager des tueurs qui tirent quatre balles dans le dos de Barbara. Réfugié en Suisse, Minns se défend de connaître les meurtriers et n'est pas inquiété.

▪

Paralysée à vie et se consacrant désormais aux handicapés moteurs, Barbara Piotrowski devenue Jennifer Smith pour échapper à son passé, devra attendre début 91 pour voir Minns enfin condamné à lui verser soixante millions de dollars de dommages et intérêts.

SUZANNE FINSTAD

Suzanne Finstad, avocat d'assises, vit à Los Angeles. Elle nous raconte ici l'histoire vraie d'une passion dangereuse qui a mené à la plus grande violence.

J'ai lu 7034   Catégorie 5

L'affaire Von Stein

CRUELLE INCERTITUDE

•

Lieth et Bonnie Von Stein, un couple vivant dans une paisible petite ville de Caroline du Nord, sont sauvagement agressés à coups de couteau et de batte de base-ball. Seule la femme survivra à ses blessures.

•

Un comble : les premières rumeurs orientent les soupçons vers Bonnie. En effet, son mari venait d'hériter d'une somme de deux millions de dollars et le couple ne s'entendait pas. Mais rapidement les témoignages convergent et les déclarations des deux enfants de Bonnie dévoilent une vérité effroyable.

•

Attirés par l'argent, trois jeunes gens dont Chris Pritchard, le propre fils de Bonnie, fortement influencé par le célèbre jeu de rôle Donjons & Dragons ont basculé dans la folie homicide.

JOE McGINNISS

Joe McGinniss, auteur de plusieurs best-sellers, vit actuellement dans le Massachussets. Il dépeint avec talent cette sombre histoire d'un amour maternel brisé par le meurtre.

Crimes & Enquêtes

L'affaire Ted Bundy

UN TUEUR SI PROCHE

∎

Physique de jeune premier, études de droit, diplôme de psychologie... Ted Bundy semble promis à un bel avenir. On lui prédit même une brillante carrière au sein du parti républicain. C'est pourtant lui que l'on soupçonne du meurtre de plusieurs jeunes filles et que l'on finit par arrêter, en 1978, à la grande surprise de l'auteur de ce livre, son amie Ann Rule.

∎

Pendant quatre ans, Bundy a violé et tué impunément, provoquant la police, puis s'échappant de prison pour tuer encore. Condamné à la peine maximale, il utilise tous les artifices légaux pour retarder l'exécution de la sentence. Il n'avoue ses crimes qu'en 1989, au moment de passer sur la chaise électrique.

∎

Ann Rule, devenue journaliste, tente de comprendre cet homme qu'elle a bien connu. Dans ce récit authentique, qui aborde le problème du psychopathe sous un angle nouveau, la question n'est plus de savoir qui a tué, mais pourquoi...

ANN RULE

Officier de police à Seattle dans les années 50, passionnée de psychopathologie et de criminalistique, elle devient, en 1968, correspondante de revues spécialisées dans les histoires policières véridiques. Elle est aujourd'hui journaliste indépendante et auteur de Les enfants sacrifiés *à paraître prochainement chez J'ai lu.*

J'ai lu 7036   Catégorie 6

Composé par PCA à Bouguenais (Loire-Atlantique)
Achevé d'imprimer en Europe par Elsner à Berlin
le 1ᵉʳ février 1993.
Dépôt légal février 1993. ISBN 2-277-07038-6

Éditions J'ai lu
27, rue Cassette, 75006 Paris
Diffusion France et étranger : Flammarion

7038